दलित शिक्षा का परिदृश्य

दलित शिक्षा का परिदृश्य

डॉ. कुसुम यदुलाल

PUBLICATIONS

कल्पज़ पब्लिकेशन

दिल्ली – 110052

दलित शिक्षा का परिदृश्य

ISBN : 81-7835-575-2

प्रकाशन वर्ष : 2006

कल्पज़ पब्लिकेशन्स
सी - 30, सत्यवती नगर,
दिल्ली 110052
ईमेलः kalpaz @hotmail.com

लेजर टाइपसेटिंगः मेगा ग्राफिक्स, दिल्ली
मुद्रित : सालासर ऐमेजिग सिसटम, दिल्ली

समर्पण

इस पुस्तक के प्रेरणास्रोत, गुरू एवं पितातुल्य श्री फकीर चंद चंदोल जी, जिनके उत्साहवर्द्धन और पग–पग पर मार्गदर्शन से इस पुस्तक का लेखन संभव हुआ ।

विषय-सूची

प्राक्कथन

दलित शिक्षा विषयक इस लघु ग्रन्थ के माध्यम से लेखिका ने दलित शिक्षा की वर्तमान स्थिति से जिज्ञासु पाठकवृंद को परिचित कराना चाहा है। स्वाभाविक ही पुस्तक का प्रारंभ 'दलित' शब्द तथा दलित वर्ग की उत्पत्ति की ऐतिहासिक पृष्ठभूमि देकर किया गया है और इस प्रयोजनार्थ उन्होने वर्ण–व्यवस्था और वर्णाधारित जाति–व्यवस्था का उल्लेख भी ठीक ही किया है। इस संदर्भ में दलितोंद्धार जैसे उत्तम कार्य में संलग्न रहे कतिपय समाज–सुधारकों और महान व्यक्तियों के विलक्षण व्यक्तित्व और कृतित्व को सुधी पाठकों के समक्ष रखा जाना सर्वथा उचित है। इसी क्रम में शिक्षा, विशेषतः दलित शिक्षा के प्रचार–प्रसार हेतु राष्ट्रीय एवं अंतर्राष्ट्रीय स्तर पर किये गये प्रयासों का संक्षेप में उल्लेख किया जाना भी तर्कसंगत प्रतीत होता है। भारत के संविधान के विषय–संगत प्रावधानों; राष्ट्रीय शिक्षा नीति (1986 तथा 1992) भोपाल घोषणा पत्र; जोमेतियन में 'सबके लिए शिक्षा' विषय पर 1990 में आयोजित विश्व सम्मेलन; 2000 में डकार में आयोजित 'विश्व शिक्षा फोरम'; सबके लिए शिक्षा विश्वव्यापी प्रगति प्रतिवेदन, 2002; इस प्रगति का आकलन प्रतिवेदन, 2003–04; तथा विएना घोषणा और कार्य–योजना आदि का विवरण और उनसे संगत उद्धरण देकर लेखिका ने एक अनूठा कार्य किया है जो जिज्ञासु पाठकों के लिए निश्चितरूपेण सुविधाजनक होगा। आगे लेखिका ने भारत में माध्यमिक शिक्षा के विकास का उल्लेख करते हुए माध्यमिक शिक्षा के सम्बन्ध में सरकार द्वारा नियुक्त किये गये मुदालियर आयोग का विस्तृत विवरण दिया है। लेखिका ने देश में माध्यमिक स्तर की विशेषतः दलित छात्राओं की विभिन्न प्रकार की समस्याओं को अपने शोध–कार्य से उजागर किया है और इन समस्याओं का उल्लेख करते हुए उन्होने उनके समाधानात्मक सुझाव भी दिये हैं। तदनन्तर, लेखिका ने दलितों तथा सामाजिक और शैक्षिक दृष्टि से पिछडों के संदर्भ में शिक्षा के महत्त्व को रेखांकित करते हुए दलित वर्ग की शिक्षा के प्रसार से सम्बन्धित साहित्य के

योगदान पर बल दिया है। इस प्रयोजनार्थ उन्होने अनेक शोधकर्ताओं द्वारा शिक्षार्थियों पर किये गये अनेक शोध अध्ययनों का सारांश दिया है। अंत में लेखिका ने देश में साक्षरता की स्थिति को तथा दलितों में शिक्षा की अध्ययन स्थिति को प्रामाणिक स्रोतों से लिए गये आंकड़ों के माध्यम से दर्शाया है। मेरा विचार है कि यह ग्रन्थ स्पष्ट अभिव्यक्तिपूर्ण भाषा, उपयोगी पाठ्य–सामग्री तथा प्रामाणिक आंकडों की दृष्टि से सचमुच एक विश्वसनीय कृति हैं, जो जिज्ञासु पाठकों, शोध–छात्रों, शिक्षाक्षेत्र से जुडे सभी महानुभावों यथा राष्ट्र के कर्णधारों, प्रशासकों, शिक्षाशास्त्रियों, योजनाकारों आदि सभी के लिए अमूल्य और उपयोगी सिद्ध होगी। मैं शुभकामना व्यक्त करता हूं कि लेखिका ऐसे प्रयास भविष्य में भी करती रहेगी।

–– डा. सुखदेव थोराट
अध्यक्ष
विश्वविद्यालय अनुदान आयोग

आमुख

माध्यमिक कक्षाओं के विशेषतः दलित वर्ग के छात्राों के समक्ष आने वाली सामाजिक, आर्थिक तथा मनोवैज्ञानिक समस्याओं पर शोध करते हुए मुझे कुछ ऐसी वास्तविकताओं से रू–ब–रू होना पड़ा, जिन पर सहज ही विश्वास नहीं हो पाता है। उदाहरणार्थ, अनुसूचित जाति व जनजाति के माध्यमिक स्तर के विद्यार्थियों को भी यह पता न होना कि उन्हें शिक्षा प्राप्त करने हेतु क्या–क्या सुविधाएं प्राप्त हैं; छात्राओं के साथ न केवल कुछ शिक्षकों और सहपाठियों द्वारा, बल्कि उनके अपने अभिभावकों द्वारा भी भेदभाव किया जाना; छात्रों की मानसिकता को जानने का प्रयास न किया जाना; छात्रों के संकोची स्वभाव में परीवर्तन करने पर ध्यान न दिया जाना; आदि–आदि। इन जैसे, अनेक कारणों से दलित छात्रों की शिक्षा निश्चित रूप से बाधित होती है। इसी से मुझे यह प्रेरणा मिली कि मैं लेखनी के माध्यम से कोई ऐसा प्रयास करूं जो शिक्षा, शिक्षकों और शिक्षार्थियों, शिक्षा–योजनाकारों, शिक्षण–संस्था–प्रबंधकों के लिए उपयोगी हो और जिसके आधार पर ये सभी शिक्षा को सर्वसुलभ, सर्वसुगम, सर्वग्राही बनाने हेतु दृढ़ संकल्प से प्रयासरत हो जाये तथा सर्वशिक्षा अभियान पूर्णरूपेण सफल हो सके।

यह लघु ग्रन्थ इसी प्रेरणा का मूर्त रूप है। इसके प्रथम अध्याय में मैंने वर्ण–व्सवस्था, जाति–व्यवस्था, दलित वर्ग की उत्पत्ति पर ऐतिहासिक दृष्टि से प्रकाश डाला है। साथ ही यह भी स्पष्ट करने का प्रयास किया है कि शुद्र वर्ण की वृद्धि में संकरवर्ण विवाह का कितना योगदान रहा है। वर्णाधारित जाति – व्यवस्था की उत्पत्ति, जाति–प्रथा से मानवता को हुई क्षति, मानवतावादी विचारधारा के पक्षधर मुखर प्रतिभाशाली व्यक्तियों द्वारा जाति–प्रथा के विरोध का वर्णन करते हुए दलितों पर हुए अत्याचार को बताकर इस अवांछनीय भेदभावपूर्ण सामाजिक समस्या का समाधान सुझाकर इस अध्ययन को मैंने पूर्ण कर दिया है।

इस पुस्तक के दूसरे अध्याय में कुछ ऐसे प्रमुख, किन्तु महत्त्वपूर्ण समाज सुधारकों एवं महान व्यक्तित्वों के व्यक्तित्व और कर्तृव्य का संक्षिप्त उल्लेख करना मैंने उचित समझा, जिनका दलित शिक्षा के क्षेत्र में अविस्मरणीय सकारात्मक योगदान रहा है। इनमें संत, महात्मा, राजा, राजनीतिज्ञ, समाज–सुधारक, प्रशासक, शिक्षाविद् आदि सभी का प्रतिनिधित्व करने वाली विभूतियों को सम्मिलित किया गया है।

प्रस्तुत पुस्तक के तीसरे अध्याय में मैंने राष्ट्रीय और अन्तर्राष्ट्रीय स्तर पर शिक्षा के प्रचार–प्रसार हेतु किये गये प्रयासों का उल्लेख किया है। इस अध्याय में भारत के संविधान के विशेष रूप से दलित शिक्षा सम्बन्धी प्रावधानों, राष्ट्रीय शिक्षा नीति, भोपाल घोषणा पत्र, विएना घोषणा और कार्य योजना, निरक्षरता उन्मूलन अभियान तथा 'सबके लिए शिक्षा' कार्यक्रम आदि का संक्षिप्त विवरण दिया है, इससे शिक्षा विषय ये सम्बन्धित आवश्यक जानकारी सामान्य पाठक को भी प्राप्त हो जायेगी।

दलित शिक्षा विषयक इस पुस्तक के चौथे अध्याय में दलित वर्ग की माध्यमिक स्तर की शिक्षा से सम्बन्धित प्रमुख समस्याओं पर विचार किया गया है। माध्यमिक स्तर के विद्यार्थियों, विशेषतः दलित छात्राओं को परेशान करने वाली समस्याओं का उल्लेख करते हुए उनके समाधान हेतु उपयुक्त उपाय सुझाये गये हैं। इन समस्याओं का चयन मैंने छात्रों, उनके शिक्षकों और उनके अभिभावकों द्वारा व्यक्तिगत रूप से अभिव्यक्त किये गये विचारों के आधार पर किया है। वस्तुत इस अध्याय की पाठ्य–सामग्री लेखक द्वारा किये गये एक शोध अध्ययन पर आधारित है। इसी अध्याय में सरकार द्वारा श्री रामास्वामी मुदालियर कर अध्यक्षता में 1952–53 में नियुक्त किये गये माध्यमिक शिक्षा आयोग का विस्तृत विवरण एवं मूल्यांकन भी दिया गया है।

इस ग्रन्थ के पांचवें अध्याय मेंसामाजिक और शैक्षिक दृष्टि ये पिछडों और दलितों के संदर्भ में शिक्षा के महत्त्व को दर्शाते हुए मैंने इस वर्ग की शिक्षा से सम्बन्धित 'साहित्य के योगदान' पर प्रकाश डाला है। इस अध्याय में अनेक शोधकर्ताओं द्वारा शिक्षार्थियों पर विभिन्न

दृष्टि से किये गये शोध अध्ययन उनके निष्कर्षों सहित सम्मिलित किये गये हैं, जिससे जिज्ञासु विद्यार्थी और शोधकर्ता अवश्य ही लाभान्वित होंगे।

इस कृति के अंतिम अध्याय में दलित शिक्षा में हुई प्रगति को अद्यतन आंकड़ों के माध्यम से प्रस्तुत किया गया है। प्रारम्भ में राष्ट्रीय साक्षरता मिशन की उपलब्धियों का ब्यौरा तत्सम्बन्धी आंकडों के माध्यम से दिया गया है। तत्पश्चात दलितों में शिक्षा के प्रसार को दर्शाने के लिए नवीनतम उपलब्ध आंकड़े दिये गये हैं।

इस ग्रन्थ में विषय से सम्बन्धित जो पाठ्य–सामग्री और आंकडे दिये गये हैं, वह सभी कुछ प्रामाणिक स्रोतों पर आधारित हैं। आशा है मेरी यह पुस्तक रूप प्रयास सभी जिज्ञासु पाठकों और शोधकर्ताओं एवं शिक्षा – जगत से जुड़े सभी महानुभावों के लिए उपयोगी सिद्ध होगी।

अंत में मैं उन सभी लेखकों, शोधकर्ताओं और प्रकाशकों के प्रति हार्दिक आभार प्रकट करती हूं, जिनका अवलम्बन पाकर मैं इस विषय–बोध को पुस्तक रूप में प्रस्तुत कर पाई हूं। साथ ही मैं उन सभी के प्रति अपनी कृतज्ञता प्रकट करती हूं जिन्होंने किसी भी रूप में इस लेखन कार्य को सम्पन्न करने और इसे मुद्रित व प्रकाशित करने में मेरी निष्ठ भाव से सहायता की है।

अंत में मेरा सभी सुधी पाठकों से सादर अनुरोध है कि इस विनम्र प्रयास में जो भी त्रुटि उन्हें मिले, उसे वे पुस्तक के प्रकाशक को प्रेषित करने की कृपा करें, ताकि प्रकाशन की अगली आवृति में यथावश्यक सुधार किया जा सके और ग्रन्थ का अगला संस्करण और अधिक उपयोगी बन सके। सभी को भावपूर्ण नमन सहित।

डा. कुसम यदुलाल

1

दलित समाज – एक वास्तविकता

वर्ण–व्यवस्था से लेकर 'जाति' तथा 'दलित' वर्ग तक का इतिहास

यहां 'दलित' शब्द का प्रयोग व्यापक अर्थों में किया जा रहा है। 'दलित' शब्द के प्रचलन से पूर्व इसको विभिन्न नाम दिये गये। वैदिक–काल की वर्ण–व्यवस्था और उससे उदभूत जाति–व्यवस्था से जोड़कर ही 'दलित' शब्द का इतिहास ठीक से देखा और समझा जा सकता है। वर्ण–व्यवस्था––ब्राह्मण, क्षत्रीय, वैश्य और शूद्र में सबसे निम्नस्थान प्राप्त शूद्र से निम्न जातियों–उपजातियों का विकास होता रहा, फिर इनको 'चांडाल', 'अस्पृश्य', 'अछूत', 'हरिजन' आदि अनेक नामों से पुकारा जाता रहा। 'दलित' शब्द का अर्थ है 'दबाया हुआ', 'कुचला हुआ', 'उपेक्षित' और 'वंचित' आदि–आदि। समाज में जो वर्ग बहुत दिनों से सताया, दबाया, कुचला, छला और प्रताड़ित किया जाता रहा है, वह दलित वर्ग है। अब दलित वर्ग का प्रयोग हिन्दू समाज–व्यवस्था के अंतर्गत परंपरागत रूप से शूद्र माने जानेवाले वर्गों के लिए रूढ़ हो गया है। दलित वर्ग में वे जातियां आती हैं, जो निम्न स्तर पर हैं और जिन्हें सदियों से विकास से वंचित रखा गया और जो अन्य उच्च श्रेणियों की तुलना में अधिकाधिक पिछड़ते गये ।

डा. सोहनपाल सुमनाक्षर ने 'दलित' शब्द की परिभाषा करते हुए कहा है कि दलित वह है जिसका दलन किया गया हो। 'उपेक्षित', 'अपमानित', 'प्रताड़ित', 'बाधित' और 'पीड़ित' व्यक्ति दलित की श्रेणी में आते हैं। इस तरह 'दलित' शब्द की परिभाषा के अंतर्गत जहां सदियों से सामाजिक वर्ण–व्यवस्था और जातिवाद से अभिशप्त दलित, शोषित, उत्पीड़ित पुरुष आते हैं, वहीं सदियों से उत्पीड़ित उपेक्षित, अपमानित, शोषित, सामाजिक बंधनों से बंधे नारी और बच्चे भी इसी श्रेणी में आते हैं। इसके अतिरिक्त 'भूमिहीन', 'अछूत', 'बंधुआ', 'दास', 'गुलाम', 'दीन' और 'पराश्रित–निराश्रित' भी 'दलित' ही हैं। 'दलित' शब्द जहां व्यक्ति को अपनी अस्मिता, स्वाभिमान और अपने गौरवमय इतिहास पर दृष्टिपात करने को बाध्य करता है, वहीं अपनी अवनति, वर्तमान स्थिति और तिरस्कृत जीवन के विषय में सोचने के लिए भी विवश

करता है। आगे डा. सुमनाक्षर कहते हैं, ''दलित शब्द आक्रोश, चीख, वेदना, पीड़ा, चुभन, घुटन और छटपटाहट का प्रतीक है।''

डा. चंद्रकांत बांदिवडेकर 'दलित' शब्द के संबंध में कहते हैं : ''दलित यानी अनुसूचित जातियां, बौद्धिक कष्ट उठानेवाली जनता, मजदूर, भूमिहीन, गरीब किसान, खानाबदोश जातियां, आदिवासी आदि। 'दलित' शब्द की यह जाति–निरपेक्ष व्यापक परिभाषा है। असल में जिन जातियों को महात्मा गांधी ने 'हरिजन' कहा था, वे ही जातियां 'दलित' के नाम से पहचानी गईं।'' लक्ष्मणशास्त्री जोशी के शब्दों में, ''दलित मानवीय प्रगति में सबसे पीछे पड़ा हुआ और पीछे ढकेला गया सामाजिक वर्ग है। महाराष्ट्र के हिन्दू समाज में महार, चमार, डोम आदि जिन जातियों को गांव के बाहर रहने के लिए बाध्य किया गया और जिनसे समाज, विशेषतः सवर्ण समाज, शारीरिक सेवाएं तो लेता रहा लेकिन जिन्हें जीवन के लिए आवश्यक प्राथमिक जरूरतों से भी जान–बूझकर वंचित रखा गया और पशु–तुल्य घृणित जीवन जीने के लिए बाध्य किया गया, उनको 'अछूत' या 'दलित' कहा गया।'' सन् 1931 में भारत के तत्कालीन जनगणना कमिश्नर ने जातियों के वर्गीकरण के आधार पर जनगणना प्रतिवेदन में दलित जातियों के बारे में लिखा हैं, ''मैंनें दलित जाति उन जातियों को माना है, जिनके साथ शारीरिक स्पर्श होने के फलस्वरूप उच्च जाति के हिन्दुओं को अपनी शुद्धि करना आवश्यक हो जाता है। इसका अर्थ यह नहीं है कि इस शब्द को किसी पेशे से संबद्ध कर दिया जाये वरना यह शब्द उन्हीं जातियों के लिए प्रयुक्त होगा, जिनका, हिन्दू समाज में अपनी परंपरागत स्थिति के कारण मंदिर में प्रवेश निषिद्ध है या जिनके कुएं अलग हैं, या जिन्हें पाठशालाओं में नहीं बैठने दिया जाता है और बाहर ही रहना पड़ता है, या जो इसी प्रकार की अन्य सामाजिक असमानताओं से पीड़ित हैं।''

डा. अम्बेड़कर के अनुसार 'दलित जातियां' वे हैं जो अपवित्रकारी होती हैं। इनमें निम्न श्रेणी के कारीगर, धोबी, मोची, भंगी, बसौर तथा सेवक जातियां जैसे चमार, डंगारी, सउरी, ढोला आते हैं । केवल कुछ ही जातियां परंपरागत कार्य करने के अतिरिक्त कृषि–मजदूरी का भी कार्य करती हैं। कुछ दिनों पूर्व तक इनकी स्थिति अर्धदास, बंधुआ मजदूर जैसी बनी रही।'' 'हरिजन', 'दलित' और 'अनुसूचित जाति' के संबंध में श्री पुरुषोत्तमदास अग्रवाल कहते हैं,' 'हरिजन' जाति–व्यवस्था में निहित ऐतिहासिक अन्याय की चेतना को सवर्ण दृष्टिकोण से व्यक्त करने वाला शब्द है। इसमें एक प्रकार का पश्चात्ताप का भाव है। 'दलित'

शब्द करुणा या पश्चात्ताप को नहीं, बल्कि बेवजह दमन और अपमान का शिकार होने के स्वाभाविक रोष को व्यक्त करता है। 'अनुसूचित जाति' अंग्रेज प्रशासकों की देन है। इसमें निहित सोच के लिए जाति–व्यवस्था की प्रताड़ना की समस्या, कुल मिलाकर विशेष अवसर पाने की समस्या है।''

दलित वर्ग में एक ओर अनुसूचित जातियां आती हैं तो दूसरी ओर इनमें अनुसूचित जनजातियां और विमुक्त जातियां भी सम्मिलित हैं। अनुसूचित जातियां ऐसी जातियां हैं जो आधुनिक सभ्य समाज से दूर प्रायः पर्वतीय अंचलों और मैदानी भागों में भी ऐसे स्थानों पर रहना पसंद करती हैं जो अन्य लोगों की बस्तियों से अलग हटकर दूर हों और जो स्वेच्छा से गैर–आदिम जातियों से घुलना–मिलना न चाहती हों। इनकी जीवन–शैली अति प्राचीन है तथा ये अपनी एक विशिष्ट निजता, परम्परा और संस्कृति को अपने में समेटे हुए हैं। 1931 में इन्हें सूचीबद्ध किया गया। अब इन्हें 'आदिवासी जातियों' के नाम से जाना जाता है। भारतीय संविधान में इन्हें अनुसूचित जनजातियां कहा गया है। 'विमुक्त जातियां' उन कबीलों और समुदायों को कहा जाता है, जिन्हें 1952 के पूर्व अपराधी प्रवृति की जातियां कहा जाता था। 1871 में अपराधशील जातियों को सूचीबद्ध करने के लिए कानून बना। इसके अनुसार इन समुदायों को स्वभावतः अपराधी माना जाता और उत्पीड़ित किया जाता था। 1924 में इस अधिनियम में कुछ संशोधन किया गया। स्वतंत्रता के बाद अगस्त 1952 में 'अपराधशील अधिनियम' को समाप्त कर दिया गया तथा ये जातियां भी देश के अन्य नागरिकों के समान बराबर की श्रेणी में आ गईं। इस प्रकार दलित वर्ग के अंतर्गत अनुसूचित जातियां, अनुसूचित जनजातियां और विमुक्त जातियां सभी आ गईं। सबसे पहले महाराष्ट्र में इनके लिए 'दलित' शब्द का प्रयोग हुआ। बाद में अन्य स्थानों पर भी इनके लिए 'दलित' शब्द का प्रयोग किया जाने लगा।

शूद्र वर्ण की उत्पत्ति तथा तत्सम्बन्धी अन्य विवरण

पश्चिम के सभी तथा भारत के अधिकांश विद्वानों का मत है कि भारत में आर्यों के आने से पहले 3000 ई. पूर्व में यहां के आदिवासी द्रविणों या अनार्यों की एक बहुत ऊंची सभ्यता देश के पश्चिमोत्तर भाग में विद्यमान थी। इसे ही इतिहास में 'सिंधु घाटी' या 'मोहनजोदड़ो' और 'हड़प्पा' की सभ्यता कहा गया है। 'द्रविड़' या 'द्रविण' शब्द से कुछ विद्वान 'तमिल' शब्द की उत्पत्ति मानते हैं। उनका विचार है कि

जब आर्यों का दबाव उत्तर में बढ़ा, तो द्रविण लोग दक्षिण में जाकर बस गए और वे ही आज 'तमिल' कहलाते हैं। कुछ विद्वान 'द्रवि' का अर्थ 'सर्प का फन' बताते हैं। इस प्रकार 'द्रविण' या 'द्रविड़' का अर्थ 'नाग जाति' हुआ। डा.अंबेडकर का भी यही मत है। नाग राजाओं का राज्य तक्षशिला, अनंतनाग, वेरीनाग, नागपुर व हस्तिनापुर में बताया गया है। ऋग्वेद में 'दास' और 'दस्यु' शब्द बहुत बार आए हैं। कुछ विद्वानों का विचार है कि आर्य जातियों का पहला दस्ता भारत में 2000 ई. पूर्व में आया और दास–जाति आर्यों की ही एक जनजाति थीं। पहले 'दास' शब्द सम्मानसूचक था। बाद में आर्यों के भारत में आने पर अंतर्जातीय संघर्ष हुआ। जो जीता वह 'स्वामी' बन गया, जो पराजित हुआ वह 'दास' कहलाने लगा । उस समय दासों की स्थिति पशुओं से भी बदतर थी। ये गांव से बाहर रहते थे। इनसे खेती, रखवाली आदि के बाहरी काम लिए जाते थे। पशुओं की तरह इनकी खरीद–फरोख्त होती थी और राजा/महाराजा इन्हें दानस्वरूप अपने हितैषियों को देते थे। इतिहासकारों का मत है कि आर्यों के भारत में आने के लगभग 400–500 वर्ष पूर्व असीरियन लोग भी सिंधु की घाटी में बसे थे। इन लोगों को ऋग्वेद में 'असुर' कहा गया अर्थात असीरिया शब्द से 'असुर' शब्द की उत्पत्ति हुई । कुछ लोगों का विचार है कि ईरान की 'अहुर' जाति और भारत की 'असुर' जाति एक ही जनजाति की शाखाएं थीं। ईरान में 'अहुर' को सम्मानजनक माना जाता था, किन्तु भारत में 'असुर' को असम्मानजनक मान लिया गया।

उत्तर–वैदिक काल में जब वर्ण–व्यवस्था की रचना हुई, तो द्रविण, अनार्य, दास, असुर, दस्यु और दूसरी आदिवासी जातियों को शूद्रों की श्रेणी में डाल दिया गया। अथर्ववेद के आरंभ में 'शूद्र' का उल्लेख जनजाति के रूप में किया गया है। महाभारत में भी आभीरों के साथ शूद्रों की चर्चा कई बार जनजाति के रूप में आई है। शूद्र जनजाति का वर्णन आभीरों, दरदों, तुखारों, पह्लवों आदि के साथ हुआ। कुछ विद्वानों का विचार है कि 'कुद्र' नामक यूरोपीय जनजाति की शाखाएं ही ग्रीस और भारत दोनों देशों में गईं। ग्रीस में इस शाखा को महत्वपूर्ण स्थान मिला, लेकिन इस जनजाति के जो लोग भारत में आए उन्हें सह–आक्रमणकारियों (आर्यों) ने हराकर या डराकर अपने अधीन कर लिया। भारत में यह पराजित जाति ही 'शूद्र' कहलाई। निष्कर्ष यह निकला कि 'शूद्र' एक जनजाति थी, जो बाद में वर्ण बना दी गई। इस प्रकार वैदिक काल से लेकर आगे तक, विभिन्न प्रकार के आर्येतर आदिवासी

'शूद्र' वर्ण में समाहित कर दिए गए। आर्यों के भारत में आगमन पर यहां के मूल निवासियों से उनका घोर संघर्ष हुआ। आर्य यहां के मूल निवासियों को अपमानजनक नामों से पुकारते थे। उन्होंने इन्हें असुर, दस्यु, दैत्य, अनार्य, राक्षस, अनास, मृघ्रवाच, कृष्णवर्णा, दानव, शिश्नदेवा आदि नाम दिए। अनार्यों के नायक वृत्रासुर थे। इनमें कई अन्य महाबली राजे हुए हैं, जिनमें निवृद्ध, बलि, चमुरि, धुनि, पिप्रु, नमचि, शंबर, मृगया, शरदासुर, शुष्ण, अर्बुद, कृष्ण, वैरोचन, मुचकुंद, नंदक, अंधक, हिरण्याक्ष, हिरण्यकशिपु, त्रिपुर और जलंधर के नाम प्रमुख हैं। आर्य अपने को देवता कहते थे। इनके नायक 'इंद्र' थे। आर्यों–अनार्यों का यह संघर्ष सैकड़ों वर्षों तक चलता रहा। इसे ही देवासुर–संग्राम कहा गया। अन्य देवता अग्नि, वायु, वरुण, मरुत्, अश्विनीकुमार, आदित्य, सूर्य, रुद्र, विष्णु और सोम आदि थे।

सत्यकेतु विद्यालंकार ने 'भारतीय संस्कृति और उसका इतिहास' में लिखा है कि "आर्यों की जो शाखा भारत में प्रविष्ट हुई, उसे इस देश में अनेक आर्य–भिन्न जातियों के साथ युद्ध करने पड़े। भारती में आये आर्यों ने इस देश में विकसित हुई पूर्ववर्ती सभ्यताओं के स्थान पर अपनी सभ्यता की स्थापना की। आर्यों के पहले आर्य से भिन्न लोग कौन थे, इस विषय में वैदिक साहित्य से ही कुछ उपयेागी निर्देश मिलते हैं। वेदों में इन्हें 'दस्यु' या 'दास' कहा गया है। वैदिक सूत्रों से ही यह ज्ञात होता है कि ये दस्यु कृष्ण वर्ण के थे। इनकी नाक छोटी होती थी, इसलिए इन्हें कहीं–कहीं पर 'अनास' भी कहा गया है। पर ये लोग अच्छे और बड़े पुरों (नगरों) में निवास करते थे और इनके अनेक सुदृढ़ दुर्ग भी बने हुए थे। आर्यों के आने पर इन जातियों का उनसे संघर्ष हुआ।

आर्यों का प्रभुत्व देश में कायम होने के पूर्व उनमें तीन ही वर्ण थे–––ब्राह्मण, क्षत्रिय और वैश्य। इन तीनों वर्णों को 'द्विज' कहते थे, क्योंकि इनका उपनयन संस्कार होता था। उस समय कर्म के आधार पर वर्ण का विभाजन था। कर्म के आधार पर एक वर्ण का व्यक्ति दूसरे वर्ण में चला जाता था। कुछ सीमा तक इनमें विवाह–संस्कार भी होते थे। उस समय चौथा अर्थात् शूद्र वर्ण नहीं था। चौथे वर्ण के स्थान पर 'अनार्य', 'दस्यु', 'दास' शब्दों का प्रयोग होता था। अनार्यों के पूर्ण रूप से यानी शारीरिक, मानसिक रूप से अधीन होने के बाद ही, आर्यों ने इन्हें अपने समाज में सम्मिलित किया तथा अनार्य, दस्यु, दास कहे जाने वाले जन–समूह को 'शूद्र' नाम दे दिया गया। आर्यों और अनार्यों

के संसर्ग से जो संतति उत्पन्न होती थी उसे भी शूद्रों की श्रेणी में रख दिया जाता था।

अवन्तिका प्रसाद मम्मट ने अपनी पुस्तक 'वेदकालीन जातियां : राजाओं और संस्कृतियों की खोज' में 'शूद्र' शब्द का अर्थ विभिन्न प्रमाणों के आधार पर निम्नप्रकार किया है : (1) 'शूद्र' वह है जो कि शोक में दौड़ गया या दुःखी हो गया, (2) 'शूद्र' वह है जो खिन्न हो और भागे, (3) 'शूद्र' वह है जो शारीरिक श्रम का अभ्यस्त और दीनहीन है, और (4) 'शूद्र' वह गंवार है जो शारीरिक श्रम के लिए बना है। बुद्ध के अनुसार जो लोग भयभीत थे, निम्न स्तर के व्यवहार वाले थे, वे 'सुदा' संज्ञा से जाने गए। उनके समय में सूद शब्द 'शुद्र' का पर्याय हो गया था।

शूद्रों पर प्रतिबंध

वेदों, ब्राह्मणग्रंथों, उपनिषदों, वेदांत ग्रंथों, स्मृतियों आदि धार्मिक ग्रंथों में शूद्रों की सामाजिक, आर्थिक तथा शैक्षिक गतिविधियों पर प्रतिबंध लगाकर, उन्हें बलात् अपमानित करने, शूद्र बनाने, हतोत्साहित करने और दुर्बल बनाने का प्रयास किया गया। इसके अनेक उदाहरण उपरोक्त ग्रंथों में उपलब्ध हैं। उपनिषदों में भारतीय इतिहास में पहली बार जाति–पाति का आधार स्पष्ट शब्दों में पूर्व जन्मों के अच्छे–बुरे कर्म–फल को बताया गया। इसके बाद यह मत आज तक चला आ रहा है । छांदोग्य उपनिषद् (5.10.7) में कहा गया है कि जो अच्छे काम (पुण्य) करते हैं, वे ब्राह्मण, क्षत्रिय, वैश्य जैसी अच्छी जातियों को प्राप्त होते हैं और जो अशुभ काम (पाप) करते हैं, वे कुत्ते, सूअर या शूद्र जाति को प्राप्त होते हैं।

वाल्मीकि रामायण और महाभारत काल में भी शूद्रों पर धार्मिक–शैक्षिक प्रतिबंध लागू रहे । रामायण काल में शंबूक ऋषि को तत्कालीन राजा द्वारा वध किया गया, चूंकि उसने शूद्र होते हुए भी तपस्या की थी । महाभारत–काल में एकलव्य की कथा शूद्रों पर शिक्षा–प्राप्ति में प्रतिबंध का ज्वलन्त उदाहरण है। गुरु द्रोणाचार्य द्वारा शिक्षा न देने पर भी 'एकलव्य' का दायां अंगूठा कटवा लेना शूद्रों के साथ छल–प्रपंच करके उनको आगे बढ़ने से रोकना ही था। मनुस्मृति और अन्य स्मृतियों में जो विधान शूद्रों के लिए लिखा गया, उससे शूद्र गुलाम बनकर असहाय हो गया। उसके लिए शिक्षा का द्वार बंद कर दिया गया । धन–उपार्जन की मनाही कर दी गई। उसका धन छीन लेने का प्रावधान किया गया। उसे कुत्ते और बिल्ली से भी गया–गुजरा बना दिया गया और बस्ती से

दूर रखा गया। उसका उत्पीड़न करना उचित माना गया। अन्य वर्णों की सेवा ही उसका एकमात्र धर्म बताया गया। इस संबंध में मनुस्मृति तथा कुछ अन्य स्मृतियों में लिखे गए कुछ श्लोकों के हिन्दी अनुवाद प्रस्तुत किए जाते हैं :

1. शूद्र को धन एकत्र करने की सुविधा नहीं होनी चाहिए अन्यथा यह ब्राह्मण को दुःख देगा। (मनु. 10. 129)

2. शूद्र के लिए ब्राह्मण की सेवा करना ही कल्याण करनेवाला धर्म है। इसके अतिरिक्त जो भी वह करता है, निरर्थक है। (मनु. 10. 123 तथा 9. 334)

3. बिल्ली, नेवला, नीलकंठ, मेंढ़क, कुत्ता, गोह, उल्लू, कौआ – इनके वध के लिए जो प्रायश्चित निश्चित है, शूद्र के वध का प्रायश्चित करने में भी वैसा ही करना चाहिए। (मनु. 11. 131)।

4. भंगी, पतित, मुरदा, अछूत, रजस्वला महिला और दस दिन के भीतर सूतिका स्त्री – इनका स्पर्श हो जाए तो वस्त्रों सहित स्नान करें। (संवर्त स्मृति 184)

5. चंडाल और श्वपच का वास गांव के बाहर हो । इनके पात्रों का स्पर्श न किया जाए । (मनु. 10. 51)

6. ब्राह्मण चाहे अयोग्य ही हो, सिर्फ वही धर्म का प्रवक्ता बन सकता है। शूद्र चाहे योग्य ही क्यों न हो, न्यायाधीश बनने का अधिकारी नहीं। (मनु. 8. 20)

7. नीची जाति का व्यक्ति, लोभवश ऊंची जाति की आजीविका अपना ले तो राजा उसका सर्वस्व छीनकर उसे शीघ्र ही देश निकाला दे दे। (मनु. 10. 96)

शूद्रों की दयनीय स्थिति के सम्बन्ध में ए.एन. भारद्वाज अपनी 'अस्पृश्यता एवं मानवता' नामक पुस्तक में कहते हैं, "अपनी एकछत्र शक्ति के बल पर आर्य सर्वमान्य व प्रतिष्ठित बने। इस प्रकार दास आदि जातियां असहाय होने के कारण उनकी मर्यादा के अनुसार निरन्तर परतंत्र रहने से निम्न श्रेणी की हो गई। यह मानव–मानव में ऊंच–नीच के आधार पर पृथकता की रेखा थी, जो शासक आर्य जाति ने अपने स्वार्थ के लिए विभिन्न जातियों के मध्य खींची। इसी कारण मानव समाज दो भागों में विभक्त होकर, इन विघटनकारी संस्कारों तथा परंपराओं के अंतर्गत संगठित होने लगा। यही कारण था कि कुछ काल के बाद इस जाति के लोगों को निकृष्ट व हीन समझा जाने

लगा। इस प्रकार समानता पर आधारित मानव–समाज, शासक वर्ग के स्वार्थों की पूर्ति हेतु ऊंच–नीच, श्रेष्ठ–निम्न की संकीर्ण भावनाओं में विभक्त होकर विश्रृंखलित होने लगा है।"

शूद्रों के भेद

शूद्र दो प्रकार के थे –– (1) अबहिष्कृत और (2) बहिष्कृत। अबहिष्कृत शूद्र : इन्हें छूतशूद्र भी कहते हैं । इन्हें अंग्रेजी भाषा में 'बैकवर्ड क्लासेस' कहते हैं। ये अनार्य जातियां हैं, जिन्होंने आर्यों–अनार्यों के संघर्ष में आर्यों की अधीनता स्वीकार कर ली, उनकी संस्कृति और सभ्यता को आसानी से स्वीकार कर लिया था । इनसे आर्य घरेलू कार्य और कृषि–कार्य कराते थे। इनका छुआ जल ग्रहण कर लेते थे। यह दस्तकारी का कार्य, पशुपालन, तेल पेरना, बढ़ईगिरी, धातुओं पर शिल्पकार्य, लकड़ी का कार्य, बुनाई, रंगाई, छपाई, अन्न भूनना, कपड़े सीना आदि कार्य करते थे। इन्हें आर्य बाहरी ही मानते थे। बाद में अनुलोम विवाह वाली जातियां भी इनमें सम्मिलित हो गईं।

बहिष्कृत शूद्र : 'महाशूद्र' या अंग्रेजी भाषा में इन्हें 'शेड्यूल्ड कास्ट' कहा गया है। यह वे अनार्य जातियां हैं, जिन्होंने बहुत दिनों तक आर्यों से संघर्ष किया है। यह आर्यों के यज्ञों का, जिनमें पशुओं की बलि दी जाती थी, विरोध करते थे। आर्यों से परास्त होने के बाद ये अस्पृश्य घोषित कर दिए गए और इन्हें मरे पशुओं को उठाने, मल उठाने, सफाई करने, कपड़ा धोने जैसे निष्क्रय कार्य करने को विवश कर दिया गया। इन पर लगातार अत्याचार किये जाते रहे। बाद में अबहिष्कृत शूद्रों ने भी इनके साथ भेदभाव बरतना शुरू कर दिया। प्रतिलोम विवाह करनेवाले भी आगे चलकर इन बहिष्कृत शूद्रों में सम्मिलित होते गए।

संकरवर्ण विवाह और शूद्र

संकरवर्णीय विवाहों ने शूद्रों की संख्या बढ़ाने में योगदान किया। एक वर्ण या जाति के पुरुष और दूसरी जाति या वर्ण की स्त्री के विवाह को 'संकरवर्ण विवाह' कहते थे। इस प्रकार के विवाहों से उत्पन्न संतान भी 'संकरवर्ण' कही जाती थी और ऐसी संतान को शूद्रों में गिना जाता था। संकरवर्ण विवाह दो प्रकार के होते थे : 'अनुलोम' विवाह और 'प्रतिलोम' विवाह।

अनुलोम विवाह – उच्च वर्ण का पुरुष जब निम्न वर्ण की स्त्री से अर्थात् ब्राह्मण यदि क्षत्रिय, वैश्य या शूद्र लड़की से, क्षत्रिय यदि वैश्य या शूद्र लड़की से, अथवा वैश्य शूद्र लड़की से विवाह करता था, तो इसे

अनुलोम विवाह कहते थे। इनसे उत्पन्न होनेवाली संतानें शूद्र वर्ण में गिनी जाती थीं, और अधिकांशतः छूत शूद्र की श्रेणी में जाती थीं।

प्रतिलोम विवाह – जब निम्न वर्ण का पुरुष उच्च वर्ण की स्त्री से (जैसे शूद्र पुरुष ब्राह्मण, क्षत्रिय अथवा वैश्य कन्या से, वैश्य ब्राह्मण अथवा क्षत्रिय कन्या से और क्षत्रिय ब्राह्मण कन्या से) विवाह करता था, तो ऐसे विवाह को प्रतिलोम विवाह कहते थे। ऐसे विवाह करनेवालों से आर्य बहुत नाराज होते थे। इन्हें जाति–बहिष्कृत करके इनसे सेवा का अथवा घृणित काम कराया जाता था। ऐसे लोग अधिकांशतः 'अछूत शूद्र' की श्रेणी में माने जाते थे।

जहां तक संकरवर्ण विवाहों का सम्बन्ध है प्राचीन काल में भी संकरवर्ण विवाहों को मान्यता मिली हुई थी, मध्य काल में भी वर्णसंकर विवाह हुए और वर्तमान काल में ऐसे विवाहों का प्रचलन बढ़ता जा रहा है ।

अपवादस्वरूप वर्णसंकर विवाहों के कुछ उदाहरण :

क्षत्रिय राजा दुष्यंत के साथ ब्राह्मण–पालित कन्या शकुंतला के विवाह से भरत पैदा हुए, जिनके नाम पर देश का नाम 'भारत' हुआ। ब्राह्मण पिता और कुंभकार माता से देवर्षि नारद, मित्रावरुण के औरस और अप्सरा के गर्भ से वशिष्ट, पाराशर ऋषि और निषाद कन्या सत्यवती से वेदव्यास, वेदव्यास द्वारा क्षत्रिय कन्याओं के नियोग से कुरु या घृतराष्ट्र और पांडु पैदा हुए, जिनमें दुर्योधन और पांडव आते हैं। क्षत्रिय राजा श्रेणीक ने अपनी पुत्री का विवाह प्रीतिक (वैश्य) से किया। पुराणों में अनेक वर्णसंकर विवाह हुए हैं, जिन्हें मान्यता मिली। सम्राट चंद्रगुप्त तथा शूद्र–कन्या कुमार देवी (लिच्छवी) के विवाह से सम्राट समुद्रगुप्त का जन्म हुआ। मध्यकाल में अकबर तथा राजपूत–कन्या जोधाबाई से जहाँगीर और जहाँगीर तथा राजपूत–कन्या से शाहजहाँ पैदा हुए।

आज के युग में भी अनेक उदाहरण सामने हैं। गांधी (वैश्य) के पुत्र से ब्राह्मण सी. राजगोपालाचारी की पुत्री लक्ष्मीदेवी का विवाह हुआ। डा. आंबेडकर (महार) ने डा. लक्ष्मी कबीर (ब्राह्मण) से विवाह किया और इंदिरा नेहरू ने पारसी धर्म के फीरोज गांधी से विवाह किया, जिससे राजीव गांधी पैदा हुए। राजीव गांधी ने इटैलियन लड़की सोनिया (क्रिश्चियन) से विवाह किया। राजीव गांधी के छोटे भाई संजय गांधी ने सिख लड़की मेनका गांधी से विवाह किया। आचार्य कृपलानी (सिंधी) ने बंगाली लड़की सुचेता कृपलानी से, अरुणा बनर्जी (बंगाली) ने आसफ अली से, कृष्णदत्त पालीवाल ने शेरवानी की बहन बेगम शेरवानी

से, रवीन्द्रनाथ टैगोर की पौत्री शर्मिला टैगोर ने नवाब यूसुफ पटौदी से, अभिनेता सुनील दत्त (ब्राह्मण) ने अभिनेत्री नरगिस से और पाकिस्तान के संस्थापक मुहम्मद अली जिन्ना ने पारसी कन्या कुमारी रत्ना से विवाह किया था। कमलापति त्रिपाठी के पुत्र लोकपति त्रिपाठी ने सिंधी लड़की चंद्रा से, लोकपति त्रिपाठी के पुत्र राजेशपति त्रिपाठी ने अमरीका की क्रिश्चियन लड़की से विवाह किया है। किन्तु इन विवाहों पर कोई हायतोबा नहीं मची, इन्हें समाज में मान्यता मिल गई। अब तो ऐसे विवाह आम हो गये हैं।

प्राचीन काल से अब तक के संकरवर्णीय विवाहों के आधार पर ही डी. आर. भंडारकर ने अपने शोधग्रंथ 'फारेन एलीमेंट इन द हिंदू पापुलेशन' में लिखा है : "भारत में शायद ही कोई वर्ग या जाति ऐसी है, जिसमें कोई विदेशी मिश्रण न हो। बाहरी रक्त का यह मिश्रण केवल लड़ाकू जातियों, राजपूतों, मराठों ही में नहीं, बल्कि उन ब्राह्मणों में भी है जो इस सुखद भ्रम में जीते हैं कि वे तो विदेशी मिश्रण से एकदम मुक्त हैं।"

दो भिन्न वर्णों के स्त्री–पुरुष के विवाह से जो संतान पैदा होती थी, उसे वर्णसंकर कहा जाता था। मनुस्मृति के अध्याय 10 में कुछ वर्णसंकर जातियां इस प्रकार हैं ––

1. ब्राह्मण पुरुष + क्षत्रिय नारी = मूर्धवस्तिका
2. क्षत्रिय पुरुष + वैश्य नारी = महिश्वा
3. वैश्य पुरुष + शूद्र नारी = करण (कायस्थ)
4. ब्राह्ण पुरुष + वैश्य नारी = अंबष्ठ
5. क्षत्रिय पुरुष + ब्राह्मण नारी = सूत
6. वैश्य पुरुष + क्षत्रिय नारी = मागध
7. वैश्य पुरुष + ब्राह्मण नारी = वैदेह
8. शूद्र पुरुष + क्षत्रिय नारी = क्षत्ता
9. शूद्र पुरुष + ब्राह्मण नारी = चांडाल
10. निषाद पुरुष + शूद्र नारी = पुक्कस (कनड)
11. शूद्र पुरुष + निषाद नारी = कुक्कुट
12. ब्राह्मण पुरुष + अंबष्ठ नारी = आभीर (अहीर)
13. ब्राह्मण पुरुष + उग्र नारी = आवृत

जाति–संहिता का उल्लंघन करनेवाले व्यक्ति को जाति–बहिष्कृत कर दिया जाता था। वह नीची जाति में सम्मिलित हो जाता था। इस प्रकार जातिविशेष से व्यक्ति के टूटने की प्रक्रिया चलती रही। इन टूटने–जुड़ने वाले व्यक्तियों को जाति पूर्णरूप से आत्मसात नहीं कर पाती थी, इस कारण जातियों में उपजातियां बनती गईं । जाति की उत्पत्ति में निम्न कारणों से लोग नीची जाति में मान लिये जाते थे ––

1. वर्णों के अनुलोम विवाह
2. वर्णों के प्रतिलोम विवाह
3. निम्न–संकर जातियों के अंतर्विवाह

अन्य दो कारण हैं–वर्णों की संस्कार–भ्रष्टता या आचार–भ्रष्टता तथा आश्रम – भ्रष्टता या किन्हीं कारणों से समुदायों का जाति–बहिष्करण। आर्थिक स्थिति और पेशे से भी जातियां बनती गईं। कुछ लोग आर्थिक स्थिति अच्छी होने पर ऊंची जातियों में चले गए, कुछ आर्थिक स्थिति खराब होने से नीची जातियों में चले गए। अच्छी आर्थिक स्थिति ने 'मातंगकुल' में उत्पन्न होनेवाले कौशल–नरेश पसेनदि को उच्चवर्गीय सूर्यवंशी क्षत्रिय बना दिया तो हीन मातंगों को 'मांग' नामक अछूत जाति बना दिया । दसवीं शताब्दी में गोवा के 'कुटंबी' अपनी हीन आर्थिक स्थिति के कारण कुनबी नामक अछूत जाति बन गए। बढ़ई–लोहार, कहार, पुरोहित, सोनार, नाई, माली, चमार आदि जातियां पेशे के कारण बनीं। जो शूद्र अस्वच्छ काम करने को विवश किये गये, वे निम्न–जाति माने गए––मरे हुए मवेशियों को फेंकना, मरे हुए पशुओं को खाना, खाल निकालना, नार काटना, जच्चा–बच्चा की सफाई करना (चमारी और सऊरी), मैला फेंकना, सूअर का बाल निकालना, गंदे कपड़े धोना, बुनाई का काम करना, बांस का काम करना आदि अलग–अलग कार्य करनेवालों की अलग–अलग जातियां बन गईं, जिन्हें अछूत समझा जाता था। इन्हें सभी नागरिक अधिकार भी नहीं प्राप्त थे। इन्हें गांव की आबादी से दूर बसाया जाता था।

वर्णाधारित जाति–व्यवस्था की उत्पत्ति

कालांतर में वर्ण–व्यवस्था से ही भारत में जाति–व्यवस्था का जन्म हुआ। विवाह तथा अन्य सामाजिक कृत्यों को लेकर वर्ण, जातियों के रूप में विखंडित होते गए। जाति–व्यवस्था की उत्पत्ति के संबंध में विभिन्न विद्वानों के अलग–अलग मत हैं। एक फ्रेंच विद्वान सीनार्ट ने जातिवाद को एक संकुचित मंडल बताया है, जो कठोरतापूर्वक पैतृक है तथा कतिपय मामलों में परंपराप्राप्त एक नगरप्रमुख और एक परामर्शदात्री

समिति सहित स्वतंत्र संगठन है। यह त्यौहार, विवाह, खाद्यान्न तथा रीति–रिवाजों द्वारा अपने सदस्यों पर शासन करता है। नेसफील्ड ने जाति को एक श्रेणी बताया है, जो किसी अन्य जाति से अपना संबंध अस्वीकार करती है, जो न अंतजातीय विवाह कर सकती है और न अपनी जाति छोड़कर अन्य किसी जाति के साथ खान–पान कर सकती है। सर एच. रिसले ने इसे परिवारों या परिवार–समुदायों का समूह कहा है, जिसका विशिष्ट व्यवसाय से संबंध होता है। ये अपना उद्‌गम पौराणिक मानवी अथवा दैवी पूर्वजों से होने का दावा करते हैं। डॉ. केतकर ने जाति को एक समूह कहा है, जिसमें उन्होंने दो विशिष्ट गुण बताए हैं–

1. समूह की सदस्यता उन्हीं लोगों तक सीमित है, जिनका जन्म उसी जाति–समूह के सदस्यों द्वारा हुआ है और इस प्रकार उत्पन्न समस्त व्यक्तियों का उसमें समावेश हुआ है।

2. समूह के सदस्यगणों को कठोर सामाजिक कानून द्वारा अपने समुदाय से बाहर विवाह–संबंध करने की मनाही है।

डॉ. घुरे के अनुसार – "भारत में जाति–व्यवस्था, भारतीय आर्य सभ्यता का ब्राह्मणी बच्चा है, जो गंगा–यमुना के मैदान के पालने में पाला–पोसा गया और फिर देश के अन्य भागों में चला गया।" डॉ. अम्बेडकर ने जाति–व्यवस्था को एक 'परिवेष्टित वर्ग बताया है। वे कहते हैं कि वर्णों के कुछ रीति–रिवाज आयोजित किए जाते थे, जिनके द्वारा वे स्वयं इन इकाइयों से जुड़ते थे जो जाति कहलाती थीं। "वर्ण और जाति एक नहीं हैं। 'वर्ण' शब्द समाज में उन चार भागों–ब्राह्मण, क्षत्रिय, वैश्य और शूद्र को द्योतित करता है, किन्तु 'जाति' शब्द दो वर्णों के संयोग से उत्पन्न संतति के लिए प्रयुक्त होता है। चारों वर्णों के पुरुषों और स्त्रियों के पारस्परिक मिलन से उत्पन्न संतान जाति नाम से अभिहित है। इन्हीं को 'वर्णसंकर' भी कहा जाता है।"

जाति–प्रथा से हानि

डॉ. आंबेडकर ने जाति–प्रथा को 'समाज का प्रदूषण' कहा है, जो अब हिन्दू समाज का कोढ़ बन गया है। हिन्दू समाज में जाति केवल प्रतिष्ठा की ही परिचायक नहीं है, बल्कि धार्मिक प्रतिष्ठा की भी परिचायक है।

जाति ने ही भारतीय समाज में फूट और कलह पैदा किया, जिससे भारतीय समाज पतन के गर्त में पहुंच गया। डॉ. अम्बेडकर के अनुसार, "जाति–व्यवस्था कोई ईश्वरीय या शाश्वत नियम नहीं है। यह उन स्वार्थी

तत्वों द्वारा बनाया गया नियम है जो शक्तिशाली व अधिकार–संपन्न तथा दूसरों पर अपनी दासता थोपने में समर्थ थे। यह उच्च कहे जानेवाले लोगों के हाथ की तलवार है, जो बहुमत पर राजनीतिक व प्रशासनिक वर्चस्व बनाए रखती है। जाति व वर्ग सामाजिक संकीर्णता और मानसिक बीमारी की सूचक है। जाति–व्यवस्था ने भारतीय समाज में जन–भावना का अंत कर दिया है। इसने व्यक्ति के गुणों व निष्ठा को जाति में सीमित व कुंठित कर दिया है। जाति ने सामाजिक व राष्ट्रीय एकता को कमजोर किया है।"

आज हिन्दू धर्म के नाम पर मंदिर–मस्जिद के झगड़े से दलित–वर्ग उदासीन है। वह जानता है कि आज भी देश के कुछ मंदिरों में दलितों का प्रवेश वर्जित है। ऐसी दशा में उसका मोह मंदिरों से भंग हो रहा है। जातीय भेदभाव के कारण हिन्दू धर्म के भीतर ही सवर्ण, पिछड़ी जाति और दलित–वर्ग के बीच संघर्ष शुरू हो गया है। बिहार राज्य इसका एक नमूना है। अतः जाति–व्यवस्था के रहते संघर्ष, असंतोष, हिंसा को बढ़ावा मिलेगा, जो राष्ट्रीय एकता के लिए हानिकारक है ।

दलितों पर अत्याचार

धर्म–ग्रंथों में शूद्रों या अस्पृश्यों के लिए जो व्यवस्था की गई थी, आज के वैज्ञानिक युग में भी भारतीय समाज पर उसका पूरा प्रभाव है। ये लोग समाज का निम्न कार्य करके दूसरे वर्ग के लोगों की सेवा करते हैं और उसके बदले में इन्हें मिलती है घृणा, उपेक्षा, लताड़। इन्हें दिनभर काम करके जो पारिश्रमिक मिलता है, वह इतना कम होता है कि उससे इनका निर्वाह नहीं होता। इन्हें जो खाना दिया जाता है, वह मनुष्य के खाने योग्य नहीं होता। जूठे बर्तन और पत्तलों का बचा भोजन खाने में दिया जाता है। इनकी बस्तियां अन्य लोगों से अलग बसाई गई हैं। जहां ये रहते हैं, वहां इनके लिए पानी और रोशनी का भी समुचित प्रबंध नहीं होता। इनके मन में यह धारणा पैदा कर दी गई है कि गंदी नालियां साफ करना, पाखाना उठाना, पशुओं को दफनाना, खाल निकालना इनकी जिम्मेदारी है। अंत्यज बढ़िया व बहुमूल्य कपड़े पहनकर बाहर निकलता है, तो बुरा समझा जाता है। इनका दूल्हा आज भी पालकी या घोड़े पर चढ़कर बारात में नहीं जा सकता, इन पर अब भी अत्याचार होते हैं। प्रतिदिन अब तक प्रायः अखबारों में अनुसूचित जाति तथा अनुसूचित जनजाति के उत्पीड़न के समाचार पढ़ने को मिलते हैं।

शकों और हूणों ने अपने आक्रमण के आरंभिक दौर में इस देश के सभी वर्णों को रौंदा, किंतु सत्ता में आने पर वे 'राजपूत' बना दिए गए और फिर पहले की भांति भेदभाव शुरू हो गया। गुप्त–काल में अस्पृश्यता का जोर और बढ़ा।

जाति–व्यवस्था का विरोध

सबसे पहले चार हजार वर्ष पूर्व चार्वाक ने वर्ण–व्यवस्था पर आधारित जाति–पाति–व्यवस्था का विरोध किया। बुद्ध ने आज से लगभग ढाई हजार वर्ष पूर्व जन्म व जाति पर आधारित सामाजिक भेदभाव के विरुद्ध अहिंसात्मक क्रांति का आह्वान किया।

संतों द्वारा जाति–व्यवस्था का विरोध

उत्तर भारत में पैदा होनेवाले संत कबीर, दादू और उनके समर्थकों ने जाति–पाति और अंधविश्वास के विरुद्ध प्रखर आंदोलन किया। मानवता पर विश्वास रखनेवाले इन संतों के आंदोलन बहुत हितकारी थे, उन्होंने सामाजिक बुराइयों और छुआछूत का विरोध करते हुए, कथित सवर्ण हिन्दुओं को कुमार्ग और विनाशकारी बुराइयों से सावधान किया। इसी प्रकार दक्षिण भारत में संत 'एकनाथ' ने भी जाति–पाति का विरोध किया। देशव्यापी संत–आंदोलन की प्रमुख विशेषता रही है – ऊंची–नीच के भेदभाव का विरोध और मनुष्य–मात्र की समानता की घोषणा। संस्कृत भाषा को छोड़कर लोकभाषा हिन्दी तथा अन्य भारतीय भाषाओं में साहित्य रचा जाने लगा और संस्कृत पर द्विजों, विशेषकर ब्राह्मणों का एकाधिकार समाप्त हो गया। जाति–पाति का विरोध करनेवालों में संत रैदास, संत कबीर, संत दादू, संत घासीराम, संत रज्जब, गुरु नानक, एकनाथ, चोखामेला आदि ने अपनी वाणियों द्वारा सारे देश में जाति–पाति की मनुष्यकृत बंधन बताकर और ईश्वर के दरबार में सबकी बराबरी सिद्ध कर, इन जातियों का मनोबल बढ़ाया।

समाज–सुधारकों द्वारा जाति–पाति का विरोध

अस्पृश्यता व अन्य सामाजिक बुराइयों के विरुद्ध व्यापक जागृति उन्नीसवीं शताब्दी के उत्तरार्द्ध में पाश्चात्य शिक्षा व संस्कृत के प्रभावस्वरूप हुई। पाश्चात्य समाजों में वैज्ञानिक व औद्योगिक प्रगति और प्रजातंत्र व लौकिक दृष्टिकोण के विकास का भारतीय जन–मानस पर गहरा प्रभाव पड़ा और वहां जन्मगत ऊंच–नीच के सामाजिक भेदभाव के स्थान पर, स्वतंत्रता व समानता पर आधारित प्रजातांत्रिक संस्थाओं की मांग बढ़ी। भारत में राष्ट्रीय जागृति का विकास, धार्मिक व सामाजिक

सुधारों के रूप में हुआ। सुधार–आंदोलन ने एक ओर पाखंड आडंबर और कर्मकांड का विरोध किया तो दूसरी ओर जाति–पाति तथा अन्य मध्ययुगीन सामाजिक कुमान्यताओं का, जो राष्ट्रीय एकता व प्रगति के मार्ग में बाधक थीं, विरोध किया।

बंगाल के राजा राममोहन राय ने ब्रह्मसमाज की स्थापना द्वारा सामाजिक बुराइयों का विरोध किया और विधवाओं के सती होने के विरुद्ध आंदोलन करके उनका सती होना रोका। देवेंद्रनाथ ठाकुर और केशवचंद्र सेन ने इसे आगे बढ़ाया। रामकृष्ण परमहंस और स्वामी विवेकानंद ने भी सामाजिक बुराइयों को दूर करने का संदेश दिया। स्वामी दयानंद सरस्वती ने इस क्षेत्र में बहुत बड़ा कार्य किया। आर्य समाज की स्थापना करके उन्होंने सामाजिक बुराइयों के विरुद्ध धर्म का बिगुल बजा दिया और ब्राह्मणों तथा शोषकों के पाखंड व आडंबरों का रहस्योद्घाटन करने के साथ–साथ, अस्पृश्य जातियों को, जो इस्लाम और ईसाई धर्म की तरफ जा रही थीं, हिन्दू धर्म से जोड़ने की कोशिश की। स्वामी श्रद्धानंद ने 'अछूतोद्धार मंडल' की स्थापना करके छुआछूत दूर करने की कोाशिश की। पंजाब – केसरी लाला लाजपतराय, गणेशशंकर विद्यार्थी तथा उनके समर्थकों का भी इन बुराइयों को दूर करने में बहुत बड़ा योगदान रहा। आर्य समाज ने धर्म–परिवर्तन को रोक दिया। दलितोद्धार सभा, आर्य बिरादरी सम्मेलन, 'जाति–पाति तोड़क मंडल' (पंजाब) ने जाति–पाति को ढहाने का बहुत बड़ा कार्य किया।

महात्मा गांधी अस्पृश्यता–विरोध

बीसवीं शताब्दी के दूसरे दशक में राष्ट्रीय आंदोलन का नेतृत्व महात्मा गांधी के हाथों में आ गया। उन्होंने अस्पृश्यता–विरोधी आंदोलन और हरिजन उत्थान को राष्ट्रीय आंदोलन का अभिन्न अंग बना दिया। गांध ीजी ने 'अस्पृश्यता' को हिन्दू समाज का कलंक बताया। उनका कहना था कि यदि अस्पृश्यता रहती है तो हिन्दू धर्म मिट जाएगा। सामाजिक और सांस्कृतिक जीवन में वे मंदिरों की भूमिका को महत्वपूर्ण मानते थे। इसलिए उन्होंने हरिजनों के मंदिर–प्रवेश आंदोलन का समर्थन किया। वे दलित–समस्या का हल सवर्ण तथा हरिजनों में विरोध व संघर्ष के द्वारा नहीं अपितु उनमें आपसी समझ–बूझ बढ़ाकर अर्थात उनके हृदय–परिवर्तन से करना चाहते थे। वे अछूतों को हिन्दू समाज का अभिन्न अंग मानते थे। अस्पृश्यों के पृथक निर्वाचन की घोषणा जब ब्रिटिश सरकार ने की, तो गांधीजी ने इसके विरोध में अनशन

किया। 24 सितंबर,1932 को इस संबंध में महात्मा गांधी और डा. आंबेडकर का समझौता हुआ, जिसे 'पूना पैक्ट' कहते हैं। इसमें डा. आंबेडकर ने गांधीजी के प्रयासों से अपने पृथक निर्वाचन की मांग छोड़ दी थी। अमृतलालजी ठक्कर के नेतृत्व में 'अखिल भारतीय अस्पृश्यता विरोधी लीग' की स्थापना हुई। इसी समय गांधीजी ने प्रसिद्ध साप्ताहिक पत्र 'हरिजन' का प्रकाशन किया। ठक्कर बापा के अस्पृश्यता विरोधी संगठन का नाम आगे चलकर 'हरिजन सेवक संघ' पड़ा। हरिजनों के उत्थान हेतु गांधीजी ने 1933 और 1934 में देशव्यापी दौरा किया। गांधीजी के सामाजिक–आर्थिक दर्शन का लक्ष्य सर्वोदय समाज की स्थापना था। उनके आंदोलन का प्रभाव देश पर बहुत पड़ा। अनेक साहित्यकारों ने भी इस पर अपनी लेखनी चलाई। "हरिजन–समस्या के निवारण और सर्वोदय की स्थापना में गांधीजी को आशातीत सफलता नहीं मिली। गांधीजी ने अछूतों का 'हरिजन' नाम रखा। यद्यपि उनकी मंशा अच्छी थी, इस वर्ग को वह भगवान का भक्त कहते थे, किन्तु बाद में दलित समाज द्वारा इस नाम का विरोध किया जाने लगा। इसके संबंध में कहा गया कि दक्षिण के देवालयों में जहां दासी प्रथा है, उदन दासियों से उत्पन्न बच्चों को 'हरिजन' कहा जाता है, इसलिए गांधीजी ने यह नाम रखकर हमें अपमानित किया है। फलतः डॉ. अम्बेड़कर ने जब संविधान का निर्माण किया, तो इसके लिए उन्होंने 'अनुसूचित जाति' शब्द का प्रयोग किया है। संविधान के अनुसार 'हरिजन' शब्द अमान्य कर दिया गया है। गांधीजी हरिजन समस्या का समाधान हिन्दू धर्म के अंतर्गत ही करना चाहते थे। हिन्दू धर्म का मुख्य आधार वर्ण–व्यवस्था है। जहां वर्ण–व्यवस्था है, वहां जाति–व्यवस्था अर्थात् छुआछूत व ऊंच–नीच की भावना आवश्यक है, इसलिए इस वर्ग के शिक्षित लोगों पर इसका बहुत कम प्रभाव पड़ा।

दक्षिण में जाति–व्यवस्था का विरोध

'ब्राह्मण वर्चस्व' का विरोध महाराष्ट्र में भी हुआ। 'महात्मा फुले' ने 'सत्य शोधक समाज' की स्थापना कर, दलित बच्चों को शिक्षा देना शुरू कर दिया। मद्रास में बी.पंतलू तथा आर.वेंकटरामन ने जातिवाद के विरुद्ध आवाज उठाई। बीसवीं सदी के आरंभ में श्री नारायण गुरुस्वामी द्वारा दलितों की मुक्ति हेतु 'एक जाति, एक धर्म, एक ईश्वर' के सिद्धांत पर आधारित एक नए धर्म की स्थापना हुई। वर्ण–व्यवस्था के विरुद्ध अब्राह्मण आंदोलन का चरम रूप 'द्रविण आंदोलन' है। इसके अंतर्गत रामास्वामी नायकर ने 'सेल्फ रेस्पेक्ट मूवमेंट' चलाया। अपने अनुयाइयों

से उन्होंने ब्राह्मण के स्थान पर अपने पुरोहित रखने को कहा। 'द्रविण कड़गम आंदोलन' की स्थापना इसी से हुई ।

डॉ. अम्बेडकर का जाति–पाति के विरुद्ध संघर्ष

राष्ट्रीय तथा सामाजिक आंदोलन से दलित अछूते नहीं रहे। अभी तक दूसरे लोग इनकी समस्याओं के लिए संघर्ष कर रहे थे, किन्तु शिक्षा के प्रसार–स्वरूप नागरिक अधिकारों की मांग का इन पर व्यापक प्रभाव पड़ा और इन्होंने अपनी मुक्ति के लिए स्वयं पहल की। पंजाब में 'आदि धर्म आंदोलन', बंगाल में 'नाम शूद्र' आंदोलन, तमिलनाडु में 'आदि द्रविण' आंदोलन, आंध्र में 'आदि आंध्र' आंदोलन, कर्नाटक में 'आदि कर्नाटक' आंदोलन, कानपुर में 'आदि हिन्दू महासभा' आंदोलन, केरल में 'चरूमन पुलय और झाखा' आंदोलन तथा किसी न किसी रूप में डा. अम्बेडकर से जुड़ गए। "सामाजिक समानता का जो संघर्ष बुद्ध ने पच्चीस सौ वर्ष पूर्व छेड़ा था, वह कालांतर में चाहे दब गया हो, किन्तु मरा नहीं था। आधुनिक युग में डॉ. अम्बेडकर ने उसे पुनर्जीवित कर दिया।" एक साधारण महार–जाति में जन्म लेने के बावजूद, आंबेडकर ने अपने कठिन परिश्रम द्वारा पाश्चात्य देशों में रहकर ऊंची से ऊंची शिक्षा प्राप्त की। उन्हें समाज, अर्थनीति, राजनीति व कानून का बहुत अच्छा ज्ञान था।

डॉ. अम्बेडकर ने दलितों को राजनीतिक, सामाजिक तथा आर्थिक आजादी दिलाने के लिए 1942 में 'ऑल इंडिया शिड्यूल्ड कास्ट फेडरेशन' की स्थापना की । दलितों के सम्मान की रक्षा की दृष्टि से उन्होंने दलित युवकों का 'समता सैनिक दल' बनाया और उन्हें शिक्षा से जोड़ने के लिए "पापुल्स एजुकेशन सोसाइटी" की स्थापना की, जिसके तत्वावधान में उन्होंने बंबई में सिद्धार्थ कालेज तथा औरंगाबाद में विशेषकर दलितों में शिक्षा के प्रचार–प्रसार हेतु मिलिंद कालेज की स्थापना की । 1936 में 'इंडिपेंडेंट लेवर पार्टी' बनाकर उन्होंने राजसत्ता में भागीदारी के लिए संघर्ष शुरू कर दिया। आगे चलकर डॉ. अम्बेडकर के निर्देश पर 1956 में 'रिपब्लिकन पार्टी' का गठन हुआ। डॉ. अम्बेडकर के दलित आंदोलन की दो मुख्य धाराएं थीं : (1) सामाजिक समानता के लिए संघर्ष, और (2) सांस्कृतिक दासता से मुक्ति। पहले इन उद्देश्यों की प्राप्ति के लिए डॉ. अम्बेडकर हिन्दू समाज में ही रहकर संघर्ष करना चाहते थे, इसके लिए उन्होंने 'मंदिर–प्रवेश आंदोलन' का नेतृत्व किया । दूसरे, उन्होंने इस बात पर बल दिया कि हिन्दू–शास्त्रों से उन अंशों

को हटा दिया जाए, जो सामाजिक बुराइयों को प्रश्रय देते हैं । यह सर्वथा नवीन हिन्दू धर्म का निर्माण करना चाहते थे, जो हिन्दू–संस्कृति की मौलिक मान्यताओं पर आधारित हो। किन्तु हिन्दू धर्म के नेताओं ने उनकी बातों पर ध्यान नहीं दिया।

धीरे–धीरे डॉ. अम्बेडकर की हिन्दुओं से राजनीतिक व सामाजिक दूरी बढ़ती गई। उनकी मान्यता थी कि धर्म और दासता दोनों एक साथ नहीं रह सकते और अधिकार कठिन संघर्ष से ही प्राप्त किए जाते हैं। 1946 में डॉ. अम्बेडकर ने संविधान सभा को अछूतों के संबंध में एक मांगपत्र दिया। आगे चलकर उन्हें ही 'संविधान सभा' का अध्यक्ष बनाया गया। उन्होंने जो मांगे रखी थीं, वह 'संविधान सभा' द्वारा स्वीकार ली गईं। संविधान में छुआछूत का अंत कर दिया गया। जाति, वंश, लिंग या धर्म को इकाई न मानकर व्यक्ति को इकाई माना गया दलितों की निर्योग्यता को मानते हुए उन्हें संविधान में विशेष सुविधाएं दी गई। 'हिन्दू कोड बिल' के प्रश्न पर मतभेद होने पर डॉ. अम्बेडकर ने सरकार से इस्तीफा दे दिया।

हिन्दी धर्म में समानता की भावना से निराश होकर डॉ. अम्बेडकर ने बौद्ध धर्म को स्वीकार कर लिया। उनके साथ बड़ी संख्या में अछूतों ने बौद्ध धर्म ग्रहण किया, जिन्हें 'नव–बौद्ध' कहा जाने लगा। आरंभ में डॉ. अम्बेडकरके 'नव–बौद्ध' आंदोलन का प्रभाव महाराष्ट्र में महाराष्ट्र के महारों तथा आगरा के जाटवों पर ही रहा, किन्तु धीरे धीरे इसका प्रसार पंजाब, हिमाचल, मध्यप्रदेश, उत्तर प्रदेश तथा कर्नाटक आदि प्रांतों में हो गया। स्वतंत्रता काल में नव–बौद्ध आंदोलन दलितों में सर्वाधिक लोकप्रिय एवं व्यापक आंदोलन रहा है । यद्यपि नव–बौद्धों को समाज में अभी अपेक्षित समानता नहीं मिल पाई है, किन्तु नव–बौद्ध के रूप में उन्होंने अपनी अलग पहचान बना ली है।

डॉ. अम्बेडकर द्वारा 'भारत के संविधान निर्माण' और 'दलितों व स्त्रियों के मुक्ति–आंदोलन तथा देश–सेवा को देश ने स्वीकार किया। 1989 में लखनऊ में डॉ. अम्बेडकर विश्वविद्यालय प्रदेश सरकार द्वारा स्थापित किया गया। 1990 में उन्हें मरणोपरांत 'भारत–रत्न' से विभूषित किया गया और पार्लियामेंट के सेंट्रल हाल में उनका तैलचित्र लगाया गया ।

बाबू जगजीवनराम का प्रयास

बाबू जगजीवनराम 'धर्मांतरण' को अस्पृश्यों की समस्या का समाधान नहीं मानते थे । इस प्रवृत्ति को वह 'कायरता का प्रतीक' मानते रहे।

वह हिन्दू समाज में रहकर ही समानता की लड़ाई पर बल देते थे। वे कहते रहे – "आज अधिसंख्य प्रगतिशील हिन्दू जात–पात व सामाजिक भेद–भाव के विरुद्ध हैं । सामाजिक सुधार की लड़ाई परंपरावादी एवं पुरातन–पंथी हिन्दुओं से है, न कि प्रगतिशील हिन्दुओं से, जो वास्तव में हमारे साथ हैं । धर्मांतरण से हम ऐसे लोगों की सहानुभूति को अस्वीकार कर अलग पड़ जाते हैं। लड़ाई वास्तव में ब्राह्मणवाद से है, न कि हिन्दू धर्म और दर्शन से।" उनका कथन रहा कि "इस्लाम, सिख, क्रिश्चियन या बौद्ध में जो आदर–सम्मान उन्हें मिलना चाहिए, वह नहीं मिलता । उनके साथ वहां भी भेदभाव होता है । वह अस्पृश्यों में साहस, धैर्य, बलिदान और त्याग की आवश्यकता समाज को बदलने के लिए मानते रहे । बाबूजी ने दलितोत्थान के लिए 'दलित वर्ग संघ' की स्थापना की जो दलित–समाज की सेवा कर रहा है ।

समस्या का समाधान : सामंजस्य–स्थापन

अस्पृश्यता हिन्दू समाज का सबसे बड़ा कोढ़ है । इसलिए जब तक सवर्ण और दलित मिलकर इसे दूर करने का प्रयास नहीं करेंगे, तब तक इस रोग का समाधान कठिन है। यह सही है कि वर्ण–व्यवस्था, जिसके कारण अस्पृश्यता का उदय हुआ, अपनी श्रेष्ठता बनाए रखने के लिए, हजारों वर्षों पूर्व बनाई गई थी। आज भी उसका स्वरूप मौजूद है। इस बुराई को देखकर ही बाद में ब्राह्मण वर्ग के ही बहुत–से लोग इसे दूर करने में लग गए। 4000 वर्ष पूर्व सबसे पहले चार्वाक ने, जो ब्राह्मण थे, वर्ण–व्यवस्था का विरोध किया। इस बुराई का सबसे अधिक जोर दक्षिण में था। वहीं पर सबसे पहलें नवीं शताब्दी में यवनाचार्य और शटकोट ने, जो ब्राह्मण थे, इसके विरुद्ध संघर्ष किया। रामानुजाचार्य के शिष्य रामानंद ने अंत्यजों को भी दीक्षा दी। स्वामी दयानंद सरस्वती ने आर्य समाज के द्वारा हिन्दू समाज को सुधारने का प्रयास किया। बीसवीं शताब्दी में दक्षिण में नारायण गुरु ने 'एक देश, एक ईश्वर, एक धर्म' चलाने का प्रयास किया । महापंडित राहुल सांस्कृत्यान, भगवतशरण उपाध्याय, आचार्य चतुरसेन शास्त्री आदि ने साहित्य के द्वारा इस समस्या को सामने लाकर सही पथ–प्रदर्शन का प्रयास किया। आज भी ब्राह्मण जाति के अनेक धार्मिक, राजनीतिक, सामाजिक और साहित्यिक विद्वान इस बुराई को दूर करने के लिए प्रयत्नशील है। परिणामस्वरूप इस बुराई के दूर होने का वातावरण पैदा हो रहा है। समाज में जो भेदभाव 40 वर्ष पूर्व था, वह आज नहीं है । स्वतंत्रता के बाद अस्पृश्यता तो कम हुई, परन्तु इन जातियों की उन्नति देखकर ईर्ष्या बढ़ गई है । ब्राह्मणों

के अतिरिक्त दूसरे मनीषी भी इस बुराई को दूर करने का बराबर प्रयास करते रहे हैं । इनमें स्वामी विवेकानंद का नाम उल्लेखनीय है।

स्वामी विवेकानंद ने सवर्णों को ललकारते हुए कहा था : ''सवर्णों, शूद्रों के साथ कटुता का व्यवहार छोड़ दो अन्यथा एक दिन ऐसा आएगा जब बहुसंख्यक शूद्र संगठित होकर तुम्हें एक फूंक से उड़ा देगा, वह दिन भारत में अवश्य आएगा । यही शूद्र वे लोग हैं, जिन्होंने तुम्हें सभ्यता सिखाई और यही तुम्हें नीचे गिरा सकते हैं । सोचें कि किस तरह एक शक्तिशाली रोमन सभ्यता मिट्टी में मिला दी गई थी ।'' स्वामीजी ने आगे कहा है : ''तुम्हारे सवर्णों के इतिहास, साहित्य तथा पुराण इत्यादि सभी शास्त्र मनुष्य को केवल डराने का कार्य करते हैं । कभी तुमने इन गरीबों, दुखियों के लिए सोचा है? जो लोग हमारे राष्ट्र की रीढ़ हैं, जिनके परिश्रम से अन्न पैदा हो रहा है, जिन मेहतर–डोमों के लिए एक दिन भी काम बंद कर देने पर शहरभर में हाहाकार मच जाता है, तुम क्यों नहीं सोचते उनके बारे में?'' उन्होंने आगे कहा है : ''ढोल–करताल बजाकर उछल–कूद मचाने से यह देश पतन के गर्त में चला जाएगा, इसलिए मैं तुमसे कहता हूं कि इन सब शूद्रों को विद्यादान, ज्ञानदान देकर इन्हें जगाने के लिए तुम स्वयं तैयार हो जाओ।''

जहां ब्राह्मण–वर्ग के बहुत–से लोग इस बुराई को दूर करने में लगे हैं, वहीं दलित–वर्ग के लोगों को भी प्राचीन काल की इस व्यवस्था के लिए ब्राह्मणों या मनुस्मृति को कोसने मात्र से काम नहीं चलेगा । मनुस्मृति तथा अन्य धार्मिक ग्रंथों में दलितों के विरुद्ध जो बातें लिखी गई हैं, आज के संविधान में वे बेमानी हैं । उनका बार–बार उल्लेख करने से वातावरण विषाक्त होता है, गड़े मुर्दे उखाड़ने से किसी को लाभ नहीं होनेवाला है ।

कुछ लोग इस समस्या का हल 'धर्म–परिवर्तन' मानते हैं । किन्तु धर्म–परिवर्तन से जो लोग बच जाते हैं, उनकी समस्या तो बरकरार ही रह जाती है । धर्म–परिवर्तन का उलटे यह परिणाम होता है कि दलितों की समस्याएं हल करने की तरफ से ध्यान हट जाता है। धर्म कितना ही उदार व लौकिक क्यों न हो, वह जनता की संघर्ष क्षमता को कुंठित करता है । इस्लाम धर्म को स्वीकार करो या क्रिश्चियनिटी को, सिख बनो या बौद्ध, धर्मांतरित हिन्दुओं के मन से जातीयता का प्रभाव पूर्णतः समाप्त नहीं होता । हिन्दुओं पर सिख या बौद्ध धर्म ग्रहण करने पर भी कोई प्रतिक्रिया नहीं होती, क्योंकि उनके विचार से सिख या बौद्ध भी हिन्दू धर्म के ही अंग हैं । इसका यह मतलब नहीं है कि हिन्दू धर्म

की सभी बुराइयों को आंख मूंदकर मान लिया जाए । इस सबंध में मैं बुद्ध के इस विचार का समर्थक हूं कि "किसी ग्रंथ में जो लिखा है उसे सही मत मानो; महापुरुषों ने ऐसा कहा है, उसे भी सही मत मानो; परंपरा से यह चली आई है, उसे सही मत मानो मैंने ऐसा कहा है, उसे भी सही मत मानो, बल्कि किसी बात को अपनी बुद्धि और विवेक से तर्क की कसौटी पर कसो। यदि यह बात सही मालूम होती है, तो उसे ही सही मानो।" हिन्दू धर्म को इसी परिप्रेक्ष्य में देखना चाहिए। इस प्रकार 'धर्म–परिवर्तन समस्या का समाधान नहीं है।'

देश के संविधान द्वारा दलितों की राजनीति में भागीदारी सुनिश्चित हो चुकी है। कानून के सामने सभी बराबर हैं । दलित समाज के लोग भी आर्थिक व शैक्षिक क्षेत्र में प्रगति कर रहे हैं। किन्तु अभी सामाजिक क्षेत्र में पूरी बराबरी नहीं आ पाई है। समाज का पूरा दृष्टिकोण न बदलने के कारण ही "अस्पृश्यता" कानूनन अपराध घोषित हो जाने के बावजूद अभी तक अस्तित्व में है। हमें ज्ञात है कि समाज में बाल विवाह रोकने, विधवा विवाह करने, सती प्रथा बंद करने, लड़कियों को पिता की संपत्ति में हक देने और विशेष विवाह कानून का भी स्वार्थी तत्त्वों ने घोर विरोध किया था, किन्तु समाज–हित में इनके लिए कानून बने। आज वह विरोध समाप्तप्राय है। इसी प्रकार समाज की अस्पृश्यता को कुछ लोग कायम रखना चाहते हैं, किन्तु जो वातावरण बन रहा है उससे यह निशिचित है कि इसका विरोध भी खत्म हो जाएगा।

दलित समाज को अपनी स्थिति बदलने के लिए स्वयं प्रयास करना पड़ेगा । उनकी गुलामी दूर करने दूसरा नहीं आएगा । आज दलित आंदोलन जातियों और उपजातियों में बंटता जा रहा है। दलित आंदोलन को कुछ लोग व्यवसाय बना रहे हैं और इसके माध्यम से सत्ता तक पहुंचने कार प्रयास कर रहे हैं। कुछ लोग दलित समस्या को बनाए रखकर इसका राजनीतिक लाभ उठाना चाहते हैं।

दलितों को दलितों में ही दलित–बाल्मीकि समाज ओर आदिवासी तथा घुमंतू जातियों की समस्याओं के समाधान को प्राथमिकता देनी चाहिए। अन्य जातियों के जो लोग दलितों की समस्या का समाधान करना चाहते हैं उनका स्वागत–सम्मान करने में हमें पीछे नहीं रहना चाहिए।

सवर्ण और दलित जब तक बिना दुराव के, एक साथ मिलकर इस समस्या से नहीं लड़ेंगे, तब तक यह बुराई दूर नहीं होगी । एक–दूसरे की बुराई करने से समस्या सुलझने के स्थान पर उलझती ही जागी, जिसका दुष्परिणाम सभी को और अंत में देश को भी भुगतना पड़ेगा।

सवर्ण और दलित जाति के बुद्धिजीवी पूर्वाग्रह छोड़कर देश–हित में दलित समस्या का समाधान निकालें । उनके मन में 'जियो और जीने दो' का सिद्धांत रहेगा तो यह समस्या अवश्य सुलझ सकती है।

जनजाति शिक्षा

भूमिका : शिक्षा और संस्कृति

वस्तुतः शिक्षा का प्रमुख उद्देश्य व्यक्ति का सर्वांगीण विकास सुनिश्चित करना है । श्री एन.के. अम्बाष्ट के शब्दों में "शिक्षा व्यक्ति को पूर्ण रूपेण विकसित करने हेतु एक प्रयोजनपूर्ण एवं व्यवस्थित प्रयास है जिससे व्यक्ति स्वयं अपने ज्ञान को ठीक से समझकर दूसरे के विचारों तथा भावों से तादात्म्य करके और इष्ट जगत का वास्तविक स्वरूप स्वयं में संजोकर आदर्श मानव बन सके।" इस दृष्टि से शिक्षित मनुष्य की विशिष्टता यह है कि वह तत्कालीन समाज के साथ सभी दृष्टियों से सामंजस्य स्थापित कर सके । इसी संदर्भ में हम यहां यह विश्लेषण करना चाहेंगे कि क्या शिक्षा आदिवासी बच्चे को इस योग्य बना पा रही है कि वह स्वयं को समकालीन बहुसंस्कृति वाला समाज के अनुरूप ढाल लेता है अथवा नहीं। यदि शिक्षित व्यक्ति ऐसा नहीं कर पाता तो सामाजिक विषमता पैदा हो ही जाती है । सम्पूर्ण भारत के विकास हेतु भारतीय संस्कृति और आदिवासी विविधता प्रधान संस्कृति में समुचित संतुलन होना परम आवश्यक है। इस स्तर पर पनपा असंतुलन, देश में सामाजिक असंतुलन अवश्य पैदा करेगा । बच्चे को स्कूल में जो पढ़ाया–सिखाया जाता है, यदि घर और समाज में व्यवहार उससे विपरीत पाया जायेगा तो एक साधारण बच्चा शिक्षा–पास के अनुपालन के बजाय वैसा आचरण करेगा जैसा घर और समाज में वह देखता–भोगता और जीता है और स्कूल में जिन मूल्यों और नैतिकता का पाठ पढ़ाया जाता है व्यवहार में उनका उलट ही सामने आता है। आज की शिक्षा को अव्यवहारिक और अनुपयोगी समझकर बच्चा ऐसी शिक्षा से उदासीन हो जाता है और उसे नकार देता है। यदि हमारे देश के स्कूल इस तथ्य की ओर ध्यान नहीं देंगे तो स्थिति बद से बदतर ही होगी ।

अतः स्कूली शिक्षा का स्थानीय संस्कृति से सम्पर्क होना चाहिए। आदिवासी लोगों की दृष्टि में स्कूली शिक्षा उन कारणों में से एक समझा जाता है जो बच्चों को सुधारने के स्थान पर उन्हें बिगाड़ देते हैं। इस धारणा की वजह से ही आदिवासी लोग अपने बच्चों को स्कूल भेजने से कतराते या उसकी स्कूली शिक्षा बीच में ही छुड़वा देते हैं।

आदिवासी लोगों को यह भय भी ठीक ही समाता है कि आधुनिक शिक्षा बच्चों को मात्र पढ़ना सिखाती है जिससे शिक्षित युवक अपने

पारिवारिक और परम्परागत काम–धंधों को करना छोड़ देते हैं तथा नौकरी न मिलने की स्थिति में बेरोजगार हो जाते हैं। विभिन्न स्थानों पर किये गये अध्ययन के आधार पर श्री अम्बाष्ट ने यह निष्कर्ष निकाला कि आदिवासियों में यह कष्टदायी भावना सार्वभौम रूप से विद्यमान है कि शिक्षित बच्चे अपने परिवारों से बिछुड़ जाते हैं और अन्ततः अपने परिवार को त्याग देते हैं।

अतः आदिवासी क्षेत्रों के लिए ऐसी शिक्षा–पद्धति की आवश्यकता है जो आदिवासियों की आवश्यकताओं और अपेक्षाओं के अनुरूप हो जिससे आदिवासी लोगों में असंतोष, निराशा और भय का वातावरण व्याप्त न हो, आदिवासी समाज का विघटन न हो, उनके परिवारों में दरार न पड़े तथा आदिवासी संस्कृति सुरक्षित रहे। इसके लिए यह नितान्त आवश्यक है कि उनकी शिक्षा का स्वरूप ऐसा बनाया जाये जो आदिवासी की मूल पहचान की रक्षा कर सके, उनकी आशंका, निराशा और हताशा को मिटा सके। इस प्रयोजनार्थ आदिवासी क्षेत्रों में शिक्षा हेतु ऐसे विषय और पाठ्यक्रम तैयार किये जायें जो उनको भायें, उनकी आवश्यकताओं को पूरा करें, उनकी संस्कृति की रक्षा करें, उनके भय को समूल नष्ट करें। इस प्रयोजनार्थ पाठ्यक्रमों में स्थानीय वातावरण, स्थानीय कथाओं, लोकगीतों, स्थानीय घटनाओं, कार्य–पद्धतियों, स्थानीय मत्स्य–पालन और कृषि और दस्तकारी जैसे रोजगारों–पेशों– व्यापारों, स्थानीय रीति–रिवाजों, परम्पराओं, त्यौहारों एवं उत्सवों आदि को स्थान देना अनिवार्य है।

यह जनजाति–समुदायों और लोगों के मन में यह विश्वास जागृत हो जाये कि उनके बच्चों को दी जाने वाली शिक्षा उनके स्वयं के लिए लाभप्रद और उपयोगी होगी तो वे निश्चित रूप से अपने आदिवासी क्षेत्रों में शिक्षा के प्रचार और प्रसार में सहयोग देंगे और परिणामतः अधिक संख्या में आदिवासी लोग साक्षर और शिक्षित होंगे और उनकी आय बढ़ेगी तथा उनका जीवन–स्तर भी उच्च होगा । किसी भी समाज में विकास गति को शिक्षा के आधार पर ही मापा जा सकता है। समाज कितना शिक्षित है और वहां कितनी भौतिक प्रगति हुई है इसे आंकने के लिए सबसे सरल उपाय समाज में व्याप्त साक्षरता और शिक्षा ही है। इस दृष्टि से यदि हम भारत में शिक्षा की स्थिति का अनुमान लगायें तो हमें जनगणना के आधार पर यहां व्याप्त साक्षरता का आधार ही लेना होगा । वर्ष 1991 की जनगणना के आधार पर भारत में साक्षरता दर 52.11 थी, जिनमें पुरुषों की साक्षरता दर 63.86 प्रतिशत और महिलाओं

में साक्षरता दर 39.92 प्रतिशत थी । राष्ट्रीय नमूना सर्वेक्षण संस्थान द्वारा 1998 में किये नमूना सर्वेक्षण के अनुसार साक्षरता दर 64.07 प्रतिशत थी । इन आंकड़ों के आधार पर यह स्पष्ट हो जाता है कि भारत में विशेष रूप से अनुसूचित जनजातियों और अनुसूचित जातियों में साक्षरता दर सवर्ण जातियों की तुलना में बहुत कम है और यह चिन्ताजनक भी है क्योंकि सरकारी और गैर सरकारी प्रयासों के बावजूद जनजातियों में अपेक्षित स्तर तक साक्षरता नहीं बढ़ पाई है । अब हम विशेष रूप से इस बात पर ध्यान केन्द्रित करेंगे कि देश में अनुसूचित जनजातियों की देश में शिक्षा की स्थिति क्या है अर्थात स्वतंत्रता प्राप्ति के बाद इस दिशा में अब तक कितनी प्राप्ति हुई है। साथ ही हम यह भी देखेंगे कि अनुसूचित जनजातियों की साक्षरता एवं शिक्षा संधाधी स्थिति के असंतोषजनक होने के क्या कारण हैं ।

जनजातियों में शिक्षा का प्रसार :

भारत के संविधान के अनुच्छेद 46 में सरकार इस बात के लिए वचनबद्ध है कि वह समाज के दुर्बल वर्ग के शैक्षिक एवं आर्थिक उत्थान पर विशेष ध्यान दे। इस निर्देशक तत्व के अंतर्गत केन्द्र व राज्य सरकारों द्वारा अनेक योजनायें व कार्यक्रम बनाये गये तथा लागू किये गये । इन वर्गों के लोगों को जिनमें प्रोत्साहन देने की आर्थिक सहायता प्रदान करने की, आश्रम स्कूल स्थापित करने की और छात्र–छात्राओं के लिए होस्टल स्थापित करने की योजनायें सम्मिलित हैं परन्तु इन वर्गों के लोगों में शिक्षा का प्रसार करने में अपेक्षित सफलता नहीं मिल पाई है।

सबसे पहले हम जनजाति में शिक्षा की स्थिति पर विचार करते समय नामांकन (Enrolment) पर चचा करेंगे। इन वर्गों में शिक्षा के प्रसार पर इस आधार पर सरलता से मापा जा सकता है। विभिन्न कक्षाओं में कितने बच्चों ने दाखिला लिया और कितने बच्चों ने अपनी उच्च स्तर की शिक्षा पूरी की। इसके लिए हमें विभिन्न राज्यो में विभिन्न वर्षों में अनुसूचित जनजातियों के बच्चों के कक्षा में प्रवेश के आंकड़ों पर दृष्टिपात करना होगा।

विभिन्न राज्यों में प्राथमिक शिक्षा के स्तर पर स्कूल प्रवेश सम्बन्धी आंकड़ों में वृद्धि हुई है । इतनी वृद्धि होने से सरकार द्वारा बनाई गई योजनायें और उनके कार्यान्वयन का योगदान रहा है । पांचवें अखिल भारतीय शिक्षा सर्वेक्षण से ज्ञात होता है कि देश के लगभग सभी गांव में स्कूल की सुविधा प्रदान कर दी गई है और इस बात पर अधिक बल

दिया गया है कि अधिक से अधिक बच्चे प्राथमिक शिक्षा स्तर पर स्कूलों में जायें। माना यह गया था कि यदि हम स्कूल जाने वाले बच्चों की संख्या में वृद्धि कर पायेंगे तो साक्षरता और शिक्षा का स्तर दोनों ही बढ़ेंगे । किन्तु यह अनुमान ठीक नहीं निकला और इसका सबसे बड़ा कारण यह है कि बच्चों को हाई स्कूल में प्रवेश तो बढ़ा किन्तु वे विभिन्न कारणों से अपनी शिक्षा पूरी न कर सके अथवा उन्हें बीच में ही स्कूल छोड़ देना पड़ा। यहां पर स्कूल प्रवेश सम्बन्धी अनुपात के आंकड़े देखना भी समीचीन होगा ।

यदि स्कूल प्रवेश अनुपात इस बात का ठीक संकेतक होता कि शिक्षा का स्तर बढ़ा है तो वस्तुतः हमें शिक्षा प्रसार के कार्य में अपेक्षित सफलता मिल गई होती । अतः यह निश्चित रूप से कहा जा सकता है कि स्कूल प्रवेश सम्बन्धी अनुपात से किसी भी समुदाय में शिक्षा की स्थिति का ठीक पता नहीं चलता है और यह बात अनुसूचित जनजाति के मामले में भी लागू होती है ।

यदि स्कूल छोड़ने वाले बच्चों की संख्या पर ध्यान दिया जाये तो ज्ञात होगा कि कक्षा 1 से लेकर कक्षा 5 तक विशेष रूप से अनुसूचित जनजाति के बच्चे अपनी शिक्षा बीच में ही छोड़ देते हैं । दुर्भाग्य से ऐसे आंकड़े एकत्रित नहीं किये जा सके जिससे स्पष्ट रूप से ज्ञात नहीं हो सका । कक्षा 1 से कक्षा 5 तक अथवा इससे ऊपर कितने छात्र बिना व्यवधान के अपनी शिक्षा पूरी कर पाये हैं ।

साथ ही यह ज्ञात होता है कि कक्षा पांच तक लगभग आधे छात्र ही शिक्षा पूरी कर पाते हैं । विशेष रूप से जनजाति के अधिकांश बच्चे तब स्कूल जाना छोड़ते हैं जब वे कोई काम धंधा करने लायक हो जाते हैं । चाहे वे खेत में काम करें या अपने घर पर ही करें । साथ ही स्कूल छोड़ने के मुख्य रूप से दो कारण होते हैं – एक जनजातियों के परिवारों की आर्थिक स्थिति अर्थात उनकी अपने गुजारे के अपर्याप्त आमदनी का होना और वर्तमान शिक्षा पद्धति का जनजाति के सर्वांगीण प्रवेश के प्रतिकूल होना ।

श्री एन.के. अम्बाष्ट द्वारा जनजाति शिक्षा पर पी.एच.डी. हेतु 1965 में लिखे गये शोध पत्र में इस प्रकार की समस्याओं का विस्तार से विवरण दिया गया है । रांची विश्वविद्यालय में पढ़े गये शोध पत्र के आधार पर बाद में इसे एन.सी.ई.आर.टी. द्वारा श्रेष्ठ शोध पत्र ठहराया गया । 1970 में इसे प्रकाशित किया गया, लेकिन उक्त शोध पत्र में

सुझाये गये समाधानों और शिक्षा कार्यक्रमों पर उन्हें कार्यान्वयन में लाने हेतु तत्कालीन सम्बद्ध अधिकारियों व संस्था में समुचित ध्यान नहीं दिया गया और जनजाति शिक्षा पुरानी पद्धति के आधार पर ही चलती रही, जो इनके लिए अलाभप्रद थी और इस कारण से और यह बात शिक्षा के प्रसार में मुख्य बाधक सिद्ध हुई ।

सन् 1965 में एन.सी.ई.आर.टी. ने जनजाति शिक्षा पर एक संगोष्ठी की, जिसमें जनजाति बच्चों की समस्याओं वपर विचार–विमर्श हुआ । इसके पश्चात श्रीवास्तव, अम्बाष्ट तथा अन्य लेखकों ने जनजाति लोगों की विकासगत आवश्यकताओं पर 1971 में एक अध्ययन किया, जिसमें आसाम की गैरो, बिहार की संथाल जाति के कृषकों पर अध्ययन किया गया और निष्कर्ष निकाला गया कि इस क्षेत्र में विकास के लिये शिक्षा आवश्यक है । इस विषय पर अनेक शोधकर्ताओं ने शोध अध्ययन किये जिनमें से 6 विख्यात मानव–विज्ञानी – समाज मानव–विज्ञानी ने (श्रीवास्तव, प्रसाद, अम्बाष्ट, गुप्ता, पी. लाल, बी.पी. अवस्थी) ने 1971 में 18 जनजातियों के सम्बन्ध में उनके विकास स्तर, जिसमें शिक्षा भी सम्मिलित थी, के बारे में 1971 में अध्ययन किया । बिहार अम्बाष्ट ने 1965 और 1970 में सच्चीदानंद ने 1974 में, टोपो और विद्यार्थियों ने, 1979 में, लाकडा ने, और सिंग (1983) में शोध अध्ययन किये। इनमें से कुछ तुलनात्मक अध्ययन थे। मंजूलता ने 1991 में रांची शहर के जनजाति एवं गैर जनजाति छात्रों की शैक्षिक उपलब्धि के सम्बन्ध में तुलनात्मक अध्ययन किया और निष्कर्ष निकाला कि इनकी शैक्षिक उपलब्धि में बड़ा अंतर है । बड़े अंतर होने का कारण उनके घर के वातावरण तथा कुछ अन्य सामाजिक पहलू हैं । चिटनिस ने 1974 में महाराष्ट्र के अनुसूचित जनजाति और अनुसूचित जनजाति के छात्रों की शिक्षा सम्बन्धी प्रवृत्ति के बारे में सर्वेक्षण किया और उसने यह निष्कर्ष निकाला कि शिक्षा के मामले में अनुसूचित जाति के छात्रों की तुलना में अनुसूचित जनजाति के छात्रों को अधिक अलाभप्रद स्थितियों का सामना करना पड़ता है । अपने 1978 के अध्ययन में अपने महाराष्ट्र में किये गये अध्ययन में श्रीमती चिटनिस ने पाया कि जनजाति छात्रों की स्कूल, कालेजों में शिक्षा उपलब्धि निम्न होने का कारण मुख्य रूप से उनकी निर्धरता और उनकी संस्कृति रही है जिससे वे परम्परागत रूप से शिक्षा से वंचित रहे । इन अध्ययनों के अतिरिक्त अनुसूचित जाति के छात्रों की समस्याओं के बारे में सच्चीदानंद ने 1974 में, शाह ने, 1978 में, त्रिपाठी ने तथा 1981 में सिंह ने अलग–अलग शोध अध्ययन किये । इसके अलावा

लक्ष्मा ने 1975 तथा जोशी ने 1980 में देश के अलग–अलग क्षेत्रों में यथा––उड़ीसा, मध्यप्रदेश, बिहार, पश्चिम बंगाल, आदि में अध्ययन किये और इनके निष्कर्ष लगभग पूर्ववत ही रहे।

हाल ही में विश्व बैंक की सहायता से "जिला प्राथमिक शिक्षा कार्यक्रम" के अंतर्गत तथा कई अन्य अंतर्राष्ट्रीय वित्त पोषित संस्थाओं से मिले अनुदान से अम्बाष्ट तथा रथ द्वारा 1995 में, दासवानी शुक्ल और राम ने 1995 में इस विषय में कई शोध अध्ययन विभिन्न दृष्टिकोणों से किये और उन्होंने इस बात पर बल दिया कि जनजातिगत अंतर और भिन्न–भिन्न जनजाति में पाये गये अंतर को तथा जातिगत भिन्नता तथा उनमें पाई गई विविधता को शिक्षा सम्बन्धी निराकरण के लिये ध्यान में रखना चाहिये । इस सम्बन्ध में अनेक अध्ययनों के निष्कर्ष उपलब्ध होने के कारण दोषपूर्ण जन जाति शिक्षा के सुधार हेतु ठोस कदम नहीं उठाये गये । वस्तुतः जनजाति शिक्षा की योजनायें बनाते समय जनजातिगत भिन्नताओं, विशेषताओं तथा अंतर्जातीय भिन्नताओं, विशेषताओं और उनके जीवन स्तर आदि पर विशेष ध्यान दिया जाना चाहिये।

भारत में आदिवासी महिलाओं की स्थिति

भारतीय समाज में आदिवासी महिलाओं की स्थिति गैर आदिवासी महिलाओं की तुलना में बहुत विचित्र है । इस कथन की पुष्टि इस तथ्य से होती है कि लगभग सभी आदिवासी कबीलों/वर्गों में यह प्रथा है कि वहां कन्या के घरवाले वर पक्ष से कन्या के मूल्य के रूप में धन लेते हैं जबकि गैर आदिवासी वर्ग में वर पक्ष कन्या पक्ष के लोगों से दहेज होता है । आदिवासी समाजों में मातृ–प्रधान वंश हैं, किन्तु आदिवासी समाजों में यह महिला के पक्ष में एक अच्छी बात है कि वहाँ पुरुष और महिला के कार्यों में स्पष्ट वर्गीकरण पाया जाता है। परिवार का पालन–पोषण अथवा भरण–पोषण करने का पूर्ण दायित्व महिला पर होता है, तथापि सत्य यह है कि बड़ा दायित्व महिलाओं पर होने के बावजूद महिला के कार्य–क्षेत्र को पुरुषों के कार्य–क्षेत्र से निम्न स्तर का माना जाता है। आदिवासी भारत में आदिवासी महिलाएं पुरुष के बराबर कार्य करके परिवार के लिये आर्थिक संसाधन जुटाती हैं। यह कृषि कार्यों में भी पुरुषों की सहायता करती हैं और इसके अतिरिक्त स्थानीय कुटीर उद्योग धंधों में, आदिवासी कलाकृतियों में और हस्तशिल्प की वस्तुओं का निर्माण करने में लगी रहती हैं। गृहस्थी के काम–धंधे महिलाओं को ही करने पड़ते हैं और इनका प्रसार बहुत अधिक है।

बच्चों के पालन–पोषण से लेकर उनको हर प्रकार के कार्य करने का दायित्व महिलाओं पर ही होता है। यह देखा जाता है कि काम करते हुये भी आदिवासी महिलायें अपने बच्चों को कमर से लटकाये रहती हैं। सिर पर बोझा ढ़ोने का कार्य भी इनको करना पड़ता है। कोई भी आदिवासी पुरुष न बच्चे को उठाता है और न बोझा ढ़ोता है। इससे ज्ञात होता है कि श्रम के विभाजन में भी अधिक भार महिलाओं को ही वहन करना होता है। आदिवासी परम्परा में मौखिक रूप से शिक्षा देने की व्यवस्था पाई जाती है। क्योंकि उनका कार्य बोलने मात्र से ही सद जाता है। इसलिये वहाँ पर न तो औपचारिक शिक्षा की परम्परा है, और न कोई अपनी लिपि है । इनमें साक्षरता की आधुनिक संकल्पना का भी अभाव है। इन्हीं कारणों से आदिवासी महिलाओं में शिक्षा का भी नितांत अभाव है।

यदि आंकड़ों पर दृष्टि डालें तो ज्ञात होगा कि अखिल भारतीय स्तर पर महिलाओं में साक्षरता की प्रतिशतता 1991 की जनसंख्या के अनुसार 39.42 प्रतिशत है। आदिवासी महिलाओं की साक्षरता दर 14.5 प्रतिशत है। यदि पुरुष साक्षरता की तुलना में (63.86 प्रतिशत) महिला साक्षरता केवल 39.42 प्रतिशत है जबकि आदिवासी महिलाओं में यह साक्षरता 14.5 प्रतिशत है।

पाँचवें अखिल भारतीय शिक्षा सर्वेक्षण 1986 के अनुसार प्राथमिक शिक्षा के स्तर पर (एक से कक्षा पाँच तक) आदिवासी लड़कों व लड़कियों का स्कूल प्रवेश अनुपातः लड़कियों का 67.96 प्रतिशत और लड़कों का 111.05 प्रतिशत है जबकि शेष सभी समुदायों के लड़कों–लड़कियों का स्कूल प्रवेश का अनुपात लड़कियों का 77.55 प्रतिशत और लड़कों का 104.88 प्रतिशत है । इससे स्पष्ट है कि आदिवासी समुदायों और अन्य समुदायों, दोनों में ही लड़कों की तुलना में लड़कियों का दाखिला कम होता है । इसी सर्वेक्षण के अनुसार प्राथमिक शिक्षा स्तर (कक्षा एक से आठ तक) पर 78.43 प्रतिशत आदिवासी लड़कियाँ स्कूल छोड़ देती हैं, जबकि स्कूल छोड़ने वाले आदिवासी लड़कों का अनुपात 71.57 प्रतिशत है। इसी संदर्भ में यह बताना उपयुक्त होगा कि आदिवासियों की परम्परागत शिक्षा पद्धति में, जैसे भी वह है, लड़के व लड़कियों में कोई भेदभाव नहीं किया जाता है। लेकिन आदिवासियों में साक्षरता की कोई संकल्पना नहीं थी और उनकी परम्परागत शिक्षा पढ़ने व लिखने का अभाव होता था। वहाँ तो बच्चों को मौखिक रूप से ही कामकाज करने की हिदायतें (जिन्हें उनकी भाषा में शिक्षा कहा जाता

है) दी जाती थीं । और इसके लिये परम्परागत आदिवासी शिक्षा–केन्द्र हुआ करते थे। यह अशुभ ही है कि आदिवासी शिक्षा केन्द्रों को अब महत्व नहीं दिया जाता है और वे प्रायः बंद हो गये हैं। इन आदिवासी शिक्षा–केन्द्रों में लड़के और लड़कियों, दोनों को ही ऐसी शिक्षा दी जाती थी, जिससे वे वयस्क होने पर अपना–अपना दायित्व सफलतापूर्वक पूरा कर सकें । चूंकि मौखिक शिक्षा–पद्धति से ही आदिवासियों की आवश्यकताएं पूरी हो जाती थीं, इसलिए उन्होंने लिखने की कला अथवा अपनी लिपि विकसित करने की आवश्यकता ही नहीं समझी। जबकि आधुनिक साक्षरता की संकल्पना में लिखाई का महत्व बहुत अधिक है। हाँ, उपरोक्त शिक्षा–केन्द्रों की उपयोगिता इस दृष्टि से तो महत्वपूर्ण थी कि वहाँ बच्चों को भविष्य में सामाजिक और आर्थिक दृष्टि से उपयोगी और सफल नागरिक बनने का पाठ पढ़ाया जाता था। दुख की बात यह है कि आधुनिक शिक्षाविदों ने आदिवासी शिक्षा–केन्द्रों का इस दृष्टि से मूल्यांकन नहीं किया कि वहाँ दी जाने वाली शिक्षा भावी सफल व्यावहारिक जीवन के लिए कितनी अधिक उपयोगी थी। काश, उपरोक्त शिक्षा–पद्धति के लिए कोई आदिवासी लिपि विकसित कर दी होती और अन्य शिक्षा–उद्देश्यों का भी उसमें समावेश कर दिया जाता तो आदिवासी समुदायों का सामान्यतः और आदिवासी महिलाओं का विशेष रूप से पिछड़ापन दूर हो गया होता। इस मामले में यह कहना गलत न होगा कि आधुानिक शिक्षा को आदिवासी शिक्षा के साथ समन्वित न किया जा सका और इसीलिए आधुनिक शिक्षा उनके लिए उपयेागी न हो सकी और आदिवासी उसे मन से स्वीकार न कर सके । इस स्थिति का दुष्प्रभाव आदिवासी महिला पर अधिक पड़ा ।

आदिवासी महिलाओं का सशक्तीकरण

आदिवासी महिलाओं को सशक्त बनाने के लिये कई पहलू विचारणीय हैं। उदाहरणार्थ, महिलाओं के विकास का प्रथम मापदंड यह माना जाता है कि उनका शिशु–मृत्यु दर कम हुआ है अर्थात् उनकी संख्या पुरुषों के समान हुई है। जहाँ तक आदिवासी महिलाओं का संबंध है, आदिवासी समाज में महिलाओं को आय का स्रोत समझा जाता है क्योंकि कन्या के माता–पिता वर पक्ष से कन्या के लिए धनराशि प्राप्त करते हैं तथा इसी कारण से सपरिवार में लड़की के जन्म को घृणा की दृष्टि से नहीं देखा जाता है बल्कि उन्हें लाभ की दृष्टि से देखा जाता है । इसलिए आदिवासी लड़कियों का जीवन दर जान–बूझकर घटाने का

तो प्रश्न ही नहीं है । दुर्भाग्य यह है कि जनजाति समुदायों में नारी के श्रम का मूल्यांकन नहीं किया जाता और तत्संबंधी आंकड़े भी उपलब्ध नहीं होते । कदाचित इसीलिए उनके श्रम को महत्ता की दृष्टि से नहीं देखा जाता । ऊषा नायर ने अपने एक अध्ययन में लिखा है कि आंकड़ों की नगण्यता का कारण आंकलन का अभाव, परिवार के सदस्यों द्वारा किये गये पारिश्रमिक विहीन श्रम, गृहधारित श्रम (कुटीर उद्योग), घर के दैनिक कार्यों का पर्याप्त लेखा न होना, पुरुषों द्वारा महिलाओं की भूमिका को महत्व न दिया जाना तथा गणना करने वालों एवं साक्षात्कार लेने वाले पुरुषों द्वारा महिलाओं से संबंधित जानकारी के प्रति गंभीर न होने की प्रवृत्ति मुख्यतः है।

जहाँ तक अकुशल कारीगरों का संबंध है आदिवासी क्षेत्रों में ऐसे कार्य को करने का आधे से अधिक श्रेय महिलाओं को जाता है । ऊषा नायर का यह कथन ठीक ही लगता है कि, "महिलायें विश्वभर में किये जानेवाले कुल कार्य का दो–तिहाई कार्य करती हैं, जबकि उन्हें पुरुषों के मुकाबले में मजूरी आधी ही मिलती है।" महिलाओं द्वारा किये गये अधिकांश कार्य के लिये उन्हें कोई भुगतान नहीं किया जाता और ना ही उसका कोई हिसाब किताब–रखा जाता है। इसलिए उनका कार्य जगजाहिर नहीं हो पाता है। अब तक शायद ही ऐसा अध्ययन किया गया हो, जिसमें आदिवासी महिलाओं द्वारा किये गये कार्य का और उनकी शिक्षा का विवेचन किया गया हो । हाँ, ऐसी ही सामान्य महिलाओं के कार्य के बारे में नायर जी ने एक शोध विश्लेषण 1993 में किया। नायर के 1993 के अध्ययन से मालूम होता है तथा इस तथ्य की भी पुष्टि होती है कि बालिकाओं द्वारा किये गये श्रम में वृद्धि होती जा रही है। ग्रामीण क्षेत्रों में लड़कियों द्वारा किये जाने वाले कार्य मुख्य रूप से बाल बच्चों की देखरेख, खाना पकाना, घर में सफाई करना, घर के लिए कुओं–नदियों आदि से पानी लाना, ईंधन के लिए लकड़ी लाना, घर के पशुओं आदि की देखभाल तथा उनके लिये चारा आदि लाना तथा परिवार के अन्य सदस्यों के साथ मिलकर खेती में बीज बोना, पौध लगाना, निराई करना, फसल काटना और सामान को इधर से उधर ढ़ोना आदि सम्मिलित हैं । सामान्य लड़कियों के मुकाबले में आदिवासी लड़कियों द्वारा ये सब कार्य कहीं अधिक किये जाते हैं।

सशक्तीकरण के रूप में आदिवासी बालिकाओं की शिक्षा

यद्यपि सामान्य महिलाओं की तुलना में आदिवासी महिलाओं का

स्थान उनके अपने समुदायों में अधिक ऊँचा है किन्तु उनमें साक्षरता और शिक्षा का नितान्त अभाव है । इसलिए यह अनिवार्य हो जाता है कि यदि भारत में आदिवासी महिलाओं की शिक्षा में वृद्धि करनी है तो उनमें शिक्षा का प्रचार व प्रसार तीव्र गति से करना होगा। यह कार्य कुछ धर्म संस्थाओं ने अवश्य किया है लेकिन उनका उद्देश्य मुख्य रूप से धर्म परिवर्तन रहा है और यही कारण है कि इन धर्म संस्थाओं के स्कूलों में पढ़ने वाले छात्रों का धर्म परिवर्तित पाया जाता है। इसी प्रकार विदेशी धर्म संस्थाओं द्वारा शिक्षित किये गये छात्रों के साथ यह एक सामाजिक समस्या बन गई है कि उनमें से अधिकांश को धर्म परिवर्तन की प्रक्रिया से गुजरना पड़ता है।

आदिवासी वयस्क महिला शिक्षा

इस बात से कोई भी शिक्षाविद् या शिक्षा से संबंधित अधिकारी इस बात को नहीं नकार सकता कि आदिवासी क्षेत्रों में वयस्क शिक्षा कार्यक्रमों के कार्यान्वयन की महति आवश्यकता है । ऐसे कार्यक्रम बनाते समय या आदिवासी महिलाओं के लिए सम्बद्ध व्यक्तियों को मुख्य रूप से आँचलिक बोली (सामान्य रूप से बोली जाने वाली भाषा), उनकी विशिष्ट सांस्कृतिक आवश्यकताओं पर विशेष रूप से ध्यान देना होगा । अभीतक ऐसे कार्यक्रमों के लिए जो पाठ्य–सामग्री बनाई जाती है और पढ़ाने आदि के लिए तरीके अपनाये जाते हैं, उन पर इस संदर्भ में पुनः विचार करने की आवश्यकता है। आजकल ऐसे कार्यक्रम बनाते समय केन्द्रीय कृत रूप से बना दिये जाते हैं। ऐसे कार्यक्रम पूरे आदिवासी क्षेत्र के लिए एक ही प्रकार का बना दिया जाता है और उसमें स्थानीय भिन्नताओं एवं आवश्यकताओं पर ध्यान नहीं रखा जा सकता है। ये कार्यक्रम कहीं दूर–दराज के कार्यालयों में बैठकर बना दिये जाते हैं और इसी कारण से ये सफल नहीं हो पाते। आवश्यकता इस बात की है कि ऐसे कार्यक्रम बनाते समय स्थानीय आवश्यकताओं को ध्यान में रखा जाये तथा आवश्यकता इस बात की भी है कि ऐसे कार्यक्रम बनाते समय स्थानीय शिक्षित आदिवासियों का सहयोग लिया जाये और स्थानीय लोककथाओं, लोकगीतों और सांस्कृतिक रीति–रिवाजों को सम्मिलित किया जाये । इसी संदर्भ में भाषा और लिपि पर भी विशेष ध्यान देना होगा । ऐसे कार्यक्रमों को सफल बनाने के लिये पाठ्य–सामग्री स्थानीय बोली जानेवाली भाषा को लेकर क्षेत्रीय लिपि में लिखना वांछनीय होगा, ताकि वयस्क आदिवासी महिलायें पाठ्य–सामग्री को ठीक प्रकार से समझ सकें तथा सीख सकें। यद्यपि इस ओर आदिवासी वयस्क शिक्षा कार्यक्रम बनाते समय निर्माताओं

के दृष्टिकोण में थोड़ा बहुत तो परिवर्तन हुआ है किन्तु इतने मात्र से पूर्ण सफलता मिलने वाली नहीं है । इस संबंध में एलविन ने 1960 में अपने प्रकाशन में बहुत बल दिया था किन्तु अभी तक सांस्कृतिक लोकनृत्यों पर विशेष बल दिया गया, रीति–रिवाजों आदि पर नहीं।

पूर्ण साक्षरता अभियान के अंतर्गत आदिवासी संस्कृति की ओर थोड़ा ध्यान तो दिया गया है, किन्तु वह पर्याप्त नहीं हैं । पूर्ण साक्षरता अभियान को स्वैच्छिक कहा तो जाता है किन्तु वास्तव में शिक्षा विभाग के नौकरशाहों द्वारा आदिवासी लोगों पर थोप दिया जाता है । इसीलिए पूर्ण साक्षरता अभियान पूर्ण रूपेण सफल नहीं हो पाया है । यही कारण है कि आदिवासी महिलाओं में साक्षरता शहरी और ग्रामीण महिलाओं की तुलना में बहुत कम है । इनमें इनकी अपेक्षा सबसे कम साक्षरता है, दूसरी बात यह है जिस पर ध्यान दिया जाना चाहिए । अब तो आदिवासी पुरुष व महिलाओं के लिए वयस्क शिक्षा कार्यक्रम समान ही बना दिये जाते हैं जबकि पुरुषों और महिलाओं में शारीरिक दृष्टि से और श्रम विभाजन की दृष्टि से बहुत अंतर पाया जाता है। उदाहरणार्थ स्त्रियों को विशेष रूप से बच्चों के पालन–पोषण, बच्चों की देख–रेख और उपलब्ध स्थानीय खाद्य पदार्थों से संबंधित जानकारी विशेष रूप से दी जानी चाहिए। इनके कार्यक्रम में बच्चों को अपना दूध पिलाने की आवश्यकता की जानकारी सम्मिलित की जानी चाहिए । संक्षेप में कहें तो वयस्क शिक्षा कार्यक्रम बनाते समय स्थानीय आदिवासी महिलाओं को भी भागीदार बनाना चाहिए । आदिवासी वयस्क शिक्षा कार्यक्रम की प्रक्रिया में इनको भागीदार बनाना चाहिए ताकि कार्यक्रम सफल हों।

आदिवासी बालिका शिक्षा

आदिवासी क्षेत्रों में बालिका शिक्षा को भी सुदृढ़ बनाने की भी अत्यधिक आवश्यकता है क्योंकि इस समय आदिवासी समुदाय में परिवारों में आदिवासी लड़कियां घर के काम–धंधों में इतनी अधिक व्यस्त रहती हैं कि उनके लिए स्कूल जाना संभव नहीं होता । आदिवासी बालिकाओं का स्कूल में दाखिला ना होना अथवा बीच में ही उनके द्वारा स्कूल का छोड़ा जाना, ये दो मुख्य कारण हैं । समस्यायें आदिवासी बालिका शिक्षा के संबंध में सामने आती हैं वैसे तो इन दोनों बातों के लिए कई कारण बताये जाते हैं लेकिन मुख्य रूप से इनमें परिवार की आर्थिक स्थिति को बेहतर बनाने के लिए बालिकाओं द्वारा श्रम करना और आदिवासी समुदायों में शिक्षा के प्रति अरुचि होना, ये दो मुख्य शिक्षा में बाधा के कारण हैं ।

आदिवासियों में यह धारणा बन गई है कि शिक्षित होकर बच्चे आदिवासी समाज से अथवा अपने परिवारों को त्याग देते हैं और बाह्य संस्कृति से प्रभावित होकर परिवारों को आर्थिक सहायता भी नहीं देते हैं । यहां एक और बात ध्यान देने योग्य है कि शिक्षा में बालिकाओं को जो पढ़ाया जाता है वह व्यावहारिक रूप से अर्थात् घर के काम–काज आदि करने में उनके लिए उपयोगी सिद्ध नहीं हो तो इस बाधा के निवारणार्थ बालिका शिक्षा कार्यक्रम में सम्मिलित विषयों, शिक्षा देने के तरीकों और शिक्षा संबंधी मूल्यांकन की रीति में आमूल परिवर्तन करने की आवश्यकता है। यदि बालिका शिक्षा प्रचार–प्रसार में शिक्षा नीतिकार वास्तव में प्रगति देखना चाहते हैं तो उन्हें इस बात पर अवश्य ही ध्यान देना चाहिए। इस धैर्य की पूर्ति के लिए पढ़ाये जानेवाली पाठ्य–सामग्री और शिक्षा देने के तरीकों में आदिवासी संस्कृति तथा आदिवासी समुदायों में व्याप्त वातावरण को ध्यान में रखकर ऐसे परिवर्तन करने की अति आवश्यकता है जो शिक्षा को बालिकाओं की आवश्यकताओं के अनुरूप बना सके । इसमें एक और बात ध्यान देने की है कि शिक्षार्थियों के लिए स्कूल का समय इस प्रकार से निश्चित किया जाये ताकि वे घर में आवश्यक काम–काज भी कर सकें। आदिवासी बालिकाओं को पढ़ाने के तरीकों में ऐसा परिवर्तन किया जाना चाहिए, जो स्थानीय आवश्यकताओं के अनुरूप हो और जो बालिकाओं को केवल सिद्धांत न पढ़ाकर दैनिक जीवन में उन सिद्धांतों को कैसे उतारा जाये, यह भी सिखाना होगा। अर्थात् उनको दैनिक काम करने के बेहतर तरीके भी सिखाने होंगे। तब बालिकाओं को और उनके माता–पिता को शिक्षा उपयोगी लगेगी और आदिवासी बालिका शिक्षा का प्रचार–प्रसार तीव्र गति से हो पायेगा।

जनजातीय शिक्षा और पाठ्यक्रम

देश में यह पाया जाता है कि आदिवासी जैसी छोटी संस्कृति शिक्षा के कारण अपना अस्तित्व खोती जा रही हैं क्योंकि शिक्षित आदिवासी युवक अन्य बड़ी संस्कृतियों से प्रभावित होकर अपनी मूल संस्कृति से दूर हटते जाते हैं। इस दृष्टि से शिक्षा के कारण बड़ी संस्कृतियां पुष्ठ होती जाती हैं और छोटी संस्कृतियां नष्ट होती जाती है। यह समस्या हमारे देश के सभी आदिवासी क्षेत्रों में विकट रूप धारण कर चुकी है। भारत जैसे बहु–संस्कृति वादी देश में इस प्रक्रिया का कोई प्रभावी समाधान नहीं खोजा गया तो और भी छोटी संस्कृतियां निश्चित रूप से लुप्तप्राय हो जायेंगी । इन छोटी लघु संस्कृतियों पर शिक्षा का दुष्प्रभाव पड़ने का प्रमुख कारण यह है कि शिक्षाविद् पाठ्यक्रयों को

विकसित करते समय इस नकारात्मक प्रभाव पर ध्यान नहीं देते हैं और वे देश के अधिकांश भाग के लिए एक जैसी ही शिक्षा नीति और एक जैसी पाठ्यपुस्तकें तथा पाठ्यक्रम बना लेते हैं। इस संदर्भ में निवेदन है कि पाठ्यक्रम बनाने वाले और शिक्षाविद् तथा नीतिकार आदि इस प्रकार से पाठ्यक्रम का विकास करें जिससे वह देश के दूरस्थ क्षेत्रों में निवास करने वाले जनजाति जैसे समुदायों की स्थानीय आवश्यकताओं, मान्यताओं, संस्कारगत विचारों और स्थानीय परिस्थितियों को ऐसे भिन्न–भिन्न क्षेत्रों के पाठ्यक्रम बनाते समय ध्यान में रखें । वस्तुतः देश में शिक्षा के माध्यम से एक ऐसी नई संस्कृति का विकास किया जाना चाहिए जिसमें अपने देश में विद्यमान न्यूनाधिक रूप से सभी संस्कृतियों का समावेश हो और विदेशी संस्कृतियों का जहांतक संभव हो, उनके अनावश्यक बातों का त्याग कर दिया जाये जिससे विदेशी संस्कृतियों के अंधानुकरण पर अंकुश लग जाये।

राष्ट्रीय शिक्षा नीति :

शिक्षा के व्यापक रूप से प्रचार–प्रसार के लिए भारतीय संसद में 1986 में एक राष्ट्रीय शिक्षा नीति को पारित किया । इस नीति में विशेष रूप से सार्वभौम प्राथमिक शिक्षा प्राप्त करने की दिशा में ठोस कार्रवाई करने का लक्ष्य रखा गया । सार्वभौम प्राथमिक शिक्षा से तात्पर्य यह है कि प्रत्येक ऐसे भारतीय बच्चे को शिक्षा मिलनी चाहिये जो शिक्षा प्राप्त करने योग्य हो । इस नीति का आदिवासी समुदायों में शिक्षा के प्रचार–प्रसार की दृष्टि से अत्यधिक महत्व है क्योंकि अशिक्षा और निरक्षरता की सर्वाधिक समस्या जनजाति क्षेत्रों में है । इस नीति के दूसरे भाग में देश में शिक्षा की भूमिका क्या हो, इस बात का उल्लेख किया गया है । इस नीति के भाग दो के कुछ अंश इस प्रकार हैं :–

2.1 इस नीति के अनुसार राष्ट्रीय शिक्षा नीति का स्वरूप इस प्रकार बनाया गया है जिससे शिक्षा सभी को अनिवार्य रूप से प्राप्त हो और इसका कारण यह है कि व्यक्ति की भौतिक एवं आध्यात्मिक आदि सर्वांगीण प्रगति के लिए शिक्षा अनिवार्य है । इसके अनुसार शिक्षा प्राप्त करने में देश के सभी लोगों में समान शिक्षा की परिकल्पना की गई है ताकि बिना किसी भेदभाव के शिक्षा समाज के छोटे से छोटे स्तर के व्यक्ति तक पहुंचे। इस लक्ष्य से विशेष रूप से वंचित लोगों अर्थात अनुसूचित जाति, जनजाति को यह आश्वासन दिया गया है कि शिक्षा अनिवार्यता उन तक पहुंचेगी ।

2.3 इसमें शिक्षा की लोगों को संस्कारपूर्ण बनाने की भूमिका पर बल दिया गया है और इससे पूरे देश में राष्ट्रीय एकता, वैज्ञानिक वृत्ति, मानसिक एवं आत्मिक स्वातंत्र्य स्थापित होने में सहयोग मिलेगा। इस प्रकार यह संविधान में उल्लेखित समाजवाद, धर्म निरपेक्षता और लोकतांत्रिक व्यवस्था का उद्देश्य पूरा करने में सहायक होगी। इससे अनुसूचित जनजातियों में शिक्षा के प्रचार–प्रसार में निश्चित रूप से योगदान मिलेगा। हालांकि यह सब कुछ भारतीय संविधान की सीमाओं के अंतर्गत ही किया जायेगा। इस नई शिक्षा नीति में जनजातीय लोगों को शिक्षा प्रदान करने पर विशेष बल दिया गया है। साथ ही पूरे देश में सामान्य शिक्षा का विस्तार करने के लिए आवश्यक उपाय करने के निर्देश भी इसमें दिये गये हैं।

3.2 जिन सिद्धांतों पर राष्ट्रीय शिक्षा व्यवस्था की परिकल्पना की गई है वे हमारे संविधान में ही निहित हैं।

3.4 राष्ट्रीय शिक्षा व्यवस्था का मूल मंत्र यह है कि एक निश्चित स्तर तक हर शिक्षार्थी को, बिना किसी जात–पात, धर्म, स्थान या लिंग भेद के, लगभग एक जैसी अच्छी शिक्षा उपलब्ध हो । इस लक्ष्य को हासिल करने के लिए सरकार उपयुक्त रूप से वित्तपोषित कार्यक्रमों की शुरुआत करेगी । 1968 की नीति में अनुशंसित सामान्य स्कूल प्रणाली को क्रियान्वित करने की दिशा में प्रभावी कदम उठाए जाएंगे।

3.8 राष्ट्रीय शिक्षा व्यवस्था पूरे देश के लिए एक राष्ट्रीय शिक्षाक्रम के ढांचे पर आधारित होगी, जिसमें एक "सामान्य केन्द्रिक" (कॉमन कोर) होगा और अन्य हिस्सों की बाबत लचीलापन रहेगा, जिन्हें स्थानीय पर्यावरण तथा परिवेश के अनुसार ढाला जा सकेगा। "सामान्य केन्द्रिक" में भारतीय स्वतंत्रता आंदोलन का इतिहास, संवैधानिक जिम्मेदारियों तथा राष्ट्रीय अस्मिता से संबंधित अनिवार्य तत्व शामिल होंगे। ये मुद्दे किसी एक विषय का हिस्सा न होकर लगभग सभी विषयों में पिरोए जाएंगे । इनके द्वारा राष्ट्रीय मूल्यों को हर इंसान की सोच और जिंदगी का हिस्सा बनाने की कोशिश की जाएगी। इन राष्ट्रीय मूल्यों में ये बातें शामिल हैं : हमारी समान सांस्कृतिक धरोहर, लोकतंत्र, धर्मनिरपेक्षता, स्त्री–पुरुषों के बीच समानता, पर्यावरण का संरक्षण, सामाजिक समता, सीमित परिवार का महत्व और वैज्ञानिक तरीके के अमल की जरूरत। यह सुनिश्चित किया जाएगा कि सभी शैक्षिक कार्यक्रम धर्मनिरपेक्षता के मूल्यों के अनुरूप ही आयोजित हों।

3.6 समानता के उद्देश्य को साकार बनाने के लिए सभी को शिक्षा का समान अवसर उपलब्ध करवाना ही पर्याप्त नहीं होगा, ऐसी व्यवस्था

होनी भी जरूरी है जिससे सभी को शिक्षा में सफलता प्राप्त करने के समान अवसर मिलें । इसके अतिरिक्त, समानता की मूलभूत अनुभूति केन्द्रिक शिक्षाक्रम के द्वारा करवाई जाएगी । वास्तव में राष्ट्रीय शिक्षा व्यवस्था का उद्देश्य है कि सामाजिक माहौल और जन्म के संयोग से उत्पन्न पूर्वग्रह और कुंठाएं दूर हों।

समानता के लिए शिक्षा

4.1 नई नीति विषमताओं को दूर करने पर विशेष बल देगी और अब तक वंचित रहे लोगों की विशेष आवश्यकताओं को ध्यान में रखते हुए शिक्षा के समान अवसर मुहय्या करेगी ।

महिलाओं की समानता हेतु शिक्षा

4.2 शिक्षा का उपयोग महिलाओं की स्थिति में बुनियादी परिवर्तन लाने के लिए एक साधन के रूप में किया जाएगा । अतीत से चली आ रही विकृतियों और विषमताओं को खत्म करने के लिए शिक्षा–व्यवस्था का स्पष्ट झुकाव महिलाओं के पक्ष में होगा । राष्ट्रीय शिक्षा–व्यवस्था ऐसे प्रभावी कदम उठाएगी जिनसे महिलाएं, जो अब तक अबला समझी जाती रही हैं, समर्थ और सशक्त हों। नए मूल्यों की स्थापना के लिए शिक्षण संस्थाओं के सक्रिय सहयोग से पाठ्यक्रमों तथा पठन–पाठन सामग्री की पुनर्रचना की जाएगी तथा अध्यापकों व प्रशासकों का पुनःप्रशिक्षण किया जाएगा। इस काम को सामाजिक पुनर्रचना का अभिन्न अंग मानते हुए इसे पूर्ण कृतसंकल्प होकर किया जाएगा। महिलाओं से संबंधित अध्ययन को विभिन्न पाठ्यचर्याओं के भाग के रूप में प्रोत्साहन दिया जाएगा और शिक्षा संस्थाओं को महिला विकास के सक्रिय कार्यक्रम शुरू करने के लिए प्रेरित किया जाएगा।

4.3 महिलाओं में साक्षरता प्रसार को तथा उन रुकावटों को दूर करने को जिनके कारण लड़कियां प्रारंभिक शिक्षा से वंचित रह जाती हैं, सर्वोपरि प्राथमिकता दी जायेगी । इस काम के लिए विशेष व्यवस्थाएं की जाएंगी, समयबद्ध लक्ष्य निर्धारित किए जाएंगे और उनके कार्यान्वयन पर कड़ी निगाह रखी जाएगी विभिन्न स्तरों पर तकनीकी और व्यावसायिक शिक्षा में महिलाओं की भागीदारी पर खास जोर दिया जाएगा । लड़के और लड़कियों में किसी प्रकार का भेद–भाव न बरतने की नीति पर पूरा जोर देकर अमल किया जाएगा ताकि तकनीकी तथा व्यावसायिक पाठ्यक्रमों में पारंपरिक रवैयों के कारण चले आरहे लिंगमूलक रूढ़िबद्ध धारणा (सेक्स स्टीरियोटाइपिंग) को खत्म किया जा सके तथा गैर–परम्परागत

आधुनिक काम–धंधों में महिलाओं की हिस्सेदारी बढ़ सके। इसी प्रकार मौजूदा और नई प्रौद्योगिकी में भी महिलाओं को भागीदारी बढ़ाई जाएगी।

अनुसूचित जातियों की शिक्षा

4.4 अनुसूचित जातियों के शैक्षिक विकास पर बल दिया जाएगा, जिससे कि वे गैर–अनुसूचित जातियों के लोगों के बराबर आ सकें। यह बराबरी सभी क्षेत्रों और सभी स्तरों पर इन चारों आयामों में होना जरूरी है : ग्रामीण पुरुषों में, ग्रामीण स्त्रियों में, शहरी क्षेत्रों के पुरुषों में और शहरी क्षेत्रों की स्त्रियों में

4.5 इस मकसद के तहत नीति में ये उपाय सोचे गए हैं :

(1) निर्धन परिवारों को इस प्रकार का प्रोत्साहन दिया जाए कि वे अपने बच्चों को 14 साल की उम्र तक नियमित रूप से स्कूल भेज सकें।

(2) सफाई कार्य, पशुओं की चमड़ी उतारने तथा चर्म–शोधन जैसे व्यवसायों में लगे परिवारों के बच्चों के लिए मैट्रिक–पूर्व छात्रवृति योजना पहली कक्षा से शुरू की जाएगी। ऐसे परिवारों की आय पर ध्यान दिए बिना, उनके सभी बच्चों को इस योजना में शामिल किया जाएगा तथा उनके लिए समयबद्ध कार्यक्रम शुरू किए जाएंगे।

(3) ऐसी सुनियोजित व्यवस्थाएं करना और जांच–पड़ताल की विधि स्थापित करना कि जिससे पता चलता रहे कि अनुसूचित जातियों के बच्चों के नामांकन होने, नियमित रूप से अध्ययन जारी रखने और पढ़ाई पूरी करने की प्रक्रिया में कहीं गिरावट तो नहीं आ रही है। साथ ही इन बच्चों की आगे की शिक्षा और रोजगार पाने की संभावना को बढ़ाने के उद्‌देश्य से उनके लिए उपचारात्मक पाठ्‌यचर्या की व्यवस्था करना।

(4) अनुसूचित जातियों से शिक्षकों की नियुक्ति पर विशेष ध्यान देना।

(5) जिला केन्द्रों पर अनुसूचित जातियों के छात्रों के लिए छात्रावास की सुविधाएं क्रमिक रूप से बढ़ाना।

(6) स्कूल भवनों, बालवाड़ियों और प्रौढ़ शिक्षा का स्थान चुनते समय अनुसूचित जाति के व्यक्तियों की सहूलियत पर विशेष ध्यान देना।

(7) अनुसूचित जातियों के लिए शैक्षिक सुविधाओं का विस्तार करने

के लिए राष्ट्रीय ग्रामीण रोजगार कार्यक्रम तथा ग्रामीण भूमिहीन रोजगार गारंटी कार्यक्रम के साधनों का उपयोग करना ।

(8) अनुसूचित जातियों का शिक्षा की प्रक्रिया में समावेश बढ़ाने हेतु लगातार नए तरीकों की खोज जारी रखना ।

अनुसूचित जनजातियों की शिक्षा

4.6 अनुसूचित जनजातियों को अन्य लोगों की बराबरी पर लाने के लिए निम्नलिखित कदम तत्काल उठाए जाएंगे :

(1) आदिवासी इलाकों में प्राथमिक शालाएं खोलने के काम को प्राथमिकता दी जाएगी । इन क्षेत्रों में स्कूल भवनों के निर्माण का कार्य शिक्षा के बजट, राष्ट्रीय ग्रामीण रोजगार कार्यक्रम, ग्रामीण–भूमिहीन रोजगार गारंटी कार्यक्रम, जनजातीय कल्याण योजनाओं आदि के अन्तर्गत प्राथमिकता के आधार पर हाथ में लिया जाएगा।

(2) आदिवासियों की अपनी सांस्कृतिक एवं सामाजिक विशिष्टता होती है और बहुधा उनकी अपनी बोलचाल की भाषाएं होती हैं पाठ्यक्रम निर्माण में तथा शिक्षण सामग्री तैयार करने में यह जरूरी है कि शुरुआत की अवस्था में आदिवासी भाषाओं का उपयोग किया जाए, तथा ऐसा इन्तजाम किया जाए कि आदिवासी बच्चे शुरू के कुछ वर्षों के बाद क्षेत्रीय भाषा के माध्यम से शिक्षा प्राप्त कर सकें।

(3) पढ़े–लिखे प्रतिभाशाली आदिवासी युवकों को प्रशिक्षण देकर अपने क्षेत्र में ही शिक्षक बनने के लिए प्रोत्साहन दिया जाएगा।

(4) बड़ी तादाद में आश्रमशालाएं और आवासीय विद्यालय खोले जाएंगे।

(5) अनुसूचित जनजातियों के लिए उनकी जिन्दगी के तौर–तरीकों और उनकी खास जरूरतों को ध्यान में रखते हुए ऐसी प्रोत्साहन योजनाएं तैयार की जाएंगी जिनसे शिक्षा प्राप्ति में आने वाली बाधाएं दूर हों । उच्च शिक्षा के लिए दी जाने वाली छात्रवृतियों में तकनीकी और व्यावसायिक पढ़ाई को ज्यादा महत्व दिया जाएगा । सामाजिक तथा मानसिक अवरोधों को दूर करने के लिए विशेष उपचारात्मक पाठ्यचर्या और अन्य कार्यक्रम चलाए जाएंगे ताकि आदिवासी शिक्षार्थी सफलता से अपनी पढ़ाई पूरी कर सकें।

(6) आंगनवाड़ियां, अनौपचारिक शिक्षा केन्द्र और प्रौढ़ शिक्षा केन्द्र आदिवासी–बहुल इलाकों में प्राथमिकता के आधार पर खोले जाएंगे।

(7) आदिवासियों की समृद्ध सांस्कृतिक अस्मिता और विशाल सृजनात्मक प्रतिभा के बारे में चेतना सभी स्तरों के पाठ्यक्रमों का जरूरी हिस्सा होगी।

मूल्यों की शिक्षा

8.4 इस बात पर गहरी चिन्ता प्रकट की जा रही है कि जीवन के लिए आवश्यक मूल्यों का ह्रास हो रहा है और मूल्यों पर से ही लोगों का विश्वास उठता जा रहा है । शिक्षाक्रम में ऐसे परिवर्तन की जरूरत है जिससे सामाजिक और नैतिक मूल्यों के विकास में शिक्षा एक सशक्त साधन बन सके ।

8.5 हमारा समाज सांस्कृतिक रूप से बहु–आयामी है, इसलिए शिक्षा के द्वारा उन सार्वजनीन और शाश्वत मूल्यों का विकास होना चाहिए जो हमारे लोगों को एकता की ओर ले जा सकें। इन मूल्यों से धार्मिक अंधविश्वास, कट्टरता, असहिष्णुता, हिंसा और भाग्यवाद का अन्त करने में सहायता मिलनी चाहिए। इस संघर्षात्मक भूमिका के साथ–साथ मूल्य–शिक्षा का एक गंभीर सकारात्मक पहलू भी है, जिसका आधार हमारी सांस्कृतिक विरासत, राष्ट्रीय लक्ष्य और सार्वभौम दृष्टि है, जिस पर मुख्य तौर से बल दिया जाना चाहिए ।

देश की नई शिक्षा नीति जिस उत्साह व आशा से शिक्षा के अधिकाधिक प्रचार–प्रसार हेतु बनाई गई थी । वास्तव में उतनी सफलता उसे कार्यान्वित करते समय नहीं मिल पाई । इसका एक बहुत बड़ा कारण यह है कि देश में शिक्षा नीति को लागू करने वाली संस्थायें कई हैं और इसका परिणाम यह होता है कि सर्व कल्याण, ग्रामीण विकास और शिक्षा के प्रचार–प्रसार करने वाली विभिन्न संस्थायें सामंजस्य नहीं बना पाती हैं। कभी–कभी तो ऐसा लगता है कि भिन्न–भिन्न संस्थाएं भिन्न–भिन्न क्षेत्र में कार्यरत हैं । इस बात की नितान्त आवश्यकता है कि शिक्षा में सम्बन्धित अन्य विकास अपेक्षित निरीक्षण करने वाली सभी संस्थायें परस्पर समन्वित होकर कार्य करे। "राममूर्ति समिति ने अपने 81 पृष्ठ में यह सिफारिश की है कि प्रत्येक राज्य में एक ही ऐसी संस्था निश्चित की जानी चाहिये जो शिक्षा कार्यक्षेत्रों के बारे में भारतीय सरकार को विस्तृत प्रतिवेदन प्रस्तुत करें।" दुर्भाग्य है कि राममूर्ति की सिफारिशों और 1986 की नई शिक्षा नीति 15 वर्ष बाद भी शिक्षा के क्षेत्र में अपेक्षित स्तर की प्रगति नहीं हो पाई है। विकास कार्यक्रमों में समन्वय का अभाव पाया जाता है। आशा है कि इस नीति को लागू करते समय इन बातों पर विशेष ध्यान दिया जायेगा ताकि शिक्षा नीति विशेष रूप से वंचितों और जनजाति समुदाय के लिए वास्तव में सचमुच लाभप्रद सिद्ध हो ।

जनजाति शिक्षा–समस्याएं एवं समाधान

भारत में जनजाति समुदाय की संख्या कुल संख्या का लगभग 7.5 प्रतिशत है। यह तथ्य कि अधिकांश जनजातियां देश के दूरदराज के क्षेत्रों में निवास करती हैं, जहां पर आने–जाने की आधुनिक सुविधाएं भी नहीं हैं और वहां केवल आने–जाने का साधन है पैदल चलना बल्कि स्वतंत्रता प्राप्ति के बाद संचार साधनों का काफी विकास हुआ है किन्तु देश के पूर्वोत्तर क्षेत्र सहित अनेक भाग ऐसे हैं जहां जनजाति क्षेत्रों में सड़कों आदि का प्रायः अभाव है । जनजाति क्षेत्रों की एक अन्य विचारणीय बात यह भी है कि वहां आदिवासी समुदाय की आंचलिक बोली /क्षेत्रीय बोली भिन्न–भिन्न है और वही उनकी मातृभाषा है । साथ ही भिन्न–भिन्न जनजाति कबीलों की संस्कृति और सामाजिक रचना भी अलग–अलग है। कोई–कोई जनजाति तो इस तरह की है कि उसके अलग–अलग जन–समूहों में संस्कृति, भाषा और रीति–रिवाज तथा खेती करने के ढंग भी अलग–अलग तरह के पाये जाते हैं तथा आधुनिक कृषक पद्धति का तो एकदम अभाव है और वहां पर साधन अल्पमत होने के कारण वहां के लोगों का जीवन स्तर भी निम्न है। आय के स्रोत कम होने के कारण ही आदिवासी लोग अपने बच्चों को पढ़ाने में रुचि नहीं लेते हैं क्योंकि उनका प्रत्येक बच्चा पांच या सात साल का होने पर किसी न किसी काम धंधे पर लगा दिया जाता है। जिससे पारिवारिक आय में थोड़ी–बहुत वृद्धि होती है। इसलिए एक औसत परिवार में से बच्चों को पढ़ने के लिए नहीं भेजा जाता।

जनजाति क्षेत्रों में जनजाति लोगों का शोषण किए जाने की भी बहुत भारी समस्या है । जनजाति क्षेत्र में जो भी गैरआदिवासी लोग रहते हैं वे विकसित क्षेत्रों से जाकर वहां बसते हैं और अपेक्षाकृत अधिक अच्छी आर्थिक स्थिति होने के कारण वहां अपने नये–नये काम धंधे शुरू कर देते हैं जिनमें आदिवासियों और उनके बच्चों को अल्पतम में मजदूरी पर लगाकर अधिक आय कमाते हैं और अध्ययनों से पता चलता है कि ये लोग आदिवासियों का विभिन्न तरीकों से शोषण करते हैं । कुछ उदाहरण तो ऐसे भी मिलते हैं जिनमें गैरआदिवासी आदिवासियों की भूमि तक हड़प लेते हैं। आदिवासी कल्याण एवं अनुसंधान संस्थान द्वारा बिहार में अनुसूचित जाति के सम्बन्ध में किये गये अध्ययन का यही निष्कर्ष है। परम्परागत आदिवासी लोगों का आधुनिक शिक्षा के बारे में यह विचार बन गया है कि ऐसी शिक्षा छात्रों को चालक कपटी बना देती है और पढ़े–लिखे युवक अन्य छात्रों एवं संस्कृतियों से प्रभावित

होकर अपने परिवार एवं संस्कृति को त्याग देते हैं तथा उनको आर्थिक सहायता भी नहीं देते हैं और पढ़े–लिखे आदिवासी छात्र अपने पुराने परिवार में घुलमिल कर नहीं रह पाते हैं तथा वहां पर भावनात्मक संघर्ष शुरू हो जाता है। इसलिए आदिवासियों की यह धारणा बन गई है कि आधुनिक शिक्षा उनके लिए अनुपयोगी है तथा उनकी आवश्यकताओं के अनुरूप नहीं है। साथ ही आदिवासी शिक्षित युवक खेतों में अपने परिवार वाले के साथ काम करने से जी चुराते हैं और एक तरह से उनमें कोई भी नौकरी न मिलने पर बेरोजगारों जैसा जीवन बिताने लगते हैं और कुंठा के शिकार होते हैं। यह भी वास्तविकता है कि आधुनिक शिक्षा की नीति का और पाठ्यक्रम आदि बनाने वाले जनजातियों की वास्तविक परिस्थितियों से अनभिज्ञ होते हैं। शिक्षा नीतिकार शिक्षा नीति और पाठ्यक्रम बनाते समय आदिवासी समुदाय की स्थानीय आवश्यकताओं तथा वातावरण पर ध्यान नहीं देते हैं जिससे शिक्षा आदिवासियों के मूल परिवेश के अनुरूप नहीं बन पाती है। उदाहरण के लिए कहा जा सकता है कि आदिवासी क्षेत्रों में भी शिक्षा का माध्यम क्षेत्रीय भाषा को ही बनाया जाता है जबकि आदिवासी बच्चे अपनी बोली से भिन्न भाषा को समझने में असमर्थ होते हैं। यह स्थिति आदिवासी बच्चों के लिए बहुत ही दुखदायी होती है। यदि किसी बच्चे को ऐसी भाषा में पढ़ाया जाये जो उसकी समझ में नहीं आती तो यह आसानी से अनुमान लगाया जा सकता है कि कक्षा में कितनी देर बैठ पायेगा। छात्रों द्वारा बीच में ही पढ़ाई छोड़ देने का यह एक बहुत बड़ा कारण है। इसी से सम्बद्ध एक अन्य वास्तविकता भी है कि अधिकांश आदिवासी बोलियों की अपनी कोई लिपि नहीं है। इसके लिए क्षेत्रीय भाषा की लिपि को ही उनकी आवश्यकताओं के अनुरूप ढाल दिये जाना चाहिये और पाठ्यक्रम तथा पाठ्यपुस्तकें ऐसी ही भाषा और लिपि में तैयार किये जाने चाहिये। आदिवासी क्षेत्रों में पढ़ाये जानेवाली पुस्तकें स्थानीय परिवेश, स्थानीय संस्कृति, स्थानीय लोककथाओं और लोकगीतों आदि पर आधारित किये जाने चाहिये।

यह भी तथ्य है कि आदिवासी क्षेत्रों के लिए ऐसे शिक्षक नहीं मिलते हैं जो आदिवासी बोलियों से परिचित हों और बच्चों को उनकी ही बोली में समझा सकें। इस समस्या के समाधान के लिए ऐसे शिक्षित शिक्षक आदिवासी युवकों का सर्वेक्षण कराया जा सकता है जो वहां के हों, अगर वे प्रशिक्षित शिक्षक न हों तो उन्हें प्रशिक्षित करें। चाहे जो भी बाधायें और समस्यायें शिक्षा के क्षेत्र में हों, शिक्षा नीतिकारों

को ईमानदारी से प्रयास करना चाहिये ताकि आदिवासी समुदाय में शिक्षा का प्रचार–प्रसार हो सके। इसके लिए प्रयोगनार्थ सबसे पहला उद्देश्य होगा कि आदिवासी क्षेत्रों के लिए हम ऐसी शिक्षा पद्धति तैयार करें जिससे आदिवासी लोगों में आधुनिक शिक्षा के प्रति सकारात्मक विचार और विश्वास पैदा हो जाये। एन.सी.ई.आर.टी. के उड़ीसा में किये गये अध्ययन से यह ज्ञात हुआ था कि 'लान्जियां साओरा' के मामले में शिक्षा 97 प्रतिशत व्यर्थ गई । क्योंकि पहली कक्षा से लेकर तीसरी कक्षा तक लगभग सभी छात्रों ने स्कूल छोड़ दिया। इसका एक कारण तो यह था कि माता–पिता अपनी आय में वृद्धि करने के लिए बच्चों को स्कूल भेजने से मना कर देते थे तथा दूसरा कारण यह था कि शिक्षा का माध्यम बच्चों के अनुकूल नहीं बैठता था । यदि उपरोक्त बातों को ध्यान में रखकर शिक्षा नीति तथा पाठ्यक्रम बनाये जाते तो शिक्षा के प्रचार प्रसार में वृद्धि हो सकती है।

दलितों को उपलब्ध शिक्षा– सुविधाएं

अनुसूचित जातियों और अनुसूचित जनजातियों के शैक्षिक आधार को सुदृढ़ बनाने के लिए अनेक उपाय किए गए हैं। इन समुदायों की बहुलता वाले क्षेत्रों में प्राथमिकता के आधार पर शैक्षिक संस्थान खोलने का प्रावधान, छात्रवृत्तियों, शिक्षण शुल्क की माफी, मध्याह्न भोजन, निःशुल्क वर्दियां, पुस्तकें और लेखन सामग्री, शैक्षिक संस्थानों में सीटों में आरक्षण ऐसे ही कुछ उपाय हैं।

–– विभिन्न विषयों में इन समुदायों के छात्रों की अकादमिक दक्षता और भाषा सम्बन्धी निपुणता में सुधार लाने और उनकी बोधगम्यता के स्तर को बढ़ाने के लिए इन छात्रों को उपचारी और विशेष कोचिंग दी जाती है। आई.आई.टी. की एक योजना के अंतर्गत अनुसूचित जाति/जनजाति के जो छात्र बहुत ही कम अंकों से प्रवेश परीक्षा में फेल हो जाते हैं, उन्हें एक वर्ष के प्रारम्भिक पाठ्यक्रम में प्रवेश दिया जाता है और जो इस सहायता से पास हो जाते हैं, उन्हें बी.टेक पाठ्यक्रम के प्रथम वर्ष में प्रवेश दिया जाता है।

–– अनुसूचित जातियों / अनुसूचित जनजातियों को यू.जी.सी. की कनिष्ठ शोध फेलोशिप (जे.आर.एफ.) सम्बन्धी परीक्षा के लिए न्यूनतम अंकों में दस प्रतिशत तक की छूट दी जाती है। उत्तीर्ण होने वाले अनुसूचित जातियों / जनजातियों के सभी उम्मीदवारों को ये फेलोशिप प्रदान की जाती हैं ।

–– लेक्चरर के पद के लिए राष्ट्रीय पात्रता (नेट) में अर्हता प्राप्त करने वाले अनुसूचित जातियों / अनुसूचित जनजातियों के उम्मीदवारों को सामाजिक विज्ञान सहित विज्ञान और मानविकी के क्षेत्र में प्रतिवर्ष 50 कनिष्ठ फेलोशिप प्रदान की जाती हैं

–– विश्वविद्यालय अनुदान आयोग लेक्चरर के रूप में नियुक्ति के समय अनुसूचित जातियों और अनुसूचित जनजातियों के उम्मीदवारों को एम.ए. स्तर पर अंकों में पांच प्रतिशत तक की छूट देता है। यू.जी. सी. ने नेट परीक्षा में बैठने के लिए एम.ए. में अपेक्षित न्यूनतम अंक अनुसूचित जातियों / अनुसूचित जनजातियों के उम्मीदवारों के मामलों में घटाकर 50 प्रतिशत कर दिए हैं।

–– प्रतिभावान छात्रों के लिए माध्यमिक स्तर पर कुल 43,000 छात्रवृत्तियों में से 13,000 छात्रवृत्तियां कतिपय निर्धारित मानदण्डों की पूर्ति करने पर ग्रामीण क्षेत्रों के अनुसूचित जाति/ जनजाति के मेधावी छात्रों के लिए आबंटित की जाती हैं । इसके अलावा, राष्ट्रीय अनुसंधान तथा प्रशिक्षण परिषद द्वारा आयोजित राष्ट्रीय प्रतिभा खोज योजना के अंतर्गत केवल अनुसूचित जाति एव अनुसूचित जनजाति के छात्रों को 225 छात्रवृत्तियां आबंटित की जाती हैं ।

–– केन्द्रीय भारतीय भाषा संस्थान, मैसूर में जनजातीय भाषाओं सहित आधुनिक भारतीय भाषाओं में अनुसंधान, जनशक्ति विकास और सामग्री उत्पादन के जरिए भारतीय भाषाओं की उन्नति की एक योजना है । इस संस्थान में 75 से अधिक जनजातीय और सीमा क्षेत्र भाषाओं पर काम किया गया है।

–– माध्यमिक ओर उच्च माध्यमिक विद्यालयों में छात्राओं के लिए बोर्डिंग और छात्रावास सुविधाओं के सुदृढ़ीकरण की योजना के अंतर्गत ग्रामीण क्षेत्रों और समाज के कमजोर वर्गों की किशोर लड़कियों का नामांकन बढ़ाने के लिए स्वैच्छिक संगठनों की शत–प्रतिशत आर्थिक सहायता प्रदान की जाती है। इस सम्बन्ध में शैक्षिक दृष्टि से पिछड़े जिलों, विशेष रूप से अनुसूचित जातियों / अनुसूचित जनजातियों और शैक्षिक दृष्टि से पिछड़े अन्य अल्पसंख्यकों की बहुलता वाले जिलों को प्राथमिकता दी जाती है ।

–– कस्तूरबा गांधी स्वतंत्र विद्यालय योजना का उद्देश्य अनुसूचित जातियों, अनुसूचित जनजातियों, अन्य पिछड़े वर्गों और अल्पसंख्यकों की महिलाओं के बीच साक्षरता के स्तर में सुधार लाना है। जिन जिलों

में महिलाओं का साक्षरता स्तर 10 प्रतिशत से कम है, उनमें 500 आवासीय स्कूल खोलने का प्रस्ताव है । शुरू में ये स्कूल पांचवीं कक्षा तक होंगे और बाद में इनका दर्जा बढ़ा दिया जाएगा

—— न्यून महिला साक्षरता वाले 146 जिलों की पहचान की गई है, जिनमें इस प्रकार के कार्यक्रमों / योजनाओं के कार्यान्वयन के लिए केन्द्र और राज्यों / संघ शासित क्षेत्रों– दोनों द्वारा संयुक्त रूप से ध्यान संविधान के अनुच्छेद 46 में कहा गया है कि "राज्य, विशेष ध्यान देते हुए जनता के कमजोर वर्गों, विशेष रूप से अनुसूचित जातियों तथा अनुसूचित जनजातियों की शिक्षा और आर्थिक हितों को बढ़ावा देगा और सामाजिक अन्याय तथा सभी प्रकार के सामाजिक शोषण से उनकी रक्षा करेगा।" संविधान के अनुच्छेद 330, 332, 335 तथा 338 से 342 तक और पूरी पांचवीं तथा छठी अनुसूचियां अनुच्छेद 46 में दिए गए लक्ष्यों के कार्यान्वयन के निमित्त विशेष प्रावधानों से ही सम्बन्धित हैं। भारतीय समाज के इन कमजोर वर्गों के लाभ के लिए इन प्रावधानों का अधिकाधिक उपयोग किए जाने की आवश्यकता है ।

—— स्वतंत्रता प्राप्ति के बाद से अनुसूचित जातियों (एस.सी.) तथा अनुसूचित जनजातियों (एस.टी.) के शैक्षिक आधार को सुदृढ़ बनाने के लिए भारत सरकार ने अनेक उपाय किए हैं। अनुसूचित जातियों तथा अनुसूचित जनजातियों के शिक्षास्तरों के उन्नयन में निम्नलिखित उपायों का काफी योगदान रहा है:

—— इन समुदायों की बहुलता वाले क्षेत्रों में प्राथमिकता के आधार पर शैक्षिक संस्थान खोले गये, इस वर्ग के छात्रों की ट्यूशन फीस समाप्त की गई, उन्हें छात्रवृत्तियां, मध्याह्न भोजन, बर्दी, पुस्तकें तथा लेखन सामग्री मुफ्त दी गई, इनके लिए शैक्षिक संस्थानों में सीटों का आरक्षण किया गया, उच्चतर अध्ययनों के संस्थानों में प्रवेश के मानदण्डों में ढील दी गई, प्रतियोगी परीक्षाओं हेतु उनके लिए कोचिंग कक्षाओं तथा उपचारात्मक कोचिंग की व्यवस्था की गई और उन्हें छात्रावासों की सुविधा दी गई । तथापि, यह सच है कि इन समुदायों को शैक्षिक उन्नति के क्षेत्र में दूसरे समुदायों तक आने में अभी बहुत समय लगेगा।

—— प्रारम्भिक शिक्षा और साक्षरता कार्यक्रम और माध्यमिक तथा उच्चतर शिक्षा विभाग के लिए आबंटित बजटों में से 16.33 प्रतिशत और 8.01 प्रतिशत अनुसूचित जातियों तथा अनुसूचित जनजातियों के लिये क्रमशः विशेष घटक योजना और आदिवासी उप–योजना हेतु आबंटित किया गया है ।

—— देश की राष्ट्रीय शिक्षा नीति के अनुसरण में साक्षरता और शिक्षा की मौजूदा योजनाओं में अनुसूचित जातियों तथा अनुसूचित जनजातियों के लिए निम्न विशेष प्रावधान किए गए हैं :

(1) प्राथमिक विद्यालय खोजने के लिए शिथिल मानक।

(2) 300 की आबादी की बजाए 200 की आबादी वाली बस्ती में एक किलोमीटर की पैदल दूरी के दायरे में एक प्राथमिक विद्यालय खोलना।

(3) कम से कम उच्चतर प्राथमिक स्तर तक सभी राज्यों में, सरकारी विद्यालयों में ट्यूशन फीस समाप्त करना (अधिकांश राज्यों ने उच्च माध्यमिक स्तर तक अनुसूचित जाति / जनजाति के बच्चों के लिए ट्यूशन फीस को समाप्त कर दिया है)।

(4) इन छात्रों को निःशुल्क पाठ्यपुस्तकें, यूनिफार्म, स्टेशनरी, बस्ते, आदि जैसे प्रोत्साहन प्रदान करना ।

(5) जिला प्राथमिक शिक्षा योजना, सर्व शिक्षा अभियान, लोक जुम्बिश, शिक्षाकर्मी कार्यक्रम, शिक्षा गारंटी योजना और वैकल्पिक नवाचारी शिक्षा, राष्ट्रीय प्राथमिक शिक्षा पोषण अनुसमर्थन कार्यक्रम आदि अनुसूचित जातियों और अनुसूचित जनजातियों की बहुलता वाले क्षेत्रों में प्राथमिकता के आधार पर पूर्ण किए गए ।

(6) भारतीय प्रौद्योगिक संस्थान, भारतीय प्रबंध संस्थानों, क्षेत्रीय इंजीनियरी कालेजों, केन्द्रीय विश्वविद्यालयों, केन्द्रीय विद्यालयों और नवोदय विद्यालयों सहित उच्चतर शिक्षा की केन्द्र सरकार की संस्थाओं में अनुसूचित जातियों और अनुसूचित जनजातियों के लिए सीटों का आरक्षण किया गया । विश्वविद्यालयों, कालेजों, तकनीकी संस्थाओं में आरक्षण के अलावा प्रवेश में न्यूनतम योग्यता प्रतिशत के मामले में भी छूट दी गई । विश्वविद्यालय अनुदान आयोग ने केन्द्रीय विश्वविद्यालयों सहित 109 विश्वविद्यालयों में आरक्षण नीति के समुचित क्रियान्वयन को सुनिश्चित करने के लिए अनुसूचित जाति /जनजाति प्रकोष्ठ स्थापित किए हैं । विश्वविद्यालय अनुदान आयोग ने आरक्षण नीति के क्रियान्वयन की समीक्षा के लिए एक स्थायी समिति भी गठित की है ।

2

समाज सुधारकों तथा महान व्यक्तित्वों द्वारा दलितोद्धार हेतु किये गये प्रयास : महात्मा जोतीराव फुले

इस देश में जो समाज–सुधारक हुए, उनमें महात्मा जोतीराव फुले अग्रणी थे। वे समग्र सामाजिक क्रांति के द्रष्टा थे । भगवान बुद्ध, भगवान महावीर, मार्टिन ल्युथर किंग, गुरु नानक के वे उत्तराधिकारी थे । वे 'सक्रिय समाज सुधारक' थे । सामाजिक सुधार का प्रारंभ अपने ही घर से शुरू करनेवाले महात्मा जोतीराव जैसा समाज – सुधारक सदियों में एकाध ही होता है । ''जैसी कथनी वैसी करनी'' वाली कहावत के अनुसार चलनेवाले लोग बहुत कम होते हैं । जिस जाति को समाज–परिवर्तन की आवश्यकता थी, जो प्रचलित परंपराओं का शिकार होने से निर्बल हो गई थी, उस 'माली' जाति में उनका जन्म हुआ था ।

क्रांति यानी सम्पूर्ण परिवर्तन की चिंगारी ! महात्मा फुले ने हिन्दू समाज के शूद्र, अछूत और स्त्री जाति को इसी क्रांति की प्रेरणा और दर्शन दिया । पिछड़े हुओं, शोषितों, दलितों, पीड़ितों, उपेक्षितों, तिरस्कृतों, बहिष्कृतों का जीवन सहनीय ही नहीं, सुखी बनाने का व्रत उन्होंने लिया था । इनके उद्धार यानी समकालीन समाज–सुधार क्रांति के लिए उन्होंने अपना सारा जीवन समर्पित किया ।

महात्मा फुले ने विश्व–परिवारवाद का समर्थन किया। आज के आधुनिक विज्ञान–युग में इस विचारधारा को विश्व के सभी स्तरों से बहुत बड़ा अवलम्बन मिला है। उसी समय फुलेजी ने इस विचार का समर्थन करके यह सिद्ध किया कि वे सचमुच भविष्य के द्रष्टा थे। फुलेजी ने अपने 'सार्वजनिक सत्यधर्म' पुस्तक में कहा है कि सभी स्त्री–पुरुषों को एक दूसरे से मिल–जुलकर, एक दूसरे को पसंद–नापसंद किये बिना, विश्व को अपना ही परिवार मानकर रहना चाहिए। मनुष्य को धर्म जन्म नहीं बल्कि विचारों से स्वीकारना चाहिए। आज के धार्मिक संघर्ष के युग में फुलेजी के ये विचार प्रासंगिक और अनुकरणीय हैं। वे निजी

स्तर पर नये समाज–गठन के लिए ईश्वर और धर्म को आवश्यक नहीं मानते । वे सत्य को ही धर्म मानते हैं और उसी का आग्रह करते हैं ।

जीवन सम्बन्धी कुछ तथ्य

सामाजिक क्रांति के अग्रदूत, परंपरागत समाज–व्यवस्था के विरुद्ध बगावत करनेवाले पहले महापुरुष, हजारों वर्षों से चली आई धार्मिक तानाशाही को चुनौती देकर उसके अंजर–पंजर ढीले कर देनेवाले कर्मठ समाज–सुधारक, सच्चे अर्थों में मानवतावादी महात्मा जोतीराव फुले का जन्म सन् 1827 में पुणे (महाराष्ट्र) में माली जाति के एक साधारण परिवार में हुआ था। इनके पिता का नाम गोविन्दराव और माता का नाम चिमणाबाई था । इनके पिता पुणे के निकट ही एक गांव में खेती का काम करते थे और खेत में उगाई हुई सब्जी–तरकारियां पुणे में स्थित एक दुकान से बेचा करते थे। इसी से परिवार का गुजर–बसर करते थे।

जोतीराव एक वर्ष के भी नहीं हुए थे कि उनकी माता चिमणाबाई का निधन हो गया । गोविन्दराव ने अपने बच्चों के पालन–पोषण की जिम्मेदारी जोतीराव की मौसेरी बहन श्रीमती सगुणाबाई क्षीरसागर को सौंपी, जिहोंने बड़ी ममता और अपनेपन से जोतीराव का पालन किया। जोतीराव मजबूत डीलडौल वाले तथा सशक्त बालक थे। गोविन्दराव स्वयं पढ़े–लिखे तो नहीं थे, लेकिन उन्होंने बहुत सोच–विचार कर जोतीराव को पढ़ाने का निर्णय किया । इस परिस्थिति में भी 6 वर्ष के जोतीराव ने पाठशाला में जाकर पढ़ाई में अच्छी प्रगति की। वे एक तेज, होशियार और समझदार छात्र थे । वे लिखना–पढ़ना सीख गये और हिसाब भी करने लगे। जोतीराव ने चार वर्ष की शिक्षा प्राप्त करने के बाद पिता के कहने पर मजबूरी में पाठशाला छोड़ दी और वे अपने पिता की फुलवाड़ी और खेती में काम करने लगे। जोतीराव का स्कूल छूट जाने पर भी शिक्षा में उनकी जरा भी रुचि कम नहीं हुई। वे रात के समय टिमटिमाते दीये की रोशनी में पढ़ा करते थे। उर्दू–फारसी के श्री गफ्फारबेग मुंशी अध्यापक और ईसाई पादरी श्री लिजिट साहब को जोतीराव जैसे प्रतिभाशाली छात्र की शिक्षा में आई बाधा उचित नहीं लगी। उन्होंने गोविन्दराव को समझाया तथा पिता की सहमति से 1841 में जोतीराव को स्कॉटिश मिशन की अंग्रेजी पाठशाला में फिर से भर्ती कराया। 1847 में अपना अंग्रेजी पाठशाला का कक्षा सात तक का अध्ययन पूरा कर लिया। अंग्रेजी शिक्षा का आरंभ जोतीराव के

जीवन की सर्वाधिक महत्वपूर्ण घटना बनी। वे मन लगाकर पढ़ाई करते थे और हर परीक्षा में प्रथम श्रेणी के अंक प्राप्त किया करते थे। इससे उनके अध्यापक उनसे प्रसन्न रहते थे और जोतीराव अनजाने ही सहपाठियों के अग्रणी बन गये।

उस समय बाल विवाह प्रथा प्रचलित थी। अतः जोतीराव का तेरह वर्ष की आयु में नौ वर्षीय सावित्री से विवाह कर दिया गया। सावित्रीबाई के मन पर जोतीराव की सादगी, सदाचार और कर्मठता का गहरा प्रभाव पड़ा। इसी कारण से वह जोतीराव के जीवन में संपूर्णतः घुल–मिल गई थी, और उनकी सच्ची संगिनी बन गई थी। वह जोतीराव को आदर्श पति, अन्तरंग मित्र और गुरु मानती थी। अपने पति का ऋण स्वीकार करते हुए वे कहती हैं :

"वे हैं अज्ञानी जनों के कर्णधार
देते हैं उन्हें नित सद्विचार
वे हैं कृतिवीर तथा ज्ञानयोगी
झेलते हैं दुख स्त्रियों–शूद्रों की खातिर"।

सन् 1848 से 1952 के बीच फूले दंपती ने अठारह पाठशालायें खोलीं। उन पाठशालाओं का संचालन और प्रबंध सावित्रीबाई ही किया करती थीं। उन्होंने अध्यापिका, प्रधानाध्यापिका, संचालिका के रूप में जोतीराव के कार्य में अतुलनीय योगदान किया। उन्होंने स्वयं ही पाठशालाओं का पाठ्यक्रम बनाया और उसे कार्यान्वित किया। नारी–शिक्षा का आरंभ जोतीराव ने अवश्य किया, लेकिन इस कार्य में स्थिरता लाने और उसे बढ़ाने का श्रेय सावित्रीबाई को ही है। उन्होंने अपने पति को हर कार्य में सम्पूर्ण सहयोग दिया, उनके साथ रहकर मुसीबतों का डटकर सामना किया। जोतीराव के मार्गदर्शन में सावित्रीबाई ने 'महिला सेवा मंडल' का गठन कर महिला–सुधार की पहल की। यह भारत की पहली महिला सेवा संस्था है। सावित्रीबाई श्रेष्ठ अध्यापिका, उत्कृष्ट वक्ता और कुशल प्रशासिका थीं। वे लेखिका और कवयित्री भी थीं।

फुले दम्पत्ति ने जीवनपर्यनत दलितों, नारियों, अनाथों, शोषितों और निर्धन किसानों के कल्याणार्थ कंधे से कंधा मिलाकर तथाकथित उच्च जातियों, वर्णों, वर्गों की परवाह न करते हुए सफलतापूर्वक कार्य किये और जीवन यात्रा पूरी होने पर पति ने 28 नवंबर 1990 को और पत्नी ने 1997 में स्थूल शरीर को त्याग कर अमरता प्राप्त कर ली।

जोतीराव ने बचपन से ही अपने परिवेश के गरीब श्रमिकों की दयनीय स्थिति देखी थी। हां, मिशन की अंग्रेजी पाठशाला में जाने के बाद उनका ऊंची जातियों के छात्रों से सम्पर्क हुआ। इससे उन्हें समाज की भिन्न–भिन्न जातियों और स्तरों के पारस्परिक संबंधों का निरीक्षण करने का अवसर मिला और जातिगत ऊंच–नीच और अगड़े–पिछड़े की भावना उनमें गहरी पैठ गई। पाठशाला में पढ़नेवाले छात्रों में से सर्वश्री सदाशिव बल्लाळ गोवंडे, मोरोपंत विट्ठल वाळवेकर और सखाराम यशवंत परांजपे – ये तीन ब्राह्मण सहपाठी उनके अंतरंग मित्र बने और उनकी मित्रता लम्बे समय तक चली। इन चारों मित्रों में विचार सामंजस्य था और उनमें आरंभ से ही समाज–सेवा की लगन थी। वे सभी मिलकर समाज की प्रगति के लिए कुछ ठोस करना चाहते थे। इसके लिए वे समय–समय पर इकट्ठा होकर विचार–विमर्श किया करते थे। इन चारों ने सभी धर्मों का तुलनात्मक अध्ययन किया और अंत में निष्कर्ष निकाला कि हर धर्म में कुछ ऐसे तत्व हैं जिन्हें सिर्फ श्रद्धा से ही मानना होता है । इसलिए सभी धर्मों में जो समान तत्व हैं, उनका पालन किया जाना चाहिये। ये समान तत्व हैं – ईश्वर एक ही है, उसी की पूजा की जाये; सभी धर्मों में जो नीतिपरक तत्व समान हैं, उन पर अमल किया जाये। स्कॉटिश मिशन की पाठशाला में जोतीराव और उनके मित्रों ने पर्याप्त ज्ञान अर्जित किया । इस शिक्षा से उन्हें मनुष्य के कर्त्तव्यों तथा मानव अधिकारों का ज्ञान हुआ। इस बीच देश पर अंग्रेजों का शासन स्थापित हो गया था तथा नई आंग्ल शिक्षा पद्धति आरंभ हो गई थी।

जोतीराव की नजर में गुलामी चाहे धार्मिक हो या राजनैतिक घृणास्पद ही थी। इसलिए विदेशी शासन के खिलाफ झंडा उठानेवाले लोगों की वीरता का वर्णन सुनकर जोतीराव और उनके मित्रों को स्वतंत्रता–प्राप्ति की प्रेरणा मिली। उन्होंने उस्ताद लहुजी साळवे से सैनिक प्रशिक्षण लिया। किन्तु जोतीराव ने सामाजिक क्रांति के कार्य को अपनाया।

जोतीराव के चरित्र–गठन में इन चार बातों का बड़ा योगदान रहा – (1) ईसाई धर्म में व्याप्त मानवतावाद, (2) धाय मां सगुणाबाई द्वारा दी गई गरीबों की सेवा की प्रेरणा, (3) ईसाई पादरियों के व्यक्तित्व तथा कार्यप्रणाली का प्रभाव और (4) अमरीकी बागी लेखक 'टॉमस पेन' के 'मनुष्य के अधिकार' (राइट्स आफ मैन) शीर्षक ग्रंथ में अभिव्यक्त विचारों का प्रभाव। ईसाई पादरियों के व्यक्तित्व और कार्यप्रणाली का

उनके मन पर गहरा प्रभाव पड़ा। परिणामतः उनमें शिक्षाभिरुचि, धर्मनिष्ठा, समर्पणशीलता, कार्यदक्षता और समाज के सर्वाधिक निम्न तबकों के प्रति सहानुभूति पैदा हो गई। इसके विपरीत हिन्दू शास्त्री–पंडितों, पंडे–पुरोहितों आदि के आचरण में नैतिकता, सहृदयता और समाज–हित का लेशमात्र भी नहीं था। इन बातों का भी गहरा प्रभाव जोतीराव पर पड़ा। श्री टॉमस पेन का कथन था–– "धर्म, ईश्वर की आराधना करनेवाले प्रत्येक मनुष्य का निजी तथा व्यक्तिगत विषय है। विश्व का निर्माणकर्ता ईश्वर है और विशुद्ध भाव से उसकी शरण में जानेवाले मनुष्य और ईश्वर के बीच में किसी भी बिचौलिये की आवश्यकता नहीं है। धर्मश्रद्धा स्वतंत्र तथा स्वयंफूर्त होनी चाहिए। उस पर किसी भी बाहरी सत्ता का अधिकार नहीं होना चाहिए। ईश्वर के नाम पर जो धर्म का बाजार लगाया जाता है, वह केवल अनावश्यक और अनिष्टकर ही नहीं है, बल्कि पापमूलक और पाखंड–सर्जक भी है।" जोतिराव लेखक टॉमस के विचारों से सर्वाधिक प्रभावित हुए। मानवता का सम्मान, वैयक्तिक स्वतंत्रता का आग्रह और गुलामी का धिक्कार लेखक पेन की समग्र विचार–प्रणाली के तीन सूत्र थे। जोतीराव ने भी अपने कार्यों और साहित्य में इन तीन तत्वों पर सदा ही बल दिया। लेखक पेन की ही भांति जोतिराव ने स्त्री–पुरुषों की समानता पर बल दिया है। वॉशिंग्टन की जीवनी से उन्होंने स्वतंत्रता–आंदोलन की प्रेरणा प्राप्त की थी। उन्होंने शिवाजी महाराज, बुकर टी वॉशिंग्टन और मार्टिन ल्यूथर की जीवनियों से प्रेरणा प्राप्त की थी। उन्होंने देखा कि इस्लाम धर्म और ईसाई धर्म में सामाजिक और धार्मिक समानता है। इसके विपरीत हिन्दू धर्म में अनेक जातियां, उपजातियां और असहनीय वर्णभेद हैं। जोतीराव ने भगवान बुद्ध, तीर्थंकर, रामानुज, रामानंद, बसवेश्वर, गुरु नानक, कबीर, दादू का साहित्य पढ़ा। साथ ही, उन्होंने संत तुकाराम की गाथा, ज्ञानेश्वरी आदि भागवत धर्म के ग्रंथ; प्रो. विल्सन, सर विलियम जोन्स आदि की हिन्दू धर्म पर लिखी अंग्रेजी कृतियों का अध्ययन किया। इस विशद अध्ययन के आधार पर तत्कालीन समाज का जातिवार बंटवारा और उसमें से उत्पन्न हुई सामाजिक तथा आर्थिक विषमता जोतीराव के चिंतन के मुख्य विषय बन गये।

जोतीराव केवल न समाज–सुधार करना चाहते थे बल्कि एक वर्गहीन और शोषणमुक्त समाज का निर्माण करके सामाजिक क्रांति लाना चाहते थे। इसीलिए उन्हें 'सामाजिक क्रांति के अग्रदूत' कहा जाता है। यह सामाजिक क्रांति मुख्यतः तीन बातों पर आधारित थी – (1) तत्कालीन शोषित–अपेक्षित जनता को उसकी गुलामी और शोषण की प्रतीति

कराना और जगाना; (2) उन शोषितों में आत्मसम्मान का भाव पैदा करना और (3) विभिन्न जातियों में बंटे हुए शूद्रातिशूद्र वर्ग में मूलतः उन सबके एक होने का भाव उत्पन्न करना। जोतीराव पहले व्यक्ति हैं जिन्होंने शूद्रातिशूद्रों में आत्मसम्मान जगाया और शूद्रों को बताया कि उनकी सामाजिक दासता उनके पूर्वजन्मों का फल नहीं है, बल्कि यह अशिक्षा और शताब्दियों से थोपी गई मानसिक दासता का परिणाम है । जोतीराव मानते थे कि परंपरागत हिन्दू समाज द्वारा शूद्रातिशूद्रों और महिलाओं को शिक्षा के अधिकार से वंचित कर दिये जाने से वे अज्ञान के अंधकार में भटकते रहे हैं और अज्ञान के कारण ये दोनों वर्ग अपने अस्तित्व को पहचान नहीं पा रहे हैं। इसलिए जब तक इन वर्गों को शिक्षा नहीं दी जाती, ये जागृत नहीं होंगे और इनकी जागृति के बिना सामाजिक क्रांति नहीं हो सकेगी। इसलिए उन्होंने इन दो वर्गों का उद्धार करने का बीड़ा उठाया। इस प्रकार माली जाति के होने के नाते जोतीराव ने एक कुशल माली की तरह मानवता का बीज बोया, स्वतंत्रता तथा समानता का पौधा लगाया और देश में सभी को अपना जीवन निजी रूप से स्वतंत्रतापूर्वक जीने के लिए आवश्यक भूमि तैयार की ।

तत्कालीन परिस्थितियों का विश्लेषण करके जोतीराव ने निष्कर्ष निकाला कि हमारे देश में पुरातन काल से ही दो वर्ग हमेशा पिछड़े तथा शोषण का शिकार होते रहे हैं– एक है नारी वर्ग और दूसरा है दलित वर्ग, जिसे उस समय अछूत कहा जाता था। अतः उन्होंने सबसे पहले कन्याशाला खोलने का निर्णय लिया। उनकी राय थी कि जब तक महिलाएं शिक्षित नहीं हो जातीं, तब तक सच्चे अर्थों में समाज शिक्षित नहीं हो सकता। एक शिक्षित माता जो सुसंस्कार दे सकती है, उन्हें हजार अध्यापक या गुरु नहीं दे सकते। जब तक देश की आधी जनसंख्या (नारी समाज) शिक्षित नहीं हो जाती, तब तक देश कैसे प्रगति कर सकता है। इसी लक्ष्य को ध्यान में रखते हुए जोतीराव और उनके मित्र सदाशिवराव गोवंडे अहमदनगर में चलाई जा रही मिशनरियों की कन्याशाला देखने गये, जिसका संचालन मिस फर्रार कर रही थीं। उस पाठशाला में पढ़नेवाली अधिकांश लड़कियां अछूत वर्ग की थीं। कुछ 'कुनबी' और 'माली' जाति की लड़कियां भी थीं। मिस फर्रार ने जोतीराव और श्री गोवंडे के साथ बात करते समय बड़ा दुखः प्रकट किया कि भारत में नारी–शिक्षा की ओर बिल्कुल ध्यान नहीं दिया जाता, जोतीराव को यह सुनकर बड़ा खेद हुआ। उन्होंने फैसला किया कि

हम अपनी पत्नी को पढ़ाएंगे और समय आने पर शिक्षा के प्रचार–प्रसार के अपने कार्य में उनकी सहायता लेंगे।

पुणे लौटने पर जोतीराव ने अपनी पत्नी सावित्री को पढ़ाना शुरू किया। जोतीराव ने अपने पूर्व निश्चय के अनुसार अगस्त 1848 में पुणे की बुधवार पेठ में श्री भिड़े के मकान में अपनी पहली कन्याशाला आरंभ की। 'बाम्बे गार्डियन' नामक समाचार–पत्र के दिनांक 28 नवंबर 1851 में प्रकाशित पत्र से इसकी पुष्टि होती है। इस प्रकार महाराष्ट्र के मशहूर समाज–सुधारक श्री गोपाळ गणेश आगरकर और नारी–शिक्षा–क्षेत्र के अग्रणी महर्षि धोंडो केशव कर्वे ने नारी–शिक्षा का कार्य आरंभ कर जोतीराव ने सार्वजनिक क्षेत्र में कदम रखा। उस समय उनकी आयु मात्र 21 वर्ष की थी। श्री भिड़े ने इस कन्या पाठशाला के लिए न सिर्फ जगह और धन दिया बल्कि मासिक आर्थिक सहायता देने का भी वचन दिया। सर्वश्री सखाराम यशवंत परांजपे, सदाशिव गोविंद हाटे, सदाशिवराव गोवंडे भी इस पाठशाला की आर्थिक सहायता करते थे। इस प्रकार गैर–सरकारी स्तर पर कन्याशाला शुरू करनेवाले पहले भारतीय जोतीराव हैं। जल्दी ही छात्राओं की संख्या बढ़ गई। इसलिए उन्हें एक सहयोगी की आवश्यकता थी, लेकिन जब तथाकथित उच्च समाज के भय के कारण कोई भी व्यक्ति अध्यापक बनने की हिम्मत नहीं जुटा पाया, तब जोतीराव ने अपनी पत्नी सावित्रीबाई को अध्यापक बनने के लिए तैयार किया और वे पाठशाला में अध्यापिका के रूप में कार्य करने लगीं। जब धर्म और संस्कृति के तथाकथित ठेकेदार जोतीराव और सावित्रीबाई की बालिका पाठशाला योजना की प्रगति को किसी भी प्रकार बांधित न कर सके, तो उन्होंने षड्यंत्र रचकर उनके पिता को भड़काकर इन दोनों को घर से निकलवा दिया और नारी जाति के उद्धार के लिए जोतीराव ने स्वजनों तथा घर द्वार का सहर्ष त्याग किया। ऐसे संकट के समय मुंशी गफ्फार वेग ने उनकी सहायता की। मुंशीजी की बेटी फातिमा आगे चलकर जोतीराव की पाठशाला में सहायक बनी। वित्तीय स्थिति में सुधार होते ही जोतीराव ने गंज पेठ में, जहां अछूत बड़ी संख्या में रहते थे, अपनी पाठशाला पुनः शुरू की। छात्र–संख्या बढ़ने पर जोतीराव को उसी मोहल्ले के एक मुसलमान भाई ने नये पाठशाला के लिए किराये पर जगह दे दी। श्री मोरो विट्ठल वाळवेकर और श्री देवराज ठोसर जोतीराव की मदद करने लगे और मेजर कैंडी द्वारा पुस्तकों की आपूर्ति की जाने लगी। इस प्रकार लगभग ढाई हजार वर्षों बाद पहली बार अछूतों के लिए शिक्षा के द्वार खुले। सन् 1932 में येरवड़ा जेल में बंद किये गये महात्मा गांधी को जब जोतीराव

के युगांतरकारी कार्यों की जानकारी मिली, तब उन्होंने कहा था – "जोतीराव वास्तव में महात्मा हैं।" आरंभ में लड़कियों की शिक्षा का विरोध तो हुआ हो, परंतु अधिकांश लोग नारी--शिक्षा के महत्व को शीघ्र ही समझ गये और कन्याशालाएं अधिक संख्या में खुलती गई। तत्पश्चात जोतीराव ने अछूतों के लिए पाठशाला खोली। अपने कार्य में और लोगों को सम्मिलित करने के उद्देश्य से जोतीराव ने एक कार्यकारी मंडल का गठन किया और अपनी पाठशालाएं उसके नियंत्रणाधीन कर दीं। जोतीराव की पाठशालाएं कार्यकारी मंडल की देखरेख में अच्छे ढंग से चल रही थीं। पाठशालाएं संस्था के अधीन होने से उनका कामकाज ठीक से चलने लगा। थोड़े दिनों बाद वे शिक्षा–संस्था से अलग हो गये और उन्होंने अन्य सामाजिक कार्यों में हाथ डाला। आगे चलकर सन् 1855 में जोतीराव ने पुणे में रात्रि–पाठशाला खोली। इस पाठशाला में दिनभर काम में रत रहनेवाले मजदूर, किसान और गृहिणियां पढ़ने आती थीं। यह भारत की पहली रात्रि–पाठशाला है।

तत्कालीन सरकारी देशी पाठशालाओं के पर्यवेक्षक श्री दादोबा पांडुरंग तर्खड़कर ने जोतीराव की पहली पाठशाला की दिनांक 16 अक्तूबर 1851 को परीक्षा ली। उस समय अपनी रिपोर्ट में उन्होंने लिखा था – "इस पाठशाला ने थोड़े समय में जो प्रगति की है, वह संचालकों के लिए सराहनीय है।" आगे चलकर पुणे कालेज के पर्यवेक्षक मेजर कैंडी ने अपनी अभ्युक्ति में लिखा था – "इस पाठशाला की कन्याओं की बुद्धि और प्रगति देखकर मुझे बड़ी प्रसन्नता हुई।" दिनांक 5 दिसंबर 1853 के अंक में मराठी पत्रिका "ज्ञानप्रकाश" ने अपने संपादकीय लेख में लिखा था– "अपने शूद्र भाइयों को अज्ञान के गहरे सागर से बाहर निकालकर ज्ञान–रूप अमृत का सेवन कराने के लिए जोतीराव ने कई संकट झेले और डटकर उनका मुकाबला किया। यह उनका उन जातियों पर बड़ा उपकार है। हम उन्हें धन्यवाद देते हैं।" जोतीराव ने तन–मन–धन से कड़ी कोशिश करके, कठिनाइयों पर विजय प्राप्त कर छात्रों के लिए पुस्तकालय स्थापित किया। उस समय के सरकारी शिक्षा–मंडल की रिपोर्ट में इसका उल्लेख करते हुए लिखा गया है – "अछूतों के लिए पहली पाठशाला खोलने का श्रेय जोतीराव को है, वैसे ही छात्रों के लिए पहला पुस्तकालय स्थापित करने का श्रेय भी उन्हीं को जाता है ।"

सामाजिक क्रांति में योगदान की पहल

मुंबई विश्वविद्यालय की स्थान (सन् 1857) के बाद महाराष्ट्र के

कुछ विचारशील लोगों ने राष्ट्रीय भावना से, परंतु आधुनिक समीक्षा–प्रणाली को अपनाते हुए हमारे धर्म, दर्शन, साहित्य, इतिहास का परिशीलन किया और उसका गौरवमय भाग लोगों के सामने प्रस्तुत कर उनका स्वत्व जागृत करने और उनके व्यापक सामाजिक उत्तरदायित्वों को समझाने का प्रयास किया । इससे महाराष्ट्र के सामाजिक जीवन में दो नये मतवाद उत्पन्न हुए । एक था परंपरावादी उग्र दल और दूसरा था समन्वयकारी प्रगतिशील दल । प्राचीन हिन्दू परंपराओं का गुणगान करनेवाले उग्र दल के प्रति जोतीराव को कोई सहानुभूति नहीं थी क्योंकि परंपरावादी उग्र दल का स्वदेशाभिमान बहुत ही संकुचित, स्थितिप्रिय और स्वार्थी था । नये–पुरानों का समन्वय करते हुए और किसी को भी न दुखाते हुए धीरे–धीरे सुधार करने की समन्वयकारी प्रगतिशील दल की कार्यप्रणाली जोतीराव की राय में दोषपूर्ण थी और उनका विश्वास था कि इस दल के मार्ग से गतिशील प्रगति करना संभव नहीं है। इसलिए अपनी लक्ष्यपूर्ति के लिए अलग मार्ग अपनाना जोतीराव के लिए आवश्यक था। उन्हें लगा कि शूद्रातिशूद्रों की स्थिति सुधारने के लिए फुटकर सुधारों पर निर्भर न रहकर बुनियादी समाज–परिवर्तन करने की आवश्यकता है। यह परिवर्तन केवल आठ–दस पाठशालाएं चलाकर नहीं हो सकता। इसके लिए तो पूरे श्रमिक समाज को विभिन्न तरीकों से जागृत करना होगा और अपने मानव–अधिकारों की ओर उसका ध्यान दिलाकर उन्हें प्राप्त करने के लिए संगठित रूप से संघर्ष करने को उद्यत करना होगा

ठीक इसी समय उत्तरी भारत में 1857 का विद्रोह शुरू हुआ । मूलतः यह एक सैनिकी विद्रोह था और उसके मजूल में कारतूसों का कारण था । जब सैनिकों को पता चला कि कारतूसों के आवरण के लिए गाय या सूअर की चर्बी का प्रयोग किया जाता है, तब अपनी धार्मिक भावनाओं के कारण हिन्दू और मुसलमान सैनिक बिगड़ गये। जोतीराव ने इस विद्रोह को 'कार्तुशी विद्रोह' कहा है। 'ब्राह्मण–पांडे लोगों का विद्रोह' और 'चपाती विद्रोह' कहा है। विद्रोह असफल हो गया । जोतीराव इस विद्रोह के प्रति उदासीन थे। उन्होंने लिखा है, "यदि विद्रोह में अंग्रेजी राज्य मिट जाता, तो इतिहास का पुनरागमन होता। ब्राह्मण पेशवा फिर से अवतरित होते, श्रुति–स्मृति–पुराणों की संस्कृति को बल मिलता और अंग्रेजी राज्य के कारण बहुसंख्यक शूद्रातिशूद्र जनता के उद्धारी की जो आशा अंकुरित हुई है, वह नष्ट हो जाती। सामाजिक अन्याय हजारों वर्षों का है, इसकी जड़ें गहरी जम चुकी हैं। मुख्य प्रश्न यही है

कि सामाजिक गुलामी कैसे नष्ट होगी। जोतीराव ने देश की कुल जनसंख्या में सत्तर प्रतिशत मात्रावाले शूद्रातिशूद्रों को संबोधित कर लिखा है – "अंग्रेज आज हैं, कल नहीं होंगे। वे जन्मभर हमारे साथ नहीं होंगे। इसलिए हम सभी शूद्रों को चाहिए कि जबतक अंग्रेजी राज्य यहां है, तब तक ब्राह्मणों की दासता से मुक्त हो जाएँ। इसी में हमारी भलाई है।"

जोतीराव केवल वाग्वीर या बड़बड़िये सुधारक नहीं थे, वे सच्चे अर्थों में कर्मवीर थे । अब उनका ध्यान एक महत्वपूर्ण सुधार की ओर गया । उन्होंने विधवाओं की स्थिति में परिवर्तन लाने और विधवाओं से संबंधित सती–प्रथा का विरोध करने का फैसला किया । लॉर्ड बेंटिंग ने सन् 1829 में सती–प्रथा पर रोक लगाई । यह क्रूर प्रथा कानून से वर्जित होने पर भी सन् 1852 तक पूर्णतः समाप्त नहीं हुई थी । नारी–शिक्षा, नारी–स्वतंत्रता और नारी–जागृति जोतीराव के मुख्य लक्ष्य थे । उनकी नजर में विधवा–विवाह की समस्या कैसे छूट पाती? जोतीराव ने सबसे पहले विधवा–मुंडन बंद करने का निर्णय किया । उन्होंने मुंबई में नाइयों की एक सभा आयोजित की । इस सभा में सर्वसम्मति से संकल्प पारित किया गया कि इसके आगे कोई भी नाई विधवा का मुंडन नहीं करेगा । विधवा–मुंडन की तरह विधवा–विवाह का प्रश्न भी ब्राह्मण एवं तत्सम ऊँची जातियों से संबंधित था । फिर भी विधवाओं की दीनावस्था देखकर जोतीराव का दिल भर आता – विशेष कर उनका नैतिक पतन देखकर उनका दिल दुख से भर आता । विधवाओं के भ्रूणहत्या के रक्त से सराबोर हाथ देखकर जोतीराव बेचैन हो जाते । इस समस्या से निबटने के लिए उन्होंने दो उपाय किये – एक विधवा–विवाह के पक्ष में प्रचार करना और दो, विधवाओं के अवैध बच्चों के लिए बालहत्या–प्रतिबंधक गृह खोलना । जोतीराव ने 1863 में एक बालहत्या–प्रतिबंधक गृह खोलने का निर्णय किया और उसकी जानकारी देने के लिये पुणे शहर में स्थान–स्थान पर भित्तिपत्र लगाये । उनमें लिखा था – "विधवाओ! इस बालहत्या– प्रतिबंधक गृह में आओ और गुप्त तथा सुरक्षित रूप से अपनी प्रसूती कराओ । चाहो तो बच्चे को ले जा सकती हो या हमारे यहाँ रख सकती हो । हमारा अनाथाश्रम तुम्हारे बच्चों का पालन–पोषण करेगा ।" जोतीराव का बालहत्या–प्रतिबंधक गृह भारत में इस प्रकार की पहली संस्था थी। जोतीराव और सावित्री बाई ने वर्ण–जाति–व्यवस्था को ठुकराकर एक दिव्य कार्य किया। 1874 में काशीबाई नामक एक ब्राह्मण विधवा ने एक पुत्र को जन्म दिया। उसकी जनाई सावित्रीबाई ने की थी और उन्होंने बच्चे की नाल काटी थी। आगे चलकर जोतीराव

और सावित्रीबाई ने रिश्तेदारों की परवाह न करते हुए उसी बच्चे को गोद लिया और उसका नाम 'यशवंत' रखा। यशवंत पढ़–लिखकर डाक्टर बना । जोतीराव ने अपनी वसीयत यशवंत के नाम कर दी।

इससे पूर्व जोतीराव ने अपने यहाँ बच्चों के जन्म हो जाने के उद्देश्य से दूसरा विवाह करने का अपने पिता और अन्य संबंधियों का आग्रह साहसपूर्ण ठुकरा दिया था।

निराधार मनुष्यों को आश्रय देना, विकलांगों की सहायता करना, छात्रों को भोजन देना ही जोतीराव की राय में सच्चा नीतिधर्म था। उन्होंने लिखा है ––

सभी स्त्री–पुरुष परिश्रमी बनें ।
परिवार को पाले–पोसें, प्रसन्नता से ।।
संतानों को नित्य पाठशाला भेजें ।
अन्नदान करें, छात्रों को ।।
सार्वभौम सत्य का स्वयं आचरण करें ।
सुखपूर्ण बर्ताव करें, विकलांगों से ।।
ऐसे आचरण से सबको सुख देंगे ।
स्वयं भी सुखी होंगे, जोती कहे ।।

अछूत समाज का जातिभेद की मार से पेय जल के बारे में बुरा हाल था। वे सार्वजनिक कुओं से खुले तौर पर पानी नहीं भर सकते थे । पुणे में पेशवाओं ने स्थान–स्थान पर हौज बनाये थे, पर वहाँ अछूतों को पानी भरने की मनाही थी । मानव– अधिकारों के ऊँचे तत्व का पालन करते हुए जोतीराव ने सन् 1868 में अपने मकान में स्थित पानी का कुआँ अछूतों के लिए खोल दिया । उन्होंने उनसे पानी भरने को कहा और पानी से भरे बर्तन स्वयं उनके सिर पर रखे । इस तरह जोतीराव ने पिछले हजारों वर्षों की मानसिक गुलामी से उनकी मुक्तता की । केवल अछूत समाज के शिक्षित लोग ही छुआछूत को नष्ट कर सकेंगे – जोतीराव का यह विचार डा. बाबासाहब अम्बेड़कर ने कार्यान्वित कर दिखाया। ''महात्मा फुले के शिक्षाप्रसार के कार्य से ही अछूतों को मनुष्यता की प्रतीति हुई ।'' सन् 1872 में उन्होंने छुआछूत निवारण का अपना घोषणापत्र प्रकाशित किया, जो इस बात का प्रमाण है कि जोतीराव के अंतर्मन में छुआछूत के उन्मूलन के प्रति कैसी लगन थी। 1875 में पुणे में स्वामी दयानन्द सरस्वती की छुआछूत और जातिभेद के

विरोध में एक शोभा यात्रा निकाल रहे थे । जोतीराव ने इस शोभायात्रा को सफल बनाने का प्रयास किया, हालांकि वह स्वामी जी की वेद संबंधी विचारधारा से सहमत नहीं थे।

सत्यशोधक समाज की स्थापना

जोतीराव ने महाराष्ट्र भर में फेले हुए अपने मुख्य हितैषियों तथा अनुयायियों को एक पत्र भेजकर दिनांक 24 सितंबर 1873 को पुणे में एक सभा का आयोजन किया । उसमें गिने–चुने 50 से 60 लोग उपस्थित हुए । जोतीराव ने उस सभा में संगठन के उद्देश्यों का विस्तृत विवेचन करते हुए बताया कि धार्मिक तथा सामाजिक गुलामी को जड़ सहित उखाड़कर फेंकना और उपनिवेशवाद को समाप्त करना सत्यशोधक समाज का मुख्य उद्देश्य होगा । पर्याप्त विचार–विमर्श और वाद–विवाद के बाद समाज के गठन का निर्णय किया गया । इस प्रकार दिनांक 24 सितंबर 1873 को 'सत्यशोधक समाज' स्थापित किया गया । यह संपूर्ण महाराष्ट्र में प्रसारित समाज–सुधार का पहला आंदोलन था । इस प्रकार 'सत्यशोधक समाज' ने निम्नलिखित कार्यों को अपना लक्ष्य बनाया –

ब्राह्मणी शास्त्रों की मानसिक तथा धार्मिक गुलामी से लोगों को मुक्त करना ।

पुरोहितों द्वारा किये जानेवाले शोषण को रोकना ।

शिक्षा का प्रचार–प्रसार करना ।

महिलाओं को शिक्षा देना ।

अछूतों का उद्धार कर छुआछूत को मिटाना ।

महिलाओं के मानव–अधिकारों की रक्षा करना ।

दीन–शिशुओं तथा अंधों–लूलों के प्रति सहानुभूति रखना ।

सत्याचरण और सत्यनिष्ठा को अपनाना ।

सत्यशोधक समाज के हर सदस्य को यह प्रतिज्ञा करनी पड़ती थी – ''सारे मानव एक ही ईश्वर की संतानें हैं, इसलिए सभी स्त्री–पुरुष मेरे भाई–बहन हैं और मैं उनसे इसी नाते बर्ताव करूँगा । ईश्वर की पूजा, आराधना या ध्यान–धारणा करते समय मैं किसी को विचौलिया नहीं बनाऊँगा और अन्य लोगों से भी ऐसा ही करने का अनुरोध करूँगा। मैं अपने बेटे–बेटियों को शिक्षा दूँगा । सत्यस्वरूप ईश्वर को साक्षी रखकर मैं यह प्रतिज्ञा कर रहा हूँ । ईश्वर मुझे इस प्रतिज्ञा के अनुसार आचरण करने की शक्ति दे ।'' समाज की सदस्यता सभी जातियों, धर्मों के लिए खुली थी । इसलिए आरंभिक सदस्यों में ब्राह्मण, मुसलमान, यहूदी व्यक्ति भी थे । सत्यशोधक समाज ब्राह्मणों का विरोधी नहीं

था, वह धर्म के नाम पर ठगनेवाली ब्राह्मणी वृत्ति का विरोधी था । इस कार्य को बहुजन–समाज के समझदार लोगों ने बहुत पसंद किया ।

जोतीराव ने कई शास्त्रविहीन संस्कारों तथा पूजाविधि के अर्थहीन और दिखावटी उपचारों का आडंबर कम करके गिने–चुने, अत्यावश्यक धार्मिक कार्यों और विधियों की जानकारी एक अलग पुस्तिका और 'सार्वजनिक सत्यधर्म' शीर्षक पुस्तक में दी है । पुस्तिका में विवाह, वास्तुशांति, मृतक का दसवें दिन का पिंडदान और श्राद्ध की विधियाँ दी गई हैं । सत्यशोधक समाज की विवाह–पद्धति निःसंदेह क्रांतिमय थी । विवाह–संस्था के दलालों को नकारकर जोतीराव ने पुरोहिती वृत्ति को बहुत बड़ा धक्का दिया था, लेकिन इस विचार–पद्धति में और एक क्रांतिमय भाग था और वह था गाँव में होनेवाले विवाह में गाँव की सभी जातियों का समभाव से सहभाग। उक्त विवाह–पद्धति में बताया गया है कि वर गाँव के नाई से बाल कटवाए, विवाह के दिन गाँव की धोबन वर के मंडप में वस्त्र के आसन पर अनाज का चौक पूराकर उस पर वर को बिठाए और उसके हाथ में कंगन बांधे। वर के वधू के गाँव आने पर गाँव की महारिन हाथ में दीपथाली लेकर उसकी आरती उतारे। विवाह समाप्त होने पर वर–वधू तथा बारातियों समेत बड़े आनंद से शूद्रातिशूद्रों से लेकर ईसाई, मुसलमान, पारसी, ब्राह्मण भाइयों के अनाथ लड़के–लड़कियों, अंधों, लूलों को, बिना भेदभाव किये, दान करते हुए अपने गाँव जाए । जोतीराव की यह विचार–प्रणाली सचमुच ही बड़ी व्यापक, समानतावादी यानी सर्वजातिसमभाव तथा सर्वधर्मसमभाव–पोषक है। सत्यशोधक समाज कनिष्ठ वर्गों का उद्धार तथा सामाजिक पुनर्गठन के लिए आंदोलन करने वाले पहला संगठन था। सत्यशोधक समाज ने सामाजिक गुलामी के विरुद्ध आवाज उठाई और सामाजिक न्याय की माँग की।

सत्यशोधक समाज का गठन होने परे जोतीराव ने उसके उद्देश्यों को कार्यान्वित करना आरंभ किया । वे देख रहे थे कि शूद्रातिशूद्र समाज अब भी शिक्षा के महत्व को समझ नहीं रहा है । इसलिए वे होनहार छात्रों के लिए छात्रवृत्तियों, पुरस्कारों, उनके निवास तथा अध्ययन के लिए छात्रालयों, निःशुल्क पुस्तकों, प्रौढों की शिक्षा के लिए रात्रि–पाठशालाओं आदि का प्रबंध करते थे । लोगों के ज्ञानार्जन के लिए वे हर पखवाड़े में व्याख्यानों का आयोजन किया करते थे । साथ ही वे निबंध–प्रतियोगिताओं तथा वाक्–प्रतियोगिताओं का भी आयोजन किया करते थे जिससे पठन–पाठन की रुचि बढ़े और वे अपने विचार अच्छी तरह से अभिव्यक्त

कर सके। इन प्रतियोगिताओं के विषय सत्यशोधक समाज के अनुरूप 'कृषि–सुधार', 'जातिभेद', 'मूर्तिपूजा' आदि भी समाज के तत्वों का प्रचार किया जा रहा था ।

जोतीराव ने सत्यशोधन समाज द्वारा निर्धारित की गई विवाह पद्धति (पुरोहित के बिना विवाह करना) के अनुसार अनेक विवाह सम्पन्न कराये। मुंबई के हाईकोर्ट ने एक मामले में निर्णय देते हुए कहा कि दूसरी जातियों के लोग ब्राह्मण–पुरोहित के बिना विवाह कर सकते हैं और विवाह का पौरोहित्य न करने पर दक्षिणा की माँग नहीं की जा सकती। आजकल विभिन्न जातियों के विवाह, धार्मिक विधियाँ किये बिना, केवल रजिस्ट्रार के सामने शपथ लेकर किये जाते हैं । क्या इसका श्रेय जोतीराव को देना उचित नहीं होगा? इनके साथ ही उन्होंने 'देवदासी–प्रथा' और मदिरालयों की संख्या बढ़ाने का भी विरोध किया ।

'महात्मा' की उपाधि

जोतीराव साठ वर्ष के हुये, तो उनके मित्रों, हितैषियों, सहयोगियों और अनुयायियों ने उनका अभिनंदन करने की योजना बनाई । जोतीराव ने अपनी आयु के बीसवें वर्ष में सार्वजनिक तथा समाज–सुधार के कार्यक्षेत्र में कदम रखकर लगातार चालीस वर्षों तक शूद्रातिशूद्रों के उन्नयन के लिए जो संघर्ष किया, उसके प्रति कृतज्ञता–ज्ञापन करना ही समारोह का उद्देश्य था। इस युगपुरुष का दिनांक 11 मई 1888 को मुंबई के मांडवी–कोळीवाड़ा में भव्य अभिनंदन किया गया। महाराष्ट्र भर के कार्यकर्त्ताओं और मुंबई के महानुभावों को आमंत्रित किया गया था। सभागृह लोगों से खचाखच भर गया था । फिर रावबहादुर श्री विट्ठलराव वंडेकर ने अपने हाथ में पुष्पमाला लेकर कहा, "जोतीराव की उग्र तपस्या के कारण महाराष्ट्र के स्त्री–पुरुषों को मानव– अधिकारों, जागृति और चेतना की स्थायी धरोहर मिल गई है। इसलिए जोतीराव सच्चे महात्मा हैं ।"

उपस्थित भीड़ ने प्रसन्नता से ऊँची आवाज की जय–जयकार की। श्री वंडेकर ने जोतीराव को पुष्पमाला पहनाई । वे आगे बोले, "हम सभी उपस्थित जन जोतीराव को स्वस्फूर्ति से 'महात्मा' की उपाधि प्रदान करते हैं।" इस पर देर तक तालियों की आवाज गूँजती रही । जोतीराव ने उक्त अभिनंदन के अवसर पर गिने–चुने शब्दों में अपनी बात कही । वे बोले, "यह अल्प–सा कार्य मैंने ईश्वर की प्रेरणा से किया है । मैं आज तक यही मानता रहा हूँ कि जनसेवा ही सच्ची

ईशसेवा है और यह मैं आगे भी करता रहूँगा । आप सभी लोग सत्यशोधक समाज के कार्य में सहायता देकर उसे आगे बढ़ा रहे हैं । जिन्हें हजारों वर्षों से शूद्रातिशूद्र समझा जाता रहा है, उन्हें मानव–अधिकार दिलाने को ही मैं धर्म मानता हूँ, यही हरएक का कर्त्तव्य है । मैंने कोई विशेष कार्य नहीं किया है, लेकिन जो कार्य मैंने किया है, वह केवल कर्तव्य समझकर किया है।" डा. बाबासाहब अम्बेड़कर ने जोतीराव को गुरु माना ।

जोतीराव के विचार

जाति–विरोधी और वर्ण–व्यवस्था के बारे मे

मानवों को एक जैसा बनाया निर्माणकर्ता ने,
कमी नहीं की किसी भी एक में ।।
कम–ज्यादा बुद्धि दी मनुष्यों को,
किसी एक को नहीं दी पीढ़ीगत ।।
शूद्रादि नहीं किसी बात में कम,
अंग उनके सारे, आर्यों जैसे ।।
क्यों भूल गये वे अधिकार मानवों के
अतिशूद्र बन गये पशुवत्?

शिक्षा के बारे में

विद्या बिन गई मति, मति बिन गई नीति,
नीति बिन गई गति, गति बिन गया वित्त,
वित्त बिन चरमराये शूद्र, एक अविद्या ने किये इतने अनर्थ

उन्होंने शिक्षा–प्रचार के उद्देश्य से लगभग अट्ठारह पाठशालायें खोली थीं जिनमें शूद्रातिशूद्र वर्गों के छात्र और महिलायें शिक्षा प्राप्त कर रही थीं । जोतीराव चाहते थे कि शूद्रातिशूद्र वर्गों के लोगों को इस प्रकार शिक्षा दी जाए कि वे अपनी सामाजिक समानता और वैयक्तिक स्वतंत्रता के अधिकारों के लिए लड़ने को तैयार हो जायें और यह तभी हो सकेगा जब शिक्षा के कारण वे समझ सकें कि अच्छा–बुरा क्या है, अपना हित–अहित किस में है, इसी उद्देश्य को सामने रखकर वे शिक्षा के क्षेत्र में रत रहे ।

भारत की शिक्षा–संबंधी समस्या की जाँच करके सुधार के उपाय सुझाने हेतु अंग्रेज सरकार ने सन् 1882 में श्री विल्यम हंटर की अध्यक्षता में एक आयोग का गठन किया जिसे "हंटर आयोग" कहा जाता है ।

इस आयोग की सहायता के लिए सभी प्रान्तों में एक–एक प्रान्तीय समिति बनाई गई थी जिसे प्रान्त की शिक्षा–संबंधी स्थिति की जानकारी आयोग को प्रस्तुत करनी थी । कुछ शिक्षाविदों और लोगों ने अपने निवेदन लिखित रूप में भेजकर अपने विचार समिति को प्रस्तुत किये। जोतीराव ने भी अपना निवेदन भेजा । उस समय शिक्षा–क्षेत्र में अंग्रेजी का आयात किया हुआ "फिल्टर डाउन" सिद्धांत प्रचलित था । इस सिद्धांत के अनुसार नगरों में रहनेवाले ऊँचे वर्गों को शिक्षा के प्रसार का कार्य सौंप दिया जाए, लेकिन जातिभेदों के कारण यह सिद्धांत विफल हो गया । इस सिद्धांत के कारण नगरों में तो एक छोटा–सा शिक्षित वर्ग तैयार हुआ, लेकिन शिक्षा निम्न वर्गों तक रिसती नहीं गई। अंग्रेजी शासन में शिक्षा की सारी सुविधायें ऊँचे वर्गों को ही मिलती थीं । अन्यों को उनसे दूर रखा जाता था । 1821 में सरकार द्वारा खोले गये महाविद्यालय में ब्राह्मणों को ही लिया जाता था, अन्यों को नहीं । जोतीराव ने "फिल्टर डाउन" सिद्धांत का कड़ा विरोध किया, उसकी विफलता बताई और खतरों की भी चर्चा की । प्रारंभ नीचे से ऊपर करें, ऊपर से नीचे नहीं । पहले नींव और फिर कलश ! आपके इंगलैंड में शायद पहले कलश और फिर नींव का निर्माण संभव हुआ हो, लेकिन हमारे यहाँ वह संभव नहीं होगा । हमारे यहाँ वर्णभेद हैं, जातिभेद हैं, हमारा समाज अखंड, अभिन्न नहीं है । ये ऊँचाई पर रहनेवाले लोग ज्ञान को निचले लोगों तक आने ही नहीं देंगे । वे नहरें नहीं खोदेंगे, बाँध बनाएँगे, पानी को ऊपर ही रोक लेंगे । वे अब तक ज्ञानगंगा का पानी रोकते रहे हैं । आप उन्हें शिक्षा के अधिकार मत सौंपिए, यह जिम्मेदारी आप स्वयं उठाइए ।"

जोतीराव ने दिनांक 19 अक्तूबर 1882 को प्रस्तुत किये हुए निवेदन में अपना परिचय एक व्यापारी, किसान और नगरसेवक के रूप में दिया है । साथ ही उन्होंने अपनी खोली हुई पाठशालाओं, शिक्षा–क्षेत्र के अनुभव और अध्यापक के नाते किये गये कार्य की जानकारी दी है। फिर उन्होंने लिखा है – "सरकार गरीब किसानों से जो लगान वसूल करती है, वह सारा पैसा ऊँचे वर्गों की शिक्षा पर खर्च करती है । विश्वविद्यालय धनवानों के पुत्रों को शिक्षा देते हैं और उनकी ऐहिक उन्नति में हाथ बंटाते हैं, लेकिन विश्वविद्यालयों से उपाधियाँ प्राप्त करनेवाले युवकों ने साधारण जनता के लिए क्या किया है ?

उन्होंने आगे लिखा, "सरकार की शिक्षा–नीति के परिणामस्वरूप सभी सरकारी अधिकारी–पद ब्राह्मणवर्ग की बपौती बन गये हैं । सरकार

यदि सचमुच ही जनकल्याण की बात सोचती हो, तो उसे यह दोष दूर करना चाहिए, दूसरी जातियों के थोड़े–थोड़े लोगों की नियुक्तियाँ करके दिनोंदिन ब्राह्मणों के इस एकाधिकार को सीमित करना चाहिए ।''

अपने निवेदन में जोतीराव ने आगे लिखा है, ''सरकार शिक्षा के लिए विशेष कर लेती है, लेकिन यह देखकर बड़ा दुख होता है कि जिस प्रयोजन के लिए यह पैसा लिया जाता है, उसके लिए वह खर्च नहीं किया जाता, मुंबई प्रान्त में प्राथमिक शिक्षा की स्थिति बड़ी बदत्तर है। प्राथमिक पाठशालाओं को उचित उपकरणों की आपूर्ति नहीं की जाती। अनुमान है कि गाँवों में रहनेवाले लगभग 10 लाख बालक प्राथमिक शिक्षा से वंचित हैं। किसानों को शिक्षा न मिल पाने से वे गरीब ही रहते हैं और स्वावलंबन के अभाव में वे शिक्षित और बुद्धिमान वर्ग पर ही निर्भर रहने के आदि हो जाते हैं। किसान और गरीब वर्ग के दूसरे लोग प्राथमिक शिक्षा का लाभ उठा नहीं सकते। उनमें से कुछ ही लोगों के बालक प्राथमिक और माध्यमिक पाठशालाओं में पाये जाते हैं, लेकिन वे पाठशाला में ज्यादा दिन टिक नहीं पाते। उनके अभिभावक दरिद्रता से पीड़ित होते हैं जिसके कारण उन्हें अपने चौपायों को चराने और कृषि का काम करने के लिए इन बालकों की आवश्यकता होती है । ऐसे बालक पाठशाला छोड़कर चले न जायें । इसके लिए सरकार ने उनको पुरस्कारों या छात्रवृत्तियों का प्रलोभन नहीं रखा है। मेरे मत में कम से कम बारह वर्षों तक के बालकों के लिए प्राथमिक शिक्षा अनिवार्य कर दी जाए।

उक्त निवेदन में जोतीराव ने शिकायत की है कि पाठशालाओं में अतिशूद्र जातियों के छात्रों के साथ भेदभाव किया जाता है और उन्हें ऊँची जातियों के छात्रों के पास बैठने नहीं दिया जाता। वे यह भी बताते हैं कि सरकार ने उनके लिए अलग पाठशालायें खोली तो हैं, लेकिन ऐसी पाठशालायें सिर्फ बड़े नगरों में हैं। उन्होंने सुझाव दिया है कि जिन गाँवों में अतिशूद्रों की संख्या बड़ी होगी, वहाँ उनके लिए अलग पाठशालायें खोली जायें।

उन्होंने सुझाव दिया कि प्राथमिक पाठशालाओं के अध्यापक यथासंभव अध्यापन की परीक्षा उत्तीर्ण किये हुये हों और वे किसान–वर्ग के हों जिससे वे ब्रह्मण अध्यापक की अपेक्षा उन गरीब छात्रों की आवश्यकताओं और भावों को जानकर उनके साथ स्वाभाविक रूप में हिल–मिल जायें। इससे शूद्रातिशूद्र छात्रों पर नैतिक तथा हितकर प्रभाव होगा। अध्यापकों के पाठ्यक्रम में अन्य विषयों के साथ–साथ कृषि की तथा स्वास्थ्य–संबंधी प्राथमिक शिक्षा सम्मिलित हो। अधिक अच्छे अध्यापकों को आकर्षित

करने के लिए उनका वेतन कम से कम मासिक बारह रुपये कर दिया जाए। बड़े नगरों में वह मासिक पंद्रह रुपये से कम न हो। जिन अध्यापकों की पाठशालाओं के छात्र अधिक संख्या में उत्तीर्ण हों, उन्हें मासिक वेतन के अलावा प्रोत्साहन पुरस्कार के रूप में विशेष वेतन दिया जाये। ग्रामीण क्षेत्र का पाठ्यक्रम नगर क्षेत्र के पाठ्यक्रम से आसान हो और बोझिल न हो। साथ ही वह उनके दैनिक व्यवहारों से संबद्ध हो । छात्रों को कृषि की वैज्ञानिक ढंग से जानकारी देने के लिए 'आदर्श कृषि' की योजना हो। नगरपालिकायें अपने कार्यक्षेत्र की पाठशालायें अपने खर्च से चलायें और सरकार इसके लिए उन्हें प्रान्तीय या केन्द्रीय निधि से पर्याप्त अनुदान दे। लेकिन उन पर शिक्षा विभाग का नियंत्रण हो।"

माध्यमिक पाठशालाओं के बारे में उनकी राय थी, "उनमें शिक्षा का प्रबंध तो अच्छा है, लेकिन जनता को उनका पर्याप्त लाभ नहीं होता। फिर भी कोई भी यह नहीं कहेगा कि सरकार उन पाठशालाओं का अनुदान बंद कर दे क्योंकि इससे छात्रों को अपात्र तथा ज़ातिनिष्ठ पाठशालाओं का आसरा लेना पड़ेगा। आगामी कई वर्षों तक शिक्षा–विभाग पर संपूर्णतः सरकार का ही नियंत्रण होना चाहिए, तभी सुधार हो सकेगा।

तत्कालीन शिक्षा के बारे में जोतीराव ने लिखा है, "सरकारी महाविद्यालयों में दी जानेवाली शिक्षा का स्वरूप जीवन की सामान्य आवश्यकताओं की पूर्ति करने में सहायक नहीं है, लेकिन वह लिपिकों तथा अध्यापकों को बड़ी मात्रा में तैयार करने में सहायक है। यह पाठ्यक्रम ऐसा व्यावहारिक नहीं होता जिससे छात्र अपना भावी जीवन स्वतंत्रता से व्यतीत कर सकें।"

नारी–मुक्ति के बारे में

जोतीराव की धारणा थी कि सभी प्राणियों में मनुष्य श्रेष्ठ है और सभी मनुष्यों में नारी श्रेष्ठ है । वे मानते थे कि स्त्री और पुरुष जन्म से ही स्वतंत्र हैं, इसलिए दोनों को सभी अधिकार समान रूप से भोगने का अवसर मिलना चाहिए । पुरुषप्रधान समाज–व्यवस्था में कई शताब्दियों से अज्ञान के अंधकार से घिरी हुई नारियों को सर्वप्रथम मुक्त करनेवाले हैं जोतीराव फुले। उन्होंने 1848 में कन्या पाठशाला खोली। जोतीराव ने नारी को संपत्ति अथवा उत्तराधिकार देने की माँग की है। उन्होंने सम्मति–विवाह का समर्थन किया और स्त्री–पुरुष के एक ही स्तर पर होने का विचार व्यक्त किया है । वे मानते थे कि स्त्री–पुरुष का विवाह पवित्र संस्कार न होकर वह एक पवित्र करार है। दोनों पक्षों की सम्मति

के बिना करार नहीं होता। इस संबंध में सन् 1887 में उनकी बनाई हुई सत्यशोधक समाज की विवाह–विधि दृष्टव्य है।

जोतीराव ने कहा है, "कुछ लोभी पुरुष अधिक सुख प्राप्त करने और अपनी आकांक्षाओं की पूर्ति करने हेतु दो–दो, तीन–तीन विवाह करते हैं और अपनी पत्नियों को एक घर में रखते हैं तथा इसके बारे में पूछने पर हेकड़ पुरुषों के लिखे धर्मग्रंथों का हवाला देते हैं । इसी प्रकार यदि कुछ स्त्रियाँ अपनी आकांक्षाओं की पूर्ति करने हेतु दो–दो, तीन–तीन पुरुषों के साथ विवाह करके उन्हें एक घर में रखें, तो क्या उन सभी पुरुषों को गवारा होगा? यदि पुरुषों को उनका यह आचरण अनुचित लगेगा, तो स्त्रियों को पुरुषों का यह आचरण उचित क्योंकर लगेगा? जब स्त्री और पुरुष सभी मानव–अधिकार भोगने के लिए समान रूप से पात्र हैं, तब स्त्रियों को एक नियमत और लोभी तथा साहसी पुरुषों को दूसरा नियम लागू करना पक्षपात नहीं तो और क्या है ?"

जोतीराव की ग्रंथ सम्पदा :

जोतीराव के लिखे हुये निम्नलिखित ग्रंथ उपलब्ध हैं –

रचना	रचना–काल
1. तृतीय रत्न (नाटक)	1855
2. छत्रपति राजा शिवाजी भोसला का पँवाड़ा	1869
3. ब्राह्मणों की चालाकी	1869
4. गुलामी	1873
5. किसान का कोड़ा	1883
6. सत्सार (अंक 1 और 2)	1885
7. चेतावनी	1885
8. अछूतों की कैफियत	1885
9. सार्वजनिक सत्यधर्म पुस्तक	1889
10. अखंडादि रचनाएँ	रचनाकाल ज्ञात नहीं

इनके अलावा जोतीराव ने सन् 1865 में एक हिन्दू (श्री तुकाराम तात्या पड़वळ) की लिखी "जातिभेदविवेकसार" शीर्षक पुस्तक के दूसरे संस्करण का प्रकाशन किया ।

जोतीराव के उपर्युक्त साहित्य का सृजन 'स्वांतः सुखाय' न होकर

सोद्देश्य या प्रयोजनमूलक है । इस साहित्य–सृजन के मूल में उनके तीन उद्देश्य थे ––

(1) शूद्रों तथा अतिशूद्रों की दयनीय स्थिति के मूल में निहित कारणों को स्पष्ट करते हुए उनमें जागृति लाकर उन्हें सत्य का बोध कराना,

(2) शूद्रतथा अतिशूद्र समाज के पढ़े–लिखे युवकों को उनके सामाजिक कर्त्तव्यों के प्रति सचेत करना, और

(3) सरकार को समझाना कि जब तक पिछड़ी हुई जातियों में शिक्षा का प्रचार–प्रसार नहीं किया जाता, तब तक उनकी स्थिति में कोई सुधार नहीं हो सकता।

जोतीराव न तो कोई साहित्याचार्य थे, न भाषा–वैज्ञानिक और न ही इतिहासकार या धर्मवेत्ता ! वे तो एक कार्यशील विचारक थे।

जोतीराव का साहित्य पढ़ते समय पाठकों को चाहिए कि वे उनका समय और उस समय की सामाजिक, आर्थिक, धार्मिक और शैक्षणिक स्थिति का ध्यान रखते हुए, उनके साहित्य में पाई जानेवाली अभिव्यक्ति के बाहरी रूप को न देखते हुए, उसके आंतरिक रूप का परिशीलन करें। वे अपने समय के ऐसे महापुरुष थे जिन्होंने न्याय, नीति तथा मानवता के शाश्वत तत्वों का ज्ञान कराके स्वतंत्रता, समानता और बंधुता का मार्ग दिखाया । उनकी किसानी भट्टी के साँचे में से तप्त रूप में जो भाषा निकली, वही उनके साहित्य में दृष्टिगोचर होती है । इसी से उनकी भाषा तीखी, कहीं–कहीं अपरिमार्जित और आक्रामक है ।

जोतीराव ने जो कुछ लिखा, उसका उद्देश्य लोगों को अपनी विद्वत्ता दिखाना नहीं था । वे कर्मठ, विचारक पुरुष थे । उनका हर विचार मनुष्यों के आचरण से संबंधित था, उसमें सुधार लाने की लगन थी । उनके सारे साहित्य में यही विचार पाया जाता है कि सभी मनुष्य समान हैं और इस समाज में एक भी व्यक्ति किसी का गुलाम न रहे।

डा. भीमराव अम्बेडकर

चहुंमुखी प्रतिभा के धनी व्यक्तित्व के बारे में लेखनी स्वयं को बौणी महसूस करने लगती है क्योंकि व्यक्तित्व के जिस पक्ष को स्पर्श करने का प्रयास किया जाएगा, वह लेखनी की पकड़ से कहीं न कहीं, किसी न किसी अंश में बाहर रह जाएगा। डा. भीमराव रामजी अम्बेडकर निःसंदेह एक ऐसे ही व्यक्तित्व हैं। वह विलक्षण प्रतिभा, अप्रितम विद्वत्ता, बुद्धिपूर्ण तर्क, ओजस्वी वाणी, प्रभावपूर्ण अभिव्यक्ति, सरल शैली, प्रखर प्रहार–क्षमता, वैज्ञानिक दृष्टिकोण, दलित वर्ग के सामाजिक, आर्थिक,

शैक्षिक उत्थान के प्रति समर्पण, उनके उत्पीड़न एवं अपमानित जीवन–चक्र के भंजन के साहस, समता, स्वतंत्रता एवं समान अधिकारों के प्रबल समर्थक, विपुल ज्ञान–ग्रहण सामर्थ्य एवं सम्प्रेषण क्षमता, नेतृत्व के गुणों से सम्पन्न, अदम्य साहस और निर्भीक झुझारूपन से आपूर थे। वह उच्चकोटि के व्याख्यानदाता, विधि–विशेषज्ञ, शिक्षाविद्, विधि प्रारूप लेखक, दलितोधार हेतु हृदय में असीम छटपटाहट समेटे हुए पराजय स्वीकार न करने वाले और अपने लक्ष्य की ओर दृढ़ संकल्प से सतत को अग्रसर रहने वाले महामानव थे। उन्नीसवीं शताब्दी में जन्मे उन महान सपूतों में जिन्होंने स्वतंत्र भारत के भाग्य निर्माण में मुख्य भूमिका निभाई और हमारे राष्ट्रीय जीवन तथा राजव्यवस्था पर अमिट छाप छोड़ी, डा. भीमराव रामजी अम्बेडकर अपनी अलग पहचान रखते हैं। हमारे संविधान निर्माता, दलितों के मसीहा और समर्थक, समस्त सामाजिक और आर्थिक विषमताओं के प्रति विद्रोह का झंडा उठाने वाले और महात्मा गांधी के शब्दों में 'सच्चे देशभक्त', डा. अम्बेडकर ख्याति के शिखर पर भाग्य से अथवा संयोगवश नहीं, बल्कि अपने प्रखर व्यक्तित्व, संघर्ष, त्याग, निःस्वार्थता, विद्वता, समर्पण, निष्ठा और वचनबद्धता के बल पर पहुंचे थे। ऐसे व्यक्तित्व ही 'समास शैली' से यथावश्यक स्पर्श करना संभव होगा।

प्रारम्भिक जीवन और शिक्षा

डा. भीमराव रामजी अम्बेडकर अथवा 'बाबासाहेब' (उनके लाखों प्रशंसकों और अनुयायियों द्वारा स्नेहपूर्वक दिया गया नाम) का जन्म मऊ, मध्य प्रदेश में 14 अप्रैल, 1891 को हुआ। उनके पिता का नाम रामजी मालौजी संकपाल और माता का नाम भीमबाई था। परिवार में सबसे छोटे होने के कारण परिवार के सभी लोग उनसे बड़ा स्नेह रखते थे। उनके पिता रामजी बड़े उद्यमी, धार्मिक और सज्जन पुरुष थे और माता भीमबाई एक स्वावलंबी और कर्त्तव्यपरायण महिला थीं। गरीब होते हुए भी उनके परिवार को पड़ोसी आदर की दृष्टि से देखते थे। उनके पिता रामजी सेना में सूबेदार मेजर थे। अपनी पत्नी की मृत्यु के बाद कबीर पंथी रामजी ने अपने बच्चों का प्यार से पालन–पोषण किया और वह उन्हें भक्तिपूर्ण गीत तथा रामायण और महाभारत जैसे काव्य सुनाया करते थे। घर में इस प्रकार के पवित्र और धार्मिक वातावरण का ही युवा भीमराव के मस्तिष्क पर गहरा प्रभाव पड़ा, जिसके परिणामस्वरूप उनमें निःस्वार्थ सेवा, बलिदान, भ्रातृभाव, दृढ़ता और लगन जैसे गुणों का विकास हुआ।

सैनिक सेवा से सेवानिवृत्त होने के बाद रामजी कुछ समय दापोली, सतारा में रहे और अन्त में बंबई में बस गए। भीमराव ने अपनी प्राथमिक शिक्षा सतारा से पूरी की और उच्च शिक्षा जारी रखी। एक अछूत समुदाय से संबंधित बालक होने के नाते, उन्हें शिक्षा प्राप्त करते समय सभी प्रकार के कष्टों, अपमानों और कठिनाइयों का सामना करना पड़ा। उन्हें आम जल–स्रोत से पानी पीने की अनुमति नहीं थी। उन्हें फारसी का अध्ययन करने पर मजबूर होना पड़ा था, क्योंकि संस्कृत के अध्यापक ने उन्हें संस्कृत पढ़ाने से मना कर दिया था। हालांकि उन्होंने बाद में संस्कृत भाषा सीखी। पाठशाला में न तो उनकी कापियों की जांच की जाती थी और न ही उनसे कोई प्रश्न ही पूछे जाते थे। इन सभी चुनौतियों से विचलित न होते हुए उन्होंने बंबई के ऐलफिनस्टन हाई स्कूल में प्रवेश ले लिया। दुर्भाग्यवश, वहां भी उन पर 'मुझे मत छूना' वाली नीतियां लागू की गई। वर्ष 1907 में भीमराव ने मैट्रिक की परीक्षा पास की। इसे एक शानदार सफलता मानते हुए, उनके समुदाय ने एक कार्यक्रम का आयोजन किया और एक व्यक्ति ने उन्हें 'दि लाइफ ऑफ गौतम बुद्ध' की एक प्रति भेंट की। इस पुस्तक ने भीमराव के जीवन पर एक अमिट छाप छोड़ी। यह बात उनके जीवन में बाद में घटी घटनाओं से प्रमाणित होती है।

भीमराव की शिक्षा में रुचि और कठिन परिश्रम, उनकी ईमानदारी और उत्साह को देखते हुए बड़ौदा के महाराजा सायाजीराव गायकवाड़ ने न केवल उनके स्नातक स्तर के अध्ययन के दौरान 25 रुपए प्रतिमाह छात्रवृत्ति मंजूर की, बल्कि उन्हें स्नातक की उपाधि प्राप्त करने के बाद अपने राज्य में नौकरी करने के लिए भी आमंत्रित किया। उन्होंने कुछ समय तक वहां नौकरी भी की। फिर महाराजा ने भीमराव को गायकवाड़ छात्र के रूप में कोलम्बिया विश्वविद्यालय में इस शर्त पर भेजा कि वापसी पर वह इस राज्य में नौकरी करेंगे। कोलम्बिया में भीमराव जाति के कलंक से मुक्त थे और समानता के दर्जे के आधार पर इधर– उधर आ जा सकते थे। इस विश्वविद्यालय में प्रसिद्ध अर्थशास्त्री प्रो. सेलिगमैन उनके अध्यापक थे। शैक्षिक माहौल, मुक्त वातावरण और पुस्तकों के प्रति लगाव ने भीमराव की सोच के दायरे को विशाल बना दिया। इस दौरान वह सच्चे राष्ट्रवादी, लाला लाजपतराय के सम्पर्क में आए, जो उस समय अमरीका में निर्वासित जीवन बिता रहे थे। वे दोनों भारत में स्वतंत्रता संघर्ष के बारे में चर्चा किया करते थे। इस तरह भीमराव ने विद्यार्थी जीवन में ही देशभक्ति के विचारों और आदर्शों

तथा पश्चिमी उदारवादी लोकतांत्रिक विचारों को आत्मसात कर लिया था जिन्होंने उन्हें सशक्त राष्ट्रवादी और मानव अधिकारों तथा गरिमा का प्रबल समर्थक बना दिया।

वर्ष 1915 में उन्होंने अपने शोध पत्र 'एंशिएंट इंडियन कामर्स' पर एम.ए.(इकॉनोमिक्स) की डिग्री प्राप्त की। उससे अगले वर्ष उन्होंने एंथ्रोपोलोजी सेमिनार में 'दि कास्ट्स इन इंडिया, देअर मेकेनिज्म जैनेसिस एंड डेवलपमेंट' शीर्षक से लेख पढ़ा। इस लेख में उन्होंने इस बात का उल्लेख किया था कि सजातीय विवाह ही जातियों का सार है। उन्होंने यह कहा कि "'जाति एक सीमित वर्ग है और यह मनु के पूर्व भी विद्यमान थी।' वर्ष 1916 में उन्हें उनके शोध पत्र 'नेशनल डिविडेंट फार इंडिया : ए हिस्टोरिक एंड एनालिटिकल स्टडी' पर पी.एच.डी. की उपाधि प्रदान की गई। उसी वर्ष डा. अम्बेडकर ने 'लंदन स्कूल ऑफ इकॉनोमिक्स एंड पोलिटिकल साइंस' में प्रवेश ले लिया था। उन्होंने कानून की शिक्षा के लिए 'प्रेज इन' में भी प्रवेश ले लिया। तथापि, वह अपना अध्ययन जारी नहीं रख सके क्योंकि महाराजा ने उनको वापस बुला लिया और उन्हें राज्य के वित्त मंत्री के रूप में नियुक्त करने के उद्देश्य से अपना सचिव नियुक्त कर दिया। डा. अम्बेडकर में इस बात के लिए व्याकुलता और निराशा थी कि उनके शैक्षिक विशिष्टता होने और विद्वत्ता तथा राज्य में उच्च पद पर आसीन होने के बावजूद भी भारत में सामाजिक परिस्थितियों में कोई परिवर्तन नहीं आया। उनके अधीनस्थ कर्मचारी भी उनसे अच्छा व्यवहार नहीं करते थे। डा. अम्बेडकर ने यह बात महाराजा को भी बताई थी लेकिन इस बारे में कुछ नहीं किया गया। किन्तु महाराजा उन पर इतने दयालु थे कि विदेश से शिक्षा पूरी करने के बाद राज्य में ही नौकरी करने का अनुबंध होने पर भी, उन्होंने डा. अम्बेडकर को कुछ ही महीनों की नौकरी के बाद इस अनुबंध से मुक्त कर दिया।

एक वर्ष के संघर्ष के बाद डा.अम्बेडकर ने बंबई के एक कालेज में राजनीतिशास्त्र के प्रोफेसर के रूप में नौकरी शुरू कर दी। केवल पांच महीने पढ़ाने के बाद, वह उच्च शिक्षा के लिए पुनः लंदन चले गए। उनके इस उद्देश्य को पूरा करने में कोल्हापुर के प्रबुद्ध महाराजा ने उनकी सहायता की। उन्होंने बैरिस्टर बनने के लिए 'दि लंदन स्कूल ऑफ इकॉनोमिक्स एंड पोलिटिकल साइंस' और 'प्रेज इन' दोनों में पुनः प्रवेश लिया। उनके शोध पत्र 'प्रोविंशियल डीसेंट्रेलाइजेशन ऑफ इम्पीरियल फाइनेंस इन ब्रिटिश इंडिया' को लंदन विश्वविद्यालय द्वारा

एम.एस.सी. (इकॉनामिक्स) की उपाधि के लिए स्वीकार किया गया। वर्ष 1923 में जर्मनी में बॉन विश्वविद्यालय ने उन्हें उनके शोध पत्र 'दि प्रोब्लम ऑफ दी रूपी : इट्स ओरिजन एंड सोल्यूशन' पर डाक्टर ऑफ साइंस (इनॉनोमिक्स) की उपाधि से सम्मानित किया। अपने शिक्षा–संबंधी अध्ययन में व्यस्त रहने के बावजूद, मन में देश के सामाजिक दृष्टि से पिछड़े लोगों के प्रति तीव्र भावनाएं होने के कारण उन्होंने अस्पृश्य लोगों की दयनीय स्थिति एवं समस्याओं के बारे में भारत के विदेश मंत्री, श्री ई.एस. मांटेग्यू तथा श्री विट्ठल भाई पटेल से विचार–विमर्श करने हेतु समय निकाला।

वकील के रूप में

विभिन्न ख्याति–प्राप्त विदेशी विश्वविद्यालयों के शैक्षिक उपाधियां प्राप्त करने के पश्चात् डा. अम्बेडकर जून 1923 में भारत लौटे तथा बंबई उच्च न्यायालय में वकालत आरंभ की। वह अस्पृश्य लोगों की सामाजिक–आर्थिक उन्नति के लिए कार्य करने के अपने ध्येय को वकालत जैसे स्वतंत्र व्यवसाय के माध्यम से पूरा करना चाहते थे। इससे उनकी आजीविका भी सुनिश्चित होती थी। किन्तु न्याय का मंदिर कहे जाने वाले उच्च न्यायालय में भी डा. अम्बेडकर को उनकी जाति के कारण अपमानित होना पड़ा। वकीलों में अस्पृश्यता की भावना होने के कारण वहां उनके साथ कोई व्यवसाय संबंधी बातचीत नहीं करता था। यहां तक कि कैंटीन में काम करने वाला वेटर भी उन्हें चाय नहीं देता था। अतः विधि–संबंधी असाधारण प्रतिभा होने के बावजूद, वह एक अस्पृश्य व्यक्ति होने के कारण वकालत के व्यवसाय में फल–फूल नहीं सके। उपहास में उन्हें निर्धनों का बैरिस्टर' कहा जाता था।

सामाजिक असमानता के प्रति विद्रोही के रूप में

अपमान, अनादर और घोर भेदभाव ने उनके इस निश्चय को बल प्रदान किया कि उन्हें अपने लोगों को सामाजिक दासता की बेड़ी से मुक्त कराना है। उनकी अगुआई से सामाजिक अन्याय और असमानता के विरुद्ध विद्रोह को बढ़ावा मिला। उन्होंने अपने साथियों को अपने मन से ऊंच–नीच की भावना को निकाल देने की अपील की। डा.अम्बेडकर ने शोषित वर्ग के लोगों में जागृति पैदा करने के लिए प्रबल प्रयास किए। उन्होंने संगठन बनाकर, राजनीतिक दल गठित करके तथा समाचार–पत्र और साप्ताहिक पत्रिका प्रकाशित करके अस्पृश्य लोगों को एकता के सूत्र में बांधने का प्रयास किया ताकि उनके लक्ष्य के प्रति अधिकाधिक

लोग एकजुट हो जायें। उन्होंने वर्ष 1920 में एक मराठी पाक्षिक 'मूकनायक' आरंभ किया। 1918 में वयस्क मताधिकार संबंधी साउथबोरो रिफार्म्स कमेटी में जब डा. अम्बेडकर को साक्ष्य देने के लिए बुलाया गया तो उन्होंने शोषित वर्ग के लोगों के लिए एक अलग निर्वाचक मंडल की पुरजोर मांग की, हालांकि उसे स्वीकार नहीं किया गया। अस्पृश्यता के विरुद्ध अपना संघर्ष आरंभ करने के लिए डा. अम्बेडकर ने 1924 में बंबई में अस्पृश्य लोगों की नैतिक एवं भौतिक प्रगति के लिए 'बहिष्कृत हितकारिणी सभा' नाम से एक संगठन की स्थापना की।

अस्पृश्य लोगों के लिए सामाजिक न्याय प्राप्त करने के लिए अपने लेखन एवं व्याख्यानों मात्र से संतुष्ट न होने के कारण डा. अम्बेडकर ने भी आन्दोलन का रास्ता अपनाया। दिसंसबर 1927 में उन्होंने कोलाबा जिले के महद में अस्पृश्य लोगों के लिए एक सार्वजनिक तालाब 'चावाडोर तलेन' से पानी लेने के नागरिक अधिकार प्राप्त करने के लिए एक सत्याग्रह का नेतृत्व किया और एकत्रित लोगों को संबोधित करते हुए डा. अम्बेडकर ने कहा कि अस्पृश्य लोगों का उत्थान केवल आत्म–निर्भर बनने, आत्म–सम्मान को पुनः प्राप्त करने एवं आत्म–ज्ञान प्राप्त करने से ही हो सकता है। उन्होंने अस्पृश्य लोगों से आह्वान किया कि वे उनके सेना, नौसेना और पुलिस में प्रवेश पर लगी सरकारी रोक के विरुद्ध आन्दोलन करें । उन्होंने स्कूलों, कालेजों और सरकारी सेवाओं में प्रवेश करने की आवश्यकता पर जोर दिया। इसी समय से अस्पृश्य लोगों की स्थिति में सुधार संबंधी आन्दोलन ने एक संघर्ष का रास्ता अख्तियार कर लिया। वस्तुतः शोषित वर्ग के लोगों को डा. अम्बेडकर में एक मसीहा और एक विद्रोही की छवि दिखाई देने लगी थी। वर्ष 1927 में ही उन्होंने शोषित वर्ग के लोगों की समस्याओं को जनता के सामने लाने के लिए 'बहिष्कृत भारत' नामक एक अन्य मराठी पाक्षिक आरंभ किया। इसी वर्ष उन्होंने शोषित वर्ग के लोगों एवं सवर्ण हिन्दुओं के बीच सामाजिक समानता को लाने के लिए 'समाज समता संघ' नाम से एक संगठन की स्थापना की। उक्त संगठन के कार्यक्रम में अन्य बातों के अलावा अंतर्जातीय विवाह एवं अंतर्जातीय भोज को भी शामिल किया गया था।

वर्ष 1929 में, साइमन कमीशन ने भारत का दौरा किया। कांग्रेस द्वारा इसका बहिष्कार किये जाने के बावजूद डा. अम्बेडकर ने बंबई प्रदेश की विधान परिषद् के एक सदस्य के रूप में इसके समक्ष साक्ष्य दिया और शोषित वर्ग के लोगों के लिए एक अलग निर्वाचक मंडल

बनाने की आवश्यकता पर जोर दिया। इस कमीशन ने लंदन में एक गोलमेज सम्मेलन आयोजित करने की सिफारिश की, जिसमें विभिन्न पार्टियों के नेता मिलकर विचार–विमर्श कर सकें। बाद में डा. अम्बेडकर को लंदन में आयोजित गोलमेज सम्मेलन में अस्पृश्य लोगों के प्रतिनिधि के रूप में आमंत्रित किया गया। उस सम्मेलन में स्वतंत्र भारत के लिए एक नई सामाजिक व्यवस्था की संकल्पना पेश करते हुए उन्होंने कहा: 'हमारी सरकार ऐसी होनी चाहिए जिसकी बागडोर संभालने वाले लोगों को यह पता हो कि आज्ञा का पालन कहां तक होगा और कहां से विरोध आरंभ हो जाएगा तथा वे जीवन की सामाजिक एवं आर्थिक आचार संहिता में ऐसे परिवर्तन तुरन्त कर देने से न घबरायें जिनके लिये न्याय और औचित्य का तकाजा हो। ब्रिटिश सरकार यह भूमिका कदापि नहीं निभा सकती। केवल 'जनता की, जनता के लिए और जनता द्वारा चुनी गई' (भारतीयों की) सरकार ही यह कार्य कर सकती है।' तब गोलमेज सम्मेलन अपने लक्ष्य को प्राप्त करने में सफल नहीं हुआ क्योंकि इसमें भाग लेने वालों में आम राय नहीं बन पाई। फिर भी, डा. अम्बेडकर का शोषित वर्ग के लोगों के लिए एक अलग निर्वाचक मंडल का सपना उस समय आंशिक रूप से साकार हुआ, जब ब्रिटिश प्रधानमंत्री द्वारा 'कम्यूनल अवार्ड' की घोषणा की गई।

ब्रिटिश सरकार के इस निर्णय से महात्मा गांधी को सदमा पहुंचा तथा उन्होंने पूना में आगा खां महल में मृत्यु–पर्यन्त उपवास की घोषणा कर दी। महात्मा गांधी के जीवन को बचाने के लिए डा. अम्बेडकर को अलग निर्वाचक मंडल के स्थान पर आरक्षित निर्वाचक–क्षेत्रों की बात स्वीकार करनी पड़ी। यद्यपि अस्पृश्य लोगों को सामाजिक, आर्थिक और राजनीतिक उन्नति के उपायों के संबंध में गांधी जी और अम्बेडकर साहब के विचार आपस में नहीं मिलते थे, फिर भी वे एक–दूसरे का सम्मान करते थे। जहां महात्मा गांधी ने अम्बेडकर की विद्वत्ता, निष्ठा और त्याग की प्रशंसा की और उन्हें एक उत्कृष्ट देशभक्त माना, वहीं अम्बेडकर ने भी गांधी जी की सोद्देश्यता की भावना एवं राष्ट्र के प्रति उनके समर्पण को स्वीकार किया।

वर्ष 1942 में अम्बेडकर ने दलित वर्गों के हितों की रक्षा के लिए अखिल भारतीय राजनीतिक दल के रूप में 'अखिल भारतीय अनुसूचित जाति संघ' का गठन किया। किन्तु फरवरी 1946 में हुए आम चुनावों में इस पार्टी को कोई खास चुनावी सफलता न मिली।

एक संसदविद् के रूप में

डा. अम्बेडकर के दलित वर्ग के उत्थान के लक्ष्य और उनके प्रयासों को ध्यान में रखते हुए बंबई के गवर्नर ने उन्हें 1926 में बंबई विधान परिषद् का सदस्य मनोनीत किया। इस परिषद् के वह 1934 तक सदस्य रहे। उक्त एसेम्बली में वह भू–राजस्व, सरकार की मद्यनिषेध नीति, बजट, शिक्षा आदि विषयों पर विस्तारपूर्वक बोला करते थे। इस अवधि के दौरान उन्होंने किसानों, कामकाजी वर्गों और अछूतों के कल्याण के संबंध में कई विधेयक विधान परिषद में पेश किये, लेकिन रूढ़िवादी वर्ग के कड़ा विरोध होने के कारण उन्हें पारित नहीं किया जा सका। किन्तु यह सत्य है कि विधान मंडल में अपने पहले ही कार्यकाल में उन्होंने स्वयं को एक प्रखर संसदविद् के रूप में स्थापित कर लिया था।

डा. अम्बेडकर ने वर्ष 1936 में 'इंडीपेंडेंट लेबर पार्टी ऑफ इंडिया' की स्थापना की। भारत सरकार अधिनियम, 1935 के उपबंधों के अनुसरण में देश में 1937 में भारत के पहले लोकप्रिय विधान मंडलों के निर्वाचन हेतु मतदान हुआ। इंडीपेंडेंट लेबर पार्टी ने बंबई में 17 सीटों पर चुनाव लड़ा जिनमें उसे 15 सीटों पर विजय हासिल हुई। विपक्षी नेता के रूप में डा. अम्बेडकर ने बंबई विधान सभा में बड़ी कारगर और सोद्देश्यपूर्ण भूमिका निभाई और एक अनुभवी संसदविद् के रूप में अपनी विद्वत्ता का परिचय दिया। जब मंत्रियों के वेतन संबंधी विधेयक पर चर्चा चल रही थी तो डा. अम्बेडकर ने टिप्पणी की कि वह मंत्रियों के लिए किसी भी मानक वेतन को स्वीकार नहीं करेंगे। उन्होंने अपने भाषण में प्रभावी युक्तियुक्त तर्क प्रस्तुत किये। उन्होंने सुझाव दिया कि किसी मंत्री का वेतन निर्धारण–– (1) मंत्री के सामाजिक स्तर को, (2) उसकी क्षमता को, (3) प्रजातंत्र को, और (4) प्रशासन संबंधी निष्ठा और निष्पक्षता को ध्यान में रख कर ही किया जाना चाहिए। उन्होंने आगे टिप्पणी की कि व्यक्तिगत रूप से मैं यह समझता हूं कि देश के प्रथम नागरिक होने के नाते मंत्रियों को एक ऐसा जीवन–यापन करना चाहिए जो सुसंस्कृत हो, जिससे कला व ज्ञान को बढ़ावा मिले, जो जनसाधारण के लिए एक आदर्श बने। उन्होंने मंत्री की सक्षमता पर भी बल दिया क्योंकि उनके विचार में "यदि हमें विभिन्न समस्याओं का समाधान करना है तथा संविधान (भारत सरकार अधिनियम, 1935) से सर्वोत्तम परिणाम प्राप्त करना है तो कार्यपालिका में बुद्धिमान लोग होने ही चाहिए।" अपनी प्रखर भाषण क्षमता और विद्वत्ता के कारण डा. अम्बेडकर

वाद–विवाद में अक्सर कड़ा मुकाबला करते थे। यह सच है कि जब वह सभा में बोलने के लिए खड़े होते थे तो सदस्य बड़े ध्यानपूर्वक उन्हें सुना करते थे।

जुलाई 1946 में डा. अम्बेडकर बंगाल विधान सभा से संविधान सभा के लिए पहली बार चुने गए। लेकिन विभाजन होने के कारण बंगाल का प्रतिनिधित्व करने वाले डा. अम्बेडकर सहित कई व्यक्तियों की संविधान सभा की सदस्यता समाप्त हो गई। बाद में डा. एम.आर.जायकर के त्यागपत्र से खाली हुए स्थान को भरने के लिए बंबई लेजिस्लेटिव कांग्रेस पार्टी द्वारा डा. अम्बेडकर को चुना गया। बाद में जब देश में नए संविधान के अंतर्गत पहली बार चुनाव हुआ तो डा. अम्बेडकर बंबई निर्वाचन क्षेत्र से अपना चुनाव हार गए। तथापि उन्हें मार्च 1952 में बंबई विधान मंडल से राज्य सभा के लिए चुना गया। उन्होंने 1953 में लोक सभा के लिए उप–चुनाव लड़ा लेकिन इस समय भी वह हार गए। यद्यपि डा. अम्बेडकर राज्य सभा के सदस्य बने रहे। उन्होंने अपने जीवन के अंतिम वर्षों का अधिकांश भाग बौद्ध धर्म के प्रचार में लगाया।

मंत्री के रूप में

प्रधान मंत्री पंडित जवाहर लाल नेहरू ने वर्ष 1946 में गठित अंतरिम सरकार में विधि मंत्री के लिए डा. अम्बेडकर का चुनाव किया। इससे डा.अम्बेडकर को हिन्दू महिलाओं तथा अस्पृश्यों की नियति में सुधार करने का अवसर मिला। वह हिन्दू समाज में व्याप्त भेदभाव से पूर्णतः परिचित थे। अतः उन्होंने परिश्रमपूर्वक हिन्दू कोड बिल तैयार किया तथा 4 फरवरी 1951 को इसे संसद में प्रस्तुत किया। डा. अम्बेडकर ने इस विधेयक का उद्देश्य स्पष्ट करते हुए बताया कि इसका लक्ष्य हिन्दू समाज में सुधार लाना तथा कुछ परम्परागत हिन्दू कानूनों को संहिताबद्ध करना है। इसके महत्व पर बल देते हुए उन्होंने कहा कि ऐसा किया जाना देश की अखंडता की दृष्टि से भी आवश्यक एवं हितकर है क्योंकि ये कानून हिन्दू समाज के सामाजिक और धार्मिक जीवन पर भी लागू होंगे। इस प्रकार स्वतंत्र भारत के विधि मंत्री के रूप में उन्होंने पुराने, रूढ़िवादी, दुरूह और अनुचित हिन्दू कानून को एक प्रगतिशील कानून में बदलने का प्रथम प्रयास किया। उनके इस प्रयास को ध्यान में रखकर उन्हें 'आधुनिक मनु' की संज्ञा दी गई। यह प्रयास यद्यपि सुविचारित और प्रशंसनीय था लेकिन वह सफल नहीं हो पाया क्योंकि मंत्रिमंडल में उनके कई सहयोगी इसके विरुद्ध थे। परिणामतः हिन्दू कोड बिल

कानून का रूप नहीं ले पाया। डा. अम्बेडकर ने 9 मई 1951 को अंतरिम संसद में एक अन्य महत्वपूर्ण विधेयक लोक प्रतिनिधित्व विधेयक, 1950 पुरः स्थापित किया, जिसमें अन्य बातों के साथ–साथ संसद और विधान सभाओं के लिए स्वतंत्र रूप से चुनावों का आयोजन करने, सदस्यता के लिए अर्हताओं और अनर्हताओं को निर्धारित करने तथा चुनावों के दौरान अपनाए जाने वाले भ्रष्ट और अवैध तरीकों से निपटने आदि के संबंध में प्रावधान सम्मिलित किये गये थे।

डा. अम्बेडकर ने, प्रधान मंत्री जवाहर लाल नेहरू और अन्य साथियों से विभिन्न मुद्दों पर मतभेद होने के कारण, 25 सितंबर 1951 को सरकार से त्यागपत्र दे दिया। इन मतभेदों के बावजूद विधि मंत्री के रूप में निश्चय ही वह अपने साथियों के लिए एक शक्तिपुंज के समान थे। एक मंत्री के रूप में उन्होंने सिद्धान्तों के लिए संघर्ष किया और उनके आदर्शवाद ने बहुत हद तक सामाजिक अन्याय का अन्त और दलितों के उद्धार को सुनिश्चित किया।

संविधान के मुख्य निर्माता के रूप में

एक राष्ट्रीय नेता, विधिवेता, संविधान विशेषज्ञ और सांसद के रूप में बाबा साहेब को पूर्ण मान्यता तब मिली जब उन्हें पहले बंगाल से तथा बाद में बंबई से उन्हें संविधान सभा में चुना गया। दिनांक 29 अगस्त 1947 को प्रारूप समिति में उनकी नियुक्ति की गई तथा बाद में वह इसके चेयरमैन चुने गये। प्रारूप समिति की सदस्यता तथा इसके चेयरमैन का पद डा. अम्बेडकर के लिए एक सुखद आश्चर्य था। यह उनके द्वारा सभा में दिए गए वक्तव्य से स्पष्ट है :

"मैं संविधान सभा में इस महत्वाकांक्षा के साथ आया था कि अनुसूचित जाति के लोगों के हितों की रक्षा कर सकूं। मुझे इस बात का लेशमात्र भी अंदाजा नहीं था कि मुझे इतनी जिम्मेदारी का कार्य करने को कहा जाएगा। इसलिए जब सभा ने मुझे प्रारूप समिति के लिए चुना, तो मुझे बड़ा आश्चर्य हुआ। मुझे इससे भी अधिक आश्चर्य तब हुआ जब प्रारूप समिति ने मुझे अपना चेयरमैन चुना क्योंकि प्रारूप समिति में मुझसे बेहतर और अधिक सक्षम व्यक्ति मौजूद थे।"

डा. अम्बेडकर के नेतृत्व में प्रारूप समिति की पहली बैठक 30 अगस्त 1947 को हुई। डा. अम्बेडकर और प्रारूप समिति ने कुल मिलाकर 141 बैठकों में अंतरिम संविधान तैयार किया। इस अवधि के दौरान अधिकांश अवसरों पर डा. अम्बेडकर ने अकेले ही कार्य किया। एक

अर्थशास्त्री, विधिवेता और समाजविज्ञानी होने के नाते डा. अम्बेडकर इस बात को बहुत अच्छी तरह से जानते थे कि संविधान मात्र एक कानूनी दस्तावेज नहीं होता, बल्कि एक सामाजिक और आर्थिक दस्तावेज भी होता है जिसमें करोड़ों व्यक्तियों की महत्वाकांक्षाएं, पीड़ाएं और मांगें शामिल होती हैं। लोकतंत्र के कट्ठर समर्थक के रूप में बाबा साहेब ने भारतीय गणतंत्र के लिए एक संसदीय प्रणाली के अनुरूप संविधान बनाए जाने पर जोर दिया। उन्हें अकेले को ही भारत के संविधान का मुख्य निर्माता बताते हुए श्री टी.टी. कृष्णमाचारी ने अपने वक्तव्य में कहा था :

"सदन को शायद इस बात की जानकारी है कि आपके द्वारा नामित सात सदस्यों में से एक सदस्य ने सदन से इस्तीफा दे दिया था और उसके स्थान पर एक अन्य सदस्य को ले लिया गया था। एक सदस्य की मृत्यु हो गई जिनका स्थान खाली पड़ा हुआ था। एक सदस्य अमरीका में थे और उनका स्थान खाली पड़ा हुआ था। एक अन्य सदस्य राज्य संबंधी मामलों में उलझे हुए थे इस कारण उनका स्थान भी खाली था। एक या दो अन्य सदस्य दिल्ली में नहीं थे और शायद स्वास्थ्य ठीक न होने के कारण वे बैठक में भाग नहीं ले सके थे। इस प्रकार अंततः संविधान का प्रारूप तैयार करने का भार अकेले डॉ. अम्बेडकर पर ही आ पड़ा और मुझे इसमें कोई संदेह नहीं है कि इस कार्य को उन्होंने प्रशंसनीय ढंग से पूरा किया। हम उनके आभारी हैं।"

प्रारूप समिति द्वारा तैयार किया गया संविधान का प्रारूप डा. अम्बेडकर द्वारा 4 नवंबर 1948 को संविधान सभा में प्रस्तुत किया गया। संविधान के प्रारूप का परिचय देने के बाद उन्होंने इसकी विशेषताओं के बारे में एक विशद और परिष्कृत भाषण दिया। अंत में संकट–काल में तथा शांति–काल के दौरान संविधान की सक्षमता एवं सामर्थ्य के बारे में बोलते हुए उन्होंने टिप्पणी की थी :

"प्रारूप समिति द्वारा तैयार किया गया संविधान व्यावहारिक एवं लचीला है। यह संविधान देश की शांति काल तथा युद्ध काल दोनों ही में रक्षा करने में पर्याप्त रूप से समर्थ है। वास्तव में मैं कह सकता हूं कि अगर नए संविधान के अंतर्गत कुछ गलत होता है तो इसका कारण यह नहीं होगा कि हमारे संविधान में कोई बुराई है, बल्कि यह होगा कि देशवासी चरित्रभ्रष्ट हैं।"

संविधान सभा के सभी सदस्यों ने प्रारूप समिति के चेयरमैन और अन्य सदस्यों द्वारा किए गए कठिन परिश्रम की सराहना की और डा.

अम्बेडकर के ओजपूर्ण प्रारंभिक भाषण की प्रशंसा की। प्रारूप पर वर्ष भर चले वाद–विवादों में बाबा साहेब ने संशोधन लाए जाने और उन पर विचार किए जाने आदि के सभी स्तरों पर सक्रिय रूप से भाग लिया और प्रारूप संविधान के पक्ष में तर्कसंगत तर्क दिए। इस बात का पूरा श्रेय बाबा साहेब को ही जाता है कि उनकी अध्यक्षता में प्रारूप समिति द्वारा तैयार किए गए संविधान को संविधान सभा ने बिना किसी बड़े परिवर्तन के स्वीकार कर लिया था। संविधान सभा द्वारा संविधान स्वीकृत किए जाने से एक दिन पहले सदस्यों ने संविधान निर्माण में डा. अम्बेडकर के महत्वपूर्ण योगदान के लिए उनके प्रति आभार व्यक्त किया और उनकी भूरि–भूरि प्रशंसा की।

संविधान सभा के प्रेसीटेंड, डा. राजेन्द्र प्रसाद ने संविधान निर्माता के बारे में कहा था :

"इस पद पर रहते हुए तथा सदन की दिन–प्रतिदिन की कार्यवाही को देखकर जैसा मैंने महसूस किया है, वैसा किसी ने भी महसूस नहीं किया होगा। प्रारूप समिति के सदस्यों, विशेषरूप से इस समिति के चेयरमैन, डा. अम्बेडकर ने अपनी अस्वस्थता के बावजूद जिस उत्साह और लगन से कार्य किया, वह मैंने स्वयं देखा है। उन्होंने अपने परिश्रम से अपने चयन को न केवल उचित सिद्ध किया बल्कि अपने कार्य को उत्कृष्टता भी प्रदान की।

श्रम सुधारकर्ता तथा श्रम कानून के जनक के रूप में

डा. अम्बेडकर की कानूनी कुशाग्रता, शैक्षिक विशिष्टता, वार्ताकार के रूप में उनकी निपुणता और प्रशासनिक योग्यता को देखते हुए तत्कालीन वायसराय ने उन्हें 1942 में रक्षा परिषद् का सदस्य नियुक्त किया था। बाद में उन्हें श्रम परिषद् का कार्यभार सौंपा गया जिस पर वह जून 1946 तक कार्य करते रहे। यद्यपि यह समय बहुत ही कम था फिर भी देंश के श्रम कानून तथा श्रमिक कल्याण के इतिहास में यह एक महत्वपूर्ण समय समझा जाता है।

श्रम परिषद् के सदस्य के रूप में डा. अम्बेडकर को केन्द्रीय सरकार में 'अछूतों' के लिए 5 से 6 प्रतिशत पद आरक्षित करवाने में सफलता मिली। उन्होंने उन 'अछूत' विद्यार्थियों की भी मदद की जो विदेशों में तकनीकी शिक्षा प्राप्त करने के इच्छुक थे। उनके कार्यकाल के दौरान ही रोजगार कार्यालय स्थापित किये गये ताकि विभिन्न योजनाओं के अंतर्गत प्रशिक्षित किए जा रहे कुशल तथा अर्धकुशल श्रमिकों एवं

तकनीशियनों को बेकार न रहना पड़े, बल्कि रोजगार के नये अवसर पाने में उनकी मदद की जा सके।

श्रम परिषद के सदस्य के रूप में डा. अम्बेडकर ने औद्योगिक क्षेत्र में लोकतंत्र और सद्भावना को बढ़ावा देने के लिए अनेक उपाय किए। उन्होंने कुछ सामाजिक सुरक्षोपाय भी शुरू किए। सबसे पहले, नियोक्ताओं और कर्मचारियों के बीच के मुद्दों को सुलझाने के लिए उन्होंने त्रिपक्षीय वार्ता की शुरुआत की। औद्योगिक विवादों को रोकने तथा इनका समाधान ढूंढ़ने, श्रम कानूनों को लागू करने तथा केन्द्रीय क्षेत्राधिकार के अंतर्गत आने वाले उद्योगों में श्रमिक कल्याण को बढ़ावा देने के लिए श्रम प्रशासन गठित किया गया था। उनके कार्यकाल के अंत में सभा में जो महत्वपूर्ण श्रम कानून पेश किया गया था, वह 'न्यूनतम वेतन विधेयक' था। ऐसे नये प्रयासों और विधानों के कारण डा. अम्बेडकर के आलोचकों ने भी उनकी प्रशंसा की और उन्हें एक योग्य और हितैषी प्रशासक की सज्ञा दी।

एक शिक्षाविद् के रूप में

यह एक अकाट्य सत्य है कि भारत में 'अछूतों' को सदियों से मूल शिक्षा के लाभ से वंचित रखा गया। इनके जीवन में शिक्षा के महत्व को महसूस करते हुए डा. अम्बेडकर ने अपने अनुयायियों को इस बात के लिए राजी किया कि वे अपने बच्चों को पढ़ाएं। उन्होंने शिक्षा को इतना महत्वपूर्ण समझा कि उन्होंने अपने त्रिसूत्री नारे 'शिक्षित हों, संघर्ष करो और संगठित हों' में 'शिक्षा' को पहला स्थान दिया। 'अछूत' समुदाय के विद्यार्थियों को प्रोत्साहन देने के उद्देश्य से डा. अम्बेडकर ने छात्रावास स्थापित किए और वहां छात्रों को निःशुल्क पुस्तकें एवं कपड़े उपलब्ध कराये। ऐसे छात्रावासों से इन समुदायों में प्राइमरी तथा हाई स्कूल की शिक्षा को बढ़ावा देने में काफी मदद मिली।

वर्ष 1945–46 में डा. अम्बेडकर ने एक शिक्षा संस्थान 'दि पीपल्स एजुकेशन सोसाइटी' की स्थापना की। वायसराय के कार्यकारी परिषद् का सदस्य होने के कारण वह भारत सरकार से तीन लाख रुपये की अनुदान राशि तथा इतनी ही राशि का ब्याज रहित ऋण लेने में सफल रहे। इस सोसाइटी द्वारा पहला कालेज बंबई में खोला गया, जिसका नाम 'सिद्धार्थ कालेज ऑफ आर्ट्स एंड साइंस' रखा गया।

डा. अम्बेडकर अध्यापन में भी काफी रुचि रखते थे। उन्होंने बंबई के सिडनहम कालेज ऑफ कामर्स तथा गवर्नमेंट लॉ कालेज में भी

पढ़ाया तथा बाद में बंबई में वह इस लॉ कालेज के प्रिंसिपल बन गये। उनके व्याख्यानों को रुचिपूर्वक और बड़े ध्यान से सुना जाता था तथा कक्षा का कमरा विद्यार्थियों से पूरा भरा होता था क्योंकि अन्य कालेजों के विद्यार्थियों ने भी यह निश्चय कर लिया था कि उनके विद्वत्तापूर्ण व्याख्यानों को अवश्य सुना जाए।

लेखक के रूप में

डा. अम्बेडकर अत्यधिक अध्ययनशील व्यक्ति ही नहीं होने के साथ–साथ एक अच्छे लेखक भी थे। उन्होंने प्रशासन, मानव शास्त्र, अर्थशास्त्र, वित्त, राजनीति शास्त्र, धर्म इत्यादि विभिन्न विषयों पर लेख लिखे। चार दशकों की अवधि में ही उन्होंने अंग्रेजी में 20 से भी अधिक पुस्तकें, पैम्फलेट तथा लेख लिखे। डा. अम्बेडकर ने वर्ष 1920 में भारत में शोषित वर्गों के हितों के समर्थन में पहली साप्ताहिक पत्रिका 'मूकनायक' प्रकाशित की, हालांकि यह पत्रिका लंबे समय तक नहीं चल सकी। कोलम्बिया विश्वविद्यालय में मानवशास्त्र विषय पर हुई विचार–गोष्ठी में एक विद्यार्थी के रूप में डा. अम्बेडकर द्वारा 'दि कास्ट्स इन इंडिया–देयर मेकेनिज्म जेनेसिस एंड डेवलपमेंट' नाम से पढ़ा गया लेख ही उनकी सर्वप्रथम प्रकाशित रचना है। वर्ष 1924 में 'दि इवोल्यूशन ऑफ प्रोविनशल फाईनेन्स इन ब्रिटिश इंडिया' शीर्षक से प्रकाशित उनका पी.एच.डी. शोध पत्र को बड़ौदा के महाराजा को, उनके आभार के रूप में समर्पित किया गया। यह पुस्तक बजट पर विचार–विमर्श के दौरान भारतीय विधान मंडलों के सदस्यों के लिए जानकारी प्राप्त करने का एक महत्वपूर्ण स्रोत सिद्ध हुआ। उनकी अन्य पुस्तकों के नाम 'व्हाट कांग्रेस एंड गांधी जी हैव डन टु द अनटचेबल्स?'; 'हू वर द शूद्रास एंड हाउ दे केम टु बी द फोर्थ वर्ण इन द इंडो–आर्यन सोसाइटी?'; 'थाट्स ऑन लिंग्विस्टिक स्टेट्स'; 'थाट्स ऑन पाकिस्तान'; 'रानाडे, गांधी एंड जिन्ना' और 'एन्निहिलेशन ऑफ कास्ट्स इन इंडिया' हैं। वह एक पुस्तक प्रेमी लेखक थे। उन्होंने हजारों पुस्तकें एकत्र की थीं ओर उनका अपना एक बहुत बड़ा निजी ग्रंथालय था।

बुद्ध और उनकी शिक्षाओं के सच्चे अनुयायी होने के नाते, उन्होंने 1952 में 'बुद्ध उपासना पथ' नामक एक बौद्ध प्रार्थना पुस्तक संकलित की। उनकी दूसरी पुस्तक 'बुद्धा एंड हिज धर्म', जो 1957 में प्रकाशित हुई थी, 'बौद्ध बाइबिल' के रूप में जानी जाती है इस पुस्तक में बुद्ध का जीवनवृत और व्यक्तित्व समाहित है और उसमें बौद्ध धर्म की विश्लेषणात्मक व्याख्या की गई है।

बौद्ध के अनुयायी के रूप में

डा. अम्बेडकर को अछूत बालक, वकील और प्रोफेसर के रूप में हुए अनुभवों और सामाजिक विषमताओं ने हिन्दू समाज और उसकी रूढ़िवादिता का कट्टर आलोचक बना दिया। डा. अम्बेडकर ने बौद्ध धर्म अपनाने से पहले, अक्तूबर 1935 में घोषणा की कि अछूत लोग हिन्दू धर्म को छोड़कर कोई और धर्म अपनाएंगे। अपनी घोषणा के अनुसार ही तदनुसार पहले वह 1938–40 के दौरान सिख धर्म की ओर उन्मुख हुए। किन्तु उनके प्रयास सफल नहीं हुए। अंततः उन्होंने 1956 में बौद्ध धर्म अपना लिया।

बौद्ध धर्म में डा. अम्बेडकर का विश्वास इसलिए बढ़ा क्योंकि उन्होंने अनुभव किया कि बौद्ध धर्म का आदर्श समानता और नैतिकता है, जबकि अन्य धर्मों के संस्थापकों ने स्वयं को 'मोक्षदाता' होने का दावा किया था। बुद्ध केवल अपनी 'मार्गदर्शक' की भूमिका से ही संतुष्ट थे।

डा. अम्बेडकर की बौद्ध धर्म में रुचि विदेशों में हुए विभिन्न सम्मेलनों में उनके सक्रिय रूप से भाग लेने से स्पष्ट होती है। उन्होंने 1949 में काठमांडू में विश्व बौद्ध सम्मेलन को संबोधित किया। वह 1950 में श्रीलंका में, 1954 में बर्मा में और पुनः 1956 में नेपाल में हुए विश्व बौद्ध कांग्रेस सम्मेलनों में सम्मिलित हुए। उन्होंने भारत में बुद्ध की शिक्षाओं का और अधिक प्रचार–प्रसार करने के लिए 1955 में भारतीय बुद्ध महासभा की स्थापना की। अंततः उन्होंने 14 अक्तूबर 1956 को नागपुर में एक विशाल समारोह में बौद्ध धर्म को अपना लिया और अपने अनुयायियों को नये मत को अंगीकार करने की सलाह दी। उन्होंने स्वयं अपने लाखों अनुयायियों को बौद्ध धर्म की 'दीक्षा' दी।

बौद्ध धर्म अपनाने के पश्चात् दो महीने के ही भीतर भारत के इस महान सपूत ने 6 दिसंबर 1956 को 'महानिर्वाण' प्राप्त कर लिया। भारत सरकार ने डा. अम्बेडकर की बहुमूल्य सेवाओं के लिए उन्हें मरणोपरांत राष्ट्र का सर्वोच्च पुरस्कार "भारत रत्न" प्रदान कर तथा उनके जन्मशती वर्ष, 1991 को सामाजिक न्याय वर्ष के रूप में मनाकर उन्हें उचित सम्मान दिया है।

राजा राममोहन राय

राजा राममोहन राय का जन्म 22 मई 1772 को हुगली जिला (पश्चिम बंगाल) के राधानगर में हुआ था। उनके पिता रमाकांत राय बड़े जमींदार थे। उनकी माता श्रीमती तरीनी देवी ब्राह्मण परिवार से

थी। उनके पूर्वज परंपरागत ब्राह्मण थे। उनकी प्रारंभिक शिक्षा घर पर हुई और फिर गांव के स्कूल में। उनके माता–पिता उन्हें ब्रिटिश भारत की पब्लिक सर्विस में उच्च अधिकारी बनाना चाहते थे इसलिए उन्हें बंगला, उर्दू, अंग्रेजी, संस्कृत के अलावा अरबी और फारसी भाषाओं के अध्ययन हेतु मकतब में मौलवी के पास भेजा गया, जहां उन्होंने न केवल उर्दू, अरबी आदि भाषाओं का ज्ञान प्राप्त किया बल्कि अपनी रुचि के साथ इस्लामिक अध्यात्म अर्थात् इस्लामी अद्वैतवाद का गंभीरता पूर्वक अध्ययन किया। बाद में उन्होंने हिब्रू, ग्रीक और फ्रेंच, लेटिन भाषाओं का भी ज्ञान प्राप्त कर लिया। 1802 में ईस्ट इंडिया कंपनी के दीवान के रूप में उन्होंने कार्य शुरू किया। 1804 में उन्होंने मुर्शिदाबाद कोर्ट आफ अपील में काम किया और इसी वर्ष उनकी मुख्य रचना तुहफत–उल–मुवहिद्दीन (एक ईश्वर में मानने वालों के लिए उपहार) पर्सियन में प्रकाशित हुई। इस विशेष कृति में उन्होंने सभी मनुष्यों में एकता और सामंजस्य के लिए एक ईश्वर के अस्तित्व की घोषणा की। 1805 में राममोहन राय ने मुर्शिदाबाद के दीवान पद से इस्तीफा दे दिया और रामगढ़ में मुंशी के रूप में कार्य संभाला। बाद में 1809 में उन्हें रंगपुर भेजा गया। 1814 में राममोहन राय ने रंगपुर छोड़ दिया और कोलकाता पहुंचे जहां उन्होंने भारत के भीतर बदलाव के उद्देश्य से अपने मिशन को पूरा करने के लिए आंदोलन छेड़ा।

राजा राममोहन राय को लेखकों ने सर्वांगीण सुधारक ठीक ही कहा है। मिस सोफिया डौवसन कौलेट ने अपनी प्रख्यात पुस्तक 'लाईफ एंड लेटर्स आफ राजा राममोहन राय' में लिखा है – "धर्म, राजनीति, साहित्य और लोक कल्याण सभी क्षेत्रों में राजा राममोहन राय ने जो काम किया है वह भारतीयों द्वारा किये गये सुधार–कार्यों के इतिहास में सर्वाधिक प्रभावकारी तथा अग्रगण्य माना जायेगा। राजा राममोहन राय ने धार्मिक, राजनीतिक, आर्थिक और पत्रकारिता आदि क्षेत्रों में सुधार–कार्य किया। वे मानव कल्याण को धार्मिक सुधारों का मुख्य उद्देश्य मानते थे।

राममोहन राय ने धर्म के पारम्परिक आधार और ब्राह्मणी सत्ता के स्थान पर विवेक को प्रतिष्ठित किया। राजा राममोहन राय अपनी छोटी उम्र में ही मूर्ति पूजा के विरोधी बन गये थे। सोलह वर्ष की आयु में उन्होंने अपने धर्म संबंधी विचार लिपिबद्ध किये। इस कृति में उन्होंने मूर्ति पूजा से संबंधित हिन्दू व्यवस्था की वैधता के बारे में प्रश्नचिह्न लगाये गये थे। एस.सी.क्रोमवेल ने अपनी पुस्तक 'राम मोहनराय एंड हिज एथिक्स' में

लिखा है कि राम मोहनराय के समक्ष प्रश्न एकेश्वरवाद और बहुदेववाद का नहीं था बल्कि पतन और प्रतिष्ठा एवं अंध–विश्वास और विवेक का था। उनकी राय थी कि सम्प्रदायवाद और मूर्तिपूजा की उत्पत्ति अंध–विश्वास से ही हुई है । अन्यथा सम्पूर्ण मानव जाति एक ईश्वर को ही मानती। राम मोहनराय के बहुदेववाद त्यागने और एकेश्वरवाद को मानने पर जोर देने के पीछे उनकी राष्ट्र–निर्माता की प्रवृत्ति ही दीखती है क्योंकि समूचे देश को एक सूत्र में बांधने के लिए ईश्वर की उपासना एक सशक्त तथा सर्वोत्तम माध्यम है और एकता के बिना राष्ट्र निर्माण संभव नहीं है।

हिन्दु धर्म के सिद्धांतों के प्रश्न पर पिता और पुत्र में तनाव और संघर्ष पैदा हो गया। परिणामस्वरूप उन्हें घर से निकाल दिया गया। इस बीच राजा राममोहन राय ने अनेक स्थानों की यात्रा की और विभिन्न धर्म तथा पंथ के सिद्धांतों से सम्बन्धित साहित्य का संग्रह और अध्ययन किया । तिब्बत में वे तीन वर्ष रहे, जहां उन्होंने लामा का बौद्ध सम्बन्धी जीने का तरीका देखा और अध्ययन किया। वाराणसी में उन्होंने हिन्दू दर्शन तथा अध्यात्म पर बहुत अध्ययन किया और वे वेदांत शास्त्र से बहुत प्रभावित हुए। बाइबल के नये तथा पुराने नियमों के मूल पाठ का भी उन्होंने अध्ययन किया। विभिन्न धर्मों के अध्ययन के कारण उनके भीतर बदलाव हुए और उन्हें चिंतन–मनन करने का स्वस्थ दृष्टिकोण मिला । सामाजिक असमानता और शोषण के खिलाफ उन्होंने विरोध भी प्रकट किया।

सुधार श्रृंखला :

कोलकाता में ही उन्होंने 1815 में 'आत्मीय सभा' का गठन किया, जिसके माध्यम से मौलिक धार्मिक मामलों पर सदस्यों के बीच बहस कराना था। 'आत्मीय सभा' को उन्होंने सती प्रथा, जाति प्रथा जैसी सामाजिक प्रथाओं के विरोध का प्लेटफार्म बनाया। विधवाओं के पुनर्विवाह तथा हिन्दू महिलाओं को पिता तथा पति की बड़ी सम्पत्ति में अधिकार देने की भी वकालत उन्होंने इसी मंच से की। इन्हीं दिनों उन्होंने बहुत से लेख, पर्चे और किताबें लिखीं। राममोहन प्रगतिशीलता के समर्थक थे। उन्होंनें भारतीयों को विज्ञानाधारित शिक्षा दिलाने में रुचि ली। इस सम्बन्ध में ख्याति–प्राप्त शिक्षाविद् डेविड हेयार ने उनकी बहुत मदद की। शूद्रों तथा महिलाओं को उनके मूल मानवीय अधिकारों से वंचित किये जाने के वे मुखर आलोचक थे। उन्होंने धार्मिक पवित्रता के नाम पर इस सामाजिक व्यवस्था के खिलाफ संघर्ष छेड़ा। जाति भेद और छुआछूत के प्रचलन के बारे में उन्होंने एक

लेख में लिखा : 'जातियों की भिन्नता ने लोगों के बीच बहुत सारे बंटवारे किए और राजनैतिक भावना से उन्हें वंचित रखा। इन्हें राजनैतिक, सामाजिक, शैक्षिक और आर्थिक जैसे लाभ दिलाने हेतु इनकी स्थिति और धर्म में कुछ बदलाव करना जरूरी है।' 1815 से 1824 के बीच के दस वर्षों में जो सती होने के मामले घटित हुए, उन्होंने उन सभी का संग्रह किया और उन पर शोध करके बताया कि इस अवधि में 6003 विधवाओं की 'सती होने के' नाम पर मौत की गई। इन आंकड़ों ने हिन्दू व्यवस्था के खिलाफ विद्रोह को प्रज्ज्वलित किया। ब्रिटिश साम्राज्य के अंतर्गत लार्ड विलियम बैंटिक द्वारा 4 दिसंबर 1829 को सती प्रथा पर जो कानूनी प्रतिबंध लगाए गये, राजा राममोहन राय उनसे सहमत थे। राजा राममोहन राय हिन्दू व्यवस्था में प्रचलित असभ्य सती प्रथा के खिलाफ डटकर लड़े।

अपने सामाजिक और धार्मिक आंदोलन के प्रचार–प्रसार हेतु उन्होंने 1825 में वेदांत कालिज और 1828 में 'ब्रह्म सभा' की स्थापना की। उनके इस आंदोलन में द्वारकानाथ ठाकुर, ताराचंद चक्रवर्ती, रामचन्द्र विद्यावागीश, प्रसन्न कुमार ठाकुर आदि महापुरुष मददगार साबित हुए। 22 मार्च 1793 को ब्रिटिश सरकार द्वारा स्थायी बंदोबस्त के बारे में बनाये गये कानून से किसान और मूल भारतीयों की कीमत पर देश का जमींदार वर्ग लाभान्वित हुआ। राजा राममोहन राय को इससे बड़ा दुख हुआ। उन्होंने गहन विचार–मंथन किया और निष्कर्ष निकाला कि सुधार आन्दोलन को धार्मिक से सामाजिक और फिर सामाजिक से राजनीतिक दिशा आसानी से दी जा सकती है और ऐसा मोड़ उपनिवेशवाद की समाप्ति तथा आजादी की प्राप्ति के लिए तब जरूरी भी था। इस बारे में उनका यह भी मानना था कि इसमें लोगों की भागीदारी बढ़ाने के लिए प्रेस और पत्रकारिता को साधन बनाया जाये और उसके विकास को वरीयता दी जाए। स्वयं राम मोहन राय ने 1821 में 'संवाद कौमुदी' शीर्षक से बंगला साप्ताहिक का प्रकाशन किया था। उन्होंने पर्सियन भाषा में एक पत्र 'मिशन–उल–अखबार' भी निकाला। ये प्रकाशन विशेष रूप में सामाजिक, धार्मिक और राजनैतिक विषयों से सम्बन्धित थे। राममोहन राय पहले भारतीय थे, जिन्होंने सामाजिक उद्देश्य से प्रेस को जोड़ा। निश्चय ही इस महान उद्देश्य के लिए उनके द्वारा किये गये संघर्ष की महत्ता ने उन्हें विश्व की हस्ती बना दिया था। भारतीयों को आधुनिक और वैज्ञानिक शिक्षा दिये जाने के वह प्रथम प्रबल समर्थक थे। भारत में प्रेस और पत्रकारिता के विकास तथा महिला और किसानों

के अधिकारों की प्राप्ति के लिए समाज सुधार आंदोलन के लिए उनका नेतृत्व अविस्मरणीय है। 'ब्रह्म समाज' के लिए जो न्याय–दस्तावेज राम मोहनराय ने बनाया था उससे पता चलता है कि उनके विचार संकीर्ण और साम्प्रदायिक नहीं थे। इसी बात की पुष्टि करते हुए रामानन्द चटर्जी ने लिखा है कि राममोहन राय ने 'ब्रह्म समाज' को उन सभी सम्प्रदायों के लिए मिलन–स्थल के रूप में स्थापित किया था जो इश्वरोपासना के लिए एकत्रित होना चाहते थे। वस्तुतः राम मोहनराय के धार्मिक सिद्धांत सार्वभौमिक थे। उनके विचार एकदम आधुनिक और क्रांतिकारी थे, यह एकेश्वरवादी समिति के उद्देश्यों से ज्ञात होता है, जिनमें कहा गया है कि समिति ऐसे काम करना उचित मानती है जिनसे असंख्य देशवासियों की भौतिक हालत सुधरे, उनमें उपयोगी कला–कौशल का विकास हो, उनकी मेहनत करने की आदत को बढ़ावा मिले; उनके परिवारिक और सामाजिक सुख–साधनों का विस्तार हो। इसमें आगे कहा गया है कि जब तक मानव की प्राथमिक जरूरतें पूरी नहीं होंगी, तब तक उसकी बौद्धिक, नैतिक और धार्मिक उन्नति संभव नहीं है। राजा राममोहन राय ने स्पष्ट कहा था कि जाति–व्यवस्था हिन्दुओं को अनेक श्रेणियों और उपश्रेणियों में बांट कर उन्हें देशभक्ति की भावना से वंचित कर देती है। राम मोहनराय ने अंतर्जातीय विवाह का समर्थन किया और इसके लिए प्रयास भी किया। राजा राममोहन राय की विद्वत्ता और भाषा अधिकार का पता इसी बात से लगता है कि राम मोहनराय ने सरल, सीधी गद्य बंगला भाषा में वेदान्त दर्शन ग्रंथ की रचना की थी।

राजा राममोहन राय का विचार था कि देश को विज्ञानोन्मुख आधुनिक पाश्चात्य शिक्षा की जरूरत है, जिससे भारतीय समाज में अंधविश्वास, अज्ञानता तथा विवेकहीनता को समाप्त किया जा सके और जागृत एवं विवेकपूर्ण नवसमाज का निर्माण हो सके। इसलिए उन्होंने कुछ अंग्रेज अधिकारियों और ईसाई पदाधिकारियों की सहायता ब्रिटिश शिक्षा पद्धति के प्रसार के लिए ली। तत्कालीन कलकत्ता उच्चतम न्यायालय के मुख्य न्यायमूर्ति सर हाइड इसट तथा डेविड हेयर की सहायता से और उनकी देख–रेख में सन 1817 में कलकत्ता कालेज की स्थापना की गई। राममोहन राय ने सन 1823 में चित्तपुर रोड में एक कालेज की स्थापना करने में डा.अलेग्जेंडर की सहायता की। यही नहीं खुद अपने ही साधनों और शक्ति से राममोहन राय ने एक हाई इंग्लिश स्कूल भी खोला था। लेकिन इन सभी प्रयासों से अधिक महत्वपूर्ण था शिक्षा नीति निर्धारण में उनके द्वारा पहल किया जाना। 11 दिसंबर, 1823 को शिक्षा परिषद के गठन के

बाद ही राजा राममोहन राय ने गर्वर–जनरल लार्ड एमहर्स्ट को एक पत्र लिखा जिसमें एक आधुनिक राष्ट्र की शिक्षा नीति का सार मिलता है। 'हंटर कमीशन' ने 1882 में राजा राममोहन राय की प्रशंसा करते हुए अपने प्रतिवेदन में लिखा है कि "बारह वर्ष के वाद–विवाद, मैकाले की वकालत तथा नये गवर्नर–जनरल की निर्णायात्मक कार्रवाई के बाद ही राम मोहनराय द्वारा निर्धारित की गई नीति मानने के लिए तत्कालीन शिक्षा समिति मजबूर हुई।"

कुछ विचारकों के मतानुसार राजा राममोहन राय बंगाली पत्रकारिता के संस्थापक तथा जनक हैं तो कुछ उन्हें भारतीय पत्रकारिता का संस्थापक भी मानते हैं। बंगाल साप्ताहिक 'संवाद कोमुदी' का प्रकाशन राममोहन राय के संपादकत्व में 1821 में आरंभ हुआ। समाचार पत्रों को राममोहन राय आजादी का प्रहरी मानने के साथ–साथ शासक और शासित दोनों के हित में भी मानते थे। उनका कथन स्पष्ट है कि आवश्यक सूचना देकर अखबार जनता के ज्ञान का वर्धन और मस्तिष्क का विकास करते हैं। समाचार पत्र शासकों को अधिकारियों की गलतियों से अवगत कराकर उन्हें अच्छे शासक बनने का और अधिकारियों को अपनी कमियों से सबक सीखने का अवसर प्रदान करते हैं।

राजा राममोहन राय के समय में आर्थिक सुधार का मतलब मध्ययुगीन व्यवस्था समाप्त करके औद्योगिक क्रांति के लिए मार्ग प्रशस्त करना था। सभी क्षेत्रों में प्रगति तब तक संभव नहीं थी जब तक लोगों की आर्थिक स्थिति और शैक्षणिक स्तर में सुधार नहीं होता और अंधविश्वास समाप्त नहीं होता। इस दृष्टि से राजा राम मोहनराय केवल ऐसे ब्रिटिश नागरिकों को भारत में एक निश्चित अवधि के लिए आने के समर्थक थे, जो शिक्षित हों, जिनके आचरण उच्चकोटि के हों और जो अपने साथ उन्नत तकनीकी और पूंजी ला सकते हों। उनका मत था कि भारत आने वाले अंग्रेज लोग स्थानीय खपत के लिए या निर्यात के लिए, भारतीय कच्चे माल से हमारे देश के भीतर ही उत्पाद तैयार करेंगे ।

न्यायिक मामलों में धार्मिक भेदभावमूलक सिद्धान्त लागू करने पर राजा राममोहन राय ने कड़ी आपत्ति की और ब्रिटिश संसद को आवेदन करके इसे रद्द करने की मांग की। तत्कालीन प्रवर समिति की प्रश्नावली के उत्तर में राममोहन राय ने भारतीयों को उच्च प्रशासनिक अधिकारी तथा जज नियुक्त करने, कार्यकारी और न्यायिक अधिकारों को अलग–अलग करने, सरकारी खर्च में कमी करने, स्थायी सेना के विघटन और उसके स्थान पर किसानों की सहायक सेना के गठन की मांग की थी। उन्होंने

यह भी मांग की थी कि जब कानून बनाने की प्रक्रिया चल रही हो तो भारतीयों से सलाह–मशविरा लिया जाये। राजा राममोहन राय की उपलब्धियों और विशेषताओं के बारे में बार–बार यह कहा गया है कि वे 19वीं सदी के भारतीय नवजागरण के अगुआ थे। प्रो. मैक्समूलर ने उनके बारे में एक दूसरी सत्य बात कही है। वे राजा राम मोहन राय को एक ऐसा माध्यम मानते हैं जिनके द्वारा प्राच्य विचार पश्चिम को गये और पाश्चात्य विचार पूर्व को लौटे। कविन्द्र रवीन्द्र उन्हें अपने समय के एकमात्र व्यक्ति मानते हैं, जो उस युग की महत्ता को जानते थे। उन्होंने एक स्थान पर यह भी स्वीकार किया है कि जीवन के मूल आदर्श उन्हें राजा राममोहन राय से ही मिले। स्वामी विवेकानन्द ने भी स्वीकार किया है कि राममोहन राय के उद्देश्यों से उन्हें भी प्रेरणा प्राप्त हुई है । विपिन चन्द्र पाल की राय में राजा राममोहन राय राजनीतिक आजादी का संदेश देने वाले प्रथम व्यक्ति थे। सुरेन्द्र नाथ बनर्जी तो उन्हें प्रथम राजनीतिक आंदोलनकारी मानते हैं।

गौतम बुद्ध

भारत में वे पहले महापुरूष थे जिन्होंने सामाजिक जीवन में प्रचलित ऊंच–नीच वर्ण पर आधारित आचार–संहिता के विरुद्ध विद्रोह की घोषणा की थी । आदि काल से अध्यात्म और धर्म के शिखर पर रहे भारत में सदियों पूर्व एक समय ऐसा आया जब वर्ण–व्यवस्था के चौथे स्तम्भ अर्थात् शूद्र वर्ण पर विषमकारी आचार संहिता लागू करके उस वर्ण के लोगों को मूलभूत मानवीय अधिकारों से वंचित कर दिया गया और उन्हें अछूत बना दिया गया । उनके लिए विद्याध्ययन करना, मंदिरों में ईश्वर की पूजा करना तथा किसी भी तरह की सम्पति रखना निषेध हो गया था। वे गुलामों की तरह रहने के लिए और शेष समाज की सेवा करने के लिए मजबूर कर दिये गये । साथ ही सभी वर्णों की महिलाओं की उपेक्षा की जाने लगी और उन्हें पुरुष की तुलना में दीन–हीन एवं विवश अबला मानने की प्रवृत्ति दृढ़ से दृढ़तर होती गई । परिणामस्वरूप तत्कालीन समाज में शूद्रों और महिलाओं पर अमानवीय उत्पीड़न की विभत्स परंपरा बन गई, जो न्यूनाधिक रूप से अभी तक जारी है। इस मानव–विरोधी प्रवृत्ति को चुनौती देने तथा समता, भ्रातृत्व और व्यक्तिगत स्वतंत्रता की भावना पर आधारित समाज की स्थापना हेतु क्रातिकारी आंदोलन की शुरुआत करने वाले अनेक महामानव इस देश में समय–समय पर अवतरित हुए । गौतम बुद्ध के रूप में सिद्धार्थ का अवतरण भारतीय इतिहास की एक महत्वपूर्ण घटना है।

सिद्धार्थ (गौतम बुद्ध) का जन्म 8 अप्रैल (बुद्ध पूर्णिमा) 562 बी. सी. में लुम्बिनी कपिलवस्तु के शाक्य राजा शुद्धोधन के यहां हुआ था। बच्चे के जन्म के सातवें दिन ही इनकी माता का देहांत हो गया था, ऐसे समय में उनके पालन–पोषण का दायित्व उनकी मौसी ने मां के समान ही प्यार देकर पूरा किया। राजा शुद्धोधन ने अपने बेटे सिद्धार्थ की शिक्षा का समुचित ध्यान रखा। कम समय में ही सिद्धार्थ ने रणविद्या के साथ अन्य सभी विद्याओं में निपुणता प्राप्त कर ली। राजा शुद्धोधन ने महसूस किया कि सिद्धार्थ का मन राजकीय वैभव से विमुख होकर संन्यासी प्रवृत्ति की ओर होने लगा है। अतः उन्होंने राजकुमार की रुचि में परिवर्तन हेतु अधिक से अधिक भौतिक सुविधाएं सुलभ कराने के राजकीय कर्मचारियों को आदेश दिये। इसी कारण से राजकुमार का जल्दी से जल्दी विवाह कर दिया गया। सिद्धार्थ का दाम्पत्य जीवन शुरू हुआ और उनके यहां एक पुत्र का जन्म भी हुआ, जिसका नाम राहुल रखा गया। लेकिन संन्यासी मन वाले सिद्धार्थ ने कुछ ही समय बाद साधना करने हेतु ऐश्वर्यपूर्ण जीवन त्याग दिया और आचार्य उद्दक रामपुत्र तथा आचार्य आलार कालाम के आश्रमों में रह कर योग साधना की। इस साधना में असफल रहने पर सिद्धार्थ ने वर्तमान बिहार राज्य के गया नामक नगर में निरंजना नदी के किनारे पीपल के वृक्ष के नीचे बैठ कर साधना आरंभ की और वहीं उन्होंने बुद्धत्व (ज्ञान) प्राप्त किया, जो सभी दुखों से छुटकारा पाने का एक नया रास्ता था। इसके बाद वाराणसी के समीप सारनाथ में तथागत गौतम बुद्ध ने पूर्णिमा की सायं को अपना पहला धर्मोपदेश दिया।

तथागत ने चार आर्य सत्यों की खोज की थी – दुखः, दुख समुदय (दुखः का कारण), दुख निरोध अर्थात् दुख के कारण का नष्ट हो जाना, दुखः उपाय अर्थात् दुख से मुक्त होने का मार्ग। उन्होंने इन चार आर्य सत्यों के बारे में बतलाते हुए कहा, "संसार में प्रत्येक व्यक्ति को जानना चाहिए कि दुख क्या है, दुख का कारण क्या है, उसे रोका जा सकता है और उसे रोकने का उपाय (मार्ग) क्या है। उन्होंने बतलाया कि जन्म, बुढ़ापा, रोग, मरण, अप्रिय संयोग और प्रिय वियोग आदि सब दुख हैं। दुख का कारण तृष्णा है और तृष्णा की निवृत्ति से ही दुख दूर हो सकते हैं। इस दुख को दूर करने का मार्ग (उपाय) भी है। उन्होंने दुख दूर करने हेतु अष्टांगिक मार्ग बताया ये अष्टांग इस प्रकार हैं : सम्यक् दृष्टि (किसी भी वस्तु को सही रूप में देखना), सम्यक् संकल्प (दृढ़ निश्चय), सम्यक् वचन (संयमित बोलना), सम्यक् कर्मान्त

(कल्याणकारी कार्यों का सम्पादन करना), सम्यक् आजीविका (समुचित साधनों से रोजी कमाना), सम्यक् व्यायाम (हितकारी कार्यों को बढ़ाने का प्रयास), सम्यक् स्मृति (किये हुए कार्यों को स्मरण रखना), और सम्यक् समाधि (निदान का निरन्तर चिन्तन) ।

बुद्ध के मानवीय दर्शन का संपूर्ण भारत में प्रचार–प्रसार हुआ। किसी विशेष जाति, वर्ग तथा संप्रदाय के भेदभाव के बिना ही इच्छुक लोगों को बुद्ध धर्म में दीक्षित किया गया। पहली बार स्त्री–पुरुष, गरीब–अमीर, शिक्षित–अशिक्षित, ब्राह्मण और बहिष्कृत, राजकुमार और दासी–पुत्र, साधु और अपराधी, प्रत्येक ने बुद्ध के उपदेशों को ध्यान से सुना और उनकी शरण ली । बुद्ध ने अहिंसा का सही मार्ग दिखाया तथा धार्मिक अनुष्ठानों में दी जाने वाली पशु–बलि की भत्सर्ना कर इसे बंद करने की पहल की। उन्होंने प्रज्ञा सत्य, करुणा और शील की शक्ति का अहसास भी लोगों को कराया । सुखी और शान्तिपूर्ण गृहस्थ जीवन के लिए उन्होंने निम्नलिखित पांच नियम बताये – हिंसा न करना, चोरी न करना, असत्य न बोलना, अवैध यौन–संबंध न करना और मादक द्रव्य ग्रहण न करना बताये। इन्हें ही 'पंचशील' कहा गया ।

भगवान बुद्ध के सिद्धान्त के अनुसार किसी आदमी का मूल्यांकन उसके जन्म से नहीं, बल्कि उसके कर्म से ही किया जाना चाहिए । निम्न गाथा से स्पष्ट है – "न जच्चा वसलोहोति, न जच्चा होति ब्राह्मणो" अर्थात् जन्म से न कोई शूद्र होता है, न जन्म से कोई ब्राह्मण। कर्म से ही शूद्र, कर्म से ही ब्राह्मण होता है – "न जटाहि न गोत्तेहि न जच्चा होति ब्राह्मणो, यम्हि सच्चंच धम्मो च सो सुची सो च ब्राह्णो।" अर्थात् न जटा से, न गोत्र से और न जन्म से कोई ब्राह्मण होता है, जिसमें सत्य और धर्म है, वही व्यक्ति पवित्र है और वही ब्राह्मण है।

वैदिक ब्राह्मणों द्वारा प्रचारित इस धार्मिक अवधारणा 'वर्ण– व्यवस्था ईश्वरीय देन है', को देखते हुए बुद्ध ने धर्म को दो–मुंहा सांप कहा था। 'वैदिक दर्शन मूलतः अंधविश्वास मान्यताओं, कर्मकांडों एवं काल्पनिक आत्मा–परमात्मा की अवधारणाओं पर आधारित है, यह मानते हुए इसे गौतम बुद्ध झूठी विद्या कहते थे। यही कारण था कि उन्होंने अपने अनेक उपदेशों में झूठी विधाओं को पढ़ने–पढ़ाने, सुनने–सुनाने के विरुद्ध नारा बुलंद किया था। इस तरह के उपदेश बौद्धों के नियम–ग्रंथ 'विनय–पिटक' में कई स्थानों पर देखे जा सकते हैं। बुद्ध हमेशा बुद्धि–संगत तर्क में विश्वास करते थे, वे भिक्षुओं से कहा करते थे कि किसी बात को इसलिए नहीं मानना चाहिए कि वह किसी धर्मग्रंथ में

लिखी हुई है या परंपरा से प्रचलित है, बल्कि उसे तर्क की कसौटी पर परखना चाहिए, यदि सत्य खरा उतरे तो उसे मानना चाहिए अन्यथा नहीं। अपनी इस छोटी सी उक्ति से वर्ण–व्यवस्था पर आधारित रूढ़िवादी विचारधारा को बुद्ध ने जड़ से हिला दिया । बुद्ध जो भी कहते थे, पहले स्वयं उसी मार्ग पर चलते थे, इसीलिए उन्हें 'तथागत्' कहा गया। बुद्ध की ऐसी जनतांत्रिक बुद्धिपरक अवधारणा का एक नमूना 'मज्झिम निकाय' में वर्णित प्रसिद्ध 'घोटमुख सूत्र' में मिलता है। एक बार बुद्ध वाराणसी में ठहरे हुए थे। उनसे मिलने एक घोटमुखी अर्थात् घोड़े के मुंह जैसे चेहरे वाला ब्राह्मण गया। उस ब्राह्मण से वार्तालाप शुरू होने से ठीक पूर्व बुद्ध ने कहा : "ब्राह्मण! हमारी तुम्हारी बातचीत इस ढंग से होनी चाहिए कि मेरी जो बात तुम्हें स्वीकार्य हो, उसे स्वीकार कर लेना और जो खंडनीय हो, उसका खंडन कर देना; मेरे कथन का कोई तात्पर्य तुम्हें न समझ में आये तो मुझसे ही पूछ लेना"

वर्ण–व्यवस्था का विरोध करते हुए बुद्ध ने सबसे पहले अपने भिक्षु संघ में ही इसे लागू किया तथा 'उपाली' एवं 'प्रकृति' जैसे अनेक दलित भिक्षु–भिक्षुणियों को संघ में शामिल किया। वे हर जाति से भिक्षा ग्रहण करते थे तथा उन्होंने भिक्षुओं को स्पष्ट नियमबद्ध निर्देश दिया था कि गांवों में वे जाति के आधार पर किसी घर को छोड़कर भिक्षा न लें, बल्कि बिना भेदभाव के सभी घरों से भिक्षा ग्रहण करें। 'अंगुत्तर निकाय' में एक स्थान पर भिक्षुओं से कहा कि जिस तरह गंगा, यमुना, माही आदि नदियां समुद्र में मिलते ही अपने नाम और अस्तित्व को खो बैठती हैं, वैसे ही ब्राह्मण, क्षत्रिय, वैश्य तथा शूद्र बौद्ध संघ में आने के बाद अपने जाति–वर्ण, गोत्र आदि को सदा के लिए खो बैठते हैं। जब शुरुआती दिनों में बुद्ध ने स्त्रियों को संघ में सर्वप्रथम शामिल करने की आज्ञा दी, तब मूलतः राज–घरानों से ही भिक्षुणियां आती थीं, जो प्रायः उच्च कुलीन हुआ करती थी।

बुद्ध द्वारा प्रेरित वर्ण–व्यवस्था के विरोध ने उस समय एक सशक्त सामाजिक आंदोलन का रूप ले लिया था। यह विरोध अनेक रूपों में मिलता है। किन्तु 'मज्झिम निकाय' के 'अस्लायन सुत्त' 'माधुरिय सुत्त', 'एसुकारि सुत्त' तथा 'बासेट्ठसुत्त' में बुद्ध ने वर्ण–व्यवस्था के विरुद्ध अपने अद्भुत तार्किक ज्ञान की पराकाष्ठा का परिचय दिया। 'अस्सलायन सुत्त' में श्रावस्ती के एक माणवक यानी छात्र आश्वलायन और बुद्ध के बीच वर्ण–व्यवस्था से सम्बन्धी शास्त्रार्थ का रोचक वर्णन मिलता है। सोलह वर्षीय आश्वलायन ने विभिन्न प्रदेशों के पांच सौ ब्राह्मणों के

साथ आकर उनकी ओर से श्रावस्ती स्थित अनाथ पिंडिक द्वारा निर्मित जेतवन विहार में बुद्ध के समक्ष प्रस्तुत होकर उनसे पहला प्रश्न इस प्रकार पूछा : "भो गौतम! ब्राह्मण यों कहते हैं – ब्राह्मण वर्ण ही सर्वश्रेष्ठ है, अन्य वर्णहीन हैं। ब्राह्मण वर्ण गोरा है, अन्य वर्ण काले हैं, अब्राह्मण ही शूद्र होते हैं, ब्राह्मण नहीं, ब्राह्मण ही ब्रह्मा के औरस यानी वैध पुत्र हैं, उनके मुख से उत्पन्न हुए हैं, अतः वे ब्रह्मज हैं, वे ही ब्रह्मा के दायाद, यानी असली उत्तराधिकारी हैं।" इस विषय में आप गौतम का क्या विचार है?" इस पर बुद्ध ने कहा : "लेकिन आश्वलायन, ब्राह्मण की ब्राह्मणियां ऋतुमती, गर्भवती होती हैं और बच्चे पैदा करती तथा उन्हें दूध पिलाती देखी जा सकती हैं। इस तरह ब्राह्मण योनि से पैदा होकर भी कहते हैं कि ब्राह्मण ही सर्वश्रेष्ठ हैं, वे ही ब्रह्म के असली उत्तराधिकारी हैं? इस तर्क को बुद्ध ने आगे बढ़ाते हुए कहा : "आश्वलायन तुमने सुना है कि यवन (यूनान) और काम्बोज और दूसरे सीमान्त देशों में दो वर्ण होते हैं – आर्य और दास । वहां भी कोई आर्य हो तो वह दास हो सकता है और दास हो तो वह भी आर्य हो सकता है।" इस पर आश्वलायन के हां कहने पर बुद्ध ने कहा, फिर ब्राह्मणों को क्या अधिकार है कि वे अपने को श्रेष्ठ बतावें? इतना ही नहीं, आगे बुद्ध ने तर्क दिया कि यदि कोई किरीटधारी राजा विभिन्न जातियों के सौ पुरुषों को बुलाकर उनमें से पहले ब्राह्मण, क्षत्रिय तथा राजकुल में उत्पन्न पुरुषों से साल या चंदन या कमल की लकड़ी से आग जलाने को कहे और फिर चांडाल कुल, निषाद कुल, बढ़ई, माली आदि निम्न जातियों में उत्पन्न पुरुषों से कुत्ते के पानी पीने की कठरी, सुअर के पीने की कठरी, धोबी के कपड़ा धोने की कठरी या रेड़ की लकड़ी से आग जलाने को कहे, तो क्या ब्राह्मणों, क्षत्रियों या राजकुमारों द्वारा बनाई गई आग से ही आग का काम लिया जा सकता है और चांडालों आदि द्वारा बनाई गई आग से नहीं। वर्ण–व्यवस्था के विरोध में अनेक तर्क प्रस्तुत करते हुए बुद्ध ने अंत में आश्वलायन के सामने असितदेवल ऋषि तथा अन्य सात वर्ण–व्यवस्थावादी ब्राह्मणों के बीच हुई वार्ता के हवाले से एक अद्भुत प्रश्न उठाया, जिसमें असित देवल ऋषि ने वर्तमान चिकित्सा विज्ञान की एक अत्याधुनिक वैज्ञानिक खोज का उदाहरण देते हुए कहा था कि माता–पिता सहवास करने, माता को ऋतुमती होने, और गंदर्भ (वीर्य) के उपस्थित होने पर––इन तीनों के समन्वय से गर्भ ठहरता है । इस तथ्य को प्रस्तुत करते हुए उन ब्राह्मणों से पूछा गया कि क्या ये निश्चित रूप से बता सकते हैं कि

उनकी माता–पिता की माता, नानी आदि सात पीढ़ियों तक संतान पैदा करने के लिए ब्राह्मण के ही साथ सहवास किया गया था, अब्राह्मण–क्षत्रिय, वैश्य या शूद्र के साथ नहीं? ऐसे अनेक प्रश्नों पर उन सभी ब्राह्मणों की तरह आश्वलायन निरुत्तर होकर वर्ण–व्यवस्था पर आधारित धर्म का परित्याग कर बुद्ध का शिष्य बन गया।

इसी तरह 'बासेट्ठ सुत्त' के अनुसार एक बार बुद्ध कोसल के इच्छानंगल नामक गांव स्थित इच्छानंगल वन में ठहरे हुए थे। उसी गांव में उस समय के प्रख्यात वैदिक ब्राह्मण चंकी, तारुक्ष, पौष्करसाति, जानुश्रोणि तथा तौदेय आदि भी ठहरे हुए थे। वहीं पौष्करसाति के शिष्य बशिष्ठ तथा तारुक्ष के शिष्य भारद्वाज नामक दो छात्रों के बीच वर्ण–व्यवस्था को लेकर बहस छिड़ गई। बशिष्ठ, ब्राह्मण को काम से, किन्तु भारद्वाज उसे जन्म से बताता था। अपने तर्कों से एक–दूसरे को संतुष्ट न कर पाने के कारण वे समस्या–समाधान हेतु बुद्ध के पास गए। बशिष्ठ ने उक्त प्रश्न बुद्ध के सामने प्रस्तुत किया। तर्कों की एक लंबी कतार खड़ा करते हुए बुद्ध ने बशिष्ठ से कहा कि अन्य प्राणियों की जातियों में तो एक–दूसरे से जातिगत भेद हैं जैसे विभिन्न कीट–पतंगों तथा चींटियों में, छोटे–बड़े पशुओं में, पेट को ही पैर मानकर चलने वाले लंबी पीठ वाले सांपों में, जलचर मछलियों में तथा गगन बिहारी पक्षियों में, किन्तु मनुष्यों में कोई जातिगत भेद नहीं दिखाई देता। न बालों से, न सिर से, न कानों से, न आंखों से, न मुंह से, न नाक से, न होंठों से, न आंखों की भौंहों से, न छाती से, न गुप्त स्थान से, न मैथुन से, न हाथों से, न पैरों से, न अंगुलियों से, न नखों से, न छाती से और न स्वर से कोई भेद मनुष्यों के शरीर मे दिखाई देता है। बुद्ध ने आगे कहा कि मनुष्यों के शरीर में कोई भेद–बोधक चिह्न नहीं दिखाई देता है। मनुष्यों में यह भेद केवल संज्ञापरक अथवा नाम का है। यदि मनुष्यों में कोई गोपालन से जीविका चलाता है, तो उसे किसान समझना चाहिए, भले ही वह जन्म से ब्राह्मण क्यों न हो? इसी तरह शिल्प से शिल्पी, व्यापार से वैश्य न कि ब्राह्मण समझना चाहिए। ऐसे ही चोरी करने वाले को चोर, न कि ब्राह्मण समझना चाहिए । कर्म से ही सब कुछ निर्धारित होता है, न कि ब्राह्मणी की योनि से उत्पन्न होने के कारण कोई ब्राह्मण होता है। वार्ता के अंत में बुद्ध ने बशिष्ठ से कहा कि सिर्फ मूर्खों की धारणा में चिरकाल से यह घुसा हुआ है कि ब्राह्मण जन्म से होता है, जबकि वास्तविकता यह नहीं है। उनका वर्ण–व्यवस्था

विरोध उस ईश्वर की सत्ता को समूल उखाड़ फेंकना था, जिसे स्वयं वर्ण–व्यवस्था का जनक माना जाता था।

एक गाथा में मशालची को दिए हुए उपदेश में तथागत ने ऐसा कहा है–

"यदि कोई आदमी चाहे पंडित हो और चाहे अपंडित, दूसरों को मूर्ख समझकर उनसे घृणा करता है तो वह उस अंधे की तरह है, जो स्वयं अंधा होकर दूसरों को मशाल दिखाता फिरता है।"

भगवान बुद्ध विद्या की अपेक्षा प्रेरणा तथा करुणा को अधिक महत्व देते थे–– "धर्म तभी साधर्म है जब वह यह शिक्षा देता है कि केवल प्रज्ञा अपर्याप्त है। इसके साथ शील और करुणा तथा मैत्री की भी आवश्यकता है।"

भगवान बुद्ध ने 'समानता के विरोधी ब्राह्मणों से खास प्रश्न पूछे हैं–– "क्या आप किसी ऐसे धर्म में विश्वास कर सकते हैं या उसके लिए मन में आदर का भाव रख सकते हैं, जो दूसरों को दुखी बनाकर स्वयं सुखी बनने की शिक्षा देता हो, अथवा अपने को और दूसरों को––दोनों को दुखी बनाने की शिक्षा देता हो? क्या वह धर्म अधिक श्रेष्ठतर नहीं है जो अपने सुख के साथ दूसरों के सुख में वृद्धि करता है और किसी प्रकार के अत्याचार को सहन नहीं करता?"

वैदिक ब्राह्मणों ने वर्ण–व्यवस्था के षड्यंत्र के पीछे मूलतः तीन अंधविश्वासी सिद्धान्तों को गढ़ा था। पहला सुख–दुख पूर्व जन्मों में किए गए कर्मों के कारण होता है, दूसरा सुख–दुख ईश्वराधीन है और तीसरा सुख–दुख अहेतुक अर्थात् उसका कोई अन्य कारण नहीं होता है। ऐसे विचार आज भी करोड़ों लोगों के दिमाग में समाए हुए हैं। किन्तु बुद्ध ने 'अंगुत्तर निकाय' के 'तीत्थायतन सूत्त' में उक्त मान्यताओं का जोरदार खंडन करते हुए उन पंडों को संबोधित करते हुए कहा–– "यदि आप लोगों की यही धारणा है कि मनुष्य जो कुछ भी सुख–दुख भोग रहा है, वह सब कुछ उसके पूर्वकृत कर्मों के कारण है, तब तो आप भी इन्हीं कारणों से हिंसक, चोर, व्यभिचारी, झूठे, चुगलखोर, कटुभाषी, बकवादी, अत्यंत लोभी, द्वेषभाव रखने वाले तथा मिथ्यादृष्टि माने जाएंगे।" 'सुख–दुख ईश्वराधीन है' के बारे में उन्होंने कहा कि यदि यह ईश्वराधीन वाला मतवादी ऐसा अनुसरण करता रहेगा तो उसके वर्तमान कर्तव्यों के बारे में कोई स्वतंत्र इच्छा कैसे रह जाएगी। इस तरह इन सच्चे–झूठे कर्तव्यों के विषय में लुप्त स्मृति वाले इन पंडों की

व्यक्ति साधना का क्या महत्व रह जाएगा। जातीय कर्मकांडों के विरोध में बुद्ध द्वारा दी गई शिक्षाओं को मध्यकाल के महान बौद्ध दार्शनिक धर्मकीर्ति ने अपनी प्रसिद्ध रचना 'प्रमाणवावर्तिकम्' में इन शब्दों में समाहित किया है——

> "वेद प्रामाण्यम् कस्यचित कृत्रवादः
> स्नाने धर्मेच्छा जातिवादाव लेवः
> सांतापारंभः पाप हानाय चेति
> ध्वस्त प्रज्ञानां पंच लिंगानि जाड्ये

अर्थात् बुद्धि के ऊपर वेद को रखना, संसार का कर्ता ईश्वर को मानना, स्नान करने में धर्म होने की इच्छा, जन्म–जाति पर गर्व करना तथा पाप नाश के लिए व्रत आदि द्वारा शरीर को कष्ट देना ध्वस्त बुद्धि वाले मूर्खों के ये पांच लक्षण हैं।

तथागत ने रूढ़िवादिता और अंधविश्वास के खिलाफ बुद्धि तथा आत्मानुभव को ज्यादा महत्व दिया, जो कि कालामों को दिये गये उपदेश में उद्धृत है—— "किसी बात को केवल इसलिये मत मानो कि वह तुम्हारे सुनने में आई है; किसी बात को केवल इसलिये मत मानो कि वह परम्परा से प्राप्त हुई है; किसी बात को केवल इसलिये मत मानो कि बहुत से लोग उसके समर्थक हैं; किसी बात को केवल इसलिये मत मानो कि वह धर्म– ग्रंथों में लिखी है; किसी बात को केवल इसलिये मत मानो कि वह तर्क –शास्त्र के अनुसार है; किसी बात को केवल इसलिये मत मानो कि वह न्याय –शास्त्र के अनुसार है; किसी बात को केवल इसलिये मत मानो कि वह ऊपरी तौर पर मान्य प्रतीत होती है; किसी बात को केवल इसलिये मत मानो कि वह अनुकूल–विश्वास या अनुकूल–दृष्टि की है, किसी बात को केवल इसलिये मत मानो कि वह ऊपरी तौर पर सच्ची प्रतीत होती है, किसी बात को केवल इसलिये मत मानो कि वह किसी आदरणीय आचार्य की कही हुई है। केवल जब तुम आत्मानुभव से ही यह जानो कि 'ये बातें अहितकर हैं, ये बातें निन्दनीय हैं, ये बातें विज्ञ पुरुषों द्वारा निषिद्ध हैं, ये बातें करने से कष्ट होता है, दुख होता है'——हे कालामो! तब तुम्हें उनका त्याग कर देना चाहिये।"

वैदिक काल में स्त्रियों का स्थान बहुत अच्छा नहीं था। वे गुरुकुलों में छात्र और शिक्षक के रूप में प्रवेश नहीं पाती थीं। वेदों का अध्ययन नहीं करती थीं। वे ब्रह्मचर्य आश्रम में दाखिला नहीं ले सकती थीं और उपनयन भी नहीं ग्रहण करती थीं। आर्य व्यवस्था में उनके सामाजिक

स्तर में काफी गिरावट आ गई थी। महात्मा बुद्ध की स्त्रियों के उत्थान में महत्वपूर्ण भूमिका रही । उन्होंने नारियों को अपने धर्म में दीक्षित किया और भिक्खुणी संघ की स्थापना की। बुद्ध स्वयं स्त्रियों को बौद्धिकता और आचरण में पुरुषों से कम नहीं मानते थे। स्त्रियों को संन्यास ग्रहण करने की स्वतंत्रता देकर बुद्ध ने इन्हें पुरुषों के समकक्ष ला खड़ा किया। गौतम बुद्ध को शैक्षिक, आर्थिक एवं सामाजिक दृष्टि से पिछड़े तथा उपेक्षित वर्ग के प्रति अत्यधिक सहानुभूति थी। महात्मा बुद्ध कर्मकांड तथा बाह्य आडम्बर के मुखर विरोधी थे। चमत्कार, अलौकिक शक्ति, मुहूर्त निकालने की प्रवृत्ति, फलित ज्योतिष में उनका विश्वास नहीं था। सारनाथ में अपने प्रथम धर्म– चक्र प्रवर्तन (धर्मोपदेश) में उन्होंने अपने धर्म की विशद विवेचना की थी ।

भिक्षुक संघ में ऐसी 73 भिक्षुणियां थीं, जिनकी चर्चा थेरीगाथा नामक ग्रंथ में की गई है। उन्होंने नारी के सामने विकल्प भी रखा है। चाहे तो वह गृहस्थ जीवन व्यतीत कर सकती है या चाहे तो वह प्रव्रजित होकर पुरुषार्थ के साथ परमशान्ति को भी प्राप्त कर सकती है। नारी के लिए एक मात्र गृहस्थ–जीवन ही विकल्प नहीं है। वे नारीत्व को ज्ञान व अर्हत्व की प्राप्ति में, परमशान्ति निर्वाण की प्राप्ति में, बुद्धत्व की प्राप्ति में बाधक नहीं मानते ।

भिक्षुणी सुन्दरी नन्दा कहती है–

शास्ता के उपदेश को सुन कर
इस देह में मुझे वैराग्य उत्पन्न हुआ।
मैं अन्दर से राग–मुक्त हो गई,
देह से अपनापन तोड़ दिया।
पुरुषार्थ में लीन, अनासक्त, उपशान्त,
आज मैं निर्वाण की परमशान्ति का अनुभव कर रही हूं।
आज मैं निर्वाण–प्राप्त हूं, परम शान्त हूं।

भिक्षुणी सुमंगल माता अपने भिक्षुणीपूर्व कष्टमय दारिद्रयपूर्ण जीवन का वर्णन करते हुए कहती है–

अहो! मैं मुक्त नारी! मेरी मुक्ति कितनी धन्य है!
पहले मैं मूसल लेकर धान कूटा करती थी,
आज उससे मुक्त हुई।
मेरी दरिद्रावस्था के वे छोटे–छोटे बर्तन!
जिनके बीच में मैं मेली–कुचैली बैठती थी,

और मेरा निर्लज्ज पति मुझे उन छातों से भी तुच्छ समझता था,
जिन्हें वह अपनी जीविका के लिए बनाता था।
अब उस जीवन की आसक्तियों और मलों को
मैंने छोड़ दिया।
मैं आज वृक्ष–मूलों में ध्यान करती हुई
जीवन–यापन करती हूं
अहो! अब मैं कितनी सुखी हूं!

श्रावस्ती के अनाथपिण्डिक के घर की दासी की पुत्री पुण्णिका भगवान बुद्ध के उपदेश में प्रतिष्ठित होकर एक तथाकथित ब्राह्मण को वास्तविक विशुद्धि के मार्ग के बारे में बताते हुए कहती है–

स्नान–शुद्धि से पाप–मुक्ति होती है।
यह तुझसे किसने बताया?
यह तो अज्ञानी, मूर्ख के प्रति उपदेश है।
यदि जल से ही शुद्धि होती,
तब तो मेंढ़क, कछुए जल के सर्प,
मगर और अन्य जलचरों का
स्वर्ग–गमन निश्चित है!

गौतम बुद्ध ने भारतीय महिलाओं की स्थिति सुधारने पर विशेष ध्यान दिया। विश्व इतिहास में उन्होंने सन्यासिनों की प्रतिष्ठा हेतु एक नयी पहल की । उन्होंने गांव–गांव, शहर–शहर की यात्राएं की और आम लोगों के बीच व्याप्त अंधविश्वास व अज्ञान को दूर करने का प्रयास किया। लोगों के बीच उन्होंने प्रेम व सद्भाव की शिक्षा का उपदेश दिया। इस प्रकार उन्होंने भारतीय समाज में क्रांति का सूत्रपात किया। उनके क्रांतिकारी विचार शब्दों तक ही सीमित नहीं रहे बल्कि कार्यों में भी परिणत हुए। महामानव बुद्ध ने राजाओं, महाराजाओं, वैश्यों और ब्राह्मणों के साथ–साथ अनेक दलितों, अछूतों तथा अपराधियों को निस्संकोच धर्म में दीक्षित कर लिया। इनमें सुणीत नामक भंगी, सोपाक और सुप्पय नामक डोम, प्रकृति नाम की चांडाल–कन्या, आम्रपाली जैसी वेश्या, उपालि नामक नाई, धनिम नामक कुम्हार, सती नामक मल्लाह प्रमुख हैं। उन्होंने डाकू अंगुलिमाल जैसे हत्यारे तथा सैकड़ों अन्य अपराधियों को धर्म तथा अपने व्यक्तित्व के प्रभाव से सुधार कर वह सन्मार्ग पर लाने का विरल कार्य किया।

स्वामी अछूतानन्द

स्वामी अछूतानन्द का जन्म 1879 में पूर्णिमा बैशाख के दिन उत्तर प्रदेश के फर्रुखाबाद जिले की चिब्रामू तहसील के सोरिख गांव में हुआ था। उनके बचपन का नाम हीरालाल था। इनके चाचा मथुरा प्रसाद सेना में कार्यरत थे जो हीरालाल को, उसकी पारिवारिक दरिद्रता को देख कर अपने साथ नसीराबाद ले गए। हीरालाल जी प्रखर बुद्धि के थे, कक्षा सात अच्छे अंकों से पास की । हीरालाल जी गरीबपंथी संतों से प्रभावित हुए । किशोर हीरालाल को सत्संग सुनने तथा अपनी जिज्ञासा व्यक्त करने की ललक होने लगी । हीरालाल का विवाह दुर्गाबाई से हुआ । विवाह होने के पश्चात भी हीरालाल ने अपने सत्संग व सामाजिक दायित्व से मुख नही मोड़ा और लगातार सामाजिक क्रान्ति के बीज बोते रहे। एक दिन वह गृह त्याग कर आर्य समाज में सम्मिलित हो गए। हीरालाल ने वैदिक साहित्य का स्वाध्याय बड़ी तन्मयता एवं विवेकपूर्ण बुद्धि से किया तथा उन पर पूर्ण पांडित्य एवं अधिकार प्राप्त कर लिया था।

स्वामी अछूतानन्द के कालखंड में भी मूल भारतीयों की सामाजिक और आर्थिक स्थिति दयनीय थी। दलितों का जीवन गरीबी, सूखा, अकाल और उत्पीड़न के कारण कहीं अधिक दूभर हो गया था । हीरालाल उर्फ स्वामी अछूतानन्द ने 'आर्य समाज' की ओर से देश की यात्रा करते हुए मानव मात्र के सुख व हित एवं कल्याण के लिए अपना सर्वस्व बलिदान कर दिया । इसी संदर्भ में उनका गुणगान निम्नलिखित काव्यात्मक पंक्तियों में किया गया--

धन्य-धन्य अछूतानन्द ऋषि, तुमने अछूत उद्धार किया ।
बहती नय्या का बिन मल्हा, तुमने बल्ली से पार किया ।
कष्ट महान अछूतों पर, वे रोज सताए जाते थे ।
बेगार गुलामी को तुमने छुड़वा कर दुखों को वरन किया ।।
धन्य-धन्य अछूतानन्द ऋषि, तुमने अछूत उद्धार किया ।।

उनकी उत्कट इच्छा थी कि भारत के अछूतों पर ढाए जाने वाले अत्याचार रुक जाएं तथा अछूतों को भी सामान्य भारतीय होने का गर्व अनुभव हो। आर्य समाज को ऐसे प्रतिभावान युवकों की आवश्यकता थी जो प्रगतिशील वैदिक विचारों को आगे बढ़ाने में योगदान दें । आर्य समाजी विद्वान 108 स्वामी सच्चिदानन्द ने हीरालाल को गुरुमंत्र दिया और अपना शिष्य बना लिया। कुछ समय के बाद इस युवा संन्यासी के धुआंधार प्रचार, ओजस्वी वाणी, वेद-शास्त्रों के गहन ज्ञान, प्रभावपूर्ण

तर्क–शैली, बेमिसाल व्याख्या के कारण आर्य समाज के एक उत्सव के समय उनको स्वामी हरिहरानन्द नाम से प्रचारित किया गया । आर्य समाज में वह स्वामी हरिहरानन्द से सम्बोधित किये जाते थे जबकि जनसाधारण में अछूतानन्द के नाम से ही विख्यात थे । स्वामी हरिहरानन्द ने हिन्दू मंदिरों में मूर्ति के नाम से व्याप्त वीभत्स भ्रष्टाचार पर कई बार तीखे प्रहार किए, जिनके प्रत्युत्तर में उनकी कटु आलोचना की गई । किन्तु वह अटल रहे। स्वामी हरिहरानन्द ने एक पाठशाला की स्थापना करने की योजना बनाई और अनेक समाज सेवी लोगों से सहायता की अपील की। स्वयं सर्वप्रथम स्वामी हरिहरानन्द की पत्नी दुर्गाबाई ने अपने आधे तोले सोने की अंगूठी दान में दे दी। इस कार्य में स्थानीय आर्य समाजियों का योगदान भी था। वे लोग भी व्यवस्थापक मंत्री तथा अध्यापक थे। विद्यालय में सभी जनसामान्य के बच्चों का बिना किसी जातिभेद के प्रवेश किया गया। जब बच्चों की पढ़ाई का समय आया तो दलित बच्चों को बिना टाट पट्टी के फर्श पर तथा सवर्ण बच्चों को टाट–पट्टियां बिछाकर बैठाया गया। इस भेद–भाव तथा असमानता को देखकर स्वामी जी ने अपना त्यागपत्र आर्य समाज के मंत्री को भेज दिया तथा अपने पृथक स्कूल स्थापित करने का संकल्प किया। स्वामी हरिहरानन्द जी ने 'आदि हिन्दू स्कूलों' की स्थापना जगह–जगह करवाई थी। अनपढ़ आदमी को स्वामी जी अंधा कहा करते थे। अतः स्वामी अछूतानन्द जी ने पढ़े–लिखे दलितों को प्रोत्साहित किया कि दलित स्वयं अपने खर्च से सांध्यकालीन 'आदि हिन्दू पाठशालाएं' चलाएं और स्त्री, बच्चों और बूढ़ों को शिक्षा प्रदान करें । स्वामी अछूतानन्द जी ने महिला शिक्षा के प्रसार पर जोर दिया। स्वामी जी के प्रयास स्वरूप 'आदि हिन्दू महिला समितियों' की स्थापना प्रारंभ हुई तथा महिलाओं में व्याप्त अंधविश्वास भी समाप्त होने लगे।

आदि हिन्दू विचारधारा और आदि हिन्दू धर्म की स्थापना :

स्वामी अछूतानन्द जी ने 'आदि हिन्दू की विचारधारा' को प्रतिस्थापित किया। आदिवासी अथवा मूल निवासी प्रायः अपने आस–पास के प्रकृति–प्रदत्त वस्तुओं, पेड़ों, अग्नि और सर्वोपरि धरती को सम्मान देते हैं। मुख्य मान्यता भुइयां माता की थी। यही उनका आदि धर्म था। स्वामी अछूतानन्द जी ने इस स्थिति को स्पष्ट करते हुए एक सभा में कहा – "यदि वैदिक और सनातनी आज अपने को आर्य न कहकर हिन्दू कहते हैं और देश को भारत न कहकर हिन्दुस्तान कहते हैं तो आप लोग यह भी जान लीजिए कि आप अछूत–दलित उनसे पहले के मूल निवासी

होने के कारण 'आदि हिन्दू' हैं। साथियों, आप अपने को आदि हिन्दू कहिए – "भुइयां माता की जय बोलिए। यही तुम्हारा 'आदि हिन्दू' धर्म है, आस्था है, आन्दोलन है।"

स्वामी जी के 'आदि हिन्दू धर्म' के ग्यारह सूत्र इस प्रकार हैं –

1. आदि हिन्दू आन्दोलन अछूतों तथा पिछड़ों का है,
2. इसमें सभी दलित – पिछड़ों की भागीदारी है,
3. इसमें सहभोज करना होता है,
4. यह निर्गुण संत पर आस्था रखता है,
5. राष्ट्रीय एकता एवं समान अवसर उपलब्ध हों,
6. अछूत – पिछड़े इस देश के मूलवासी हैं,
7. प्रगति के लिए सतत संघर्ष अनिवार्य है,
8. आदि हिन्दू आन्दोलन मौलिक संस्कृति का समर्थक है,
9. आदि हिन्दू आन्दोलन विषमता के विरुद्ध क्रान्ति है,
10. स्वत्व ही देवत्व का साधन है, और
11. स्वयं के प्रयास से ही प्रकाश प्राप्त होता है ।

आदि हिन्दू सभा और आदि हिन्दू पाठशालाओं की स्थापना :

स्वामी जी का विश्वास था कि हिन्दू धर्म का स्वर्ग–नरक एवं पाप–पुण्य का सिद्धान्त, भेदभाव और उत्पीड़न का ही दूसरा नाम है। स्वामी जी ने अछूत महासभा के गांव–गांव में अधिवेशन किये । स्वामी जी ने पूरे उत्तर–भारत में ही नहीं, बल्कि अजमेर, उज्जैन, ग्वालियर, हैदराबाद, कानपुर, लखनऊ, इलाहाबाद में अछूत महासभा का बृहत् रूप 'आदि हिन्दू सभा' तथा आदि हिन्दू पाठशालाओं की शाखाओं की स्थापना की। उन्होंने अछूत कही जाने वाली सभी जातियों में जन–चेतना अपनी विलक्षण बुद्धि से रचित कविताओं के द्वारा जागृत की और दलित समाज का उद्‌बोधन किया । उदाहरणार्थ, उनकी कविताओं के कुछ अंश नीचे दिये जा रहे हैं––

मैं अछूत हूं, छूत न मुझमें, फिर क्यों जग ठुकराता है।
छूने में भी पाप मानता, छाया से घबराता है ।।

\+ + +

शूद्रो गुलाम रहते, सदियां गुजर गई हैं ।

जुल्मों सितम को सहते, सदियां गुजर गई हैं ।।
अब तो जरा विचारो, सदियां गुजर गई हैं ।
अपनी दशा सुधारो, सदियां गुजर गई हैं ।।

\+ + +

जुल्म अब मत सहो नेक मरदों ।
जाति पर जान कुरबान कर दो ।।

\+ +

आदि हिन्दू वंश का डंका बजाते चलो ।
कौम को नींद से जगाते चलो ।।

मनुस्मृति की आलोचना :

स्वामी जी ने मनुस्मृति की कड़ी आलोचना सन् 1925 में 'मनुस्मृति से जलन' नामक कविता में की है –

निश दिन मनुस्मृति हमको जला रही है ।
ऊपर न उठने देती, नीचे गिरा रही है ।।

पूर्वजों को गौरवान्वित करना :

स्वामी जी ने अपने पूर्वजों को गौरवान्वित करते हुए और अपनी वर्तमान स्थिति बताते हुए अपनी गजल इस प्रकार लिखी है –

हम भी कभी थे अफज़ल, प्राचीन हिन्द वाले ।
अब हैं गुलाम, निर्बल, प्राचीन हिन्द वाले ।।
इतिहास हैं बताते, है शुद्ध खूं हमारा ।
पर अब हैं शूद्र सड़ियल, प्राचीन हिन्द वाले ।।

पत्र–पत्रिकाओं का प्रकाशन :

स्वामी जी ने घोर उपेक्षित दलित समाज के उन्नयन हेतु पत्र–पत्रिकाओं के प्रकाशन की आधारशिला रखी। उन्होंने 1922 में दिल्ली से 'अछूत' नामक पत्र निकाला। 1930 में कानपुर से 'आदि हिन्दू' पत्रिका स्वयं निकाली, जो उनके निधन तक चलती रही। दक्षिण में 'आदि द्रविड़', दिल्ली में 'प्राचीन भारत' और 'सत्वीर' नामक पत्रिकाओं की लंबी श्रृंखला आरंभ हुई। स्वामी जी के द्वारा साहित्य सृजन से पूरे दलित समाज को संबल प्राप्त हुआ ।

विराट अछूत जाटव सम्मेलन तथा मांग पत्र का प्रस्तुतिकरण :

सन् 1922 में स्वामी अछूतानन्द जी ने दिल्ली के पुराने किले में

विराट रूप में अछूत जाटव समाज का सम्मेलन आयोजित किया । इस सम्मेलन में दलितों को जगाने के लिए स्वामी जी ने यह कविता भी पढ़ी––

सभ्य सबसे हिन्द के प्राचीन हैं हकदार हम ।
था बनाया शूद्र हमको, थे कभी सरदार हम ।।
अब नहीं है वह जमाना, जुल्म हरिहर मत सहो ।
तोड़ दो जंजीर जकड़े, क्यों गुलामी में रहो ।।

इसी सम्मेलन में मुख्य अतिथि प्रिंस ऑफ वेल्स का भव्य स्वागत किया गया तथा उन्हें 17 सूत्रीय मांग पत्र भेट किया गया, जो इस प्रकार है –

1. अछूतों की प्रगति हेतु शिक्षा के लिए विद्यालय खोले जायें ।

2. अस्पृश्यता निवारण के लिए कड़ा कानून बनाया जाये।

3. आदि हिन्दुओं का पृथक चुनाव हो तथा अलग से प्रतिनिधित्व प्रदान किया जाये ।

4. स्थानीय संस्थाओं जैसे नगर पलिका, जिला परिषद, ग्राम पंचायत, टाउन एरिया और नोटीफायड (Notified) एरिया आदि में अनुसूचित जाति के सदस्य मनोनीत किए जाये ।

5. शिक्षित अछूतों को शासकीय सेवाओं में लिया जाये।

6. उन्हें व्यापार एवं व्यवसाय का कार्य करने की स्वतंत्रता प्रदान की जाये।

7. बेगार प्रथा को समूल समाप्त किया जाये।

8. अछूतों को अन्य सवर्ण हिन्दुओं के समान सामाजिक अधिकार प्रदान किये जायें।

9. प्रत्येक शासकीय और अशासकीय कमेटियों में सदस्यों की संख्या के अनुपात से उन्हें प्रतिनिधित्व प्रदान किया जाये।

10. अनुसूचित जाति के छात्रों को छात्रवृत्ति प्रदान की जाये।

11. अनुसूचित जाति की अधिक संख्या वाले गांवों में अलग से विद्यालय खोले जायें।

12. पुलिस तथा सेना में अनुसूचित जाति के व्यक्ति भी रखे जायें।

13. इनकी मजदूरी में वृद्धि की जाये।

14. ग्रामीण चौकीदार पद पर अनुसूचित जाति के व्यक्ति भी रखे जायें।

16. अनुसूचित जाति के कृषकों को ग्राम सभा की पड़त की भूमि दी जाये।

17. प्रान्तीय विधान सभाओं में अनुसूचित जाति के व्यक्ति भी लिये जायें।

18. उपरोक्त 16 मांगों को देशी रियासतों में भी लागू किया जायें।

स्वामी अछूतानन्द हरिहर के सत्तरह सूत्रीय मांग पत्र के उत्तर में लन्दन के सेक्रेटरी ऑफ स्टेट फॉर इण्डिया (Secretary of State for India) के लिए एक आदेश आया कि अनुसूचित जाति का एक–एक सदस्य सभी स्थानीय निकायों में मनोनीत किया जाए। इस आदेश के आधार पर अनुसूचित जाति के सदस्यों को सभी निकायों में मनोनीत किया गया।

साइमन कमिशन से भेंट :

स्वामी अछूतानन्द जी 'आदि हिन्दू महासभा' के सदस्यों के साथ साइमन कमिशन से मिले और उसे तत्कालीन अछूतों की वास्तविक स्थिति से अवगत कराया। स्वामी अछूतानन्द ने साइमन कमीशन के सामने कहा था, ''हमें आपकी सहानुभूति की आवश्यकता नहीं है। हमें अधिकार चाहिए। व्यवस्था ऐसी होनी चाहिए कि हम मूल भारतवासी अपना जीवन प्रतिष्ठा और सम्मान के साथ जी सकें। अंग्रेजों को केन्द्र और राज्यों में उत्तरदायी सरकार की स्थापना करनी चाहिए। उन्हें जमींदार व्यवस्था खत्म करने के लिए कानून बनाना चाहिए। हमारा विरोध आडंबर, अन्याय और पाखण्डवाद की विचारधारा से है। हमारी लड़ाई विचारों की है और हम विचारों के माध्यम से पाखण्डवाद और ढकोसलों का समूल नाश करके ही दम लेंगे। हमारे आन्दोलन का मकसद किसी को आर्थिक, शारीरिक हानि पहुंचाए बगैर अपने गौरवशाली अतीत, स्वामिमान और इतिहास को पुनः स्थापित करना है। हमारा आदि हिन्दू आन्दोलन पूर्णतः अहिंसामय है। इस तथ्य को 'सारा विश्व जानता है'। हमें दुनिया में किसी का कोई डर नहीं है क्योंकि समूची दुनिया के ईमानदार लोग हमारे साथ हैं और हमारे उद्देश्यों को बल प्रदान कर रहे हैं।

अछूतानन्द ने दलित समाज के उन्नयन हेतु निम्न उल्लेखनीय कार्य किए–

– स्वामी जी ने 1917 में दिल्ली में तत्कालीन दलित समाज के चौधरियों की उपस्थिति में 'अछूत महासभा' का विशाल अधिवेशन आयोजित किया । इसमें स्वामी जी ने अछूतों को भारत का मूल निवासी बताया तथा उन्हें 'आदि हिन्दू' नाम दिया।

– 1921 में दिल्ली में ऑल इण्डिया शेड्यूल्ड कास्ट्स का एक बड़ा सम्मेलन आयोजित हुआ था, जिसमें उन्होंने जमींदारी उन्मूलन का पुरजोर समर्थन किया था।

– दिनांक 22 अक्तूबर 1921 को अनाज मंडी, शाहदरा – दिल्ली में आर्य समाजी कविरत्न पं. अखिलानन्द के साथ स्वामी हरिहरानन्द ने शास्त्रार्थ कर उन्हें पराजित किया।

– दिसंबर 1923 में इटावा में 'आदि हिन्दू आन्दोलन' का विशाल सम्मेलन किया।

– अप्रैल 1924 में 'आदि हिन्दू आन्दोलन' की सभा कनौज में आयोजित की, जिसकी अध्यक्षता स्वयं स्वामी अछूतानन्द ने की।

– अमीनाबाद पार्क, लखनऊ में 19 अक्तूबर 1926 को होम मैम्बर नवाब छतरी की सेवा में यह कविता प्रस्तुत की ––

ऐ होम मेम्बर! नवाब साहब, हम आपको क्या अर्ज सुनायें।
हो आदि हिन्दू सभा के रहबर! हकूक मुल्की हमें दिलाये ।।
हम आदिवासी हैं। इस जमी के, कहीं न बार से आये हैं।
हमारे हक हैं सभी से ज्यादा, हकूक मुल्की हमें दिलायें।।
हमारे पुरखों के थे हजारों किले यहां, वेदों से है जाहिर।
गुलाम हमको किया द्विजों ने, हकूक मुल्की हमें दिलायें।
द्विजों ने 'अछूत' कहकर, दिये सभी नीच काम हमको।
हराम आराम सब हुआ है, हकूक मुल्की हम दिलायें।।

नवंबर 1928 में वह डा. अंबेडकर से मिले। इन दो मसीहाओं के मिलने पर भारत में समाज सुधार तेजी से हुआ।

सामाजिक न्याय के महान प्रणेता और साहसी समाज सुधारक स्वामी अछूतानन्द 22 जुलाई 1933 को 54 वर्ष की उम्र में (बेना झाबर) कानपुर में इस संसार से विदा हो गये। उनके हजारों प्रशंसकों और अनुयाइयों ने इकट्ठा होकर उनको श्रद्धांजलि अर्पित की। मूल भारतीयों के समाज सुधार में उनका योगदान हमेशा सम्मानपूर्वक याद किया जाता रहेगा।

कबीर

(1398–1476)

भारत भूमि पर सत्य एवं मानवता के अनन्य उपासकों के रूप में अवतरित महापुरुषों में संत कबीर का नाम प्रथम श्रेणी में आता है । वास्तव में कबीर एक बुलन्द आवाज का नाम है । कबीर को ज्ञान का

विपुल भंडार, विराट शक्ति पुंज, अदम्य साहस का समुच्चय, नूतन युग का सृजक, शाश्वत सत्य का आराधक कहा जाता है ।

जन्म संबंधी रहस्य :

विद्वानों द्वारा कबीर साहेब के जन्म स्थान और तिथि के बारे में शोध के नाम पर काफी माथा–पच्ची की गई है । संत कबीर के जन्म–स्थान तथा जन्म–तिथि के बारे में अभी तक कोई प्रामाणिक सूचना उपलब्ध नहीं है। भिन्न–भिन्न शोध कर्ताओं ने भिन्न–भिन्न स्थान व समय बताये हैं । भारत के सामाजिक आन्दोलन और मानवीय अधिकारों के इतिहास में विलक्षण प्रतिभा के धनी कबीर ने 23 मई सन् 1398 (ज्येष्ठ पूर्णिमा संवत् 1455) में बनारस के एक मुस्लिम जुलाहा परिवार में जन्म लिया, यह अधिकांशतः माना जाता है । इतना सर्वमान्य तथ्य उभर कर सामने जरूर आता है कि उनका पालन–पोषण एक जुलाहा दम्पति नीरू और नीमा द्वारा किया गया था तथा उनकी पत्नी का नाम लोई और पुत्र तथा पुत्री का नाम कमाल और कमाली था। वे जुलाहे का काम करके ही अपना तथा अपने परिवार का भरण–पोषण करते थे। वे रामानन्द के शिष्य थे । रामानन्द के साथ–साथ कबीर झूसी के शेख तकी के भी मुरीद थे। उन दिनों कबीर का यह बड़ा साहस था कि वे मूर्ति पूजा और गरीब लोंगों के प्रति धनवान हिन्दू तथा मुसलमानों की निर्दयता के खिलाफ थे। लोगों का मानना है कि कबीर ने अपना अधिकांश जीवन वाराणसी में व्यतीत किया और जीवन के कुछ अंतिम वर्ष मगहर में बिताए और वहीं उन्होंने अपना पार्थिव शरीर सन् 1476 में छोड़ा ।

कबीर पढ़े–लिखे नहीं थे, फिर भी उनमें प्रतिभा, मौलिकता और गहन चिंतन की कमी नहीं थी। उन्होंने एक स्थान पर लिखा है कि –"मसि कागद छुओ नहीं, कलम गहयो नहीं हाथ।" कबीर ने जो ज्ञानार्जन किया, वह कलम किताब से नहीं, बल्कि पीर–फकीरों की संगति एवं स्वानुभव से किया । इस संदर्भ में वह कहते हैं कि "मैं कहता अंखियन देखी, तू कहता कागद की लेखी ।" वे जनता की शैली में सीधी–सादी शैली में बात करते हैं। इसलिए डा. रामकुमार वर्मा ने तो कबीर को एक उच्चकोटि का कवि ही नहीं बताया बल्कि उन्हें विश्व के एक महान कवि का दर्जा भी दिया है। वर्मा जी का कहना है कि उनकी "विरहणी आत्मा की पुकार" काव्य जगत में अद्वितीय है। कबीर की कविता में जो मिर्जापुरी और गोरखपुरी बोलियों की छाप है, उसका मुख्य कारण उनका बहुत समय तक वाराणसी में रहना

है। उनके ग्रंथों की हस्तलिपि कैथी लिपि में है। उनके साहित्य में पंजाबी तथा खड़ी बोली के शब्दों का समावेश हुआ है। कुछ विद्वानों के अनुसार इसका मुख्य कारण कबीर का भिन्न–भिन्न भाषा–भाषी साधु–संतों की संगति करना है। उनकी बात करने की शैली सीधी–सादी तथा देसी है। उनकी अभिव्यक्ति की अदा निराली है । उनकी काव्य–कला में अनोखापन, मौलिकता, सहजता, सजगता, निस्वार्थतता, वास्तविकता, तीखापन, यथार्थता, गूढ़ रहस्य व सत्य के दर्शन होते हैं । सच ही कहा जाता है कि उनके कवित्व से तो संसार के किसी भी साहित्य का श्रृंगार हो सकता है। उनके पद और दोहे समानता व मानवतावादी दर्शन से ओत–प्रोत हैं ।

कबीर और उनका विचार–दर्शन :

कबीर के व्यक्तित्व में पूर्ण संत, सत्य के पक्षपाती, गहन विचारक, उच्चकोटि के दार्शनिक और युगदश्ष्टा का समन्वय दृष्टिगोचर होता है। कबीर का दर्शन पंथ–निरपेक्ष दृष्टि, सर्वधर्म समभाव की भावना, वैचारिक उदात्तता, सहानुभूति एवं सत्य की अभिव्यक्ति पर आधारित है। मानव की वैचारिक प्रक्रिया में कबीर एक महत्वपूर्ण परिवर्तन लाए । कबीर धार्मिक नियमों के प्रति अंधविश्वास पूर्ण निष्ठता और बाहरी आडंबर, मूर्ति–पूजा, जातिभेद, रूढ़िपरक धार्मिक मान्यताओं के कटु आलोचक थे। उन्होंने प्रेम के धर्म को अपनाया और बढ़ाया। उन्होंने मूर्ति पूजा की निरर्थकता बताते हुए कहा–

पाथर पूजे हरि मिले तो मैं पूजूं पहार
घर की चाकी कोई न पूजे पीस खाए संसार ।

संत कबीर ने ढोंगी–पंथी, कट्ठरपंथी एवं कपटी साधुओं व पूजारियों पर भी व्यंग्य किया–

माला तो कर में फिरे, जिभ फिरे मुख मांही ।
मनुआ तो चहु दीस फिरे, यह है सुमरन नाही ।

\+ + +

माला फेरत जुग गया गया न मन का फेर ।
कर का मनका डारि दे, मन का मनका फेर ।।

कबीर ने जनता के अंधविश्वास और मूर्खतापूर्ण कृत्यों का खंडन कर बीच का मार्ग अपनाकर पथ–प्रदर्शन का कार्य किया है । उन्होंने पंडितों, मौलवियों, पीरों, सिद्धों और फकीरों, सभी को उनके पाखंड और दोषों के लिए फटकारा । एक ओर उन्होंने हिन्दुओं के तीर्थ,

मठ, मंदिर, पूजा–पद्धति आदि की आलोचना की तो दूसरी ओर मुसलमानों के रोजा नमाज और मस्जिदों की खूब निन्दा की है। उन्होंने मुल्लाओं से पूछा कि तुम तो खुदा को हाजिर–नाजिर (सर्वत्र उपस्थित और सर्वदर्शी) कहते हो, फिर कंकड़–पत्थर की मस्जिद बनाकर उस पर चढ़कर बांग क्यों देते हो–– क्या खुदा बहरा हो गया है?

कांकर पाथर जोरि के मस्जिद लई बनाय ।
ता चढ़ि मुल्ला बांग दे क्या बहरा हुआ खुदाय ।।

कबीर सभी बाह्य आडंबर और पाखंड के विरुद्ध थे। समाज की बाह्य आडंबर से पूर्ण स्थिति को देखकर ही वे दुखी हुए। अतः उन्होंने व्यंग्यपूर्ण शैली में जो चुटकी ली, वह अत्यंत ही प्रभावकारी साबित हुई। उनके अभ्यंतर के उद्‌गार हैं––

मन न रंगाये, रंगाये जोगी कपरा।
आसन मारि मंदिर मैं बैठे, नाम छाड़ि पूजन लागे पथरा।।
कनवा फड़ाय जोगी जटवा बढ़ौलै, दाढ़ी बढ़ाय जोगी होई गैले बकरा।।
जंगल जाय जोगी धुनियां रमौले, काम जराय जोगी बन गैलै हिजरा।।
मथवा मुड़ाय जोगी कपरा रंगौलै, गीता बांच के होई गैले लवरा।
कहत कबीर सुनो भाई साधौ, जम दरवज्जौ बांधल जैवे पकरा

\+ \+ \+

मूड़ मुड़ाए हरि मिले, सब कोई लेइ मुड़ाय।
बार–बार के मूड़े ते, भेड़ न बैकुंठ जाय।।
पूजा, सेवा, नेम, व्रत, गुड़ियन का सा खेल।
जब लग पिऊ परसे नहीं, तब लग संसय मेल।।

स्थिति को समझने और उससे जूझने की कबीर में विलक्षण शक्ति थी। उन्हें समझते देर नहीं लगी कि हिन्दू–मुसलमानों के बीच जो मतभेद गहरा और संघर्ष हैं, उसके मुख्य कारण अंधविश्वास और बाह्याडम्बर हैं, जबकि उनमें मौलिक तत्व तो एक ही हैं । अंधविश्वास और बाह्याडम्बर पर प्रहार करते हुए वह कहते हैं कि यदि नंगे रहने से मुक्ति मिलती होती तो वन के सभी हिरन स्वर्ग में होते । गंगा स्नान करने से स्वर्ग मिलता तो उसकी सभी मछलियां जीवन–मरण के बंधन से मुक्त हो गयी होतीं। उनका कहना था कि जटा और दाढ़ी बढ़ाकर साधु 'बकरा' भले हो जाये स्वर्ग के अधिकारी नहीं हो सकते, न ही मुंडन कराने से

ही कुछ लाभ है। यदि कुछ होता तो दुनिया में एक भी भेड़ देखने को नहीं मिलती। असली चीज तो नाम हैं आसन मारि मंदिर में बैठने और पत्थर के पूजने में कुछ भी आने–जाने को नहीं । कबीर ने मुसलमानों को बेमानी रोजा–नमाज, मुल्लाओं को ऊंची आवाज में नमाज़ पढ़ने और 'सुन्नत' को इस्लाम धर्म का अभिन्न अंग मानने के लिए उन्हें आड़े हाथों लिया। उनका कहना था कि यदि खतना कराना इतना जरूरी था तो मां के पेट में ही करा कर क्यों नहीं आये और खतना बिना औरतों को मुसलमान कैसे मानते हो? निरर्थक 'बाह्याचार की और संस्कारों की विचारहीन गुलामी कबीर को पसन्द नहीं थी।

वस्तुतः मंदिरों में देवी–देवताओं की स्थापना प्राण–प्रतिष्ठा के साथ ही की जाती है किन्तु वास्तव में वे होते हैं निष्प्राण एवं निपट पाषाण एवं धातुओं से निर्मित । देखा गया है कि उन पर लगे सोने–चांदी के छत्र, चंवर तथा पहिनाये गये मूल्यवान जेवर और रत्नजड़ित आभूषण तथा कभी कभी तो प्राचीन मूर्तियों तक को चोर तथा तस्कर चुरा ले जाते हैं और प्राण–प्रतिष्ठित निरीह देवी–देवता आह तक नहीं कर पाते हैं, जबकि जीवधारी कुत्ता चोरों के आने मात्र पर भौंक–भौंककर लोगों को जगा देता है। इसी कारण कबीर साहब ने अनुभवों के आधार पर जांची–परखी बात कह दी–देवतन से कुत्ता भला जो नित उठ भौंके द्वार ।

कबीर अपने समय और समाज में व्याप्त ऊंच–नीच और अंधविश्वास पर गहरे व्यथित थे। इस व्यथा को वाणी देने के लिए कभी–कभी कबीर बहुत ही आकुल–व्याकुल हो जाते थे और तब भले ही भदेस लगे, परन्तु उनकी वाणी बड़ी ही मार्मिक और तीखी बन जाती थी । जात–पांत और वर्ण–व्यवस्था पर चोट करते हुए उन्होंने बड़े ही तीखे शब्दों में कहा है–

नहिं कोउ ऊंचा नहिं कोउ नीचा।
जाका प्यंड ताही का सींचा।।
जो तू बांभन बंभनी जाया।
तो आन बाट ह्वै काहे न आया।।
जे तू तुरक तुरकनी जाया।
तो भीतरी खतना क्यों न कराया।।
कहैं कबीर मधिम नहिं कोई।
सो मधिम जा मुख राम न होई।।

हिन्दू–मुसलमान सब समान हैं । स्वयं हिन्दुओं में न कोई ब्राह्मण

है, न कोई शूद्र, इसकी घोषणा भी कबीर ने हिन्दुत्व के गढ़ काशी में रहते हुए की है और उन्होंने सभी लोगों को एक ही ईश्वर की संतान और एकसमान कहा है – 'माटी एक सकल संसारा, बहुविधि भांडे घडे कुम्हारा' । उन्होंने आगे कहा–

अल्ला एकै नूर उपनाया, ताकी कैसी निन्दा।
ता नूर थैं सब जग कीया, कौन भला कौन मन्दा।
एक बूंद एकै मल–मूतर, एक चांम एक गूदा।
एक ज्योति थैं सब उतपनां कौन बांम्हन कौन सूदा।।

छूत की व्यापकता की ओर संकेत करते हुए कबीर साहब ने कहा है – "जल में छूत है, थल में छूत है और ग्रहण के अवसर पर किरणों में भी छूत है, जन्म में भी छूत है और फिर मरने में भी छूत है । कह तो रे पंडित कौन पवित्र है? आंखों में भी छूत है, कानों में भी छूत है, उठते–बैठते तुझे छूत लगती है, यहां तक कि भोजन में भी छूत है – छूतहि जेवन, छूतहि अचवन छूतहि जग उपजाया ।"

कबीर जाति, वर्ण और आश्रम व्यवस्था के कट्टर विरोधी थे । कबीर उस वैदिक सिद्धान्त को नहीं मानते थे कि चार वर्णों–ब्राह्मण, क्षत्रिय, वैश्य और शूद्र की उत्पत्ति ब्रह्मा के कमशः चार अंगों–मुख, भुजा, जांघ और पांव से हुई है। उन्होंने स्पष्ट लिखा है– "हाथ, पांव, मुख, जांघ से झूठी जानो बात" उनका तो विश्वास था– "पांच तत्व का पूतरा, रज बीरज की बूंद, एकै घाटी नीसरा, ब्राह्मण, क्षत्री, सूद्र ।"

कबीर न केवल एक महान संत और कवि थे, वरन वे एक महान समाज–सुधारक और भविष्य निर्माता भी थे। हिन्दू हो या मुसलमान, ऊंच हो या नीच, धनी हो या निर्धन, सभी में एक ही परमात्मा के दर्शन करनेवाले कबीर को यह सहन ही कैसे हो सकता था कि धर्म, जाति या संप्रदाय में बंटकर लोग एक दूसरे से घृणा करें या संघर्ष का मार्ग अपनाएं । घृणा के स्थान पर प्रेम और संघर्ष की जगह समन्वय कबीर को इष्ट था। कबीर 'प्रेम' को जीवन का मूल–मंत्र मानते हैं। उनके अनुसार सच्चा धर्म वही है, जो मनुष्य को प्रेम की सीख देता है। कबीर प्रेम की महिमा गाते नहीं थकते –

पोथी पढ़–पढ़ जग मुआ, पंडित भया न कोय ।
ढाई आखर प्रेम का, पढ़े सो पंडित होय ।।

धर्म साधना के क्षेत्र में कबीरदास किसी भी तरह के आडंबर तथा

बाह्याचार के कट्टर विरोधी थे। वे अपने मन को संबोधित करते हुए कहते हैं कि तूने जगत्पति राजा को नहीं भजा। त्रिगुणात्मक वेदों, पुराणों और स्मृतियों को पढ़–पढ़कर तूने धर्म को नहीं पाया। संध्या, गायत्री, षटकर्म भगवान से दूर ले जाते हैं, यदि मनुष्य कुटिल है । अपना निर्णय देते हुए कबीर ने कहा कि हृदय में कपट होने के कारण साईं क्यों मिलने लगा–

मन रे सर्‌यो न एकौ काजा।
ताथैं भज्यौ न जगपति राजा।।
वेद पुरांन सुमृत गुन पढ़ि–पढ़ि, पढ़ि–गुनि मरम न पावा।
बन खंडि जाइ बहुत तप कीन्हा, कंद मूल खनि खावा।
ब्रह्म गियांनी अधिक धियांनी, जम कै पटै लिखावा।
रोजा कीया निमाज गुजरा, बंग दे लोग सुनावा।
हिरदै कपट मिलै क्युं सांई, क्या हज काबै जावा

कबीर के अनुसार आदर, मान, सम्मान, जप, तप, सभी माया के ही रूप हैं । वास्तव में तीर्थ–व्रतादि सभी विषय की वल्लरियां हैं । सद्‌गुरु कबीर साहब ने ज्ञानदाता, जीवन मुक्तिकर्ता, सद्‌गुरु का स्थान ईश्वर या परमेश्वर से भी ऊंचा बताया है–

गुरु गोविन्द दोऊ खड़े, काके लागूं पांय ।
बलिहारी गुरु आपने, जो गोविन्द दियो बताय ।।

कबीर अपने परिवार को सदस्य मानते थे तथा सम्पूर्ण देश को कुटुम्ब मानते थे । लोभ से बचने के लिए वह संतोष की महिमा बताते हुए लिखते हैं–

साईं इतना दीजिए जामें कुटुम्ब समाय ।
मैं भी भूखा ना रहूं साधु न भूखा जाय ।।

कबीर और सामाजिक चेतना का उन्नयन :

भारत में जिस समय राजनीतिक, सामाजिक, धार्मिक और आर्थिक स्थिति खराब थी और उस समय ब्राह्मणवाद ने समाज में अपनी जड़ें जमा दी थीं और व्यक्ति ब्राह्मण, क्षत्री, वैश्य और शूद्र वर्णों में बंट गए थे, उस समय जातिगत व्यवस्था के आधार पर जातिगत भेदभाव तथा धार्मिक मान्यताओं के नाम पर व्यक्तियों का शोषण किया जाता था। शोषण की बढ़ती हुई दशाओं ने विकृत रूप धारण कर लिया था। संकट की इस घड़ी में एक पथप्रदर्शक एवं महापुरुष के रूप में कबीर का

पदार्पण हुआ। बुद्ध द्वारा शुरू किये गये आन्दोलन को कबीर ने आगे बढ़ाया। डा. बाबा साहेब आम्बेडकर के अनुसार कबीर की कविताएं बुद्ध के व्यावहारिक विचारों की शोभायुक्त कल्पना के रूप में उद्‌घाटित हुई हैं। कबीर ने न केवल उस समय को प्रभावित किया बल्कि उनके विचारों का प्रभाव समाज में आज भी व्याप्त है। कबीर महान संत और महापुरुष थे। उन्होंने अपना सम्पूर्ण जीवन समाज को अनैतिकता, आडंबर और अज्ञान के अंधेरे से बाहर निकाल कर ज्ञान और नैतिकता की राह दिखाने में लगाया। मन वचन और कर्म से उनका सरल और सादा जीवन अनुकरणीय है। कबीर उस समाज में पले थे, जो न हिन्दुओं द्वारा समृद्ध था, न मुसलमानों द्वारा पूर्ण रूप से विकसित। ये गरीबी में जन्मे थे और गरीबी में ही पले–बढ़े। कबीर मूर्ति–पूजा, अवतारवाद, परलोक, पुनर्जन्म, तीर्थ–यात्रा, मंदिर–मस्जिद, पूजा–नमाज आदि को व्यर्थ कहकर उनका तीव्र विरोध करते थे। वह सामाजिक विषमताओं, विकृतियों तथा जातिगत भेदभाव, ऊंच–नीच, छुआछूत, पूजा–नमाज, व्रत–उपवास, पाखंड आदि का सदैव विरोध करते रहे। उन्होंने सामाजिक विकृतियों पर कड़ी चोट की और समाज की चेतना को झकझोरने का उल्लेखनीय प्रयास किया। उन्होंने हिन्दुओं द्वारा श्राद्ध किये जाने को यह कहकर विरोध किया– "कहि कबीर मोहि अचरज आवै, कौवा खाई पितर क्यूं पावै?" कबीर ने समाज में व्याप्त सभी प्रकार की विसंगतियों और विकृतियों से लोहा लिया– साम्प्रदायिक शक्तियों को ललकारा, वर्ण–व्यवस्था और जातिवाद की नींवों पर प्रहार कर उनको हिलाया, सामन्तवादी शक्तियों को शोषण करने से रोका और ब्राह्मणवाद के किले को ध्वस्त किया। कबीर ने समाज के निम्न, दलित शोषित और पीड़ित वर्ग की चेतना को वाणी दी है। कबीर ने वर्ण–व्यवस्था का खुलकर मुकाबला किया और दलितों के सम्बन्ध में चीख–चीखकर अन्याय और उपेक्षा, ऊंच–नीच, भेदभाव और उत्पीड़न से संबंधित बातों को दोहों के माध्यम से जन–जन तक पहुंचाने का प्रयास किया। सदियों से चली आ रही वर्ण–व्यवस्था की विषमता को उजागर कर अधिकारों और न्याय की मांग करते हुए आज से 600 वर्ष पहले धर्म–निरपेक्ष समाज की कल्पना कर उसकी नींव रखने वाले कबीर अनोखे युग–निर्माता थे।

संत रविदास

प्रायः संत महात्माओं को अपने जीवनवृत्त लिखने की चाह नहीं होती है । संत गुरु रविदास के जीवन–चरित्र के संबंध में भी यही बात लागू होती है ।

जन्म विषयक मत :

रविदास जी के समकालीन संत कबीर और गुरु नानक की वाणियों का प्रमाण रविदास जी का जीवन काल निर्धारित करने में विशेष रूप से महत्व रखता है। विभिन्न संत महात्माओं— जैसे कबीर, नाभादास, प्रियादास, अनन्तदास और चेतनदास, रविदास आदि की गुण–गाथा तथा जीवन–चरित का वर्णन उनकी स्वयं की और समकालीन संतों की वाणी से प्रकट होता है।

आचार्य पृथ्वी सिंह आजाद के अनुसार रविदास जी का जन्म विक्रमी संवत् 1433 (1376 ई.) में माघ शुक्ल पूर्णिमा तिथि रविवार को हुआ था। इसके अलावा किसी विद्वान ने उनका जन्म सन् 1399 (संवत् 1456) माना है। महात्मा रामचरन कुरील ने रविदास का जन्मकाल संवत् 1471 (सन् 1414) निश्चित किया है। उन्होंने बताया है कि माघ शुक्ल पूर्णिमा के दिन रविवार था, इसलिए इनका नाम रविदास रखा गया था।

संत शिरोमणि गुरु रविदास का जन्म–स्थान भी भिन्न–भिन्न दिए गए हैं । अनन्तदास वैष्णव की भक्त रत्नावली के अनुसार उनका जन्म बनारस के बास मांडूरगढ़ (जिसका प्रचलित नाम महुआ डीह है) में हुआ था, जो रेल्वे स्टेशन बनारस छावनी से लगभग तीन चार किलोमीटर पश्चिम ग्रान्ड ट्रंक रोड पर पड़ता है । रैदास रामायण के अनुसार मंडूर ही रविदास का जन्मस्थान है । नई खोज के अनुसार आधुनिक विद्वान मानने लगे हैं कि रविदास का जन्म बनारस के पास ही छोटी बस्ती सीर गोवर्धन में हुआ था। इनके बचपन का नाम रैदास था। रविदास के पिता का नाम मानदास था, किन्तु रविदास रामायण में उनके पिता का नाम रहु दिया गया है, जो प्रचलित नाम रघु से मिलता है । उनकी मां का नाम करमा देवी तथा कुछ के अनुसार घरबिकिया बताते हैं। रविदास जी की जाति चमार थी तथा उनके पिता का पेशा मृत पशुओं को ढोना तथा उनके चमड़े का व्यापार करना था। इस बात को उन्होंने दोहों के माध्यम से प्रकट किया है–

नागर जना मेरी जाति विख्यात चमार ।
कहि रविदास खलास चमाय ।।

\+ + +

जाके कुटुम्ब के ठेढ़ सभ ढोर ढोवंत ।
फिरहिं अजहु बनारसी आस पास ।।

रविदास के पिता पशु–चमड़ा रंगने पकाने व व्यापार करनेवाले

समृद्ध व्यापारी थे, परन्तु रविदास जूता बनाकर मरम्मत करके गरीबी में साधारण जीवन जीते थे । इस पद में उन्होंने अपने को 'ढेढ़' कहकर अपनी दीनता और महानता की पराकाष्ठा का परिचय देकर जातिगत अहंकार को निरर्थक सिद्ध कर दिया। अन्तदास के अनुसार नौ वर्ष की अवस्था में ही इन पर परमात्मा की भक्ति का गहरा रंग चढ़ गया था–

बरस सात कौ भयौ है जब हूं,
नौधा भगति चलाई तब हूं ।

इससे इनके माता–पिता चिंतित हो उठे थे और उन्होंने लोना नामक एक कन्या से बहुत कम उम्र में ही उनकी शादी कर दी। उन्हें पारिवारिक पेशे में लगाकर इनका ध्यान आध्यात्मिकता से हटाने का प्रयास किया था । रविदास ने पारिवारिक पेशा तो सीखा किन्तु आध्यात्मिकता की ओर झुकाव ज्यों का त्यों बना रहा । वे साधु संतों की प्रति अधिक उदार थे। इसलिए वे कम कीमत या बिना कीमत लिए उन्हें जूता–जोड़ा पहना दिया करते थे, जिससे उनके पिता तथा बड़े भाई नाराज होते थे–

पिता त्रास दै बहु समझावै,
कुल करनी करि कछु न कमावै ।
बहु आदर करि संत बोलावै,
मिले जो घर में सब भुगतावै।"

\+ \+ \+

बाल बैस रविदास को, कीनों पिता बिबाह ।
बड़ो भयो देखि कर्म नित, कह्यो खाट कर खाह ।।
कह्यो खाट कर खाहि, रास हमरे गृह जोई ।
तांकी पनहीं बनाई, देइ साधन सब खोई ।।

किन्तु फिर भी उनके व्यवहार और दृष्टिकोण में परिवर्तन नहीं आया। अंत में तंग आकर उनके माता पिता ने पैतृक सम्पति का बिना कोई हिस्सा दिए घर के पिछवाड़े में पत्नी के साथ अलग रहने के लिए कहा तथा अपनी रोजी–रोटी स्वयं चलाने का आदेश दिया । रविदास ने बिना विद्रोह के सब कुछ स्वीकार कर लिया। रविदास ने जूता बनाने का वंशगत पेशा करके शुद्ध कमाई द्वारा जीवन बसर किया। कहा जाता है कि उनका विजयदास नाम का एक पुत्र भी था। रविदास ने गुरु की महिमा का बड़ा गुणगान किया है तथा गुरु को परमात्मा का साकार रूप माना है। इसलिए रविदास जी अपने जीवन के प्रारंभिक काल में रामानंद जी के सम्पर्क में आए और उन्हें अपना गुरु मानते

रहे, किन्तु बाद में उन्होंने कबीरदास जी से दीक्षा ली । इस कथन से स्वयं संकेत मिलता है कि–

तब रैदास विचारी बाता ।
गुरु समान कबीर बड़े भ्राता ।।

रविदास जी कबीर जी को अपना बड़ा भाई मानते थे और उन्हें गुरु तुल्य आदर देते थे । कबीरदास जी की भांति रविदास जी ने भी विद्यालय में विधिवत शिक्षा प्राप्त नहीं की थी । किन्तु उनकी वाणी में विभिन्न भाषाओं का ज्ञान प्रतीत होता था । अपनी वाणी में वे किताबी कोरे और बौद्धिक ज्ञान को तुच्छ मानते थे। वे गुरु के निर्देशन में प्राप्त होने वाले उस आंतरिक आध्यात्मिक अनुभव को महत्व देते थे जिससे परमात्मा का सच्चा ज्ञान प्राप्त होता है–

पढ़ै गुनै समझि न पर ही, जौ लौ अनमै भाऊ न दरसै।
चलि मन हरि चटसाल पढाऊ ।
गुरु की सन्टि ग्यान का असर,
विसरै तो सहज समाधि लगाऊं ।

इस प्रकार रविदास जी ने अपनी निर्धनता के बावजूद भी अपना तथा अपने परिवार का शांतिपूर्वक भरण–पोषण किया तथा संतों–महात्माओं, गरीबों की सेवा में सदा तत्पर रहते थे। इसी वजह से बड़े–बड़े लोग उनका आदर सम्मान करते थे तथा उनमें एक अनोखी प्रतिभा थी, जिसके आगे लोग नतमस्तक होते थे । किन्तु बिरादरी के लोग उनकी बाहरी गरीबी को देखकर ताना मारते थे । हंसी उड़ाते थे। अपने इस भाव को रविदास जी ने अपनी वाणी में इस प्रकार व्यक्त किया है–

दरिद देख सभ को हसै, ऐसी दसा हमारी ।
असर दान सिघ करतलै, सभ कृपा तुमारी ।।

बहुत से लोग अपनी कुलीनता तथा अमीरी और शान–शौकत के अभिमान में पड़कर गरीब दिखने वाले संत–महात्माओं की आध्यात्मिक देन से वंचित रह जाते हैं – इस संदर्भ में कहा जाता है कि अभिमान करने वाले ब्राह्मण को रविदास ने अंतिम समय में एक दिव्य (आंतरिक प्रकाश) प्रकाश दिखाया था जिससे उनकी आंखें तिलमिला कर बंद हो गई थी । रविदास जी के पार्थिव शरीर का यह अंतिम दर्शन थे । इसके बाद उन्हें किसी ने नहीं देखा । केवल अपने, चरण–चिह्न छोड़कर जो परम्परा के अनुसार स्मारक के रूप में चितौड़ में आज भी सुरक्षित है, परन्तु इसमें भी मतभेद है, कुछ लोग कहते हैं कि रविदास ने जीवन में अंतिम वर्ष बनारस में

बिताये और उनका शरीरांत 1540 ई. में 126 वर्ष की अवस्था में स्वाभाविक रूप से हुआ था। इस संबंध में वे गुरु गोविन्द सिंह के समकालीन संत करम सिंह का दोहा विख्यात है–

चौदह सौ तैंतीस की, माघ सुदी पंदरास ।
दुखियों के कल्यान हित, प्रगटे श्री रविदास ।।
पंद्रह सौ चउरासी, भई चितौरमह भीर ।
जर जर देह कंचन भई, रवि रवि मिलनपौ शरीर ।।

संत रविदास : विचार–दर्शन

सद्‌गुरु स्वामी रामानन्द की ही भांति रविदास भी भक्ति के मामले में जाति, धर्म और लिंग के आधार पर भेदभाव करने के सख्त खिलाफ थे। स्वामी रामानन्द जी के बारह प्रमुख शिष्यों में एक रविदास भी थे। ये प्रायः सभी निम्न जाति के थे। इन सभी गुरुभाइयों में छुआछूत खान–पान, जात–पान्त और स्त्री–पुरुष का कोई भेद नहीं था। रविदास के गुरु स्वामी रामानन्दीय भक्ति–परम्परा की एक बड़ी बात यह थी कि ब्राह्मणादि उच्च वर्गों के लिए हरि भक्तों की सेवा करने का अनिवार्य नियम था चाहे हरिभक्त निकृष्ट वर्ण की ही क्यों न हों?

जातिवाद की एक लंबी कहानी है। उस कहानी का परीक्षण– निरीक्षण करने से केवल एक ही परिणाम निकाला जा सकता है कि अनेकों वर्ण, वर्ग, कबीले, उपजातियां, कुल और गोत्र सब अपने को दूसरे से बड़ा बताने की प्रतिस्पर्धा में लगे हैं। आज कोई भी जाति वर्ण–व्यवस्था के अनुसार नहीं है। वर्ण–व्यवस्था एक ढीले संगठन का नाम है जो जातिवाद की एक लंबी सीढ़ी में परिवर्तित होती चली आई है। वर्ण–व्यवस्था केवल एक पुस्तकीय आदर्श है। संभव है उसकी कभी आवश्यकता पड़ी हो, परन्तु आज तो वह शोषण का एक प्रमुख माध्यम बनी हुई है। जाति को पूर्व–जन्म के कर्मों के अनुसार निर्धारित कहना मूर्ख बनाने का प्रयास है। इसमें एक वर्ग के दूसरे वर्ग द्वारा शोषण की भावना बनी रहती है। एक वर्ग जब एक बार नीचे आ गया तो फिर उसे सिर उठाने का साहस ही नहीं हुआ और उच्च वर्ग वालों ने उसे उठने न देने के लिए स्वार्थपूर्ण विधान बना डाले।

वर्ण–व्यवस्था के विरुद्ध समय–समय पर बहुत से आंदोलन हुए इस दुर्भाग्य के कारण सदियों तक दासता की जंजीरों से जकड़े रहे। कभी–कभी इस व्यवस्था के विरुद्ध अभियान चलाने वालों को ऊंचा पद मिल गया, परन्तु साधारण जनता उसी प्रकार दासता का बोझ

उठाती रही है। कभी–कभी ऐसा प्रतीत होता है कि हमारा समाज अभी तक मानवता की आदिम अवस्था में है और डार्विन का सिद्धान्त पूरी तरह काम कर रहा है और हमें सभ्य बनने में हजारों वर्ष लग जाएंगें।

वर्ण–व्यवस्था, ऊंच–नीच, छूआछूत तथा जाति–पाति के विरोधी रैदास जी का मानना है कि सबको ईश्वर ने एक समान बनाया है। जब सबके सृजनहार ने मानव योनी में जन्मे जीवों को मनुष्य के अतिरिक्त कोई नाम नहीं दिया तो ब्राह्मण, क्षत्रिय, वैश्य और शूद्र कैसे हुए ? ऐसे में समाज में न कोई ऊंचा है न कोई नीचा है, अपने कर्म के हिसाब से मनुष्य ऊंचा और नीचा बनता है । रविदास जी ने जातिवाद पर तीखा प्रहार किया। उन्होंने तिलकधारियों को झूठा बतलाया और कहा कि माथे का तिलक और हाथ में माला केवल पाखंड का चिन्ह और कपट है, इस प्रकार का दिखावा केवल संसार को धोखा देने का साधन है । हिन्दुओं के धर्मस्थान मथुरा, हरिद्वार, काशी, द्वारका आदि उनके लिए किसी काम के नहीं थे, प्रभु तो अंतर में बसा है । उन्होंने कहा कि भगवान के दरबार में जातिगत, कुलगत और आचार–व्यवहारगत कोई भेद नहीं है ––

रैदास जन्म के कारनें होत न कोई नीच ।
निज करमन के कारनें होत ऊंच अरू नींच ।।

\+ + +

ब्रह्मन वैस सूद अरु खत्री डोम चंडार मलेछ मन सोई।
होई पुनीत भगवत भजन ते आपु तारि तारे कुल दोई।।

\+ + +

माथै तिलक हाथ जय माला जग ठगने कु स्वांग बनाया।
मारग छाड़ि कुमारग डहकैं सांची प्रीत बिनु राम न पाया।।

\+ + +

जाकी छोती जगत कउ लागै तापर तू ही ढरै।
नीचहु ऊंच करै मेरा गोबिन्दु काहु ते न डरै।।

\+ + +

का मथुरा का द्वारका, का काशी हरिद्वार।
रविदास खोजा दिल आपना, ते मिलिया दिलदार।।

रविदास जी ने अपने समय की बिगड़ी सामाजिक अव्यवस्था को देखते हुए कहा था––

जात जात में जात है
ज्यों केलन में पात
रविदास ना मानुष जुड़ सके
जो लौं जात न जात ।

रविदास की मान्यता थी कि जो भी अज्ञानी, कुकर्मी और पापी होता है, वही शूद्र होता है । जन्म से कोई शूद्र नहीं पैदा होता है। ये भेदभाव काल्पनिक हैं । संत रविदास ने वर्ण–व्यवस्था के विरुद्ध एक अभियान छेड़ा था। दलित वर्ग की वाणी उनके द्वारा मुखरित हुई थी। उनका कहना था कि केवल उच्च वर्ण में जन्म लेने से ही कोई ब्राह्मण नहीं बन जाता। ब्राह्मण वह है जिसने काम, क्रोध, मोह और तृष्णा आदि विकारों पर विजय पा ली है और ब्रह्ममय हो गया है । उन्होंने क्षत्रिय उसे कहा है जो दूसरों के लिए अपने प्राण न्योछावर कर दे और वैश्य वह है जो सत्य का व्यापार करे, जिसकी दुकान सुकृत की हो और तराजू सत्य की । रविदास ने शुद्ध ब्राह्मण, क्षत्रीय, वैश्य की परिभाषा निम्नप्रकार की–

रविदास जो अति पतित है सोई सूदरजान ।
जउ कुकुरमी असुध जन, तिन्ह हीन सूदर मान ।।

\+ + +

ऊंच कुल के कारने ब्राह्मण कोय न होय ।
जो जनहै ब्रह्मन आत्मा, रविदास कह ब्रह्मन सोय ।।

\+ + +

काम, क्रोध मद लोभ तजि–-करत धरम कर कार ।
सोई ब्राह्ण जानिहि, कहि रविदास विचार ।।

\+ + +

दीन दुखी के हेत जो बारे अपने प्रान,
रविदास उह नर सूर को, सच्चा छत्री जान ।
सांची हाटी पैठकर सौदा सांचा दे,
तकरी तोल सांच की, रविदास वैस है सोय ।।

\+ + +

रविदास सुकरमन करन सों नींच ऊंच हो जाय ।
करइ कुकरम ऊंच भी तो महानींच कहलाय ।।

संत रविदास जी के अनुसार धर्म का काम मानव–मानव में प्रेम पैदा करना और दया तथा सेवा की भावना जागृत करना है । समाज

सुधार की भावना उनके दर्शन और ज्ञान पर आधारित थी। अपनी गहन अनुभूति के आधार पर ही उन्होंने मानव–एकता की बात कही थी। वे परमात्मा की ज्योति का प्रकाश सभी में देखते थे। इसीलिए भेदभाव को असत्य मानते थे–

रविदास एकै ब्रह्म का होइ रह्यो सगल पसार।
एकै माटी सब घट स्रजै एकै सभकूं सरजन हार।।

\+ + +

एक जोति तै जउ सभ उपजै तउ ऊंच–नींच कस मान।

गुरु रविदास ने निम्न दोहों में सहज साधना को स्वीकार किया है और सच्चे संत की कसौटी बताई है–

तौड़ूं न पाती पूंजू न देवा,
सहज समाधि करूं हरि सेवा ।
जहां का उपजा तहां समाय,
सहज सुन्न में रह्यो लुकाय ।।

\+ + +

संतन के मन होत है, सब के हित की बात।
घट–घट देखें अलख को, पूछें जात न पात।।

भारतीय समाज छुआछूत और जाति प्रथा का शिकार था जिससे वह छोटे–छोटे हिस्सों में विभाजित हो गया था। उसी समय महान संत रविदास ने हिन्दुओं के रूढ़ीवादी विचारों और संस्कारों कों चुनौती दी। यद्यपि रविदास जी के अनुयायियों ने उन्हें 'हिन्दू' बताना शुरू कर दिया था किन्तु उन्हें जाति बंधन में नहीं बांधा जा सकता । उन्होंने गांधीजी से सदियों पहले अछूतों को 'तिरुकुल' अर्थात् हरिजन की संज्ञा दी थी। भगवद् भक्ति के उच्चतम शिखर पर आरूढ़ होने वाले महान कर्मयोगी संत रविदास के हृदय में शोषितों के प्रति दर्द और स्नेह की भावना थी। साथ हीं अपने समय के धार्मिक क्षेत्रों में आधिपत्य जमाने वाले गुरुजनों के लिए भी उनके हृदय में आदर–भाव था; यह उनके व्यक्तित्व की महानता थी। संक्षेप में कहा जा सकता है कि संत रविदास अपने युग के महान सुधारक, सामाजिक क्रांति के अद्भुत कवि एवं विचारक थे। अपनी प्रभावपूर्ण तथा ओजस्वी वाणी द्वारा उन्होंने पीड़ित जनसमुदाय को नवजीवन प्रदान करने का निष्ठापूर्ण प्रयास किया । इस प्रकार सामूहिक जनचेतना को जागरूक करके सदियों से सुषुप्त, मूल भारतीय एवं पीड़ित मानवता में

नवीन स्फूर्ति का संचार करने वाले उदारचेता महापुरुषों की पंक्ति में संत रविदास का एक प्रमुख और महत्वपूर्ण स्थान है।

छत्रपति शाहू जी महाराज

"शिक्षा के बगैर किसी भी समाज व देश की उन्नति संभव नहीं है। अज्ञानता में डूबे हुए समाज में उत्तम, साहसी व स्वाभिमानी और अपने हक और अधिकार के लिए लड़ने वाले कभी भी जन्म नहीं ले सकते।" ये विचार छत्रपति शाहू जी महाराज के थे । इनके जन्म के समय देश में अज्ञानता व्याप्त थी और धर्म, शिक्षा और दैवत्व के नाम पर अपराध तथा पाप किये जाते थे । रूढ़ीगत संस्कृति, झूठी प्रथाएं, भ्रष्ट शास्त्रोक्त पद्धतियां और कुछ ताकतवर लोगों के द्वारा मनुष्यता का शोषण करना तत्कालीन समाज का कटु सत्य बन गया था। उस समय की जातिवादी सामाजिक और राजनैतिक व्यवस्था भोले–भाले मूल भारतीयों का सभी प्रकार से शोषण और उत्पीड़न कर रही थी। शूद्र और दलित समाज तब सर्वाधिक शोषित था, जो उस समय अपनी पहचान की तलाश में प्रयासरत था ।

छत्रपति शाहू जी महाराज का जन्म 26 जुलाई 1874 को कोल्हापुर के महाराजा नारायण दिनकर राव घाटके (अप्पा साहिब घाटके) के घर हुआ । उनके पूर्वज छत्रपति शिवाजी भी कुर्मी जाति से थे, जिसे जातिवादी व्यवस्था के आधार पर पिछड़ी जाति का माना जाता है। बचपन में शाहू जी का नाम यशवंत राव था । जब 17 मार्च 1884 को कोल्हापुर की विधवा रानी आनन्दीबाई ने उन्हें गोद लिया तब यशवंत राव का छत्रपति शाहू जी के रूप में नामकरण किया गया । यशवंत राव ने कोल्हापुर में ही प्राइमरी शिक्षा ग्रहण की। उच्च शिक्षा हेतु राजकोट के राजकुमार कालिज में यशवंत राव को प्रवेश मिला। 20 मार्च 1986 को अपने पिता की मृत्यु के बाद उन्होंने राजा के रूप में साम्राज्य की जिम्मेदारी संभाली। तब यह जानकर उन्हें आश्चर्य हुआ कि राज्य में सभी महत्वपूर्ण पदों पर अधिकांशतः ब्राह्मण और वैश्य आसीन हैं। इस तथ्य से परिचित होने पर उन्होंने राज्य में मूल भारतीयों तथा अन्य जातियों को बराबरी के अवसर और प्रतिनिधित्व देने के लिए महत्वपूर्ण शुरुआत की। उन्होंने इस विषय पर गहन विचार किया और निष्कर्ष निकाला कि इन वर्गों के लोगों के उत्थान के लिए शिक्षा बहुत जरूरी है। उन्होंने मूल भारतीयों और पिछड़ों के लिए कोल्हापुर, पारधा, आदते कागल, गढ़ सिहल, बहादुरगढ़ मालकी में और सिरोड

जैसे ग्रामीण क्षेत्रों में शिक्षा संस्थाओं की स्थापना की। 1892 में महिलाओं के लिए भी उन्होंने शिक्षा संस्थान आरंभ कराए ।

अक्तूबर 1900 में शाहू जी महाराज अपने भाई बापू साहेब घाटके और मामा साहेब खानविलकर के साथ पंचगंगा नदी पर स्नान के लिए गये। स्नान से पूर्व पंडित राजाराम शास्त्री ने पुराणोत्तर मंत्रों के माध्यम से पूजा पाठ करना आरंभ किया, जबकि पंडित राजाराम शास्त्री (राजोपध्याय) खुद उस समय स्नान किये हुए नहीं थे, मगर फिर भी पुराणोत्तर मंत्र पढ़कर क्रियाविधि कर रहे थे। शाहू जी महाराज ने क्रिया विधि के बीच में ही पूछा कि आपने स्नान क्यों नहीं किया और आप वैदिक मंत्रों के बजाय पुराणोत्तर मंत्रों का उच्चारण क्यों कर रहे हैं? पंडित राजाराम शास्त्री ने शाहू जी महाराज जी के मुंह पर ही जवाब दिया कि तुम शूद्र हो तथा शूद्रों के यहां इस तरह की धार्मिक क्रिया करने के लिए स्नान करना आवश्यक नहीं है और शूद्रों के यहां वैदिक मंत्रों का उच्चारण नहीं हो सकता। क्रियाविधि करने वाले पंडित ने शाहू जी महाराज को कहा कि भले ही वह महाराज हैं परन्तु वह उन्हें एक शूद्र से अधिक कुछ और नहीं समझता । इस घटना से शाहू जी महाराज व उनके संबंधियों को बहुत गहरा धक्का लगा तथा उन्हें ब्राह्मणवादी समाज व्यवस्था में अपने स्थान और अपने वजूद का अहसास हुआ। पिछड़े वर्ग को ब्राह्मणों की मानसिक गुलामी से जल्द से जल्द आजाद कराना होगा, यह संकल्प शाहू जी महाराज ने कर लिया था। शाहू जी महाराज ने ब्राह्मणों को उपहार के रूप में प्राप्त होने वाली सम्पत्ति, पेंशन आदि पर प्रतिबंध लगाकर उनकी सर्वोच्चता को मुंहतोड़ चुनौती दी।

सन् 1902 में शाहू जी महाराज को मैजेस्टी किंग एडवर्ड सप्तम के राज्याभिषेक में शामिल होने के लिए इंग्लैंड में आमंत्रित किया गया । अपने इस इंग्लैंड प्रवास के दौरान शाहू जी महाराज ने इंग्लैंड से 26 जुलाई 1902 को एक आदेश पास किया, जिसके द्वारा उन्होंने राज्य की नौकरियों के 50 प्रतिशत पद पिछड़े वर्ग (अनुसूचित जाति/जनजाति/पिछड़ी जाति) के व्यक्तियों के लिए आरक्षित कर दिये। यद्यपि रानी विक्टोरिया ने 1857 में ही घोषणा कर दी थी कि सभी को प्रशासन में जाने का समान अवसर प्रदान किया जायेगा, मगर यह घोषणा मात्र कागज पर ही लिखी रही और लागू न हो पाई। इस आदेश को लागू करने का एक विशिष्ट उद्देश्य यह था कि नौकरियों में आरक्षण पिछड़े वर्ग के लोगों को शिक्षा के लिए प्रोत्साहित करेगा।

छत्रपति शाहू जी महाराज ने भी महसूस किया कि शिक्षा के बिना कोई भी सामाजिक परिवर्तन सार्थक नहीं होगा । शाहू जी महाराज ने

कोल्हापुर रियासत के अछूतों में उच्च स्तर तक की शिक्षा के व्यापक प्रचार–प्रसार हेतु 'अछूतों में शिक्षा प्रसार सम्बन्धी शिक्षा समिति' (The Society for the Promotion of Education Amongst the Untouchable Classes) का गठन फरवरी 1908 राव बहादुर सबनीस की अध्यक्षता में किया, जिसमें जी.के. कदम तथा ए.बी. ओल्कर सचिव बनाये गये। उन्होंने सभी को सार्वभौमिक शिक्षा प्रदान करने के लिए प्रभावकारी प्रयास किये, जैसे – (1) तरह–तरह के पुरस्कार शिक्षा के प्रति लगाव पैदा करने के लिए जारी किये गये। शिक्षा के क्षेत्र में अनेक रियायतें तथा छात्रवृत्तियां जारी की गयीं, (2) सैकड़ों नई शिक्षण संस्थाओं का निर्माण किया गया तथा पुरानी शिक्षण संस्थाओं को मदद प्रदान की गई । नई शिक्षा के लिए अनेक टेक्निकल उपक्रम खोले गये तथा चिकित्सा प्रशिक्षण केन्द्रों की स्थापना की गई, जिसमें नारियों को प्रवेश की विशेष सुविधा प्रदान की गई, (3) विविध जातियों के लिए छात्रावास तथा बोर्डिंग हाउस आदि का निर्माण कराया गया ताकि शिक्षा ग्रहण करने का मार्ग आसान बन सके। साथ ही हायर एजुकेशन में महिलाओं के लिए मुफ्त शिक्षा–व्यवस्था की, (4) फी तथा अनिवार्य प्राईमरी शिक्षा लागू की गई। अछूतों तथा सवर्णों के पृथक स्कूल बंद कराये गये तथा सभी के लिए सार्वजनिक स्कूलों के दरवाजे खोले गये। (5) शाहू जी महाराज ने परंपरागत अध्यापन के कार्य पर प्रतिबंध लगाकर वेतनभोगी अध्यापकों की पद्धति शुरू की, जिसमें गैर–ब्राह्मण भी अध्यापक बन सकते थे। साथ ही उन्होंने शिक्षा प्रणाली को बेहतर बनाने के लिए अध्यापकों की नियुक्ति हेतु परीक्षा प्रणाली की व्यवस्था लागू की, (6) नाईट स्कूल, टीचर ट्रेनिंग स्कूल तथा टेक्निकल शिक्षा के लिए स्कूलों का निर्माण किया, (7) कोल्हापुर के बाहर भी उन्होंने अनेक शिक्षण संस्थाओं की आर्थिक मदद की, (8) सन् 1912 में उन्होंने एक आदेश जारी किया जिसमें व्यवस्था की गई कि राज्य के प्रत्येक गांव में एक स्कूल होगा जो कि उस गांव की बहुसंख्य जाति के लोगों के द्वारा संचालित होगा। इस कार्य के लिए शाहू जी ने एक लाख रुपये अनुदान के तौर पर दिये, ताकि प्रत्येक गांव में स्कूल स्थापित हो सके। इस कार्य को योग्य और उपयुक्त लोग सम्पन्न करें और उद्देश्यानुरूप कार्य हो सके, इसके लिए शाहू जी महाराज ने 'कागल के चीफ मेहरबान पिराजीराव घाटगे' के नेतृत्व में एक कमेटी का गठन किया । उन्होंने सज्य में निशुल्क एवं अनिवार्य शिक्षा प्रणाली (Free and Compulsory Education Policy) का विकास किया । इस प्रकार

शाहूजी महाराज ने समान शिक्षा–व्यवस्था लागू करने का निष्ठापूर्वक प्रयास किया।

अस्पृश्यता निवारण हेतु कार्य :

अस्पृश्यता के निवारणार्थ शाहू जी महाराज ने निम्नलिखित कार्य किए –

(1) 3 अगस्त 1918 को शाहू जी महाराज ने ऐसी अछूत जातियों के हितार्थ एक आदेश पारित किया, जिनको ब्राह्मणवादी व्यवस्था में अपराधिक जातियां (Criminal Classes) कहा जाता था और जिनके लोगों को पुलिस थानों पर जाकर प्रतिदिन हाजिरी देनी पड़ती थी। इस आदेश से इन अछूत जातियों की प्रतिदिन की हाजिरी को समाप्त कर दिया गया ताकि वे शांतिपूर्वक अपना जीवन व्यतीत कर सकें तथा अपने विकास के लिए स्वतंत्र होकर कार्य कर सकें।

(2) 30 अगस्त 1918 को शायद भारत के इतिहास में पहली बार शाहू जी ने एक राजाज्ञा निकाली, जिसके द्वारा ब्राह्मणों या उच्च वर्गों के उन विशेष स्कूलों को प्रतिबंधित कर दिया गया, जिसमें केवल उच्चवर्गीय लोगों को ही प्रवेश मिलता था। 11 अक्तूबर 1919 को इसी आशय का आदेश पुनः दिया गया।

(3) 16 जनवरी 1919 को शाहू जी महाराज ने एक आदेश[1] जारी किया, जिसमें अछूतों के प्रति अस्पृश्यता को प्रतिबंधित कर दिया गया अर्थात् व्यवहार में अस्पृश्यता को समाप्त कर दिया। इस आदेश में कहा गया कि सभी सार्वजनिक इमारतों, धर्मशालाओं, अस्पतालों, अन्य सार्वजनिक स्थानों, स्कूलों, कुओं, तालाबों, नदियों, गवर्नमेंट बोर्डिंग हाउसेस आदि स्थानों पर छुआछूत का व्यवहार में नहीं लाया जायेगा। जैसे क्रिश्चयन अपनी बिल्डिंगों में अमेरिकन मिशन के डा. व्हेल व डा. वॉनलेस सभी को एक समान समझते हैं तथा सभी के साथ समानता

---

1. "Untouchability is not to be observed in places such as Public building houses, Sanatoriums, Rest Houses, Government boarding houses, Public wells and rivers sides, Just as Dr. Vail and Dr. Wanless of American Mission treat every one equaly in their public buildings and at public wells. We should discard differences in the treatment of the untouchables. In the event of failure to do so the village officers (Patil and Talathi) will be held responsible."

का व्यवहार करते हैं, ठीक उसी प्रकार समानता का व्यवहार अछूतों के साथ भी किया जायेगा। ऐसी घटनाओं को रोकने की जिम्मेदारी गांव के अधिकारी (पाटिल व तलाटी) की होगी।

(4) 22 अगस्त 1919 को राज्य से अस्पृश्यता तथा भेदभाव को समाप्त करने के लिए और राज्य के विभागों में तथा प्रशासन में भेदभाव को रोकने के लिए उन्होंने राज्य के अधिकारियों का निर्देश'[2] जारी किया।

(5) 30 सितंबर 1919 को उन्होंने एक आर्डर'[3] पास किया, जिसके द्वारा उन्होंने अछूतों अर्थात् निम्न जातियों के लिए बनाये गये पृथक स्कूलों को बंद करवा दिया तथा सभी सरकारी स्कूलों के दरवाजे अछूतों के लिए खोल दिये।

(6) नवंबर 1919 को उन्होंने सभी नगर निगमों (म्युनिसिपल बोर्डों) को निर्देश जारी किया कि वह अपने अछूत कर्मचारियों के लिए प्रोविडेन्ट फंड की व्यवस्था करें।

(7) शाहू जी महाराज ने एक अन्य क्रांतिकारी कदम यह भी उठाया कि उन्होंने 3 मई 1920 को कानून'[4] बनाकर बंधुआ प्रथा (जबरन मजदूरी) अर्थात् बेगार प्रथा को समाप्त कर दिया। कोई भी राज्य का दीवान, मंत्री या उच्चाधिकारी किसी भी पिछड़े वर्ग के आदमी से व्यक्तिगत उद्देश्य के लिए जबरन कार्य नहीं करवायेगा और यदि कोई पाटिल या अन्य (सवर्ण) ब्राह्मण व्यक्ति किसी महार आदि से इस अध्यादेश के विरुद्ध कोई बेगारी या जबरन मजदूरी करवाता है तो उसके वेतन से

---

2. "All officers in the state revenue, Judicial or General Department must treat the untouchables who have entered the state services with kindness and equality. If any state officer has any objection to treat the untouchable according to the above order he will have to give notice of resignation within six week from the receipt of this order and resign his post. He will be entitled to no pension. His Highness expects every subject of his should be treated like a human being and not like a beast. His Highness wishes and hopes that this will be followed by the railway authorities and Government of fices."

3. "From the ensuing Dashara of this year 1919, all the separate schools for untouchables in Karveer state (Excluding Jahagiri) shools be closed forever and any boy from this community should be admitted in the Government School like other boys from higher community. As the practice of untouchability is not to be observed in schools, all boys from all castes and religions should sit and learn together".

उसकी भरपाई की जायेगी और उसका वेतन कुर्क कर लिया जायेगा तथा वह कठोर दंड का भागी होगा और उसे उसकी नौकरी से बिना कोई पेंशन दिये बेदखल कर दिया जायेगा।

देवस्थानों, मठों आदि पर सरकार का नियंत्रण :

शाहू जी महाराज ने अपनी रियासत कोल्हापुर में एक कानून पास किया जिसमें देवस्थानों, मठों, आश्रमों, मंदिरों से संबंधित सम्पत्ति को सरकार के नियंत्रण में कर दिया। उन्होंने आदि शंकराचार्य के मठ को भी राज्य की सम्प्रभुता के नियंत्रण के तहत किया तथा घोषित किया कि नया मठाधीश केवल महाराज की अनुमति से ही नियुक्त किया जा सकता है।

सत्यशोधक समाज को नवजीवन प्रदान करना :

सन् 1890 में महात्मा ज्योतिराव फूले जी की मृत्यु के बाद सन् 1891 से 1897 तक उनकी पत्नी सावित्री बाई फूले ने सत्यशोधक समाज (सत्य की खोज करने वाला समाज) का नेतृत्व किया। सावित्री बाई फूले की मृत्यु के बाद सत्यशोधक समाज कमजोर पड़ने लगा। तब शाहू जी महाराज ने सत्यशोधक समाज को नवजीवन प्रदान किया। गंगावेस कोल्हापुर में कार्यालय हेतु स्थान प्रदान किया तथा हरसंभव आर्थिक सहायता शाहू जी ने 'सत्यशोधक समाज' संगठन को दी। फूले जी की मृत्यु के बाद शाहू जी महाराज गणमान्य समाज परिवर्तक थे। उन्होंने महाराष्ट्र की आम जनता के लिए शिक्षा के द्वार खोले और उनके

---

4. "Except the Royal Family members and office work no other should extract Forced Labour (Veth Veral) from Mahar, Mang, Chamar etc., for their personal purpose. Even the higher officials such as state Diwan, State Regent or Administrators, are not allowed to make use of Forced Labour from these back ward people for any purpose other than official work. If any Patil (Village Officer) unduly took the service of Veth veral from any Mahar, Mang, and Chamar against this order, his wetan (salary) would be attached, If any body forced any Mang to the work of twisting a rope or any nada free of any wage, he would be subject to severe punishment— If anyone engages these people to veth veral by any means of force, he would be terminated from the Government Service without pension and if the person is watandar his watan would be attached. This intimation should be forwarded to even village Kamgar for further action."

मानसिक, सामाजिक, आर्थिक, शैक्षिक विकास का जिम्मा अपने कंधों पर लिया। वास्तव में शाहू जी महात्मा ज्योतिराव फूले के मिशन के सच्चे उत्तराधिकारी थे। एक अवसर पर शाहू जी महाराज ने कांग्रेस के लोगों को जवाब दिया कि "जब तक वर्ण व्यवस्था का विनाश नहीं होगा तब तक छुआछूत तथा भेदभाव का विनाश नहीं हो सकता और बहुजन समाज की सर्वांगीण उन्नति का कार्य भी सफल नहीं हो सकता। यदि वर्णव्यवस्था और जाति भेद समाप्त किए बगैर स्वराज (स्वतंत्रता) मिलती भी है तो सत्ता केवल उच्चवर्गीय ब्राह्मणों के हाथों में होगी और मूलनिवासी बहुजन समाज पर निरंतर अत्याचार होते रहेंगे।"

गांव के मजदूर–किसानों की दशा सुधारने के लिए कार्य :

शाहू जी महाराज ने जबरन मजदूरी (Forced Labour) को कानून बनाकर खत्म किया तथा कुलकर्णी एवं वतनदार का पद भी सन् 1918 में खत्म करके उन्होंने ग्राम पंचायत का स्वरूप ग्रामों में स्थापित किया। जो जमींदार किसानों से फसल–उत्पादन ले लिया करते थे उसके खिलाफ भी उन्होंने सन् 1919 में प्रतिबंध लगाया। शाहू जी ने गांव के तलाटी, पाटिल (Village officers) की कक्षाएं सभी जातियों के लिए शुरु कीं। अछूतों को तलाटी व पाटिल की कक्षाओं को ग्रहण करने के लिए छात्रवृत्तियां प्रदान की गई। शाहू जी महाराज ने मूलनिवासी बहुजन समाज के लोगों को कोल्हापुर प्रान्त की सेना तथा भारतीय सेना में भर्ती होने के लिए भी प्रोत्साहित किया।

हिन्दू विधि का संहिताकरण :

उन्होंने सर दिनसॉ मुल्ला (Sir Dinsaw Mulla) द्वारा लिखित हिन्दू लॉ को ध्यान में रखते हुए हिन्दू लॉ का सामान्य तरीके से संहिताकरण करने के लिए अपने विधिक सलाहकार मां. बेने (Banne) की अध्यक्षता में एक कमेटी का गठन किया। सन् 1918 में शाहू जी महाराज ने एक कानून पारित किया जिसमें उन्होंने अन्तर जाति विवाह (Inter–Caste Marriage) और अन्तर वर्ण विवाह (Inter–Varna Marriage) करने की अनुमति प्रदान की। सन् 1917 में शाहू जी महाराज ने विधवाओं को पुनर्विवाह को मान्य बनाने के लिए कानून बनाया। 2 अगस्त सन् 1919 को उन्होंने एक विवाह विच्छेद अधिनियम (Law of Divorce) पास किया, जो कि समस्त कोल्हापुर पर लागू होता था। इस अधिनियम में विवाह–विच्छेद (तलाक) के जो चार आधार दिये गये थे, केवल उनको ही विधिक मान्यता प्रदान की गई । उनका यह एक साहसिक

कार्य था और शायद भारत में पहला कदम, जो बाद में जाकर हिन्दू विवाह अधिनियम (Hindu Marriage Act 1955) का आधार बना । 2 अगस्त 1919 को ही उन्होंने महिलाओं से दुर्व्यवहार को समाप्त करने सम्बन्धी अन्य अधिनियम भी पास किया । 17 जनवरी 1920 को शाहू जी महाराज ने जगतीन और देवदासी (Jagtinies of Devadasis) प्रथा को समाप्त करने के लिए एक कानून पारित किया। शाहू जी महाराज ने कठोरतापूर्वक भेदभाव पैदा करने वाले ब्राह्मणों के 'द्विज के सिद्धान्त' को समाप्त किया, जिसमें ब्राह्मण कहते थे कि ब्राह्मण का दो बार जन्म होता है इसीलिए वह सबसे श्रेष्ठ है, जबकि शूद्र का जन्म केवल एक बार होता है इसलिए वह निम्न स्तर का है।

समान न्याय व्यवस्था :

सभी वर्गों पर समान न्याय व्यवस्था लागू करने के लिए उन्होंने अपने राज्य में सन् 1898 की दण्ड प्रक्रिया संहिता (Criminal Procedure Code) को 1909 में तथा 1908 की सिविल प्रक्रिया संहिता (Civil Procedure Code) को 1912 में अपने राज्य कोल्हापुर में लागू किया। उन्होंने अपने राज्य में कई अछूत व्यक्तियों को सरकारी वकील के रूप में पंजीकृत किया ।

डा. बाबा साहेब अम्बेडकर तथा छत्रपति शाहू जी महाराज की मुलाकातः

सन् 1917–1920 के दौरान शाहू जी महाराज डा. बाबा साहेब अम्बेडकर से मिले। उनके एक वफादार व कर्मठ सहयोगी दत्तोबा पंवार ने डा. बाबा साहेब अम्बेडकर व छत्रपति शाहू जी महाराज की मुलाकात कराई। इस दौरान उनके बीच में पत्राचार व मुलाकातें होती रहीं। शाहू जी महाराज बाबा साहेब डा. अम्बेडकर की मदद के लिए आगे आये तथा उन्होंने बाबा साहेब को 2,500 रुपये 'मूकनायक' (Leader of Dumb) अखबार शुरू करने के लिए दिये। यह अछूतों का सबसे बड़ा अखबार था। 4 अक्तूबर 1920 के एक लैटर के द्वारा शाहू जी ने स्वयं बाबा अम्बेडकर साहेब द्वारा नामांकित महार जाति के श्री आर.के. कदम को रिफोर्म्ड काउन्सिल का सदस्य नियुक्त किया।

अछूतों तथा गैर ब्राह्मणों के सम्मेलनों में भागीदारी :

शाहू जी महाराज अछूतों तथा गैर ब्राह्मणों की अनेक सभा–सम्मेलनों में शामिल हुए। 16 फरवरी 1922 को अछूतों के तृतीय सम्मेलन (दिल्ली)

को शाहू जी ने इस प्रकार सम्बोधित किया था कि "मुझे विश्वास है कि तुम अपने परम्परागत कार्यों से नहीं चिपके रहोगे बल्कि तुम शिक्षा प्राप्त कर सरकारी और गैर सरकारी सभी क्षेत्रों में आगे बढ़ोगे। तुम सेना में प्रवेश करो साथ ही तुम्हें व्यापार आदि अन्य क्षेत्रों में भी आगे आना होगा। यदि तुम अपना संघर्ष लगातार जारी रखोगे तथा अपनी प्रगति व उन्नति के लिए प्रयास करते रहोगे और समाज में सम्मानजनक स्थिति पाने के लिए लड़ते रहोगे, तो मुझे पूरा यकीन है कि तुम एक दिन सफल अवश्य होगे। जब भी तुम्हें सामाजिक अधिकार मिलें, तुम्हें उनकी सुरक्षा के लिए न केवल लड़ने को तैयार रहना होगा बल्कि तुम्हें बुद्धिमानी और सद्भावना से भी काम करना होगा। शाहू जी महाराज ने नासिक (महाराष्ट्र) में एक कार्यक्रम में कहा कि जाति से चिपके रहना अनर्थकारी है। जाति व्यवस्था हमारी उन्नति व विकास के मार्ग में बाधक है और यह हम सबका कर्त्तव्य है कि हम इस बाधा को जितना संभव हो, उतने साहस के साथ हर कीमत पर रास्ते से हटायें। जाति–जाति के बीच दुश्मनी एक पुरानी बीमारी है जो हम मूलनिवासी बहुजन समाज के लोगों के जीवन को धीरे–धीरे नष्ट कर देगी। "जाति–जाति के बीच की दुश्मनी खत्म करने के लिए हमें पहले जाति व्यवस्था को नष्ट करना होगा"। यदि अछूत और शूद्र अब भी जागृत नहीं होते तो मुझे डर है कि वे ब्राह्मणवादी व्यवस्था की जातिवादी चक्की में पिसकर नष्ट हो जायेंगे। इसलिए जागृति तथा संगठन के लिए अभी से प्रयास करो। मेरे जीवन का सबसे सुखद दिन वह होगा, जब लोग जन्म के आधार पर गुलाम बनाये जाने बंद हो जायेंगे या लोगों को जन्म के आधार पर निम्न (नीच) समझना बंद हो जायेगा।

निर्धन वर्ग एवं अछूतों के कल्याणार्थ अन्य कार्य :

वे प्रत्येक गांव का समय–समय पर दौरा करते थे। उनका उद्देश्य होता था गांवों में गरीबों की स्थिति को देखना तथा अपने कर्मचारियों के दायित्व–निर्वहन का निरीक्षण करना। अछूत और दमित व प्रताड़ित लोगों की वह यथासंभव सहायता करते थे। वह स्वयं अछूत समाज के लोगों के हाथों से पानी पीते और उन्हें ऐसे कुंओं से पानी लाने की आज्ञा देते जिन पर जाना भी उनके लिए निषेध था। उनके द्वारा स्वास्थ्य संबंधी सेवा भी प्रदान की गई। उनका कहना था कि जब तक समता के आधार पर प्रगति नहीं होगी तब तक इस जाति–आधारित समाज में दलित और पिछड़ों को सामाजिक और आर्थिक न्याय मिलना संभव नहीं होगा। उनका विचार था कि सवर्ण जाति के एकाधिकार के कारण

और इतर जातियों को शैक्षिक तथा राजनैतिक अधिकार न मिलने के कारण दलित ओर निर्धन समुदाय के लोगों का जीवन समृद्ध नहीं बन सकता। इसीलिए वह शीघ्रातिशीघ्र गरीब और किसानों को शिक्षित और संगठित करना चाहते थे और उनका जीवन उन्नत बनाना चाहते थे। उन्होंने मूल भारतीयों और गरीब पिछड़ों को शिक्षित करने के लिए 1896 में कोल्हापुर में अध्यापकों के प्रशिक्षण हेतु प्रशिक्षण संस्थानों और गांवों में बच्चों के लिए 122 स्कूलों की स्थापना की। उन्होंने मूल भारतीय तथा पिछड़े समाज के गरीब बच्चों के लिए स्कूल–प्रवेश और स्कॉलरशिप का सभी मान्यताप्राप्त संस्थानों और डक्कन मराठा शैक्षिक संस्थान आदि में प्रावधान भी कराया। 1901 में उन्होंने कोल्हापुर रियासत में मूल भारतीय तथा अछूतों के लिए 'विक्टोरिया मराठा बोर्डिंग हाउस' नाम से एक हॉस्टल की स्थापना की। उन्होंने पिछड़ी जातियों के आरक्षण की घोषणा भी की। यह एक ऐतिहासिक आदेश था। 1913 में छत्रपति शाहू महाराज ने कोल्हापुर रियासत के प्रत्येक गांव में एक स्कूल शुरू करने तथा एक लाख रुपये देने का प्रावधान किया। 1917 में उन्होंने विधवाओं के पुनः विवाह और 1918 में अंतर्जातीय विवाह के हक में कानून बनाए। 1918 में उन्होंने गरीब लोगों को कम कीमत पर गेहू आदि खरीदने के लिए खुदरा मूल्य केन्द्र खुलवाए। जनवरी 1919 में उन्होंनें यह भी आदेश दिये कि सभी राजकीय अस्पताल गरीबों, अछूतों तथा दबे–पिसे लोगों को स्वास्थ्य सेवाओं में वरीयता दें ।

शाहू जी ने एक अछूत को अपना कोच मैन नियुक्त किया जो कि हमेशा बग्गी (घोड़ा गाड़ी) पर हर अवसर पर उनके साथ जाता था। शाहू जी ने अपनी लड़की की शादी के समय भी उक्त कोच मैन को सार्वजनिक रूप से अपने साथ रखा। शाहू जी महाराज ने दरबार में कुछ अछूतों को महत्वपूर्ण पदों पर नियुक्त किया। अछूतों को तलवार प्रदान की गई तथा उन्हें अहसास कराया गया कि तलवारों पर केवल क्षत्रियों का ही अधिकार नहीं है। उन्होंने बाबा साहेब डा. अम्बेडकर को मानगांव सम्मेलन में अपने साथ बैठकर भोजन करने के लिए आमंत्रित किया। वह निःसंकोच और प्रेमपूर्वक अछूतों के साथ टेबल पर बैठते थे। नागपुर में आयोजित अछूतों के एक सम्मेलन में उन्होंने सहर्ष भाग लिया ।

शाहू जी महाराज को प्राप्त हुआ मान–सम्मान :

1. लार्ड हैरिस ने शाहू जी को 'छत्रपति कोल्हापुर' के सम्मान से सम्मानित किया।

2. मई 1900 में रानी विक्टोरिया ने अपने जन्मदिन पर शाहू जी को 'महाराजा' की उपाधि से सुशोभित किया।

3. 1902 में ब्रिटिश कैम्ब्रिज यूनिवर्सिटी ने उन्हें एल.एल.डी. की डिग्री प्रदान की। उन्हीं दिनों उन्होंने 26 जुलाई 1902 को पिछड़े वर्ग के लिए नौकरियों में 50 प्रतिशत आरक्षण की ऐतिहासिक घोषणा की थी।

4. कानपुर में कुर्मियों का अखिल भारतीय सम्मेलन हुआ जिसमें शाहू जी को 'राजर्षी' की उपाधि से नवाजा गया।

5. छत्रपति शाहूजी महाराज के साहसिक व्यवस्था परिवर्तन के कार्यों तथा मूलनिवासी बहुजन समाज के उत्थान के लिए किए गये प्रयासों के आधार पर डा. बाबा साहेब ने उन्हें 'सामाजिक लोकतंत्र के आधार स्तंभ' कहा ।

6. मई 1922 को एक महान व्यक्तित्व और संघर्षशील योद्धा ने दलितों तथा पिछड़ों के हक में लड़ाई लड़ते–लड़ते भविष्य के लिए आशा की किरण देकर अंतिम सांस ली। वे अपने समय के प्रजातांत्रिक मूल्येां के प्रति समर्पित उच्चकोटि के शासक एवं मानवीय गुणों से सम्पन्न राजा थे। इतिहास ऐसे साहसी और पीड़ितों की आजादी के प्रवक्ता को कभी भुला नहीं सकता।

गुरू घासीदास
(वैचारिक आंदोलन के सूत्रधार)

भारत के मध्यकालीन युग के अन्त में प्रगतिशील, विचारवान और बुद्ध के उन्नतिशील दृष्टिकोण का स्थान अमानवीय प्रथाओं ने ले लिया, जिससे सामाजिक स्थिति में अकल्पनीय गिरावट आई। इसी की प्रतिक्रियास्वरूप भारतीय समाज में 18वीं शताब्दी के बाद के दशक से महान समाज सुधारक गुरू घासीदास द्वारा पुनर्जागरण का कार्य आरंभ हुआ। अपने कुशल नेतृत्व से उन्होंने छत्तीसगढ़ में आम आदमी के बीच सामाजिक परिवर्तन आरंभ किया। यह उनके प्रयासों का ही फल था कि 19वीं शताब्दी के आरंभिक दशक में हेनरी–डि–रोजियो और राजा राममोहन राय ने आंदोलन को आगे बढ़ाया। सामाजिक क्रांति के चैम्पियन गुरू घासीदास का जन्म 18 दिसंबर 1756 में गिरादपुरी गांव में एक किसान परिवार में हुआ था। यह गांव छत्तीसगढ़ के जिला रायपुर की बालोदा तहसील में था। उनके माता–पिता धार्मिक प्रवृत्ति के थे। 20 वर्ष की आयु में उनका विवाह हुआ। पारिवारिक खर्च उठाने के लिए गुरू घासीदास

ने खेतिहर मजदूर के रूप में कार्य शुरू किया। सामाजिक समता के लिए आरंभ से ही उनके भीतर एक कसक थी। इसलिए मेहनत मजदूरी करने के साथ–साथ वे सामाजिक परिवर्तन के बारे में भी सोचा करते थे। उनका सतत यह प्रयास रहता था कि प्रत्येक स्त्री पुरुष को शांति और समृद्धि प्राप्त हो। उन्होंने मूल भारतीयों तथा महिलाओं के मूल अधिकारों की रक्षा हेतु विशाल आंदोलन आरंभ किया जिससे उनकी एक विशिष्ट पहचान बनी।

देश में उन दिनों भगवान के नाम पर मूल भारतीयों पर बहुत अत्याचार होते थे। इस दिशा में उन्होंने छत्तीसग़ में 'सतनामी संघ' नाम से एक क्रांतिकारी संगठन की स्थापना की। गुरू घासीदास ने संध के माध्यम से अपने अनुयाइयों के लिए कुछ नियम बनाए। जो इस प्रकार हैं – (1) मंदिर में मूर्तिपूजा के लिए नहीं जाएं, क्योंकि इससे आर्थिक हानि होती है और मूल भारतीयों को पुजारी बनने का अधिकार भी नहीं है, (2) न शराब खरीदें न पियें और न ही मांस भक्षण करें, (3) भगवान की पूजा के लिए किसी भी जानवर की बलि न दें और अहिंसा का पालन करें, (4) महिलाओं को सम्मान दें, साथ ही महिलाओं पर होने वाले अत्याचार के खिलाफ आंदोलन में भाग लें, (5) छुआछूत की प्रवृत्ति से बचें और (6) अंधविश्वास का त्याग करें। गुरू घासीदास सहज भाषा में छोटी–छोटी कविताएं भी लिखते थे, जिससे कि स्त्री पुरुष, गरीब अमीर, अशिक्षित और शिक्षित सभी उनमें दी गई शिक्षाओं का अनुसरण कर सकें। आज भी 'पंथी पद' नाम से प्रसिद्ध उनकी कविताएं छत्तीसगढ़ के लोगों के बीच प्रचलित हैं। उनकी इन छोटी कविताओं में भी आधुनिक क्रांतिकारी रचनाओं की तरह ही क्रांतिकारी भावना के दर्शन होते हैं। उनकी शिक्षाओं में पीड़ित–शोषित और पिछड़ों के प्रति गहन रुचि के कारण ही बिलासपुर में उनके नाम पर विश्वविद्यालय की स्थापना की गई। यह गुरू घासीदास आदि के अथक प्रयासों का ही फल है कि आज मूल भारतीयों के बीच सामाजिक परिवर्तन के साथ शैक्षिक प्रगति भी हो रही है।

बसवण्णा : कर्नाटक के सामाजिक क्रान्तिकारी

बसवण्णा (बसवेश्वर) का जन्म 1131 के आस–पास इंगालेश्वर बगेवाड़ी (कर्नाटक) में ब्राह्मण परिवार में हुआ था, जिसे अब बसव बगेवाड़ी कहते हैं। उनके पिता बगेवाड़ी अग्रहार के प्रधान थे। ब्राह्मणों को दान में दिए गए गांवों को अग्रहार कहा जाता था। बगेवाड़ी अग्रहार उस समय अध्ययन–अध्यापन का एक प्रमुख केन्द्र था। बसवेश्वर अथवा

बसव को आदर से बसवण्णा कहा जाता है क्योंकि कन्नड़ में बड़े भाई को 'अण्णा' बोलते हैं। बसवण्णा शैव धर्म में दीक्षित थे। आठ वर्ष की उम्र में उनके प्रतिरोध के बावजूद उनका उपनयन संस्कार किया गया, पर जब वह 16 वर्ष के हुए तो उन्होंने जनेऊ उतार फेंका। मां–बाप की मृत्यु के पश्चात वे कूडल संगम को चले गये, जो उस समय विद्या का प्रमुख केन्द्र था। वहां बसवेश्वर ने वेद, उपनिषद तथा पुराणों का आलोचनात्मक अध्ययन पूरा किया। पर उन्हें समझते देर नहीं लगी कि जिन बुराइयों से वे समाज को मुक्त कराना चाहते थे, वे कूडल संगम में कम नहीं हैं। अतः कूडल संगम में लगभग 12 वर्ष बिताने के बाद वह वर्तमान मंगलवेध (महाराष्ट्र) में आ गये। उस समय वह कायचूर्य के राजा विज्जल के तारडावडी राज्य की राजधानी थी। वहां उन्हें गणक का पद प्राप्त हुआ और उनके मामा बलदेव के मरणोपरांत वे राजा विज्जल की शासन–व्यवस्था में कोषाध्यक्ष नियुक्त किये गये। जब बिज्जल कल्याण प्रदेश का सम्राट बन गया तो वे कल्याण आ गए। आजकल उसे बसव कल्याण कहा जाता है। वहीं उनके धर्म 'बीरशैव' का विकास हुआ।

बसवण्णा ने जिस क्रांतिकारी आंदोलन का सूत्रपात और नेतृत्व किया वह अपने आप में विरल था। कर्नाटक के इतिहास में तो वह शायद प्रथम आंदोलन ही था। इस आंदोलन की महत्ता आंकने के लिए तत्कालीन परिस्थिति और व्यवस्था पर दृष्टिपात करना आवश्यक है। 12वीं सदी में अछूत समाज के लोग निम्नतम स्तर पर थे। वे नगर या गांव के बाहर रहने को मजबूर थे। जब कभी उन्हें अन्दर आना होता तो वे 'हांक' लगाते ताकि छू जाने के भय से लोग दूर हट जाएं। महिलाओं का स्थान भी अधिक बेहतर नहीं था। उनका कार्य क्षेत्र रसोई घर तक ही सीमित था। जीवन के हर क्षेत्र में अंधविश्वास, अज्ञानता, जादू–टोनों का बोल–बाला था। वसवण्णा चार वर्णों और अनेक जातियों में विभाजित समाज और उसके जातिगत मूल्यों का बराबर विरोध करते रहे। उन्हें उपनिषदों का वह उपदेश हास्यास्पद लगा, जो समूची मानवता की एकता की बात तो करता है पर जिसका व्यावहारिक रूप अनेक जातियों में बंटा समाज दिखाई देता है। उन्होंने जाति, धर्म और लिंग का भेदभाव किये बिना सभी के विकास के लिए समान अवसर प्रदान किये जाने पर बल दिया। बसव मानव को उनके विचारों, कार्यों और आध्यात्मिक विकास के आधार पर श्रेणीबद्ध करने के पक्षधर थे।

बसवण्णा न केवल उपदेश ही देते थे, बल्कि वे सिद्धान्त से अधिक काम और आचरण को महत्व देते थे। उन्होंने 'अनुभव मंडप' नाम से

एक विद्वत परिषद की स्थापना की थी, जिसमें कश्मीर, गुजरात तथा अन्य कई प्रान्तों के उच्चकोटि के विद्वान और भक्त सम्मिलित हुए थे। उसमें अपने व्यक्तिगत आध्यात्मिक विकास के आधार पर मडिवालर मचय्या (धोबी), मदारा धुलय्या (अछूत), हरलय्या (मोची) जैसे लोग भी वर्णगत भेदभाव से ऊपर उठकर सदस्य बनाये गये थे। 'अनुभव मंडप' में उनका वही स्थान और सम्मान था जो बसवण्णा को प्राप्त था, जो उस समय साम्राज्य के वित्त मंत्री थे। राजधानी कल्याण की बाहरी सीमा पर, तत्कालीन नियमानुसार अछूत रहते थे। उनमें कई 'बीरशैव' धर्म में दीक्षित हो गये थे। बसवण्णा तथा कई अन्य 'वीर शैव' धर्म के प्रचारक वहां जाया करते थे।

बसवण्णा के समय में या उसके पूर्व भी समाज में महिलाओं की स्थिति नितान्त दयनीय थी। शिक्षा तो दी नहीं जाती थी और दी भी जाती थी तो केवल इस स्तर की कि वे योग्य मां पुत्री और पत्नी बन सकें। बसवण्णा और उनके सहयोगियों का यह दृढ़ मत था कि 'शारीरिक' तौर पर महिला और पुरुष में भले ही भेद हो, पर दोनों में एक ही आत्मा का निवास है और उनमें कोई छोटा और कोई बड़ा नहीं है। इसीलिए 'वीर शैव आन्दोलन' का प्रमुख ध्येय नारी मुक्ति बन गया था। वीर शैव आन्दोलन का ही यह परिणाम था कि जीवन के हर क्षेत्र—सामाजिक, धार्मिक, आध्यात्मिक, साहित्य में महिलाओं ने ठोस योगदान दिया। तत्कालीन साहित्य में 32 ऐसी नारियों का नाम मिलता है जिन्होंने वचनों की रचना की है।

बसव मंदिर, मूर्ति पूजा और पंडागिरी के सख्त विरोधी थे। उनकी धारणा थी कि धनी लोग अपने पापों से मुक्ति पाने के लिए ही मंदिर बनवाते हैं। उन्होंने 'वीर शैव' धर्म के अनुयाइयों को सलाह दी कि वे मंदिरों में न जाएं क्योंकि उनके चलते--फिरते शरीर में ही भगवान शिव का निवास है। इसी कारण उन्होंने शिव भक्तों को तीर्थयात्रा पर न जाने को कहा। बसव ने यह भी बताया कि वेद तथा शास्त्र के रटने और माला फेरते रहने से भगवान शिव प्रसन्न नहीं होते । उन्हें सच्ची भक्ति चाहिए। उनका कहना था कि जिस समय भगवान का स्मरण आये वही शुभ मुहूर्त है। वह बहुदेवतावाद के विरोधी थे। बसवण्णा करुणा, अहिंसा और नैतिक आचरण पर बहुत जोर देते थे। इस संबंध में उनके वचनों में यह सार्वभौम अध्यात्मिक एवं नैतिक संहिता विद्यमान है –

''तू चोरी या हत्या नहीं करेगा,
न असत्य बोलेगा,

न किसी अन्य मनुष्य से घृणा करेगा,
अपने आप पर गर्व भी नहीं करेगा,
तू दूसरों पर दोषारोपण नहीं करेगा,
यह तेरी अन्तर्मुखी शुद्धता है,
यही हमारे भगवान कूडल संगम को
जीत लेने का उपाय भी है।''

वसवण्णा का विचार था कि हर व्यक्ति को वर्ण–धर्मानुमोदित पेशे से भिन्न पेशा करने की पूर्ण स्वतंत्रता है। ऐसे पेशे को उन्होंने 'कायक' नाम दिया। 'कायक' अर्थात्‌काया (शरीर) से किया जाने वाला कार्य ।

'कायक' ऐसा कार्य कार्य अथवा पेशा है जिसे कोई भी व्यक्ति अपने भरण–पोषण के लिए स्वतंत्रतापूर्वक कर सके, बशर्ते उसे कुशलतापूर्वक करने की उसमें क्षमता–सामर्थ्य और योग्यता हो और जिसे वह पूर्ण निष्ठा से करे तथा जो जातिगत पेशे से एकदम भिन्न हो। और जो इतनी ईमानदारी और लग्न के साथ किया जाये कि करने वाले की आध्यात्मिक उन्नति भी हो अर्थात् वह ईश्वर–प्राप्ति का साधन भी बन जाये। बसवण्णा के अनुसार भिक्षावृत्ति और आलस्य के लिए समाज में कोई स्थान नहीं था । 'कायक' व्यक्ति के भरण–पोषण के लिए तो आवश्यक था ही, साथ ही उसका समाज के लिए आवश्यक और उपयेागी होना भी जरूरी था। साथ ही 'कायक' से जो प्राप्ति होती थी, उस पर उसका और उसके परिवार का ही हक नहीं था बल्कि समाज का तथा जगत का भी उतना ही अधिकार था।

बसवण्णा एक महान समाज सुधारक, एक महान भक्त और एक महान कवि भी थे। साहित्य रचना उनका उद्देश्य नहीं था, पर प्रकृति निरीक्षण की अपनी अद्‌भुत क्षमता के फलस्वरूप उन्होंने सजीव रूपक एवं जीवन्त उपमा का अपने वचनों (गद्य काव्य की एक विधा) में प्रयोग करके इन साहित्यिक विधाओं को विश्व साहित्य की कोटि में पहुंचा दिया।

उनका बीर शैव धर्म एक आन्दोलन था। इसके अधिकांश प्रमुख कार्यकर्त्ता पुरुष और स्त्री निम्न वर्ग के थे। इसका उद्देश्य और कार्यक्रम भी उपेक्षित वर्ग – अछूतों, महिलाओं और इसी तरह के अन्य वर्णों और वर्गों का उत्थान करना था। इस दृष्टि से यह लोकतांत्रिक ही नहीं, बल्कि एक समाजवादी आन्दोलन भी था। बसवण्णा मूलतः एक

भक्त थे किन्तु तत्कालीन धर्म की स्थिति को देखते हुए उन्होंने समाज सुधार को मानव कल्याण का एक माध्यम बनाया था। सन् 1167 ई. में उनकी यह जीवन यात्रा मानव कल्याण करते हुए पूरी हो गई थी।

आयंकाली

आयंकाली का मूल मंत्र था: "ज्ञान ताकत है और ज्ञान का स्रोत शिक्षा है।" भारत के महान सुधारकों एवं मानवतावादियों में आयंकाली का नाम आदर के साथ लिया जाता है। उनका जन्म 28 अगस्त 1863 को केरल के वेंगानूर गांव में हुआ था। अति उत्साही और दृढ़ इच्छा शक्ति वाले आयंकाली युवावस्था में ही समाज सेवा के कार्य में लग गये थे। उनके जीवन काल में भारतीय समाज में अछूतों की स्थिति बहुत दयनीय थी। वे अशिक्षित और ग़रीब थे इसलिए मानव समाज में निम्न समझे जाते थे। उनके कार्य और रहने की स्थितियां अत्यन्त ही खराब थीं। वे मुहं अंधेरे ही जमींदारों के खेतों में मजदूरी करने चले जाते और देर रात तक मेहनत–मजदूरी कर उन्हें बदले में मिलता था मुट्ठी भर धान। उनके शरीर पर कपड़े नाममात्र को होते थे। उन्हें शिक्षा लेने तथा अच्छी तरह रहने से धनिकों द्वारा रोका जाता था। सार्वजनिक स्थानों जैसे सड़कें, कुएं आदि पर जाना उनके लिए मना था। वे जमींदारों के लिए गुलाम थे। वे मालिकों द्वारा जानवरों की तरह बेचे–खरीदे तथा गिरवी रखे जा सकते थे। उनका हर प्रकार से शोषण किया जाता था। महात्मा आयंकाली उनकी समस्याओं को हल करने के लिए जीवन भर प्रतिबद्ध होकर जुड़े रहे थे। दक्षिण भारत में उनके निस्वार्थ संघर्ष के कारण उन्हें आदिभारतीयों के मसीहा कहकर पुकारा जाता था। दलित समाज में जन्म लेने के कारण उनकी पढ़ाई नहीं हो सकी, क्योंकि उन दिनों भारतीय समाज में अछूतों को शिक्षा लेने का अधिकार नहीं था, इसलिए उन्हें अनपढ़ ही रहना पड़ा।

बचपन में ही उन्हें तत्कालीन सामाजिक व्यवस्था का कटु अनुभव हो गया था। एक बार जब वह फुटबाल खेल रहे थे तो उनकी गेंद सवर्ण जाति के पड़ोसी के घर की चारदीवारी के भीतर जा गिरी। चूंकि आयंकाली अछूत जाति से थे इसलिए सवर्ण जाति के उसी पड़ोसी ने उन्हें गंदी गालियां देते हुए डांटा। आयंकाली ने इसे न केवल अपनी बल्कि समूचे दलित समाज की बेइज्जती समझा। परिणामस्वरूप समाज सुधार की दृढ़ भावना उनके भीतर प्रस्फुटित हुई और वह गंभीर तथा चिंतनशील व्यक्ति के रूप में बदलते चले गये। उन्होंने ज़ाति आधारित घृणा के खिलाफ लड़ने अपनी लड़ाई जारी रखने की प्रतीज्ञा की, जब

तक कि समाज में बराबरी नहीं आ जाती। महात्मा आयंकाली मूल भारतीयों की पूर्ण मुक्ति के हक में थे।

आम आदमी के बीच आत्मविश्वास तथा सम्मान की भावना पैदा करने के उद्देश्य से आयंकाली ने देश भर में दौरे किये। उनका उद्देश्य था कि मूल भारतीय स्वयं भी स्थिति में परिवर्तन लाएं। लोग अपने अधिकारों की रक्षा के लिए लड़ना सीखें। अछूतों को ठीक–ठाक कपड़े पहनने की स्वतंत्रता न होने पर भी, उन्होंने नये कपड़े पहने और सफेद पगड़ी धारण की। 1898 में एक दिन उन्हांने सवर्णों के काले कानूनों को चुनौती देने के लिए मूल भारतीयों के लिए निषेध् की हुई बैंगानूर से आरालुय्यर तक की सार्वजनिक सड़क पर बैलगाड़ी के साथ यात्रा आंरभ की। यह मूल भारतीयों की मुक्ति का प्रथम अभियान था। सवर्ण लोग इसे बर्दाश्त न कर पाये और उन्होंने उन पर हमला कर किया, लेकिन आयंकाली ने शारीरिक और मानसिक ताकत के कारण उन्हें हरा दिया। सदियों पुराने मूल भारतीयों की शिक्षा पर लगे निषेध के नियम को तोड़ते हुए उन्होंने 1904 में अपने गांव वेंगानूर में अछूतों के लिए स्कूल आरंभ किया और पहले ही दिन सवर्णों ने उस स्कूल को जला दिया। हार न मानने वाले आयंकाली ने इससे भी उत्साहित होकर मूल भारतीयों की शिक्षा के समर्थन में एक सामाजिक आंदोलन आरंभ कर दिया। जैसे ही उनके इस आंदोलन ने गति पकड़ी तैसे ही 1907 में केरल के स्कूलों में मूल भारतीयों के प्रवेश के लिए तत्कालीन राजा को आदेश जारी करना पड़ा। स्वयं आयंकाली अरुट्टाम्बलम के स्कूल में प्रवेश दिलाने के लिए आदि भारतीय समाज के एक बच्चे को अपने साथ ले गये, जहां ब्राह्मणों और उनके बीच संघर्ष हुआ। इसी तरह का संघर्ष अन्य स्थानों पर भी हुआ। धीरे–धीरे उनके अभियान को सफलता मिलने लगी। आयंकाली को 5 दिसंबर 1911 को आम आदमी की विभिन्न मांगों का प्रतिनिधित्व करने के लिए तत्कालीन लेजिसलेटिव एसेम्बली में मनोनीत किया गया।

आयंकाली केरल एसेम्बली में आने वाले पहले सदस्य थे, जिन्होंने पीड़ित एवं शोषितों के उत्थान की मांग जोरदार तरीके से रखी थी। केरल में मजदूरों के अधिकारों के लिए जुझारू कार्यकर्ता के रूप में उनका महत्वपूर्ण योगदान रहा । जून 1913 में केरल में खेतिहर मजदूरों की पहली हड़ताल हुई। तत्कालीन समाज और शासन–व्यवस्था खेतीहर मजदूरों को न्यायालयों से भी उचित न्याय नहीं मिलता था। अतः उन्होंने अपने संगठन के माध्यम से सोशल कोर्ट का गठन किया। लोगों की मदद से कुछ सब–कोर्ट्स का भी गठन किया गया, जिनमें आयंकाली ने

चीफकोर्ट के हाई पावर जज के रूप में महत्वपूर्ण भूमिका निभाई थी। आयंकाली का ऐसा विश्वास था कि मूल भारतीयों के जीवन में सामाजिक तथा सांस्कृतिक विकास बड़ा महत्त्वपूर्ण परिवर्तन ला सकता है, इस धारणा के साथ उन्होंने स्वस्थ सामाजिक जीवन के विकास के लिए विभिन्न स्थानों पर लोगों के बीच संगीत और नाटक क्लबों और ग्रामीण क्षेत्रों में खेलकूद तथा लोकनृत्य आदि का आयोजन करने वाले मंचों की स्थापना की। उन्होंने स्वयं नाटक तथा गीत लिखे और नाटकों का मंचन किया। उन्होंने शारीरिक व्यायाम को भी बढ़ावा दिया। साथ ही मार्शल आर्ट्स की भी शुरुआत की। वस्तुतः उन्होंने मूल भारतीयों के उत्थान के लिए अपने आपको आजीवन समर्पित रखा ।

वेमना : एक सामाजिक बागी

वेमना के जन्म के सम्बन्ध में विभिन्न विद्वानों में भारी मतभेद है। उनका जन्म 1652 में और मृत्यु अठारहवीं सदी के प्रथम दशक में बताई गई है। प्रो. नाले का विचार है कि जब तक कोई अकाट्य तिथि प्राप्त नहीं हो जाती तब तक इसे ही मानना ठीक होगा।

वेमना का एक तेलुगु भाषा का पद्यांश है जिसका हिन्दी अनुवाद इस प्रकार है – "सबको, संसार के सभी लोगों को एक ही थाली में भोजन परोसो, सब भिन्नताओं एवं विषमताओं को छोड़कर उनको एक साथ खिलाओ, हाथ उठाकर उन सबको यह आशीर्वाद दो कि वे सब एक होकर रहें।" वेमना के जीवनी–लेखक वेंकटेश्वर राव नार्ल ने उनके संदेश को 'सर्वकालिक और अंतर्राष्ट्रीय बताते हुए कहा है कि 'उनका धर्म मानव धर्म है और उनका संदेश प्रेम, मानवीय सौहार्द और स्नेह का संदेश है।' वेमना का उद्देश्य एक ऐसे समाज की स्थापना करना था, जिसमें वर्ण, जाति, सम्प्रदाय, वर्ग तथा धर्म पर आधारित भेदभाव न हो। उनका विश्वास था कि जब तक वर्ण–व्यवस्था कायम रहेगी, तब तक ऊंच–नीच का भेद–भाव भी समाप्त नहीं होगा। वेमना वास्तव में सामाजिक तथा मानवीय समानता के समर्थक थे। उन्होंने स्त्रियों को हीन मानने की परंपरा की जोरदार शब्दों में निन्दा की है। उन्होंने अछूतपन को समाज का कलंक माना और वह जीवनपर्यन्त उसका घोर विरोध करते रहे। वह पूछते हैं कि "क्या अछूतों में वही हाड़–मांस नहीं होता, जो अन्य में है? अछूत की आत्मा की क्या जाति है?" "एक धनी भले ही वह निम्न जाति का हो, अधिक प्रभावशाली क्यों होता है और एक गरीब भले ही वह उच्च जाति का हो निर्बल क्यों पाया जाता है", उनके इस प्रश्न का आज तक उत्तर नहीं मिल पाया

है। वेमना बर्नाड शॉ की भांति ही निर्धनता को एक बड़ा अभिशाप मानते थे ।

वेमना ईमानदारी से परिश्रम करके जीविकोपार्जन करने के पक्ष में थे। बसवण्णा की तरह उन्होंने भी श्रम को प्रतिष्ठा प्रदान की। वे भीख मांगने को हेय समझते थे। पुरोहित के पेशे को भी वे निन्दनीय मानते थे। वे ऐसे काम के सख्त विरोधी थे, जिसमें शोषण की बू आती हो। स्त्री के पिछड़ेपन के लिए वह पुरुष को भी बराबर का जिम्मेदार मानते थे। धार्मिक मामलों में वेमना के विचार और भी अधिक तर्कपूर्ण तथा क्रांतिकारी थे। वेमना ने मूर्ति पूजा की यह कहते हुए भत्सर्ना की है कि, पत्थरों को पूजने वाले तो पशु से भी बदत्तर हैं। मंदिरों और मूर्तियों की व्यर्थता प्रतिपादित करते हुए उन्होंने कहा कि राजाओं ने बड़े–बड़े मंदिर बनवाये और उनमें मूर्तियों की स्थापना करवाई, वे युद्ध में पराजित कर दिये जाते हैं, जब कि मूर्तिभंजक हमारे देश पर शासन कर रहे हैं, यदि मूर्तियां ही ईश्वर हैं, तो उन्होंने पूजकों की रक्षा क्यों नहीं की? तीर्थ यात्रा का उपहास करते हुए वेमना ने कहा है कि जब भगवान मनुष्य में ही विद्यमान हैं तो वह तीर्थ–स्थानों की यात्रा पर क्यों जाए। वेमना की मान्यता थी कि परमात्मा प्रत्येक व्यक्ति के हृदय में विराजमान है फिर भी परमात्मा और आत्मा में भेद है। मानव–संकल्प शक्ति और परिश्रम को उन्होंने महत्वपूर्ण स्थान दिया है। उनका मानना था कि मनुष्य किसी दिव्य शक्ति के हाथ का असहाय खिलौना मात्र नहीं है क्योंकि मनुष्य को परिश्रम का फल अवश्य मिलता है।

वेमना हर दृष्टि से एक उच्चकोटि के कवि थे। यद्यपि तेलुगु साहित्य प्रतिष्ठान के अधिष्ठाताओं ने उनकी हर तरह से उपेक्षा की। दूसरी ओर जो भी पाश्चात्य विद्वान उनके साहित्य के सम्पर्क में आया, वह उनके साहित्य से प्रभावित हुए बिना नहीं रहा। जे.ए. डुबोइस ने लिखा है, "जिन भारतीय कवियों ने दार्शनिक दृष्टिकोण से लिखा है, उनमें वेमना बहुत प्रसिद्ध हैं। उनकी कृतियां, जिनके कुछ उद्धरण मैंने देखे हैं, बहुत ही रोचक हैं। उनमें बुद्धिमत्ता और मौलिकता प्रचुर मात्रा में विद्यमान है।" पाश्चात्य विद्वान जी.ए. ग्रियर्सन का कहना है, "तेलुगु लेखकों में वेमना सबसे अधिक जनप्रिय हैं। शायद ही ऐसा कोई मुहावरा या कहावत है, जिसके वे जनक न समझे जाते हों।" मेजर आर.एम. मेकडोनाल्ड ने वेमना की प्रशंसा करते हुए लिखा है, "तेलुगु साहित्य के क्षेत्र में संभवतः सिवाय वेमना के ऐसा कोई अन्य लेखक नहीं हुआ जिसकी कृतियों से योरोपियन आकर्षित हुए हों। वेमना पूर्ण विवेकशील, प्रबल एकेश्वरवादी

तथा नितान्त ग्राम्य कवि हैं।" वेमना एक प्रतिभ–सम्पन्न कवि तो थे ही, साथ ही एक उच्चकोटि के दार्शनिक संत और समाज सुधारक भी थे।

वेमना के जीवन के बारे में निश्चयपूर्वक यह कहना नितान्त कठिन है कि वे कब और कहां पैदा हुए थे और कब और कहां उनकी मृत्यु हुई थी? जिन विद्वानों ने उन पर विस्तार से अध्ययन किया है वे भी इन विषयों पर एक मत नहीं है।

पेरियर ई.वी. रामास्वामी नायकर

न्याय और मानवीय अधिकारों के लिए अविस्मरणीय आन्दोलनकारी पेरियर रामास्वामी नायकर का जन्म 17 सितंबर 1879 को तमिलनाडु के इरोड़ जिले में हुआ था। युवावस्था में ही पिता की मृत्य के बाद उनका आरंभिक जीवन मजदूर (बेलदार) के रूप में बीता। रामास्वामी जन्मजात विद्रोही थे। बनारस में उन्होंने संन्यासी जीवन को नजदीक से देखा और उसमें अन्तर्निहित दोषों के कारण संन्यासी जीवन को त्याग दिया। तत्पश्चात् वह सामाजिक, धार्मिक परिवर्तन के आंदोलन में डूब कर कार्य करने लगे। उनका दर्शन और दृष्टिकोण मूर्तिभंजक और अनीश्वरवादी था। वे मूल भारतीयों के मानवीय अधिकारों में विश्वास करते थे। गौतम बुद्ध की तरह उन्होंने ईश्वर के अस्तित्व का खंडन किया। उन्होंने 1910 से 1920 के बीच भारतीय स्वतंत्रता आंदोलन में सक्रीय रूप से भाग लिया। बाद में वह जस्टिस पार्टी के सदस्य बन गये, जो उस समय समाज के द्वारा प्रताड़ित, पीड़ित, शोषित वर्ग और पिछड़ी जातियों के लोगों के लिए अच्छा कार्य कर रही थी और वह 1938 में पार्टी के चेयरमेन बन गये। बाद में उन्होंने जस्टिस पार्टी को 'द्रविड कजगम' में बदल दिया और इस तरह उनके नेतृत्व में कजगम समाज सुधार के लिए एक प्रचंड आंदोलन बना। वे पीड़ित, शोषित और पिछड़े समाज के एक प्रखर नेता थे। लोग उन्हें सम्मान से पेरियार पुकारने लगे थे। 1924 के ऐतिहासिक वायकाम आंदोलन में उनकी महत्वपूर्ण भूमिका रही है। उन्होंने ट्रावणकौर के राजा द्वारा बनाए गये उस काले कानून का जबर्दस्त विरोध किया था जो वायकाम में मंदिर के नजदीक से मूल भारतीय लोगों को आने–जाने से रोकता था। अंततः राजा को झुकना पड़ा और उन्होंने काले कानून को वापस लिया। इस सफलता के कारण जनता उन्हें वायकाम (केरल) का नायक 'वायकम वीर' कहने लगे थे । पेरियर रामास्वामी नायकर का समताधारित समाज का चिंतन निम्न सूत्र में समाहित है । "हम आत्मसम्मान की बात उसी स्थिति में सोच सकते हैं जब हम इस विश्वास को खत्म करें कि कोई विशेष जाति अन्य जातियों से सर्वश्रेष्ठ है।"

महिलाओं के अधिकारों के लिए भी जीवन पर्यन्त उन्होंने संघर्ष किया। भारत में हिन्दू विधवाओं की त्रासदी देखकर उन्हें बहुत पीड़ा होती थी। 1921 की भारतीय जनगणना के अनुसार बाल–विधवाओं, युवा तथा 30 वर्ष तक की विधवाओं की संख्या 26,31,788 थी। हृदय को हिला देने वाली जनगणना रिपोर्ट को देखकर रामास्वामी नायकर ने तमिलनाडु में विधवाओं के पुनः विवाह कराने के लिए आंदोलन छेड़ा। इस पर रूढ़ीवादी हिन्दुओं और उनके नेताओं ने उनके खिलाफ शोर मचाना आरंभ किया। लेकिन अंत में जीत पेरियार की ही हुई। उन्होंने अंतर्जातीय विवाह पर भी बल दिया और साथ ही महिलाओं की शिक्षा और सम्पत्ति में उनके अधिकार की भी वकालत की। रामास्वामी नायकर और डा. मुथुलक्ष्मी के अथक प्रयासों से तमिलनाडु में प्रचलित देवदासी प्रथा के खिलाफ कानून बना। इसके लिए उन्हें हिन्दुओं के परंपरावादी प्रसिद्ध राजनीतिज्ञ सत्यमूर्ति अय्यर के साथ भी संघर्ष करना पड़ा। उन्होंने यह सुझाव दिया था कि लोगों को देवदासियों से शादी कर लेनी चाहिए। उन्होंने 1928 में आत्मसम्मान विवाह का शुभारम्भ किया था। इसमें स्त्री और पुरुष के तलाक तथा जायदाद सम्बन्धी समान अधिकारों पर जोर दिया गया है। विवाह के दौरान वर प्रतिज्ञा करता है कि स्त्री से जिन कर्त्तव्यों की हमें अपेक्षा है, वह मुझसे भी वैसे ही कत्तव्यों की अपेक्षा कर सकती है। इससे भी दोनों के समान अधिकारों की पुष्टि होती है। 'सेल्फ रेस्पेकट मैरिज' में छपे अपने एक भाषण के दौरान पेरियार ने कहा है, "स्त्री पुरुष के बराबर है। वह गुलाम नहीं है। वह एक सच्चे मित्र के समान है। वह एक आदर्श जीवन साथी है। अधिकार दोनों के लिए समान है।" स्त्री ही पतिव्रत धर्म का क्यों पालन करे? पुरुष को भी पत्नीव्रत धर्म का पालन करना चाहिए। आत्मसम्मान विवाह में कन्यादान की प्रथा का भी विरोध किया गया, क्योंकि उससे कन्या के वस्तु होने की गंध आती है। इस सिद्धान्त को व्यवहार में लाते हुए उन्होंने अपनी बाल विधवा भांजी की विरोधों के बावजूद शादी की थी।

पेरियार ने अपने जीवन के 50 से भी अधिक वर्ष सार्वजनिक कार्यों में लगाये। उनकी गतिविधियां सांस्कृतिक, सामाजिक, राजनीतिक, धार्मिक तथा प्रशासनिक क्षेत्रों में फैली हुई थीं। परन्तु उनका एकमात्र उद्देश्य एक ऐसे समाज की स्थापना करना था जो शोषण और दमन से मुक्त हो और जहां सभी को न्याय, समानता का अधिकार मिले और व्यक्तित्व के विकास के लिए समुचित अवसर प्राप्त हों। पेरियार द्वारा मानवीयता

और सामाजिक मूल्यों की रक्षा के लिए किये गये अथक प्रयासों को इतिहास कभी भी नहीं भुला सकता। संयुक्त राष्ट्र शैक्षणिक, वैज्ञानिक एवं सांस्कृतिक संगठन (यूनेस्को) ने 27 जून 1970 को पेरियार ई.वी. रामास्वामी को एक अवार्ड से सम्मानित किया था। अवार्ड की शब्दावली के अनुसार, ''परियार नये युग के पैगम्बर, दक्षिण–पूर्व एशिया के सुकरात, समाज सुधार आंदोलन के जनक तथा अज्ञान, अंधविश्वास, निरर्थक रिवाजों और निराधार आचारों के कट्टर शत्रु हैं।'' यूनेस्को ने इस अवार्ड द्वारा ई.वी. रामास्वामी की उपलब्धियों और प्रयासों को मान्यता और स्वीकृति प्रदान की है।

लोक शिक्षक गाडगे बाबा

जब उन्नीसवीं सदी में भारतीय समाज अनेक अवांछनीय परम्पराओं, रूढ़ियों और कुप्रथाओं से जूझ रहा था; समाज में विषम परिस्थितियां पैदा हो रही थीं; ऊंच–नीच तथा जात–पांत का बोलबाला था; ऐसे ही युग में लोक शिक्षक गाडगे बाबा का जन्म 23 जनवरी 1876 को महाराष्ट्र के अमरावती जिले में शेण गांव में एक गरीब परिवार में हुआ था। उनके पिता कपड़े धोने का कार्य करते थे।

बचपन में ही उनका जीवन संघर्षमय परिस्थितियों से घिर गया था। वे जब छोटे ही थे तो उनके पिता का देहांत हो गया। परिणामस्वरूप मां के साथ वे मामा के घर चले गए। मामा के यहां वे उनके जानवरों की देखभाल करते थे। सोलह वर्ष की आयु में उनका विवाह हो गया। बाद में वे एक पुत्री के पिता भी बने। कुछ दिनों बाद 1905 में उनका सांसारिक जीवन से मन ऊब गया और उन्होंने घरबार छोड़ दिया और संत रूप में रहकर उन्होंने लगभग 50 वर्ष तक समाज–सुधार व जन कल्याण के कार्य किये । सामाजिक क्रांति के लिए उन्होंने हजारों–लाखों लोगों को प्रेरणा दी।

गाडगेजी महाराज वेषभूषा के नाम पर फटे–पुराने कपड़े पहनते थे। उनके एक हाथ में झाडू तथा दूसरे हाथ में मिट्टी का गडुआ रहता था। वे जब चलते तो रास्ता साफ करते हुए जाते थे। उनके पास हमेशा मिट्टी का गडुआ रहता था। इसलिए लोग उन्हें गाडगे महाराज कहने लगे थे, हालांकि उनके बचपन का नाम डेबू था।

संत गाडगे की मानव धर्म में आस्था थी लेकिन धर्म की संकुचित सीमा से वे बंधे न थे। वे कीर्तन के माध्यम से समाज में चेतना लाने का कार्य करते थे। उनका कहना था कि भगवान मंदिरों में नहीं रहता

बल्कि गरीबों में साक्षात रूप में निवास करता है । इसलिए वे गरीबों तथा अन्य जीवों की सेवा करने की बात कहते थे। वे समाज में घूम–घूम कर मानवतावादी विचारों का प्रचार–प्रसार किया करते थे। वे जहां भी जाते यही समझाते कि देवी–देवताओं पर मुर्गा–बकरा मत चढ़ाओ, तीर्थ यात्रा करने में पैसे मत फूंको, शराब न पिओ और न दूसरों को पिलाओ; न किसी के साथ छुआछूत का व्यवहार करो और न ही अपने को नीच मानो; बच्चों को शिक्षित बनाओ; शादी–विवाह में किसी प्रकार से दहेज न लो और न दो। उनकी ये सभी शिक्षाएं सामान्यतः सभी वर्गों और विशेषतः दलित, वंचित और पिछड़ी जातियों के कल्याण के लिए आज भी जरूरी है।

उनका कहना था कि 'जाति केवल दो हैं एक स्त्री और दूसरी पुरुष। मूल भारतीयों से सवर्ण बिल्कुल भी भिन्न (उच्च) नहीं है। जो अपने को श्रेष्ठ बतलाते हैं, वे धूर्त और बेईमान हैं। ऐसे लोग मानव जाति का अपमान करते हैं। सभी मानव एक समान हैं'। संत गाडगे मानवीयता और करुणा के जीवन्त उदाहरण थे। वे कहा करते थे, भगवान न तो तीर्थ में हैं, न मूर्ति में। वह तो दरिद्रनारायण के रूप में स्वयं तुम्हारे सामने खड़ा है। उसकी प्रेम से सेवा करो। यही आज का सच्चा धर्म है। यही सच्ची भक्ति और भगवान की पूजा है। संत गाडगे समाज सुधार में सबसे अधिक महत्व छुआछूत को मिटाने के अभियान को देते थे। वह जिस भी गांव में जाते, वहां के सभी निवासियों को अपने अपने घरों से रोटियां लाने के लिए कहते थे और फिर सभी को एक साथ बैठाकर खाना खिलाते थे ।

गाडगेजी ने शिक्षा के क्षेत्र में ठोस कार्य किए थे। शोषित समाज में जो संस्थाएं पहले से कार्यरत थीं, उन्हें वे आर्थिक मदद देते थे। उनका कहना था कि शिक्षा के प्रचार–प्रसार से मानव–जीवन में व्याप्त सभी तरह के अंधकार को दूर किया जा सकता है। इस तरह उन्होंने शिक्षा के क्षेत्र में एक अभूतपूर्व कार्य किया था। हालांकि वे स्वयं उतने पढ़े–लिखे न थे, लेकिन शिक्षा के प्रति उनकी रुचि शिक्षित लोगों से भी कहीं अधिक थी। शिक्षा की प्रगति और प्रसार के लिए संत गाडगे ने अपने जीवन काल में अनेक शिक्षण संस्थाओं की स्थापना की थी । इनमें से 10 आश्रम स्कूल, 8 आदिवासियों के लिए और एक–एक विमोचित जातियों और घुमंतु जातियों के लिए थे, 15 छात्रावास (11 लड़कों और 4 लड़कियों के लिए) थे, एक कन्या पाठशाला थी, एक महिला आश्रम थी, दो संस्कार केन्द्र थे, एक उच्चतर विद्यालय था और एक

महाविद्यालय था । इनमें से अधिकांश दूर–दराज के जंगली इलाकों में स्थापित किये गये थे ।

वे व्यक्ति पूजा के बहुत खिलाफ थे। उनके प्रवचनों से लोग प्रभावित होते थे। उनका हर कदम सामाजिक परिवर्तन के लिए समर्पित था। वह मूल भारतीयों को बराबरी दिलाने के लिए आजीवन संघर्ष करते रहे। 20 दिसंबर 1956 को गाडगे बाबा की मृत्यु हो गई, पर वे आज भी स्थानीय लोगों के बीच अमर हैं।

3

राष्ट्रीय एवं अन्तर्राष्ट्रीय स्तर पर शिक्षा के प्रचार प्रसार हेतु किये गये प्रयास

इस अध्याय में सामान्यतः सभी भारतीय नागरिकों तथा विशेषतः भारतवासी दलितों, पिछड़ों तथा अल्पसंख्यकों के उत्थान एवं संरक्षण हेतु भारत के संविधान में रखे गये शैक्षिक, सामाजिक, आर्थिक, राजनैतिक और सांस्कृतिक अधिकारों से सम्बन्धित संवैधानिक प्रावधानों तथा राष्ट्रीय एवं अंतर्राष्ट्रीय स्तर पर किये गये प्रशासनिक तथा संस्थागत प्रयासों का उल्लेख किया गया है ताकि पाठकवृन्द उनसे सहज ही अवगत हो सकें ।

संगत संवैधानिक प्रावधान :

संविधान की उद्देशिका

हम, भारत के लोग, भारत को एक **(संपूर्ण प्रभुत्व—संपन्न समाजवादी पंथनिरपेक्ष लोकतंत्रात्मक गणराज्य)** बनाने के लिए, तथा उसके समस्त नागरिकों को :

सामाजिक, आर्थिक और राजनैतिक **न्याय**
विचार, अभिव्यक्ति, विश्वास, धर्म
और उपासना की **स्वतंत्रता,**
प्रतिष्ठा और अवसर की **समता**
प्राप्त कराने के लिए,
तथा उन सब में
व्यक्ति की गरिमा और (राष्ट्र की एकता
और अखंडता) सुनिश्चित करने वाली **बंधुता**
बढ़ाने के लिए

दृढ़संकल्प होकर **अपनी इस संविधान सभा में** आज तारीख 26 नवंबर, 1949 ई. (मिति मार्गशीर्ष शुक्ला सप्तमी, संवत् दो हजार छह विक्रमी) **को एतद्द्वारा इस संविधान को अंगीकृत, अधिनियमित और आत्मार्पित करते हैं ।**

अनुच्छेद 14."[1] : विधि के समक्ष समता –– राज्य, भारत के राज्यक्षेत्र में किसी व्यक्ति को विधि के समक्ष समता से या विधियों के समान संरक्षण से वंचित नहीं करेगा।

अनुच्छेद 15. धर्म, मूलवंश, जाति, लिंग या जन्मस्थान के आधार पर विभेद का प्रतिषेध ––

(1) राज्य, किसी नागरिक के विरुद्ध केवल धर्म, मूलवंश, जाति, लिंग, जन्मस्थान या इनमें से किसी के आधार पर कोई विभेद नहीं करेगा।

(2) कोई नागरिक केवल धर्म, मूलवंश, जाति, लिंग, जन्मस्थान या इनमें से किसी के आधार पर––

(क) दुकानों, सार्वजनिक भोजनालयों, होटलों और सार्वजनिक मनोरंजन के स्थानों में प्रवेश, या

(ख) पूर्णतः या भागतः राज्य–निधि से पोषित या साधारण जनता के प्रयोग के लिए समर्पित कुओं, तालाबों, स्नानघाटों, सड़कों और सार्वजनिक समागम के स्थानों के उपयोग, के संबंध में किसी भी निर्योग्यता, दायित्व या शर्त के अधीन नहीं होगा ।

(3) इस अनुच्छेद की कोई बात राज्य को **स्त्रियों और बालकों के लिए विशेष उपबंध करने से निवारित नहीं करेगी ।**

(4) इस अनुच्छेद की या अनुच्छेद 29 के खंड (2) की कोई बात राज्य को सामाजिक और शैक्षिक दृष्टि से पिछड़े हुए नागरिकों के किन्ही वर्गों की उन्नति के लिए अनुसूचित जातियों और अनुसूचित जनजातियों के लिए कोई विशेष उपबंध करने से निवारित नही करेगी

अनुच्छेद 16. लोक नियोजन के विषय में अवसर की समता–

(1) राज्य के अधीन किसी पद पर नियोजन या नियुक्ति से संबंधित विषयों में सभी नागरिकों के लिए अवसर की समता होगी ।

---

1. अनुच्छेद 14 से 30 तक मूल अधिकार हैं ।
2. अनुच्छेद 51 क में मूल कर्त्तव्यों का उल्लेख है ।
3. अन्तर्राष्ट्रीय घोषणा और संधि में यह अन्तर है कि घोषणाओं से किसी मुद्दे को बल प्राप्त होता है तथा संधियों से उस सम्बन्ध में कानूनी अधिकार प्राप्त होता है ।

(2) राज्य के अधीन किसी नियोजन या पद के संबंध में केवल धर्म, मूलवंश, जाति, लिंग, उद्‌भव, जन्मस्थान, निवास या इनमें से किसी के आधार पर न तो कोई नागरिक अपात्र होगा और न उससे विभेद किया जाएगा ।

(3) इस अनुच्छेद की कोई बात संसद को कोई ऐसी विधि बनाने से निवारित नही करेगी जो (किसी राज्य या संघ राज्यक्षेत्र की सरकार के या उसमें के किसी स्थानीय या अन्य प्राधिकारी के अधीन वाले किसी वर्ग या वर्गों के पद पर नियोजन या नियुक्ति के संबंध में ऐसे नियोजन या नियुक्ति से पहले उस राज्य या संघ राज्यक्षेत्र के भीतर निवास विषयक कोई अपेक्षा विहित करती है)

(4) इस अनुच्छेद की कोई बात राज्य को पिछड़े हुए नागरिकों के किसी वर्ग के पक्ष में, जिनका प्रतिनिधित्व राज्य की राय मे राज्य के अधीन सेवाओं में पर्याप्त नही है, नियुक्तियों या पदों के आरक्षण के लिए उपबंध करने से निवारित नही करेगी ।

(5) इस अनुच्छेद की कोई बात किसी ऐसी विधि के प्रवर्तन पर प्रभाव नही डालेगी जो यह उपबंध करती है कि किसी धार्मिक या सांप्रदायिक संस्था के कार्यकलाप से संबंधित कोई पदधारी या उसके शासकीय निकाय का कोई सदस्य किसी विशिष्ट धर्म का मानने वाला या विशिष्ट संप्रदाय का ही हो ।

अनुच्छेद 17. अस्पृश्यता का अंत – "अस्पृश्यता" का अंत किया जाता है और उसका किसी भी रूप में आचरण निषिद्ध किया जाता है। "अस्पृश्यता" से उपजी किसी निर्योग्यता को लागू करना अपराध होगा जो विधि के अनुसार दंडनीय होगा।

अनुच्छेद 23. मानव के दुर्व्यापार और बलातश्रम का प्रतिषेध –

(1) मानव का दुर्व्यापार और बेगार तथा इसी प्रकार का अन्य बलात्‌श्रम प्रतिषिद्ध किया जाता है और इस उपबंध का कोई भी उल्लंघन अपराध होगा जो विधि के अनुसार दंडनीय होगा ।

(2) इस अनुच्छेद की कोई बात राज्य को सार्वजनिक प्रयोजनों के लिए अनिवार्य सेवा अधिरोपित करने से निवारित नही करेगी। ऐसी सेवा अधिरोपित करने में राज्य केवल धर्म, मूलवंश, जाति या वर्ग या इनमें से किसी के आधार पर कोई विभेद नही करेगा।

अनुच्छेद 25. अंतःकरण की और धर्म के अबाध रूप से मानने, आचरण और प्रचार करने की स्वतंत्रता :

(1) लोक व्यवस्था, सदाचार और स्वास्थ्य तथा इस भाग के अन्य उपबंधों के अधीन रहते हुए, सभी व्यक्तियों को अंतःकरण की स्वतंत्रता का और धर्म के अबाध रूप से मानने, आचरण करने और प्रचार करने का समान हक होगा ।

(2) इस अनुच्छेद की कोई बात किसी ऐसी विद्यमान विधि के प्रवर्तन पर प्रभाव नहीं डालेगी या राज्य को कोई ऐसी विधि बनाने से निवारित नहीं करेगी जो–

(क) धार्मिक आचरण से संबद्ध किसी आर्थिक, वित्तीय, राजनैतिक या अन्य लौकिक क्रियाकलाप का विनियमन या निर्बन्धन करती है;

(ख) सामाजिक कल्याण और सुधार के लिए या सार्वजनिक प्रचार की हिन्दुओं की धार्मिक संस्थाओं को हिन्दुओं के सभी वर्गों और अनुभागों के लिए खोलने का उपबंध करती है।

स्पष्टीकरण 1– कृपाण धारण करना और लेकर चलना सिक्ख धर्म के मानने का अंग समझा जाएगा।

स्पष्टीकरण 2–खंड (2) उपखंड (ख) में हिन्दुओं के प्रति निर्देश का यह अर्थ लगाया जाएगा कि उसके अंतर्गत सिक्ख, जैन या बौद्ध धर्म के मानने वाले व्यक्तियों के प्रति निर्देश है और हिन्दुओं की धार्मिक संस्थाओं के प्रति निर्देश का अर्थ तदनुसार लगाया जाएगा ।

अनुच्छेद 29. अल्पसंख्यक–वर्गों के हितों का संरक्षण–

(1) भारत के राज्यक्षेत्र या उसके किसी भाग के निवासी नागरिकों के किसी अनुभाग को, जिसकी अपनी विशेष भाषा, लिपि या संस्कृति है, उसे बनाए रखने का अधिकार होगा ।

(2) राज्य द्वारा पोषित या राज्य–निधि से सहायता पाने वाली किसी शिक्षा संस्था में प्रवेश से किसी भी नागरिक को केवल धर्म, मूलवंश, जाति, भाषा या इनमें से किसी के आधार पर वंचित नही किया जाएगा ।

अनुच्छेद 30. शिक्षा संस्थाओं की स्थापना और प्रशासन करने का अल्पसंख्यक–वर्गों का अधिकार–

(1) धर्म या भाषा पर आधारित सभी अल्पसंख्यक–वर्गों को अपनी रुचि की शिक्षा संस्थाओं की स्थापना और प्रशासन का अधिकार होगा।

(1क) खंड (1) में निर्दिष्ट किसी अल्पसंख्यक–वर्ग द्वारा स्थापित और प्रशासित शिक्षा संस्था की संपत्ति के अनिवार्य अर्जन के लिए

उपबंध करने वाली विधि बनाते समय, राज्य यह सुनिश्चित करेगा कि ऐसी संपत्ति के अर्जन के लिए ऐसी विधि द्वारा नियत या उसके अधीन अवधारित रकम इतनी हो कि उस खंड के अधीन प्रत्याभूत अधिकार निर्बन्धित या निराकृत न हो जाए।

(2) शिक्षा संस्थाओं को सहायता देने में राज्य किसी शिक्षा संस्था के विरुद्ध इस आधार पर विभेद नहीं करेगा कि वह धर्म या भाषा पर आधारित किसी अल्पसंख्यक–वर्ग के प्रबंध में है।

अनुच्छेद 38. राज्य लोक कल्याण की अभिवृद्धि के लिए सामाजिक व्यवस्था बनाएगा––

1. राज्य ऐसी सामाजिक व्यवस्था की, जिसमें सामाजिक, आर्थिक और राजनैतिक न्याय राष्ट्रीय जीवन की सभी संस्थाओं को अनुप्राणित करे, भरसक प्रभावी रूप में स्थापना और संरक्षण करके लोक कल्याण की अभिवृद्धि का प्रयास करेगा ।

2. राज्य विशिष्टतया आय की असमानताओं को कम करने का प्रयास करेगा और न केवल व्यष्टियों के बीच बल्कि विभिन्न क्षेत्रों में रहने वाले और विभिन्न व्यवसायों में लगे हुए लोगों के समूहों के बीच भी प्रतिष्ठा, सुविधओं और अवसरों की असमानता समाप्त करने का प्रयास करेगा ।

अनुच्छेद 39. राज्य द्वारा अनुसरणीय कुछ नीति तत्व –– राज्य अपनी नीति का, विशिष्टतया, इस प्रकार संचालन करेगा कि सुनिश्चित रूप से––

क. पुरुष और स्त्री सभी नागरिकों को समान रूप से जीविका के पर्याप्त साधन प्राप्त करने का अधिकार हो;

ख. समुदाय के भौतिक संसाधनों का स्वामित्व और नियंत्रण इस प्रकार बंटा हो जिससे सामूहिक हित का सर्वोत्तम रूप से साधन हो;

ग. आर्थिक व्यवस्था इस प्रकार चले जिससे धन ओर उत्पादन साधनों का सर्वसाधरण के लिए अहितकारी संकेंद्रण न हो;

घ. पुरुषों और स्त्रियों दोनों का समान कार्य के लिए समान वेतन हो;

ङ. पुरुष और स्त्री कर्मकारों के स्वास्थ्य और शक्ति का तथा बालकों की सुकुमार अवस्था का दुरुपयोग न हो और आर्थिक आवश्यकता से विवश होकर नागरिकों को ऐसे रोजगारों में न जाना पड़े जो उनकी आयु या शक्ति के अनुकूल न हो;

अनुच्छेद 41. कुछ दशाओं में काम, शिक्षा और लोक सहायता पाने का अधिकार – राज्य अपनी आर्थिक सामर्थ्य और विकास की सीमाओं के भीतर, काम पाने के, शिक्षा पाने के और बेकारी, बुढ़ापा, बीमारी और निःशक्तता तथा अन्य अनर्ह, अभाव की दशाओं में लोक सहायता पाने के अधिकार को प्राप्त कराने का प्रभावी उपबंध करेगा ।

अनुच्छेद 42. काम की न्यायसंगत और मानवोचित दशाओं का तथा प्रसूति सहायता का उपबंध – राज्य काम की न्यायसंगत और मानवोचित दशाओं को सुनिश्चित करने के लिए और प्रसूति सहायता के लिए उपबंध करेगा ।

अनुच्छेद 43. कर्मकारों के लिए निर्वाह मजदूरी आदि – राज्य, उपयुक्त विधान या आर्थिक संगठन द्वारा या किसी अन्य रीति से कृषि के, उद्योग के या अन्य प्रकार के सभी कर्मकारों को काम, निर्वाह मजदूरी, शिष्ट जीवनस्तर और अवकाश का सम्पूर्ण उपभोग सुनिशिचित करने वाली काम की दशाएं तथा सामाजिक और सांस्कृतिक अवसर प्राप्त कराने का प्रयास करेगा और विशिष्टतया ग्रामों में कुटीर उद्योगों को वैयक्तिक या सहकारी आधार पर बढ़ाने का प्रयास करेगा।

अनुच्छेद 43क. उद्योगों के प्रबंध में कर्मचारों का भाग लेना – राज्य किसी उद्योग में लगे हुए उपक्रमों, स्थापनों या अन्य संगठनों के प्रबंध में कर्मकारों का भाग लेना सुनिश्चित करने के लिए उपयुक्त विधान द्वारा या किसी अन्य रीति से कदम उठाएगा।

अनुच्छेद 45. बालकों के लिए निःशुल्क और अनिवार्य शिक्षा का उपबंध – राज्य इस संविधान के प्रारंभ से दस वर्ष की अवधि के भीतर सभी बालकों को चौदह वर्ष की आयु पूरी करने तक निःशुल्क और अनिवार्य शिक्षा देने के लिए उपबंध करने का प्रयास करेगा ।

अनुच्छेद 46. अनुसूचित जातियों, अनुसूचित जनजातियों और अन्य दुर्बल वर्गों के शिक्षा और अर्थ संबंधी हितों की अभिवश्द्धि – राज्य जनता के दुर्बल वर्गों के, विशिष्टतया, अनुसूचित जातियों और अनुसूचित जनजातियों के शिक्षा और अर्थ संबंधी हितों की विशेष सावधानी से अभिवृद्धि करेगा और सामाजिक अन्याय और सभी प्रकार के शोषण से उनकी सुरक्षा करेगा।

अनुच्छेद 51 क.'[2] मूल कर्त्तव्य – भारत के प्रत्येक नागरिक का यह कर्त्तव्य होगा कि वह –

(ड.) भारत के सभी लोगों में समरसता और समान भ्रातृत्व की

भावना का निर्माण करे जो धर्म, भाषा और प्रदेश या वर्ग पर आधारित सभी भेदभाव से परे हो; ऐसी प्रथाओं का त्याग करे जो स्त्रियों के सम्मान के विरुद्ध हैं;

अनुच्छेद 330. लोक सभा में अनुसूचित जातियों और अनुसूचित जनजातियां के लिए स्थानों का आरक्षण –

(1) लोक सभा में –

क. अनुसूचित जातियों के लिए,

ख. (असम के स्वशासी जिलों की अनुसूचित जनजातियों को छोड़कर अन्य अनुसूचित जनजातियों के लिए, और)

ग. असम के स्वशासी जिलों की अनुसूचित जनजातियों के लिए, स्थान आरक्षित रहेंगे ।

(2) खंड (1) के अधीन किसी राज्य (या संघ राज्यक्षेत्र) में अनुसूचित जातियों या अनुसूचित जनजातियों के लिए आरक्षित स्थानों की संख्या का अनुपात, लोक सभा में उप राज्य (या संघ राज्यक्षेत्र) को आबंटित स्थानों की कुल संख्या से यथाशक्य वही होगा जो, यथास्थिति, उस राज्य (या संघ राज्यक्षेत्र) की अनुसूचित जातियों की अथवा उस राज्य (या संघ राज्यक्षेत्र) की या उस राज्य (या संघ राज्यक्षेत्र) के भाग की अनुसूचित जनजातियों की, जिनके संबंध में स्थान इस प्रकार आरक्षित हैं, जनसंख्या का अनुपात उस राज्य (या संघ राज्यक्षेत्र) की कुल जनसंख्या से है ।

(3) खंड (2) में किसी बात के होते हुए भी, लोक सभा में असम के स्वशासी जिलों की अनुसूचित जनजातियों के लिए आरक्षित स्थानों की संख्या या अनुपात, उस राज्य को आबंटित स्थानों की कुल संख्या के उस अनुपात से कम नही होगा जो उक्त स्वशासी जिलों की अनुसूचित जनजातियों की जनसंख्या का अनुपात उस राज्य की कुल जनसंख्या से है ।)

स्पष्टीकरण—इस अनुच्छेद में और अनुच्छेद 332 "में, "जनसंख्या" पद से ऐसी अंतिम पूर्ववर्ती जनगणना में अभिनिश्चित की गई जनसंख्या अभिप्रेत है जिसके सुसंगत आंकड़े प्रकाशित हो गए हैं :

परंतु इस स्पष्टीकरण में अंतिम पूर्ववर्ती जनगणना के प्रति, जिसके सुसंगत आंकड़े प्रकाशित हो गए हैं, निर्देश का, जब तक सन् 2000 के पश्चात् की गई पहली जनगणना के सुसंगत आंकड़े प्रकाशित नही

हो जाते हैं, यह अर्थ लगाया जाएगा कि वह 1971 की जनगणना के प्रति निर्देश है।

अनुच्छेद 332. राज्यों की विधान सभाओं में अनुसूचित जातियों और अनुसूचित जनजातियों के लिए स्थानों का आरक्षण--

(1) प्रत्येक राज्य की विधान सभा में अनुसूचित जातियों के लिए और (असम के स्वशासी जिलों की अनुसूचित जनजातियों को छोड़कर) अन्य अनुसूचित जनजातियों के लिए स्थान आरक्षित रहेंगे।

अनुच्छेद 335. सेवाओं और पदों के लिए अनुसूचित जातियों और अनुसूचित जनजातियों के दावे – संघ या किसी राज्य के कार्यकलाप में संबंधित सेवाओं और पदों के लिए नियुक्तियां करने में, अनुसूचित जातियों और अनुसूचित जनजातियों के सदस्यों के दावों का, प्रशासन की दक्षता बनाए रखने की संगति के अनुसार ध्यान रखा जाएगा ।

अनुच्छेद 338. अनुसूचित जातियों, अनुसूचित जनजातियों आदि के लिए विशेष अधिकारी –

(1) अनुसूचित जातियों और अनुसूचित जनजातियों के लिए विशेष अधिकारी होगा जिसे राष्ट्रपति नियुक्त करेगा ।

(2) विशेष अधिकारी का यह कर्तव्य होगा कि वह अनुसूचित जातियों और अनुसूचित जनजातियों के लिए इस संविधान के अधीन उपबंधित रक्षोपायों से संबंधित सभी विषयों का अन्वेषण करे और उन रक्षोपायों के कार्यकरण के संबंध में ऐसे अंतरालों पर, जो राष्ट्रपति निदिष्ट करे, राष्ट्रपति को प्रतिवेदन दे और राष्ट्रपति ऐसे सभी प्रतिवेदनों को संसद के प्रत्येक सदन के समक्ष रखवाएगा।

(3) इस अनुच्छेद में, अनुसूचित जातियों और अनुसूचित जनजातियों के प्रति निर्देश का यह अर्थ लगाया जाएगा कि इसके अंतर्गत ऐसे अन्य पिछड़े वर्गों के प्रति निर्देश, जिनको राष्ट्रपति अनुच्छेद 340 के खंड (1) के अधीन नियुक्त आयोग के प्रतिवेदन की प्राप्ति पर आदेश द्वारा विनिर्दिष्ट करे, और आंग्ल–भारतीय समुदाय के प्रति निर्देश भी है ।

अनुच्छेद 339. अनुसूचित क्षेत्रों के प्रशासन और अनुसूचित जनजातियों के कल्याण के बारे में संघ का नियंत्रण –

(1) राष्ट्रपति, राज्यों के अनुसूचित क्षेत्रों के प्रशासन और अनुसूचित जनजातियों के कल्याण के बारे में प्रतिवेदन देने के लिए आयोग की

नियुक्ति, आदेश द्वारा, किसी भी समय कर सकेगा और इस संविधान के प्रारंभ से दस वर्ष की समाप्ति पर करेगा।

आदेश में आयोग की संरचना, शक्तियां और प्रक्रिया परिनिश्चित की जा सकेगी और उसमें ऐसे आनुषंगिक या सहायक उपबंध समाविष्ट हो सकेंगे जिन्हें राष्ट्रपति आवश्यक या वांछनीय समझे।

(2) संघ की कार्यपालिका शक्ति का विस्तार (किसी राज्य) को ऐसे निर्देश देने तक होगा जो उस राज्य की अनुसूचित जनजातियों के कल्याण के लिए निर्देश में आवश्यक बताई गई स्कीमों के बनाने और निष्पादन के बारे में हैं।

अनुच्छेद 340. पिछड़े वर्गों की दशाओं के अन्वेषण के लिए आयोग की नियुक्ति –

(1) राष्ट्रपति भारत के राज्यक्षेत्र के भीतर सामाजिक और शैक्षिक दृष्टि से पिछड़े वर्गों की दशाओं के और जिन कठिनाइयों को वे झेल रहे हैं उनके अन्वेषण के लिए और उन कठिनाइयों को दूर करने और उनकी दशा को सुधारने के लिए संघ या किसी राज्य द्वारा जो उपाए किए जाने चाहिएं उनके बारे में और उस प्रयोजन के लिए संघ या किसी राज्य द्वारा जो अनुदान किए जाने चाहिएं और जिन शर्तों के अधीन वे अनुदान किए जाने चाहिएं उनके बारे में सिफारिश करने के लिए, आदेश द्वारा, एक आयोग नियुक्त कर सकेगा जो ऐसे व्यक्तियों से मिलकर बनेगा जो वह ठीक समझे और ऐसे आयोग को नियुक्त करने वाले आदेश में आयेाग द्वारा अनुसरण की जाने वाली प्रक्रिया परिनिश्चित की जाएगी।

(2) इस प्रकार नियुक्त आयेाग अपने को निर्देशित विषयों का अन्वेषण करेगा और राष्ट्रपति को प्रतिवेदन देगा, जिसमें उसके द्वारा पाए गए तथ्य अपवर्णित किए जाएंगे और जिसमें ऐसी सिफारिशें की जाएंगी जिन्हें आयोग उचित समझे ।

(3) राष्ट्रपति, इस प्रकार दिए गए प्रतिवेदन की एक प्रति, उस पर की गई कार्रवाई को स्पष्ट करने वाले ज्ञापन सहित, संसद् के प्रत्येक सदन के समक्ष रखवाएगा ।

अनुच्छेद 341. अनुसूचित जातियां –

(1) राष्ट्रपति, (किसी राज्य (या संघ राज्यक्षेत्र) के संबंध में और जहां वह राज्य है वहां उसके राज्यपाल से परामर्श करने के पश्चात्) लोक अधिसूचना द्वारा, उन जातियों, मूलवंशों या जनजातियों, अथवा

जातियों, मूलवंशों या जनजातियों के भागों या उनमें के यूथों को विनिर्दिष्ट कर सकेगा, जिन्हें इस संविधान के प्रयोजनों के लिए, (यथास्थिति) उस राज्य (या संघ राज्यक्षेत्र) के संबंध में अनुसूचित जातियां समझा जाएगा।

(2) संसद, विधि द्वारा, किसी जाति, मूलवंश या जनजाति को अथवा जाति, मूलवंश या जनजाति के भाग या उसमें के यूथ को खंड (1) के अधीन निकाली गई अधिसूचना में विनिर्दिष्ट अनुसूचित जातियों की सूची में सम्मिलित कर सकेगी या उसमें से अपवर्जित कर सकेगी, किंतु जैसा ऊपर कहा गया है उसके सिवाय उक्त खंड के अधीन निकाली गई अधिसूचना में किसी पश्चात्वर्ती अधिसचूना द्वारा परिवर्तन नही किया जाएगा ।

अनुच्छेद 342. अनुसूचित जनजातियां –

(1) राष्ट्रपति, (किसी राज्य) (या संघ राज्यक्षेत्र) के संबंध में और जहां वह राज्य है वहां उसके राज्यपाल से परामर्श करने के पश्चात् लोक अधिसूचना द्वारा, उन जनजातियों या जनजाति समुदायों अथवा जनजातियों या जनजाति समुदायों के भागों या उनमें के यूथों को विनिर्दिष्ट कर सकेगा, जिन्हें, इस संविधान के प्रयोजनों के लिए, (यथास्थिति) उस राज्य (या संक्ष राज्यक्षेत्र) के संबंध में अनुसूचित जनजातियां समझा जाएगा ।

(2) संसद, विधि द्वारा, किसी जनजाति या जनजाति समुदाय को अथवा किसी जनजाति या जनजाति समुदाय के भाग या उसमें के यूथ को खंड (1) के अधीन निकाली गई अधिसूचना में विनिर्दिष्ट अनुसूचित जनजातियों की सूची में सम्मिलित कर सकेगी या उसमें से अपवर्जित कर सकेगी, किंतु जैसा ऊपर कहा गया हे उसके सिवाय उक्त खंड के अधीन निकाली गई अधिसूचना में किसी पश्चात्वर्ती अधिसूचना द्वारा परिवर्तन नही किया जाएगा।

350क. प्राथमिक स्तर पर मातृभाषा में शिक्षा की सुविधाएं – प्रत्येक राज्य और राज्य के भीतर प्रत्येक स्थानीय प्राधिकारी भाषाई अल्पसंख्यक–वर्गों के बालकों को शिक्षा के प्राथमिक स्तर पर मातृभाषा में शिक्षा की पर्याप्त सुविधाओं की व्यवस्था करने का प्रयास करेगा और राष्ट्रपति किसी राज्य को ऐसे निदेश दे सकेगा जो वह ऐसी सुविधाओं का उपबंध सुनिश्चित कराने के लिए आवश्यक या उचित समझता है।

350ख. भाषाई अल्पसंख्यक – वर्गों के लिए विशेष अधिकारी –

(1) भाषाई अल्पसंख्यक–वर्गों के लिए एक विशेष अधिकारी होगा जिसे राष्ट्रपति नियुक्त करेगा ।

(2) विशेष अधिकारी का यह कर्तव्य होगा कि वह इस संविधान के अधीन भाषाई अल्पसंख्यक– वर्गों के लिए उपबंधित रक्षोपायों से संबंधित सभी विषयों का अन्वेषण करे और उन विषयों के संबंध में ऐसे अंतरालों पर जो राष्ट्रपति निर्दिष्ट करे, राष्ट्रपति को प्रतिवेदन दे और राष्ट्रपति ऐसे सभी प्रतिवेदनों को संसद के प्रत्येक सदन के समक्ष रखवाएगा और संबंधित राज्यों की सरकारों को भिजवाएगा।

351. हिन्दी भाषा के विकास के लिए निदेश –– संघ का यह कर्त्तव्य होगा कि वह हिन्दी भाषा का प्रसार बढ़ाए, उसका विकास करे जिससे वह भारत की सामाजिक संस्कृति के सभी तत्वों की अभिव्यक्ति का माध्यम बन सके और उसकी प्रकृति में हस्तक्षेप किए बिना हिन्दुस्तानी में और आठवीं अनुसूची में विनिर्दिष्ट भारत की अन्य भाषाओं में प्रयुक्त रूप, शैली और पदों को आत्मसात करते हुए और जहां आवश्यक या वांछनीय हो वहां उसके शब्द–भंडार के लिए मुख्यतः संस्कृति से और गौणतः अन्य भाषाओं से शब्द ग्रहण करते हुए उसकी समृद्धि सुनिश्चित करे ।

राष्ट्रीय शिक्षा नीति के अनुसार शिक्षा–व्यवस्था

भारतीय संसद द्वारा 1986 में अंगीकृत राष्ट्रीय शिक्षा नीति में शिक्षा के अवसरों में असमानता को दूर करके समानता स्थापित करने पर जोर दिया गया है । इसके कुछ संगत अंश निम्न प्रकार हैं :

3.1 जिन सिद्धांतों पर राष्ट्रीय शिक्षा व्यवस्था की परिकल्पना की गई है वे हमारे संविधान में ही निहित हैं ।

3.2 राष्ट्रीय शिक्षा व्यवस्था का मूल मंत्र यह है कि एक निश्चित स्तर तक हर शिक्षार्थी को, बिना किसी जात–पात, धर्म, स्थान या लिंग भेद के, लगभग एक जैसी अच्छी शिक्षा उपलब्ध हो। इस लक्ष्य को हासिल करने के लिए सरकार उपयुक्त रूप से वित्तपोषित कार्यक्रमों की शुरुआत करेगी। 1968 की नीति में अनुशंसित सामान्य स्कूल प्रणाली को क्रियान्वित करने की दिशा में प्रभावी कदम उठाए जाएंगे।

3.4 राष्ट्रीय शिक्षा व्यवस्था पूरे देश के लिए एक राष्ट्रीय शिक्षाक्रम के ढांचे पर आधारित होगी, जिसमें एक "सामान्य केन्द्रिक" (कॉमन कोर) होगा और अन्य हिस्सों की बाबत लचीलापन रहेगा, जिन्हें स्थानीय

पर्यावरण तथा परिवेश के अनुसार ढाला जा सकेगा। "सामान्य केन्द्रिक" में भारतीय स्वतंत्रता आंदोलन का इतिहास, संवैधानिक जिम्मेदारियों तथा राष्ट्रीय अस्मिता से संबंधित अनिवार्य तत्व शामिल होंगे। ये मुद्दे किसी एक विषय का हिस्सा न होकर लगभग सभी विषयों में उपयुक्त स्थानों पर रखे जाएंगे। इनके द्वारा राष्ट्रीय मूल्यों को हर इंसान की सोच और जिंदगी का हिस्सा बनाने की कोशिश की जाएगी। इन राष्ट्रीय मूल्यों में अग्रलिखित बातें शामिल हैं : हमारी समान सांस्कृतिक धरोहर, लोकतंत्र, धर्मनिरपेक्षता, स्त्री–पुरुषों के बीच समानता, पर्यावरण का संरक्षण, सामाजिक समता, सीमित परिवार का महत्व और वैज्ञानिक तरीके के अमल की जरूरत । यह सुनिश्चित किया जाएगा कि सभी शैक्षिक कार्यक्रम धर्मनिरपेक्षता के मूल्यों के अनुरूप ही आयोजित हों।

3.6 समानता के उद्देश्य को साकार बनाने के लिए सभी को शिक्षा का समान अवसर उपलब्ध करवाना ही पर्याप्त नही होगा, बल्कि ऐसी व्यवस्था होनी भी जरूरी है जिससे सभी को शिक्षा में सफलता प्राप्त करने के समान अवसर मिलें। इसके अतिरिक्त, समानता की मूलभूत अनुभूति केन्द्रिक शिक्षाक्रम के द्वारा करवाई जाएगी। वास्तव में राष्ट्रीय शिक्षा व्यवस्था का उद्देश्य है कि सामाजिक माहौल और जन्म के संयोग से उत्पन्न पूर्वाग्रह और कुंठाएं दूर हों।

समानता के लिए शिक्षा

4.1 नई नीति विषमताओं को दूर करने पर विशेष बल देगी और अब तक वंचित रहे लोगों की विशेष आवश्यकताओं को ध्यान में रखते हुए शिक्षा के समान अवसर मुहय्या करेगी।

महिलाओं की समानता हेतु शिक्षा

4.2 शिक्षा का उपयोग महिलाओं की स्थिति में बुनियादी परिवर्तन लाने के लिए एक साधन के रूप में किया जाएगा । अतीत से चली आ रही विकृतियों और विषमताओं को खत्म करने के लिए शिक्षा–व्यवस्था का स्पष्ट झुकाव महिलाओं के पक्ष में होगा । राष्ट्रीय शिक्षा–व्यवस्था ऐसे प्रभावी कदम उठाएगी जिनसे महिलाएं, जो अब तक अबला समझी जाती रही हैं, समर्थ और सशक्त हों । नए मूल्यों की स्थापना के लिए शिक्षण संस्थाओं के सक्रिय सहयोग से पाठ्यक्रमों तथा पठन–पाठन सामग्री की पुनर्रचना की जाएगी तथा अध्यापकों व प्रशासकों का पुनःप्रशिक्षण किया जाएगा । इस काम को सामाजिक पुनर्रचना का अभिन्न अंग मानते हुए इसे पूर्ण कृतसंकल्प होकर किया जाएगा । महिलाओं से संबंधित

अध्ययन को विभिन्न पाठ्यचर्याओं के भाग के रूप में प्रोत्साहन दिया जाएगा और शिक्षा संस्थाओं को महिला विकास के सक्रिय कार्यक्रम शुरू करने के लिए प्रेरित किया जाएगा।

4.3 महिलाओं में साक्षरता प्रसार को तथा उन बाधाओं को दूर करने को जिनके कारण लड़कियां प्रारंभिक शिक्षा से वंचित रह जाती हैं, सर्वोपरि प्राथमिकता दी जायेगी । इस काम के लिए विशेष व्यवस्थाएं की जाएंगी, समयबद्ध लक्ष्य निर्धारित किए जाएंगे और उनके कार्यान्वयन पर कड़ी निगाह रखी जाएगी। विभिन्न स्तरों पर तकनीकी और व्यावसायिक शिक्षा में महिलाओं की भागीदारी पर खास जोर दिया जाएगा । लड़के और लड़कियों में किसी प्रकार का भेद–भाव न बरतने की नीति पर पूरा जोर देकर अमल किया जाएगा ताकि तकनीकी तथा व्यावसायिक पाठ्यक्रमों में पारंपरिक रवैयों के कारण चले आ रहे लिंगमूलक रूढ़िबद्ध धारणा (सेक्स स्टीरियोटाइपिंग) को खत्म किया जा सके तथा गैर–परम्परागत आधुनिक काम–धंधों में महिलाओं की हिस्सेदारी बढ़ सके । इसी प्रकार मौजूदा और नई प्रौद्योगिकी में भी महिलाओं की भागीदारी बढ़ाई जाएगी।

अनुसूचित जातियों की शिक्षा

4.4 अनुसूचित जातियों के शैक्षिक विकास पर बल दिया जाएगा, जिससे कि वे गैर–अनुसूचित जातियों के लोगों के बराबर आ सकें। यह बराबरी सभी क्षेत्रों और सभी स्तरों पर अर्थात् ग्रामीण पुरुषों में, ग्रामीण स्त्रियों में, शहरी क्षेत्रों के पुरुषों में और शहरी क्षेत्रों की स्त्रियों में होना जरूरी है ।

4.5 प्रयोजनार्थ नीति में ये उपाय सोचे गए हैं :

(1) निर्धन परिवारों को इस प्रकार का प्रोत्साहन दिया जाए कि वे अपने बच्चों को 14 साल की उम्र तक नियमित रूप से स्कूल भेज सकें ।

(2) सफाई कार्य, पशुओं की चमड़ी उतारने तथा चर्म–शोधन जैसे व्यवसायों में लगे परिवारों के बच्चों के लिए मैट्रिक–पूर्व छात्रवृत्ति योजना पहली कक्षा से शुरू की जाएगी । ऐसे परिवारों की आय पर ध्यान दिए बिना, उनके सभी बच्चों की इस योजना में शामिल किया जाएगा तथा उनके लिए समयबद्ध कार्यक्रम शुरू किए जाएंगे ।

(3) ऐसी सुनियोजित व्यवस्थाएं करना और जांच–पड़ताल की विधि उपयोग में लाना, जिससे पता चलता रहे कि अनुसूचित जातियों के बच्चों

के नामांकन होने, नियमित रूप से अध्ययन जारी रखने और पढ़ाई पूरी करने की प्रक्रिया में कही गिरावट तो नही आ रही है । साथ ही इन बच्चों की आगे की शिक्षा और रोजगार पाने की संभावना को बढ़ाने के उद्देश्य से उनके लिए उपचारात्मक पाठ्यचर्या की व्यवस्था करना ।

(4) अनुसूचित जातियों से शिक्षकों की नियुक्ति पर विशेष ध्यान देना ।

(5) जिला केन्द्रों पर अनुसूचित जातियों के छात्रों के लिए छात्रावास की सुविधाएं क्रमिक रूप से बढ़ाना।

(6) स्कूल भवनों, बालवाड़ियों और प्रौढ़ शिक्षा का स्थान चुनते समय अनुसूचित जाति के व्यक्तियों की सुविधा पर विशेष ध्यान देना।

(7) अनुसूचित जातियों के लिए शैक्षिक सुविधाओं का विस्तार करने के लिए राष्ट्रीय ग्रामीण रोजगार कार्यक्रम तथा ग्रामीण भूमिहीन रोजगार गारंटी कार्यक्रम के साधनों का उपयोग करना ।

(8) अनुसूचित जातियों का शिक्षा की प्रक्रिया में समावेश बढ़ाने हेतु लगातार नए तरीकों की खोज जारी रखना ।

अनुसूचित जनजातियों की शिक्षा

4.6 अनुसूचित जनजातियों को अन्य लोगों की बराबरी पर लाने के लिए निम्नलिखित कदम तत्काल उठाए जाएंगे :

(1) आदिवासी इलाकों में प्राथमिक शालाएं खोलने के काम को प्राथमिकता दी जाएगी । इन क्षेत्रों में स्कूल भवनों के निर्माण का कार्य शिक्षा के बजट, राष्ट्रीय ग्रामीण रोजगार कार्यक्रम, ग्रामीण–भूमिहीन रोजगार गारंटी कार्यक्रम, जनजातीय कल्याण योजनाओं आदि के अन्तर्गत प्राथमिकता के आधार पर आरम्भ किया जाएगा ।

(2) आदिवासियों की अपनी सांस्कृतिक एवं सामाजिक विशिष्टता होती है और बहुधा उनकी अपनी बोलचाल की भाषाएं होती हैं पाठ्यक्रम निर्माण में तथा शिक्षण सामग्री तैयार करने में यह जरूरी है कि शुरुआत की अवस्था में आदिवासी भाषाओं का उपयोग किया जाए, तथा ऐसा इन्तजाम किया जाए कि आदिवासी बच्चे शुरू के कुछ वर्षों के बाद क्षेत्रीय भाषा के माध्यम से शिक्षा प्राप्त कर सकें ।

(3) पढ़े–लिखे प्रतिभाशाली आदिवासी युवकों को प्रशिक्षण देकर अपने क्षेत्र में ही शिक्षक बनने के लिए प्रोत्साहन दिया जाएगा ।

(4) बड़ी तादाद में आश्रमशालाएं और आवासीय विद्यालय खोले जाएंगे।

(5) अनुसूचित जनजातियों के लिए उनकी जिन्दगी के तौर–तरीकों और उनकी खास जरूरतों को ध्यान में रखते हुए ऐसी प्रोत्साहन योजनाएं तैयार की जाएंगी जिनसे शिक्षा प्राप्ति में आने वाली बाधाएं दूर हों। उच्च शिक्षा के लिए दी जाने वाली छात्रवृत्तियों में तकनीकी और व्यावसायिक पढ़ाई को ज्यादा महत्व दिया जाएगा। सामाजिक तथा मानसिक अवरोधों को दूर करने के लिए विशेष उपचारात्मक पाठ्यचर्या और अन्य कार्यक्रम चलाए जाएंगे ताकि आदिवासी शिक्षार्थी सफलता से अपनी पढ़ाई पूरी कर सकें।

(6) आंगनवाड़ियां, अनौपचारिक शिक्षा केन्द्र और प्रौढ़ शिक्षा केन्द्र आदिवासी–बहुल इलाकों में प्राथमिकता के आधार पर खोले जाएंगे।

(7) आदिवासियों की समृद्ध सांस्कृतिक अस्मिता और विशाल सृजनात्मक प्रतिभा के बारे में चेतना सभी स्तरों के पाठ्यक्रमों का जरूरी हिस्सा होगी ।

मूल्यों की शिक्षा

8.4 इस बात पर गहरी चिन्ता प्रकट की जा रही है कि जीवन के लिए आवश्यक मूल्यों का ह्रास हो रहा है और मूल्यों पर से ही लोगों का विश्वास उठता जा रहा है । शिक्षाक्रम में ऐसे परिवर्तन की जरूरत है जिससे सामाजिक और नैतिक मूल्यों के विकास में शिक्षा एक सशक्त माध्यम बन सके ।

8.5 हमारा समाज सांस्कृतिक रूप से बहु–आयामी है, इसलिए शिक्षा के द्वारा उन सार्वजनीन और शाश्वत मूल्यों का विकास होना चाहिए जो हमारे लोगों को एकता की ओर ले जा सकें । इन मूल्यों से धार्मिक अंधविश्वास, कट्टरता, असहिष्णुता, हिंसा और भाग्यवाद का अन्त करने में सहायता मिलनी चाहिए।

8.6 इस संघर्षात्मक भूमिका के साथ–साथ मूल्य–शिक्षा का एक महत्वपूर्ण सकारात्मक पहलू भी है, जिसका आधार हमारी सांस्कृतिक विरासत, राष्ट्रीय लक्ष्य और सार्वभौम दृष्टि है, जिस पर मुख्य तौर से बल दिया जाना चाहिए ।

भोपाल घोषणा

21वीं सदी में दलित के लिए नयी रणनीति

25 करोड़ दलित (अनुसूचित जाति एवं अनुसूचित जन जाति) के कल्याण तथा उन्हें न्याय दिलाने से सम्बन्धित मुद्दों पर विचार–विमर्श

करने के उद्देश्य से अनेक बुद्धिजीवियों और कार्यकर्ताओं का मध्यप्रदेश (भारत) की राजधानी भोपाल में 12–13 जनवरी 2002 को सम्मेलन हुआ, जिसमें हुए गम्भीर चिंतन के उपरान्त उन्होंने निम्नप्रकार से घोषणा की :

"हम भारत के संविधान में निहित इस आशय के प्रावधानों; इसकी न्याय, स्वतंत्रता, समानता तथा भाई–चारे के प्रति प्रतिबद्धता व्यक्त करने वाली इसकी प्रस्तावना; मानवाधिकार सम्बन्धी विश्वव्यापी घोषणा तथा संयुक्त राष्ट्र द्वारा की गई इसी आशय के घोषणा–पत्रों में निहित सर्वमान्य सिद्धान्तों को स्वीकार करते हैं और उनके कार्यान्वयन पर बल देते हैं;

"हम वनों तथा वनोपजों पर आदिवासियों के न्यायसम्मत और परम्परागत अधिकारों को स्वीकार्य मानते हैं और देश की समृद्ध जैव–विविधता और प्राकृतिक संसाधनों सहित तत्सम्बन्धी संस्कृति एवं सभ्यता के संरक्षण व संवर्धन में आदिवासी समुदायों, विशेषतः महिलाओं की भूमिका को हृदय से स्वीकार करते हैं;

"हम बाबा साहब डा. बी. आर. आम्बेडकर के सामाजिक लोकतंत्र की अवधारणा और इस कथन में पूर्ण आस्था रखते है कि किसी भी सफल लोकतांत्रिक सरकार की सफलता के लिए सामाजिक लोकतंत्र का होना प्रथम अनिवार्यता है; हम बाबा साहेब द्वारा अपने लोगों के उद्धार हेतु उन्हें परम्परागत अधिकार दिलाने के लिए किये गये लोकतांत्रिक और संवैधानिक संघर्ष का स्मरण करते हुए उसे आज भी प्रासंगिक मानते हैं; हम खेद व्यक्त करते हैं कि बाबा साहब के बाद दलितों का जो बुद्धिजीवी वर्ग उभरा है, वह इस मुक्ति आन्दोलन को आगे बढ़ाने में अधिकांशतः असफल रहा, अतः राजनैतिक दलों की अनिच्छा के बावजूद हमें स्वयं ही इस संघर्ष को पूरे सामर्थ्य से आगे बढ़ाते रहना है; हमारी मान्यता है कि दलितों को देश और विदेशों में होने वाले मुक्ति तथा मानवाधिकार आन्दोलनों से जुड़ने की आवश्यकता है;

"हम यह सच स्वीकारते हैं कि आजादी के 55 वर्ष बाद भी दलित समुदाय अपने बुनियादी मानवाधिकारों से वंचित हैं और वह क्रूर और दमनकारी भेदभाव और अलगाव का शिकार है। इस प्रकार के पूर्वाग्रह तथा क्रूर हिंसा का एक बड़ा कारण जाति–प्रथा है। यह भी सच है कि महिलाएं, विशेषतः दलित महिलाओं का समाज में व्याप्त जातिगत, धार्मिक एवं पुरुष–प्रधान विचारधारा और प्रथाओं के कारण सबसे अधिक दमन

और शोषण होता है। उन्हें विभिन्न प्रकार के भेदभावों और अत्याचारों का शिकार होना पड़ता है;

"हम इस बात के प्रति सजग हैं कि दलितों के उत्थानार्थ किये जाने वाले आन्दोलन में चाहे वह जितना सशक्त और उत्साहपूर्ण हो, उच्च जातियों से प्रभावित होकर समाज, सरकार, प्रचारतंत्र तथा स्वयंसेवी संस्थाएं भी बाधा उत्पन्न करती हैं, इसलिए प्रगति, समानता, न्याय, शान्ति और सामाजिक सामंजस्य के पूरे विश्व में पैदा हुए वातावरण में सरकार द्वारा किये गये प्रयासों की सफलता के लिए हमें – राजनेताओं, सरकारी अधिकारियों और निचले स्तर के कार्यकर्ताओं – सभी को एकजुट होकर भारत के इस सर्वाधिक दमित समुदाय के चहुंमुखी विकास हेतु कार्य करना होगा। साथ ही सरकार यह सेवाओं का उन्हें कानूनी अधिकार हो। साथ ही उन्हें जीवनयापन योग्य मजदूरी तथा पांच एकड़ कृषि भूमि के स्वामित्व अथवा लाभदायक रोजगार का अधिकार हो।

9. सभी दलितों को अनिवार्य, निःशुल्क तथा अच्छी शिक्षा प्रदान करने की व्यवस्था तत्काल लागू की जाए, निरक्षरों की संख्या व स्तर के अनुरूप धनराशि आवंटित की जाए, उन परिवारों को मुआवजा सुनिश्चित किया जाए, जिनके बच्चों के काम न करने से उन्हें आमदनी का नुकसान होता है, छात्रवृत्तियों की संख्या और राशि में वृद्धि की जाए और अ. जा. तथा अ.ज.जा. के स्कूलों में बेहतर बुनियादी सुविधाएं उपलब्ध कराई जाएं तथा उन्हें बाजारोन्मुखी व्यवसायिक व तकनीकी शिक्षा दी जाए।

10. सभी सार्वजनिक और निजी शैक्षणिक संस्थाओं में प्राथमिक स्तर से तकनीकी व व्यवसायिक स्तर तक आरक्षण कोटा लागू किया जाए। कम आमदनी वाले अ.जा./अ.ज.जा. के लोगों के बच्चों को सरकारी खर्च पर अच्छी शिक्षा दी जाए। साथ ही, प्रत्येक अंग्रेजी माध्यम का स्कूल "प्रवेश में विविधता" को अनिवार्य रूप से लागू करें।

11. महिलाओं में अ.जा. और अ.ज.जा. की महिलाओं को एक विशेष श्रेणी के रूप में मान्यता दी जाए और तदनुसार जनगणना रिपोर्ट में उपलब्ध दलित महिलाओं के विषय में अलग से आंकड़े दिये जाएं । इस संबंध में एक्शन टेकन रिपोर्ट और प्रगति रिपोर्ट ली जाए, अ.जा. और अ.ज.जा. की महिलाओं को विकास की मुख्यधारा में शामिल करने के लिए राष्ट्र और राज्य स्तर पर परिप्रेक्ष्य योजनाएं बनाई जाएं। ऐसा ही कार्य बाजार, उद्यमों, वित्तीय आवंटनों, शैक्षणिक संस्थाओं में आरक्षण सुविधाओं, रोजगार तथा स्वास्थ्य सुविधाओं के मामले में भी किया जाए। राष्ट्रीय और राज्य स्तरीय

अ.जा. और अ.ज.जा. तथा महिला आयोगों को निर्देशित किया जाए कि वे अध्ययन करा कर अपनी वार्षिक रिपोर्ट में अ.जा. ओर अ.ज.जा. की महिलाओं की स्थिति का विशेष रूप से उल्लेख करें।

12. अ.जा. एवं अ.ज.जा. (अत्याचार निवारण) अधिनियम, 1980 तथा नियम, 1995 का पूरी निष्ठा से शब्दशः पालन किया जाए, विशेष रूप से दलित महिलाओं पर अत्याचार के संबंध में, और तद्नुसार जाति संघर्ष बढ़ाने वाले प्रभावशाली जातिवादी नेताओं व उनके गुरगों पर मुकदमा चलाया जाए। यह कार्यवाही उन पुलिस कर्मियों पर भी की जाए जिनसे उनकी मिलीभगत है। अ.जा./अ.ज.जा. के विरुद्ध अत्याचार के मामलों में सामूहिक दण्ड की व्यवस्था की जाए, क्योंकि अत्याचार करने वालों को समुदाय का समर्थन व संरक्षण प्राप्त होता है और वे कानून से बच निकलते हैं।

13. भारत की सार्वजनिक संस्थाओं में विविधता अथवा अ.जा./अ.ज.जा. को समुचित प्रतिनिधित्व सुनिश्चित किया जाए, चाहे वे विश्वविद्यालय हों अथवा अकादमिक अथवा स्वायत्तशासी अथवा पंजीकृत संस्थाएं। जो संस्थाएं सकारात्मक कार्यवाही (एफरमेटिव एक्शन) के सिद्धान्त का पालन नहीं करतीं, उनकी मान्यता समाप्त हो तथा सरकार उन्हें पैसा देना बंद करे। सभी निजी उद्योग/व्यवसायिक घराने अपने कार्यबल में विविधता की व्यवस्था को तत्काल लागू करें।

14. यह सुनिश्चित किया जाए कि सभी राज्यों तथा राष्ट्र के बजट आवंटन अ.जा. और अ.ज.जा. की आबादी के अनुपात में हों तथा इन वर्गों के लिए आवंटित राशि का उपयोग न करने वालों अथवा अन्यत्र उपयोग करने वालों के विरुद्ध दण्डात्मक कार्यवाई हो।

15. प्रत्येक सरकार तथा निजी संगठन सामाजिक रूप से कमजोर व्यवसायों से 'सप्लायर डायवर्सिटी' तथा सभी सामग्रियों व सेवा में 'डीलरशिप डायवर्सिटी' की व्यवस्था को अनिवार्य रूप से लागू करें।

16. सरकार, अ.जा. और अ.ज.जा. की सुरक्षा की स्वयं अकेले जिम्मेदारी ले। सरकार, अधिक अत्याचार वाले क्षेत्रों की पहचान कर वहां सशस्त्र बल तैनात करे। इसके अलावा, अत्याचार निवारण अधिनियम के प्रावधान के अनुसार आत्मरक्षा के लिए अ.जा. और अ.ज.जा. के लोगों को हथियारों के लायसेन्स दिये जाएं, गांव स्तर से ऊपर तक दलित आत्मरक्षा समूहों के गठन को अनिवार्य किया जाए तथा अपराधियों व अत्याचार करने वालों से स्वयं की रक्षा करने के लिए दलित महिलाओं को हथियार चलाने का विशेष रूप से प्रशिक्षण दिया जाए।

17. प्रभावी पुनर्वास, वैयक्तिक और स्थाई रोजगार तथा विकास कार्यक्रमों को तत्काल लागू कर हाथ से मैला साफ करने की अपमानजनक प्रथा समाप्त की जाए। साथ ही, एम्पलायमेंट आफ मेनुअल स्केवेन्जर्स एण्ड कन्स्ट्रक्शन आफ ड्राई लेर्टिन (प्रोहिबिशन), एक्ट 1993 का उल्लंघन करने वालों, खासकर खुले रूप से उल्लंघन करने वालों – रेलवे, सुरक्षा, नगरीय/स्थानीय निकायों व अन्य के विरुद्ध मुकदमे चलाए जाएं।

18. संसद तथा राज्य विधान सभाओं के लिए यह अनिवार्य कर दिया जाए कि राष्ट्रीय और राज्य स्तरीय अ.जा./अ.ज.जा. तथा सफाई कर्मचारी संबंधी आयोगों के वार्षिक प्रतिवेदनों पर अगले वर्ष के भीतर ही चर्चा की जाए और यह सुनिश्चित किया जाए कि ये वार्षिक प्रतिवेदन तथा कृतकार्यवाही प्रतिवेदन (एक्शन टेकन रिपोर्ट) सार्वजनिक की जाएं। यह भी सुनिश्चित किया जाए कि इस संबंध में स्पष्ट संवैधानिक प्रावधानों के अंतर्गत कार्यवाई की जाए।

19. उद्योग और निगमित क्षेत्र जैसी सभी निजी संस्थाओं में सकारात्मक कार्रवाई अनिवार्य की जाए, जिन्हें किसी भी रूप में रियायती दर पर भूमि से लेकर टैक्स छूट तक राज्य संरक्षण मिलता है। साथ ही दलितों की क्षमताओं व कौशलों को बढ़ाया जाए, ताकि विभिन्न क्षेत्रों की मांग के अनुरूप वे स्वयं को तैयार कर सकें।

20. न्यायपालिका तथा रक्षा बलों में सभी स्तरों पर अ.जा./अ.ज.जा. के लिये आरक्षण नीति का पालन किया जाए। नामांकन व्यवस्था को समाप्त कर न्यायपालिका में नियुक्ति प्रक्रिया को पारदर्शी बनाया जाए।

21. बीते 25 वर्षों में आरक्षण की स्थिति पर दो वर्षों के भीतर एक "सच्चाई पत्र" प्रकाशित कर इसे चर्चा के लिये संसद और राज्य विधान सभाओं में प्रस्तुत किया जाए और दलितों के लिये आरक्षित विकलॉग पदों को तत्काल हर स्तर पर दलित उम्मीदवारों द्वारा ही भरा जाए।

संयुक्त राष्ट्र संघ का अधिकार–पत्र

26 जून 1945 को सम्मेलन में सम्मिलित भारत सहित 50 देशों ने **संयुक्त राष्ट्र संघ के अधिकार–पत्र** पर हस्ताक्षर किए । इस अधिकार–पत्र में संयुक्त राष्ट्र संघ के गठन की व्यवस्था की गई है । यह अधिकार–पत्र 24 अक्टूबर 1945 को लागू हो गया । इसके अन्तर्गत "मूल मानवाधिकारों" तथा "व्यक्ति की गरिमा और महत्व" में आस्था प्रकट

की गई है । इसके बाद 10 दिसम्बर 1948 को संयुक्त राष्ट्र संघ की महासभा ने मानवाधिकारों की सार्वजनीन घोषणा अंगीकार की जिसके संगत अंश उद्धृत किये जा रहे हैं :

अनुच्छेद 2. संपत्ति, जन्म या अन्य स्थिति से संबंधित किसी भी प्रकार के विभेद के बिना प्रत्येक मनुष्य इस घोषणा में वर्णित अधिकारों और स्वतंत्रताओं का हकदार है। इसके अतिरिक्त, कोई व्यक्ति जिस देश या प्रदेश का निवासी है उस देश या प्रदेश की राजनीतिक, क्षेत्राधिकारीय या अंतर्राष्ट्रीय स्थिति चाहे कुछ भी हो, वह देश या प्रदेश चाहे स्वतंत्र हो या ट्रस्ट–व्यवस्था के अधीन हो, अथवा अस्वशासी हो या उसकी प्रभुसत्ता पर कोई मर्यादा लगी हो, उसके आधार पर उस व्यक्ति के साथ कोई विभेद नही किया जाएगा ।

अनुच्छेद 3 प्रत्येक व्यक्ति को जीवन, स्वतंत्रता और अपने शरीर की सुरक्षा का अधिकार है ।

अनुच्छेद 4 किसी को भी दास बनाकर या दासता की स्थिति में नही रखा जाएगा। सभी प्रकार की दासता और दास–व्यापार निषिद्ध होंगे।

अनुच्छेद 5 किसी को भी यातना नही दी जाएगी और किसी के साथ निष्ठुरतापूर्ण, अमानवीय या अपमानजनक व्यवहार नही किया जाएगा और न किसी को इस प्रकार का कोई दंड दिया जाएगा।

अनुच्छेद 6 प्रत्येक मनुष्य को यह अधिकार है कि उसे हर जगह कानून की दृष्टि में एक व्यक्ति के रूप में मान्य किया जाए।

अनुच्छेद 7 कानून की दृष्टि में सभी समान हैं और बिना किसी विभेद के कानून की समान सुरक्षा प्राप्त करने के अधिकारी हैं । सभी को इस घोषणा के विरुद्ध किए जाने वाले विभेद या ऐसा विभेद करने के लिए दिए गए किसी उकसावे के खिलाफ समान संरक्षण का अधिकार है ।

अनुच्छेद 8 प्रत्येक व्यक्ति को उसे संविधान या कानून द्वारा प्रदत्त मूल अधिकार का उल्लंघन करने वाली कार्रवाइयों का सक्षम राष्ट्रीय न्यायाधिकरणों द्वारा प्रभावकारी रीति से प्रतिकार करने का अधिकार है ।

अनुच्छेद 10 प्रत्येक व्यक्ति को पूर्ण समानता के आधार पर यह हक है कि उसके अधिकारों और दायित्वों का एवं यदि उसके खिलाफ किसी अपराध का कोई आरोप हो तो उसका निर्णय स्वतंत्र और निष्पक्ष न्यायाधिकरण द्वारा न्यायोचत और सार्वजनिक सुनवाई के आधार पर किया जाए ।

अनुच्छेद 23

1. प्रत्येक व्यक्ति को काम करने, अपनी इच्छा से अपना रोजगार चुनने, काम करने की उचित और अनुकूल परिस्थितियां पाने और बेरोज़गारी के खिलाफ सुरक्षा का अधिकार है।

2. प्रत्येक व्यक्ति को बिना किसी विभेद के समान कार्य के लिए समान वेतन पाने का अधिकार है।

\+ \+ \+

अनुच्छेद 25

1. प्रत्येक व्यक्ति को एक ऐसे जीवन–स्तर का अधिकार है जो स्वयं उसके और उसके परिवार के स्वास्थ्य और कल्याण के लिए उपयुक्त हो, जिसमें भोजन, वस्त्र, आवास और चिकित्सा–संबंधी देख–रेख की उचित सुविधा तथा आवश्यक सामाजिक सेवाओं की व्यवस्था का, और बेरोज़गारी, बीमारी, शारीरिक अक्षमता, वैधव्य, बुढ़ापा, या उसके बस से बाहर की अन्य ऐसी परिस्थितियों में, जिनमें वह अपनी जीविका अर्जित करने में असमर्थ हो जाए, सामाजिक सुरक्षा की व्यवस्था का समावेश है ।

अनुच्छेद 26

1. हर व्यक्ति को शिक्षा पाने का अधिकार है। कम से कम प्राथमिक और बुनियादी अवस्थाओं में शिक्षा निःशुल्क होगी। प्राथमिक शिक्षा अनिवार्य होगी। तकनीकी और व्यावसायिक शिक्षा सामान्य रूप से उपलब्ध होगी और प्रतिभा के आधार पर सबको उच्च शिक्षा प्राप्त करने की समान सुविधा होगी।

2. शिक्षा मानव व्यक्तित्व के पूर्ण विकास और मानवाधिकारों तथा मूल स्वतंत्रताओं के प्रति सम्मान की भावना को प्रबल बनाने की ओर अभिमुख होगी। वह सभी राष्ट्रों, नस्लों या धार्मिक समूहों के बीच आपसी सद्भाव, सहिष्णुता और मित्रता का अभिवर्धन करेगी और संयुक्त राष्ट्र संघ के शांति की रक्षा के प्रयत्नों में सहायक होगी।

3. माता–पिता को यह तय करने का प्रथम अधिकार होगा कि उनके बच्चों को किस प्रकार की शिक्षा दी जाए ।

अनुच्छेद 27

1. प्रत्येक व्यक्ति को समुदाय के सांस्कृतिक जीवन में निर्बाध रूप से भाग लेने, कलाओं का आनंद उठाने तथा वैज्ञानिक प्रगति और उसके लाभों में हिस्सेदारी करने का अधिकार है ।

\+ \+ \+

अनुच्छेद 29

\+ + +

2. अपने अधिकारों और स्वतंत्रताओं का प्रयोग करते समय प्रत्येक व्यक्ति केवल ऐसी मर्यादाओं के ही अधीन होगा जो कानून द्वारा सिर्फ इस प्रयोजन से निर्धारित की गई हों कि अन्य लोगों के अधिकारों तथा स्वतंत्रताओं के प्रति स्वीकृति और सम्मान सुनिश्चित हो सके और जिनसे एक लोकतांत्रिक समाज में नैतिकता, सार्वजनिक व्यवस्था तथा सामान्य जन–कल्याण के तकाजे पूरे हो सकें।

\+ + +

सभी प्रकार के नस्ली विभेदों के उन्मूलन से संबंधित अंतर्राष्ट्रीय अभिसमय

यह **अभिसमय** संयुक्त राष्ट्र संघ की महासभा में 21 दिसंबर 1965 को अंगीकार किया गया और 4 जनवरी 1969 को प्रभावी हुआ । इस **अभिसमय** के कुछ संगत अंश निम्न प्रकार हैं :

इस बात को ध्यान में रखते हुए कि संयुक्त राष्ट्र संघ अधिकार –पत्र सभी मनुष्यों की सहज गरिमा और समानता के सिद्धांतों पर आधारित है, और इस अभिसमय के सभी पक्षकार राज्यों ने संयुक्त राष्ट्र संघ के एक प्रयोजन को, जो नस्ल, लिंग, भाषा या धर्म के आधार पर कोई विभेद किए बिना, सबके लिए मानवाधिकारों और मूल स्वतंत्रताओं के प्रति सम्मान और उनके अनुपालन को बढ़ावा और प्रोत्साहन देना है, सिद्ध करने के लिए इस संघ के सहयोग से संयुक्त रूप से और अलग–अलग प्रयत्न करने की प्रतिज्ञा की है,

इस बात को ध्यान में रखते हुए कि मानवाधिकारों की सार्वजनीन घोषणा में ऐलान किया गया है कि सभी मनुष्य जन्म से स्वतंत्र और गरिमा तथा अधिकारों की दृष्टि से समान हैं, और प्रत्येक व्यक्ति किसी भी प्रकार के विभेद के बिना, ख़ासकर नस्ल, रंग, या राष्ट्रीय मूल पर आधारित विभेद के बिना, उस घोषणा में उल्लिखित सभी अधिकारों और स्वतंत्रताओं का हकदार है,

इस बात को ध्यान में रखते हुए कि सभी मनुष्य कानून के समक्ष समान हैं, और किसी भी विभेद के ख़िलाफ़ और विभेद की उत्तेजना देने वाली कार्रवाई के ख़िलाफ़ कानून के समान संरक्षण के हकदार हैं, इस बात को ध्यान में रखते हुए कि संयुक्त राष्ट्र संघ की सभी

प्रकार के नस्ली विभेदों की समाप्ति की 20 नवंबर 1963 की घोषणा (महासभा का प्रस्ताव 1904 (XVIII) में विश्व–भर में सभी प्रकार के नस्ली विभेदों को शीघ्रता से मिटा देने और व्यक्ति की गरिमा के प्रति संवेदना और सम्मान सुनिश्चित करने की आवश्यकता पर बल दिया है,

यह विश्वास रखते हुए कि नस्ली विभेद पर आधारित श्रेष्ठता का सिद्धांत वैज्ञानिक दृष्टि से ग़लत, नैतिक दृष्टि से निंदनीय, सामाजिक दृष्टि से अन्यायपूर्ण और ख़तरनाक है, और उसके आधार पर कही भी सिद्धांत या व्यवहार में कोई विभेद करना समीचीन नही है,

इस बात की पुनः पुष्टि करते हुए कि नस्ल, रंग या नृजातीय मूल के आधार पर मनुष्य–मनुष्य के बीच विभेद करना राष्ट्रों के बीच मैत्रीपूर्ण एवं शांतिपूर्ण संबंधों के लिए बाधक है और ऐसा विभेद जन–समाजों के बीच शांति और सुरक्षा में तथा एक ही राज्य के अंदर साथ–साथ रहने वाले लोगों के बीच मेल–जोल में व्यवधान डाल सकता है,

\+ \+ \+

इस अभिसमय के पक्षधर राज्य निम्नलिखित पर सहमत होते हैं :

\+ \+ \+

अनुच्छेद 7

इस अभिसमय के पक्षकार राज्य वचन देते हैं कि नस्ली विभेद को जन्म देने वाले पूर्वाग्रहों का निवारण करने के लिए और राष्ट्रीय तथा नस्ली या नृजातीय समूहों के बीच सद्भावना, सहिष्णुता और मित्रता को बढ़ावा देने के लिए एवं संयुक्त राष्ट्र संघ अधिकार–पत्र, मानवाधिकारों की सार्वजनीन घोषणा, सभी प्रकार के नस्ली विभेद की समाप्ति संबंधी संयुक्त राष्ट्र संघ की घोषणा और इस अभिसमय के प्रयोजनों और सिद्धांतों का प्रचार करने के लिए ख़ास तौर से अध्यापन, शिक्षण, संस्कशति और सूचना के क्षेत्रों में वे अविलंब प्रभावकारी उपाय करेंगे ।

आर्थिक, सामाजिक तथा सांस्कृतिक अधिकारों से संबंधित अंतर्राष्ट्रीय प्रसंविदा

संयुक्त राष्ट्र संघ की महासभा द्वारा 16 दिसम्बर 1966 को पारित और 3 जनवरी 1976 से प्रभावी आर्थिक, सामाजिक तथा सांस्कृतिक अधिकारों से सम्बन्धित अन्तर्राष्ट्रीय प्रसंविदा के संगत अंश नीचे उद्धृत किये जा रहे हैं :

अनुच्छेद 2

1. इस प्रसंविदा का प्रत्येक पक्षकार राज्य वचन देता है कि इसमें स्वीकृत अधिकारों को सभी उपयुक्त उपायों से, जिनमें विशेष रूप से विधि–निर्माण का उपाय सम्मिलित है, क्रमिक रूप से साकार करने के लिए वह अलग–अलग और अंतर्राष्ट्रीय सहायता और सहयोग के तरीके से, खास तौर से ऐसी आर्थिक और तकनीकी सहायता और सहयोग के तरीके से, अपने उपलब्ध संसाधनों की अधिकतम सीमा तक कार्रवाई करेगा ।

2. इस प्रसंविदा के पक्षकार राज्य यह सुनिश्चित करने का वचन देते हैं कि इसमें बताए गए अधिकारों पर रंग, लिंग, भाषा, धर्म, संपत्ति, जन्म या किसी और स्थिति पर आधारित किसी विभेद के बिना अमल किया जाएगा ।

\+ + +

अनुच्छेद 3

इस प्रसंविदा के पक्षकार राज्य यह सुनिश्चित करने का वचन देते हैं कि सभी पुरुषों और महिलाओं को वर्तमान प्रसंविदा में बताए सभी आर्थिक, सामाजिक और सांस्कृतिक अधिकारों का उपभोग करने का समान अधिकार होगा ।

अनुच्छेद 6

1. इस प्रसंविदा के पक्षकार राज्य रोजगार के अधिकार को स्वीकार करते हैं, जिसके अनुसार प्रत्येक व्यक्ति को अपनी पसंद का रोजगार चुनकर और अपनाकर अपनी जीविका कमाने का अवसर प्राप्त करने का अधिकार होगा। ये राज्य इस अधिकार की रक्षा करने के लिए उपयुक्त कदम उठाएंगे ।

\+ + +

अनुच्छेद 7

इस प्रसंविदा के पक्षकार राज्य यह स्वीकार करते हैं कि प्रत्येक व्यक्ति को काम करने की ऐसी न्यायसंगत और अनुकूल परिस्थितियों के उपभोग का अधिकार है, जिनमें खास तौर से निम्नलिखित स्थितियां सुनिश्चित हों :

क. ऐसा पारिश्रमिक जिससे सभी श्रमिकों को कम से कम निम्नलिखित सुविधाएं सुलभ हो सकें :

उचित वेतन और किसी प्रकार के विभेद के बिना समान मूल्य के कार्य के लिए समान पारिश्रमिक और खास तौर से इस बात का ध्यान रखना कि महिलाओं की कार्य की परिस्थितियां पुरुषों से निम्न स्तर की न हों और उन्हें समान कार्य के लिए समान वेतन मिले;

\+ \+ \+

अनुच्छेद 12

1. इस प्रसंविदा के पक्षकार राज्य स्वीकार करते हैं कि प्रत्येक व्यक्ति को शारीरिक और मानसिक स्वास्थ्य के उच्चतम प्राप्य स्तर का उपभोग करने का अधिकार है ।

2. इस प्रसंविदा के पक्षकार राज्य इस अधिकार को पूर्ण रूप से चरितार्थ करने के लिए जो उपाय करेंगे उनमें

क. मृतप्रसव दर और शिशु मृत्यु दर में कमी लाने और बच्चे के स्वस्थ विकास की व्यवस्था करने,

ख. पर्यावरणीय और औद्योगिक स्वच्छता के सभी पहलुओं में सुधार करने,

ग. महामारी, स्थानीय, व्यावसायिक तथा अन्य रोगों की रोक–थाम, इलाज, और नियंत्रण करने के लिए आवश्यक उपायों का समावेश होगा।

\+ \+ \+

अनुच्छेद 13

1. इस प्रसंविदा के पक्षकार राज्य प्रत्येक व्यक्ति के शिक्षा के अधिकार को स्वीकार करते हैं । वे इस बात पर सहमत हैं कि शिक्षा इस प्रकार की दी जाएगी जिससे मनुष्य के व्यक्तित्व और गरिमा की भावना का पूर्ण विकास हो और जिससे मानवाधिकारों और मूल स्वतंत्रताओं के प्रति सम्मान का भाव सुदृढ़ हो । वे इस बात पर भी सहमत हैं कि शिक्षा लोगों को इस योग्य बनाएगी कि वे स्वतंत्र समाज में प्रभावकारी रीति से भाग ले सकें, एवं सभी राष्ट्रों, नस्लों या धार्मिक समूहों के बीच आपसी सद्भाव, सहिष्णुता और मित्रता को बढ़ावा देगी, तथा शांति की रक्षा के लिए संयुक्त राष्ट्र संघ के कार्य–कलाप को प्रोत्साहन देगी ।

2. इस प्रसंविदा के पक्षकार राज्य स्वीकार करते हैं कि इस अधिकार को पूर्ण अमली रूप देने के लिए,

क. प्राथमिक शिक्षा अनिवार्य और सबको निःशुल्क सुलभ होगी।

ख. सभी प्रकार की माध्यमिक शिक्षा, जिसमें तकनीकी और व्यावसायिक माध्यमिक शिक्षा भी शामिल है, हर उपयुक्त उपाय से और खास तौर से क्रमिक रूप से निःशुल्क शिक्षा की व्यवस्था करके, सामान्यतः सबके लिए सुलभ और सबके लिए प्राप्य बनाई जाएगी ।

ग. इसी तरह सभी उपयुक्त उपायों से और खास तौर से शिक्षा को उत्तरोत्तर निःशुल्क बनाकर उच्चतर शिक्षा भी, योग्यता के अनुसार सबको सुलभ कराई जाएगी ।

घ. जिन लोगों ने प्राथमिक शिक्षा प्राप्त या पूरी नही की है उन लोगों के लिए मूलभूत शिक्षा को यथासंभव बढ़ावा दिया जाएगा या इस प्रयास में तेजी लाई जाएगी ।

च. सभी स्तरों पर स्कूलों की प्रणाली का विकास करने के लिए सक्रिय प्रयत्न किया जाएगा, और छात्रवृत्तियों की एक संतोषजनक व्यवस्था कायम की जाएगी और शिक्षकों की भौतिक अवस्था में लगातार सुधार किया जाएगा ।

3. इस प्रसंविदा के पक्षकार राज्य यह वचन देते हैं कि वे माता–पिता और जहां लागू हो वहां कानूनी अभिभावकों की अपने बच्चों की शिक्षा के लिए ऐसे स्कूलों को, जो सरकारी प्राधिकरणों द्वारा स्थापित नही किए गए हैं लेकिन फिर भी जो राज्य द्वारा निर्धारित या अनुमोदित शैक्षिक मापदंडों के अनुरूप हैं, चुनने और इस प्रकार अपने विश्वासों के अनुसार अपने बच्चों की धार्मिक और नैतिक शिक्षा सुनिश्चित करने की स्वतंत्रता का सम्मान करेंगे।

\+ + +

नागरिक तथा राजनीतिक अधिकार–संबंधी अंतर्राष्ट्रीय प्रसंविदा

संयुक्त राष्ट्र संघ की महासभा द्वारा 16 दिसंबर 1966 को पारित और 23 मार्च 1976 से प्रभावी **नागरिक तथा राजनीतिक अधिकार–संबंधी अंतर्राष्ट्रीय प्रसंविदा** के संगत अंश नीचे दिए जा रहे हैं ।

अनुच्छेद 2

1. इस प्रसंविदा का प्रत्येक पक्षकार राज्य यह वचन देता है कि वह अपने प्रदेश में और अपने क्षेत्राधिकार में आने वाले प्रदेश में सभी व्यक्तियों के इस प्रसंविदा में स्वीकृत अधिकारों का सम्मान करेगा

और उन्हें सुनिश्चित करेगा, और ऐसा करते हुए नस्ल, रंग, लिंग, भाषा, धर्म, राजनीतिक या अन्य मत, राष्ट्रीय या सामाजिक मूल, संपत्ति, जन्म या अन्य किसी स्थिति के आधार पर किसी प्रकार का विभेद नही करेगा ।

\+ \+ \+

अनुच्छेद 3

इस प्रसंविदा के पक्षकार राज्य यह वचन देते हैं कि वे यहां उल्लिखित नागरिक तथा राजनीतिक अधिकारों के उपभोग के मामले में स्त्रियों और पुरुषों के अधिकार में समानता सुनिश्चित करेंगे।

अनुच्छेद 10

1. अपनी स्वतंत्रता से वंचित सभी लोगों के साथ, व्यक्ति की सहज गरिमा का ख्याल करके, मानवीयतापूर्ण और सम्मान का व्यवहार किया जाएगा ।

\+ \+ \+

प्रत्येक व्यक्ति को विचार, अंतःकरण और धर्म की स्वतंत्रता का अधिकार होगा । इस अधिकार में किसी भी धर्म या विश्वास को मानने या अपनी पसंद के किसी भी धर्म या विश्वास को अपनाने की स्वतंत्रता, और व्यक्तिगत रूप से या समुदाय के अन्य लोगों के साथ मिलकर, सार्वजनिक रूप से या निजी तौर पर, पूजा, अनुपालन, आचरण और शिक्षा में अपने धर्म या विश्वास को अभिव्यक्त करने की स्वतंत्रता का समावेश होगा ।

\+ \+ \+

3. यदि अपने धर्म या विश्वासों को अभिव्यक्त करने की स्वतंत्रता पर मर्यादाएं लगाई जा सकती हैं तो केवल ऐसी मर्यादाएं होंगी जो कानून द्वारा विदित की गई हैं और जो सार्वजनिक सुरक्षा, शांति–सुव्यवस्था, स्वास्थ्य या नैतिक नियमों या दूसरों के मूलभूत अधिकारों और स्वतंत्रताओं की रक्षा के लिए आवश्यक हों।

\+ \+ \+

अनुच्छेद 20

2. राष्ट्रीय, नस्ली या धार्मिक घृणा की ऐसी हर हिमायत, जो विभेद, शत्रुता या हिंसा को उत्तेजना देनेवाली हो, कानून द्वारा निषिद्ध होगी।

अनुच्छेद 23

1. परिवार समाज की प्राकृतिक और मूलभूत समूहगत इकाई है और समाज तथा राज्य द्वारा संरक्षण का अधिकारी है ।

2. विवाह योग्य उम्र के पुरुषों या स्त्रियों के विवाह करने और घर बसाने के अधिकार को स्वीकार किया जाएगा ।

3. भावी दंपत्ति की स्वतंत्र और पूर्ण सहमति के बिना कोई वैवाहिक संबंध स्थापित नही किया जाएगा ।

\+ \+ \+

अनुच्छेद 24

नस्ल, रंग, लिंग, भाषा, धर्म, राष्ट्रीय या सामाजिक मूल, संपत्ति या जन्म पर आधारित किसी भी भेदभाव के बिना प्रत्येक बच्चे को परिवार, समाज और राज्य से ऐसे उपाय करने की अपेक्षा रखने का अधिकार होगा जो नाबालिग के रूप में उसकी स्थिति को ध्यान में रखते हुए उसकी सुरक्षा के लिए आवश्यक हों।

\+ \+ \+

अनुच्छेद 25

अनुच्छेद 2 में उल्लिखित किसी विभेद और किसी अनुचित प्रतिबंध के बिना प्रत्येक नागरिक को अधिकार होगा कि वह :

क. प्रत्यक्ष रूप से स्वयं या स्वतंत्र रूप से निर्वाचित अपने प्रतिनिधियों के जरिए सरकारी मामलों के संचालन में भाग ले,

ख. समय–समय पर आयोजित किए जाने वाले उन चुनावों में मत दे या स्वयं चुना जाए जो सार्वजनिक और समान मताधिकार के आधार पर संपन्न होंगे और जिनके लिए गुप्त मतदान का तरीका अपनाया जाएगा, ताकि मतदाता अपनी इच्छा स्वतंत्र रूप से अभिव्यक्त कर सके,

ग. सामान्यतः समानता के आधार पर अपने देश की सरकारी सेवा में प्रवेश कर सके ।

अनुच्छेद 26

कानून के समक्ष सभी व्यक्ति समान हैं और किसी प्रकार के विभेद के बिना उन्हें कानून का समान संरक्षण प्राप्त करने का अधिकार है इस संबंध में कानून हर प्रकार के विभेद का निषेध करेगा और सभी व्यक्तियों को नस्ल, रंग, लिंग, भाषा, धर्म, राजनीतिक या अन्य मत

राष्ट्रीय अथवा सामाजिक मूल, संपत्ति, जन्म या दर्जे जैसे किसी भी आधार पर किए जाने वाले विभेद के ख़िलाफ़ समान और प्रभावकारी संरक्षण सुलभ कराएगा।

महिलाओं के विरुद्ध सभी प्रकार के विभेदों की समाप्ति संबंधी अभिसमय

इस अभिसमय को संयुक्त राष्ट्र संघ की महासभा ने 18 दिसंबर 1979 को स्वीकृति दी और यह 3 सितंबर 1981 से प्रभावी हो गया। **अभिसमय** के कुछ अंश निम्न प्रकार हैं :

इस बात को दृष्टि में रखते हुए कि संयुक्त राष्ट्र संघ अधिकार – पत्र में मूल मानवाधिकारों में व्यक्ति की गरिमा तथा महत्व में तथा पुरुषों और महिलाओं के समान अधिकारों में आस्था को गंभीरतापूर्वक दुहराया गया है।

इस बात को दृष्टि में रखते हुए कि मानवाधिकारों की सार्वजनीन घोषणा में विभेद की अस्वीकार्यता के सिद्धांत में आस्था व्यक्त की गई है और ऐलान किया गया है कि सभी मनुष्य जन्म से स्वतंत्र और समान अधिकारों के हकदार हैं और लिंग–संबंधी विभेद–सहित हर प्रकार के विभेद के बिना वे उस घोषणा में उल्लिखित अधिकारों के हकदार हैं।

इस बात को दृष्टि में रखते हुए कि मानावाधिकारों से संबंधित अंतर्राष्ट्रीय प्रसंविदाओं के पक्षकार राज्यों पर महिलाओं और पुरुषों के द्वारा सभी आर्थिक, सामाजिक, सांस्कृतिक, नागरिक, तथा राजनीतिक अधिकारों के उपभोग के समान अधिकार की स्थिति सुनिश्चित करने का दायित्व है।

इस बात को याद करते हुए कि महिलाओं के विरुद्ध किया जाने वाला विभेद अधिकारों की समानता और मानवीय गरिमा के प्रति सम्मान का हनन करता है, महिलाओं द्वारा अपने–अपने देशों के राजनीतिक, सामाजिक, आर्थिक तथा सांस्कृतिक जीवन में पुरुषों के साथ समानता के स्तर पर भाग लेने के मार्ग में बाधक है, समाज तथा परिवार की समृद्धि के विकास को अवरुद्ध करता है और अपने–अपने देशों तथा मानवता की सेवा के लिए महिलाओं में निहित संभावनाओं के पूर्ण विकास को अधिक कठिन बना देता है।

इस बात का विश्वास करते हुए कि किसी भी देश के पूर्ण और सर्वांगीण विकास, विश्व के कल्याण और शांति के हित का तकाजा

है कि महिलाएं पुरुषों से पूर्ण समानता के स्तर पर सभी क्षेत्रों में अधिक से अधिक शिरकत करें।

परिवार के कल्याण और समाज के विकास में महिलाओं के महान योगदान को, जिसका पूरा–पूरा महत्व अब तक स्वीकार नही किया गया है, मातृत्व के सामाजिक महत्व को तथा परिवार में और बच्चों के लालन–पालन में माता–पिता दोनों की भूमिका को **ध्यान में रखते हुए**, और इस बात के संबंध में सजग रहकर कि प्रजोत्पत्ति में महिलाओं की भूमिका को उनके ख़िलाफ विभेद का आधार नही बनाया जाना चाहिए, बल्कि बच्चों के लालन–पालन के लिए यह जरूरी है कि स्त्री–पुरुष और पूरा समाज इस दायित्व में भागीदारी करें।

इस बात के संबंध में सजग रहकर कि महिलाओं और पुरुषों के बीच पूर्ण समानता स्थापित करने के लिए समाज और परिवार में पुरुषों और महिलाओं की पारंपरिक भूमिका में परिवर्तन की आवश्यकता है।

महिलाओं के विरुद्ध विभेद की समाप्ति की घोषणा में प्रस्तुत किए गए सिद्धांतों पर अमल करने के लिए और इस प्रयोजन से महिलाओं के विरुद्ध सभी विभेद को मिटाने के लिए आवश्यक कदम उठाने के लिए **कृतसंकल्प होकर, इस अभिसमय के पक्षकार राज्य निम्नलिखित पर सहमत होते हैं** :

\+ \+ \+

अनुच्छेद 10

पक्षकार राज्य महिलाओं के विरुद्ध विभेद को मिटाने के निमित्त सभी उपयुक्त उपाय करेंगे, ताकि शिक्षा के क्षेत्र में उनके लिए पुरुषों की बराबरी के अधिकार और खास तौर से, पुरुषों तथा महिलाओं की समानता के आधार पर, निम्नलिखित स्थितियां सुनिश्चित हो सकें :

क. शहरी और ग्रामीण दोनों क्षेत्रों में जीवन–वृत्ति और व्यवसायिक मार्ग–दर्शन के लिए, अध्ययन की सुलभता के लिए और सभी श्रेणियों की शैक्षिक स्थापनाओं में प्रमाणपत्रों की प्राप्ति के लिए समान स्थितियां; यह समानता प्राग्विद्यालयी, सामान्य, तकनीकी, व्यावसायिक और उच्चतर शिक्षा के मामलों में और साथ ही सभी प्रकार के व्यावसायिक प्रशिक्षण के संबंध में सुनिश्चित की जाएगी;

ख. समान पाठ्यचर्या, समान परीक्षा, समान स्तर की योग्यताओं वाले शिक्षक–समूह ओर समान स्तर के स्कूली परिसरों और उपकरणों की सुलभता;

ग. सह–शिक्षा और शिक्षा के क्षेत्र में स्त्री–पुरुष समानता के लक्ष्य की प्राप्ति में सहायक अन्य प्रकार की शिक्षा को प्रोत्साहन देकर और विशेष रूप से पाठ्य पुस्तकों और स्कूली कार्यक्रमों में संशोधन और शिक्षा के तरीकों में अनुकूलन करके सभी स्तरों और सभी रूपों की शिक्षा में महिलाओं और पुरुषों की भूमिकाओं की हर रूढ़िवादी अवधारणा की समाप्ति;

घ. छात्रवृतियां तथा अन्य अध्ययन–अनुदानों से लाभ उठाने के समान अवसर;

ङ. सतत् शिक्षा (कंटिन्युइंग एजुकेशन) के कार्यक्रमों की सुलभता के समान अवसर, जिनमें वयस्कों की कार्यात्मक साक्षरता के कार्यक्रम और खास तौर से वे कार्यक्रम शामिल होंगे जिनका लक्ष्य यथासंभव कम से कम समय में स्त्रियों और पुरुषों की शिक्षा के बीच की हर प्रकार की असमानता को दूर करना है;

च. छात्राओं द्वारा बीच में ही शिक्षा अधूरी छोड़ देने की दर को कम करना और जिन लड़कियों और महिलाओं ने समय से पूर्व ही शिक्षा लेना छोड़ दिया है, उनके लिए कार्यक्रमों का संयोजन;

छ. खेल–कूद और शारीरिक प्रशिक्षण में भाग लेने के समान अवसर;

ज. परिवारों के लिए स्वास्थ्य और कल्याण सुनिश्चित करने में सहायक विशिष्ट शैक्षिक जानकारी की सुलभता, जिसमें परिवार नियोजन संबंधी जानकारी और परामर्श भी शामिल होगा।

अनुच्छेद 11

1. इस अभिसमय के पक्षकार राज्य रोज़गार के क्षेत्र में महिलाओं के विरुद्ध विभेद को मिटाने के लिए सभी उपयुक्त उपाय करेंगे, ताकि महिलाओं और पुरुषों की समानता के आधार पर विशेष रूप से निम्नलिखित समान अधिकार सुनिश्चित किए जा सकें;

क. सभी मनुष्यों के अपरिहार्य अधिकार के रूप में काम करने का अधिकार;

ख. रोज़गार के समान अवसरों का अधिकार, जिसमें रोज़गार के लिए चयन के मामलों में समान मापदंड लागू किया जाना शामिल होगा;

ग. पेशे और नौकरी के, स्वतंत्र चुनाव का अधिकार, तरक्की,

नौकरी की सुरक्षा और सेवा के सभी लाभों तथा शर्तों का अधिकार, और व्यावसायिक प्रशिक्षण तथा पुनर्प्रशिक्षण प्राप्त करने का अधिकार, जिसमें अप्रेंटिसशिप, उन्नत व्यावसायिक प्रशिक्षण और आबतक प्रशिक्षण प्राप्त करने का अधिकार भी शामिल है।

घ. समान मूल्य के कार्य के लिए अन्य लोगों के साथ समान पारिश्रमिक और समान व्यवहार का अधिकार एवं कार्य की गुणवत्ता के मूल्यांकन में समान व्यवहार का अधिकार;

ङ. सामाजिक सुरक्षा का, खास तौर से सेवा–निवृत्ति, बेरोज़गारी, बीमारी, अशक्तता और वृद्धावस्था तथा काम करने की अक्षमता की अन्य अवस्थाओं में ऐसी सुरक्षा का अधिकार, और साथ ही सवेतन अवकाश का अधिकार;

च. कार्य–परिस्थितियों में स्वास्थ्य के संरक्षण और सुरक्षा का अधिकार, जिसमें प्रजोत्पत्ति की क्षमता की सुरक्षा का भी समावेश है।

2. विवाह या मातृत्व के आधार पर महिलाओं के विरुद्ध विभेद को रोकने के लिए तथा उनके काम करने के कारगर अधिकार सुनिश्चित करने के लिए इस अभिसमय के पक्षकार राज्य निम्नलिखित के लिए उपयुक्त उपाय करेंगे :

क. जहां दण्ड के तौर पर बर्खास्तगी आवश्यक हो, उस स्थिति को छोड़कर, गर्भावस्था या प्रसूति अवकाश के आधार पर बर्खास्तगी के निषेध और वैवाहिक स्थिति के आधार पर बर्खास्तगी में विभेद के निषेध के लिए;

ख. नौकरी छूटने या वरीयता अथवा सामाजिक भत्ते खोने के किसी खतरे के बिना वेतन के साथ तुल्य सामाजिक लाभों के साथ प्रसूति अवकाश की व्यवस्था आरंभ करने के लिए;

ग. माता–पिता अपने कार्य के दायित्वों के साथ ही परिवार के प्रति अपने दायित्वों का निर्वाह कर सकें और सार्वजनिक जीवन में भाग ले सकें, इस दृष्टि से आवश्यक अवलंबनदायी सामाजिक सेवाओं की व्यवस्था को–खास–तौर से बाल–शुश्रूषा सेवाओं के तंत्र की स्थापना और विकास को बढ़ावा देकर ऐसी सेवाओं की व्यवस्था को–प्रोत्साहन देने के लिए;

घ. गर्भावस्था के दौरान महिलाओं को ऐसे कार्यों में, जो उनके लिए हानिकारक हैं, विशेष सुरक्षा प्रदान करने की निमित्त व्यवस्था करने के लिए;

3. वैज्ञानिक तथा प्रोद्योगिकीय ज्ञान को ध्यान में रखकर इस अनुच्छेद में समाविष्ट मामलों से संबंधित संरक्षणात्मक कानूनों की समय–समय पर समीक्षा की जाएगी और आवश्यकतानुसार उन्हें संशोधित या निरस्त कर दिया जाएगा अथवा उनकी अवधि बढ़ा दी जाएगी ।

विएना घोषणा और कार्य–योजना

आस्ट्रिया के विएना नगर में आयोजित विश्व मानवाधिकार सम्मेलन ने 25 जून 1993 को विएना घोषणा तथा कार्य–योजना को अंगीकार किया, जिसके संगत अंश नीचे उद्घश्त किये जा रहे हैं :

\+ + +

विएना घोषणा और कार्य–योजना से संगत उद्धरण

\+ + +

अनुच्छेद 20.

विश्व मानवाधिकार सम्मेलन मूलवासी लोगों की सहज गरिमा तथा समाज के विकास और उसकी बहुलवादिता (प्लूरैलिटी) में उनके अद्भुत योगदान को स्वीकार करता है और उनके आर्थिक, सामाजिक तथा सांस्कृतिक कल्याण एवं सतत विकास के प्रतिफलों के उनके द्वारा उपभोग के प्रति अंतर्राष्ट्रीय समुदाय की प्रतिबद्धता की पुनः– पुष्टि करता है । राज्यों को यह सुनिश्चित करना चाहिए कि मूलवासी लोग समाज के सभी पहलुओं में, खास तौर से स्वयं उनसे संबंधित पहलुओं में, पूर्ण और मुक्त रूप से भागीदारी करें । मूलवासी लोगों के अधिकारों के अभिवर्धन और संरक्षण के महत्व को और जिन राज्यों में ये लोग रहते हैं उनकी राजनीतिक तथा सामाजिक स्थिरता में ऐसे अभिवर्धन और संरक्षण के योगदान को ध्यान में रखते हुए राज्यों को अंतर्राष्ट्रीय कानून के अनुसार, यह सुनिश्चित करने के लिए संयुक्त रूप से सकारात्मक कदम उठाने चाहिए कि मूलवासी लोगों के सभी मानवाधिकारों और मूल स्वतंत्रताओं का, समानता के स्तर पर और बिना किसी विभेद के, सम्मान किया जाए, और साथ ही इन राज्यों को उनकी विशिष्ट पहचानों, संस्कृतियों एवं सामाजिक संगठन के महत्व तथा उनकी विविधता को स्वीकार करना चाहिए ।

अनुच्छेद 25.

विश्व मानवाधिकार सम्मेलन इस बात की पुष्टि करता है कि घोर ग़रीबी और सामाजिक वर्जन मानवीय गरिमा का दमन है, और ऐसी

ग़रीबी तथा उसके कारणों के बारे में, जिनमें विकास की समस्या से जुड़े कारण भी शामिल हैं, बेहतर जानकारी प्राप्त करने के लिए त्वरित उपाय करना आवश्यक है, ताकि ग़रीब लोगों के मानवाधिकारों का अभिवर्धन किया जा सके और घोर ग़रीबी तथा सामाजिक वर्जन को मिटाया जा सके एवं सामाजिक प्रगति के प्रतिफलों के रसास्वादन को बढ़ावा दिया जा सके । राज्यों के लिए यह आवश्यक है कि जिस समुदाय में ऐसे ग़रीब लोग रहते हैं उस समुदाय की निर्णय–प्रक्रिया में वे इन लोगों की भागीदारी को, मानवाधिकारों के अभिवर्धन को, और ग़रीबी के निवारण के प्रयत्नों को बढ़ावा दें।

अनुच्छेद 33.

विश्व मानवाधिकार सम्मेलन इस बात की पुनः पुष्टि करता है कि जैसा कि मानवाधिकारों की सार्वजनीन घोषणा और आर्थिक, सामाजिक एवं सांस्कृतिक अधिकार संबंधी प्रसंविदा में तथा मानवाधिकारों से संबंधित अन्य अंतर्राष्ट्रीय दस्तावेज़ों और उपकरणों में निर्दिष्ट किया गया है, यह सुनिश्चित करना राज्यों का कर्तव्य है कि शिक्षा का लक्ष्य मानवाधिकारों तथा मूल स्वतंत्रताओं के प्रति सम्मान की भावना को मजबूत बनाना हो । विश्व मानवाधिकार सम्मेलन मानवाधिकार शिक्षा कार्यक्रमों को एक विषय के रूप में शिक्षा प्रणाली में समाविष्ट करने के महत्व पर बल देता है और वैसा करने के लिए राज्यों का आह्वान करता है। शिक्षा को राष्ट्रों तथा सभी नस्ली या धार्मिक समूहों के बीच सद्भावना, सहिष्णुता, शांति और मैत्रीपूर्ण संबंधों का अभिवर्धन करना चाहिए तथा इन लक्ष्यों की प्राप्ति में संयुक्त राष्ट्र संघ के कार्यकलाप के विकास को प्रोत्साहन देना चाहिए। नस्ल, लिंग, भाषा या धर्म पर आधारित तथा अन्य प्रकार के किसी विभेद के बिना सभी व्यक्तियों के मामले में मानवाधिकारों के अभिवर्धन तथा उनके प्रति सम्मान का भाव पैदा करने में मानवाधिकारों की शिक्षा तथा उचित जानकारी – सैद्धांतिक और व्यावहारिक दोनों तरह का प्रचार–प्रसार महत्वपूर्ण भूमिका निभाते हैं और इसलिए इन चीज़ों को राष्ट्रीय तथा अंतर्राष्ट्रीय दोनों स्तरों की शिक्षा नीतियों में शामिल करना चाहिए ।

अनुच्छेद 47.

विश्व मानवाधिकार सम्मेलन सभी राष्ट्रों से विश्व शिखर कार्य–योजना में निर्धारित लक्ष्यों की प्राप्ति के लिए अंतर्राष्ट्रीय सहयोग से अपने–अपने उपलब्ध संसाधनों की हद तक अधिक से अधिक उपाय करने का अनुरोध

करता है। यह सम्मेलन राज्यों से आग्रह करता है कि वे बच्चे के अधिकार संबंधी अभिसमय को अपनी–अपनी राष्ट्रीय कार्य–योजनाओं में शामिल कर लें। इन राष्ट्रीय कार्य–योजनाओं और अंतर्राष्ट्रीय प्रयत्नों के जरिए शिशुओं तथा माताओं की मृत्यु–दरों को कम करने, कुपोषण और निरक्षरता की दरों को घटाने तथा शुद्ध पेय जल और बुनियादी शिक्षा की सुलभता की व्यवस्था करने के कार्यों को विशेष प्राथमिकता दी जानी चाहिए। राष्ट्रीय कार्य–योजनाओं को ऐसा रूप देना चाहिए जिससे जब भी जरूरत पड़े, वे प्राकृतिक आपदाओं और सशस्त्र संघर्षों से उत्पन्न विनाशकारी आपात स्थितियों और बच्चों की घोर गरीबी का, जो उतनी ही गंभीर समस्या है, निवारण कर सकें।

अनुच्छेद 48.

विश्व मानवाधिकार सम्मेलन मानवाधिकारों से संबंधित शिक्षा, प्रशिक्षण और आसूचना को समुदायों के बीच स्थिर और सद्भावनापूर्ण संबंधों के अभिवर्धन और प्राप्ति के लिए तथा पारस्परिक सद्भावना, सहिष्णुता और शांति को बढ़ावा देने के लिए आवश्यक मानता है।

अनुच्छेद 79.

राज्यों को निरक्षरता मिटाने का प्रयत्न करना चाहिए और शिक्षा को मानव व्यक्तित्व के विकास तथा मानवाधिकारों और मूल स्वतंत्रताओं के प्रति सम्मान की भावना को मजबूत करने की ओर अभिमुख करना चाहिए। विश्व मानवाधिकार सम्मेलन सभी राज्यों और संस्थाओं का आह्वान करता है कि वे विद्योपार्जन की औपचारिक तथा अनौपचारिक दोनों प्रकार की संस्थाओं की पाठ्यचर्याओं में मानवाधिकरों, मानवीयता संबंधी कानूनों, लोकतंत्र और कानून के शासन का समावेश करें।

अनुच्छेद 80.

मानवाधिकारों की शिक्षा में शांति, लोकतंत्र, विकास तथा सामाजिक न्याय का उस रूप में समावेश किया जाना चाहिए जिस रूप में उन्हें अंतर्राष्ट्रीय और क्षेत्रीय मानवाधिकार दस्तावेज़ों और प्रपत्रों में प्रस्तुत किया गया है, ताकि मानवाधिकारों के संबंध में सार्वजनीन प्रतिबद्धता को मजबूत बनाने के लिए सामान्य समझ और जागरूकता पैदा की जा सके।

अनुच्छेद 81.

संयुक्त राष्ट्र की शैक्षिक, वैज्ञानिक तथा सांस्कृतिक संगठनों की मानवाधिकारों तथा लोकतंत्र की शिक्षा विषयक अंतर्राष्ट्रीय कांग्रेस द्वारा मार्च 1993 में अंगीकृत मानवाधिकारों तथा लोकतंत्र की शिक्षा

संबंधी विश्व कार्य–योजना तथा मानवाधिकारों से संबंधित अन्य दस्तावेज़ों और प्रपत्रों को ध्यान में रखते हुए, विश्व मानवाधिकार सम्मेलन यह सिफारिश करता है कि महिलाओं की मानवाधिकार–विषयक आवश्यकताओं का खास ख्याल रखते हुए राज्य मानवाधिकारों की व्यापकतम शिक्षा तथा सार्वजनिक सूचना का प्रचार–प्रसार सुनिश्चित करने के लिए विशिष्ट कार्यक्रमों और रणनीतियों का विकास करें ।

अनुच्छेद 82.

सरकारों को अंतः–सरकारी संगठनों, राष्ट्रीय संस्थाओं और गैर–सरकारी संगठनों की सहायता से मानवाधिकारों तथा पारस्परिक सहिष्णुता के संबंध में अधिक जागरूकता पैदा करनी चाहिए। विश्व मानवाधिकार सम्मेलन संयुक्त राष्ट्र संघ द्वारा मानवाधिकारों के संबंध में चलाए जा रहे विश्व सार्वजनिक आसूचना अभियान को सुदृढ़ करने के महत्व को रेखांकित करता है। सरकारों को मानवाधिकारों की शिक्षा आरंभ करना चाहिए तथा उसे समर्थन देना चाहिए और इस क्षेत्र में सार्वजनिक सूचना का प्रभावकारी प्रचार–प्रसार करना चाहिए। संयुक्त राष्ट्र संघ के परामर्शदातृी सेवाओं तथा तकनीकी सहायता से संबंधित कार्यक्रम ऐसे होने चाहिए कि जब भी राज्य मानवाधिकारों के क्षेत्र में शैक्षिक तथा प्रशिक्षणात्मक प्रवृत्तियों के लिए तथा अंतर्राष्ट्रीय मानवाधिकार दस्तावेज़ों एवं प्रपत्रों और मानवीय कानूनों में निहित मानदंडों के विषय में विशेष शिक्षा के लिए एवं सैनिक बलों, विधि प्रवर्तक कार्मिकों, पुलिस और चिकित्सा के पेशे में लगे लोगों–जैसे खास समूहों पर उक्त मानदंडों के लागू किए जाने के संबंध में विशेष शिक्षा के लिए अनुरोध करें तो उक्त कार्यक्रमों के अधीन अविलंब कार्रवाई की जा सके । इन शैक्षिक प्रवृत्तियों के अभिवर्धन और प्रोत्साहन के लिए तथा इनकी ओर लोगों का ध्यान आकृष्ट करने के लिए संयुक्त राष्ट्र मानवाधिकार शिक्षा दिवस की उद्घोषणा के बारे में विचार किया जाना चाहिए।

निरक्षरता उन्मूलन एवं प्राथमिक शिक्षा प्रसार में हुई प्रगति

स्वतंत्र भारत में केन्द्र सरकार एवं राज्य सरकारों द्वारा निरक्षरता का उन्मूलन करने के लिए 6 से 14 वर्ष के सभी बालक–बालिकाओं के लिए शिक्षा अनिवार्य बनाने और अब तक शिक्षा से वंचित रहे वर्गों में शिक्षा का प्रचार–प्रसार करने के उद्देश्य से विभिन्न प्रयास किये गये हैं, जिनके परिणामस्वरूप हुई प्रगति का ज्ञान निम्नलिखित आंकड़ों से होता है : 1951 में पुरुषों का साक्षारता दर 24.95 प्रतिशत और

महिलाओं का साक्षरता दर 7.93 प्रतिशत था, जो 1997 में बढ़कर क्रमशः 73 प्रतिशत और 50 प्रतिशत हो गया । जहांतक प्राथमिक शिक्षा स्तर पर स्कूल–प्रवेश का संबंध है शिक्षा–वर्ष 1950–51 में देश में 13.8 मिलियन लड़कों ने और 5.4 मिलियन लड़कियों ने स्कूलों में प्रवेश किया। शिक्षा–वर्ष 1997–98 में यह संख्या बढ़कर लड़कों के सम्बन्ध में 61.2 मिलियन और लड़कियों के मामले में 47.5 मिलियन हो गई। उच्च प्राथमिक शिक्षा स्तर पर अर्थात कक्षा 5 से 8 तक में 1950–51 में 2.6 मिलियन लड़कों और केवल 0.5 मिलियन लड़कियों ने प्रवेश लिया, जबकि 1997–98 में प्रवेश पाने वाले लड़कों की संख्या 23.7 मिलियन और लड़कियों की संख्या 15.8 मिलियन हो गई।

यद्यपि स्वतंत्रता–प्राप्ति के पश्चात के 50 वर्षों में विद्यालय–व्यवस्था में अभूतपूर्व विस्तार हुआ तथापि सार्वभौमिक प्राथमिक शिक्षा (Universal Elementary Education) अर्थात 6 से 14 आयु–वर्ग के सभी बच्चों को शिक्षा प्रदान करने का लक्ष्य अभीतक पूर्ण रूप से प्राप्त नहीं हो पाया है । वास्तविक स्थिति आज भी यह है कि देश के 6 से 14 आयु–वर्ग के बीस करोड़ बच्चों में से 4.2 करोड़ बच्चे इस समय भी स्कूल नहीं जाते हैं । सार्वभौम प्राथमिक शिक्षा का लक्ष्य पूरा न होते देखकर सरकार ने 'सर्व शिक्षा अभियान' का आरंभ किया है ।

सर्व शिक्षा अभियान

देश के सभी बच्चों को प्राथमिक शिक्षा देने का लक्ष्य निर्धारित समयावधि में पूरा करने हेतु सरकार ने राज्यों के सहयोग से देश में 'सर्व शिक्षा अभियान' प्रारंभ करने का निर्णय किया है। इस अभियान का उद्देश्य 2010 तक 6 से 14 आयु–वर्ग के सभी बच्चों को उपयोगी और गुणात्मक शिक्षा प्रदान करना है।

इसी संदर्भ में 'जोमेतियन' में हुए सम्मेलन में 'यूनीसेफ' (UNICEF) द्वारा आधार–शिक्षा (प्राथमिक शिक्षा) के विस्तार के प्रति व्यक्त की गयी प्रतिबद्धता को स्मरण करना भी समीचीन होगा, जिसका उल्लेख 1990 के 'सभी के लिए शिक्षा सम्बन्धी विश्व घोषणा' (World Declaration on Education for All) में विस्तार से किया गया है । इसी की पुष्टि 'डकर' में विश्व शिक्षा फोरम (World Education Forum) के 2000 में हुये सम्मेलन में की गयी है । उक्त घोषणा में प्राथमिक शिक्षा को मूल एवं अनिवार्य अधिकार के रूप में माना गया और उसका समर्थन किया गया । इस बात पर बल दिया गया कि प्राथमिक शिक्षा निःशुल्क प्राप्त करना प्रत्येक बच्चे का मूल एवं अनिवार्य अधिकार है और उसकी

प्राथमिक शिक्षा पूरी भी होनी चाहिए तथा उसे अपेक्षित स्तर का ज्ञान भी होना चाहिए । इसी परिप्रेक्ष्य में यूनीसैफ ने 1996 से 2005 तक की अवधि के लिए 'सभी के लिए शिक्षा–कार्यक्रम' तैयार किया है जिसे सभी सदस्य देशों के सहयोग से लागू किया जायेगा । इसमें बालिका शिक्षा को केन्द्र–बिन्दु बनाया गया है और उसके लिये प्रभावी शिक्षा–नीति भी तैयार की गयी है ताकि संशोधित शिक्षा–पद्धति में लड़कियां लड़कों के समान ही शिक्षा ग्रहण कर सकें और योग्य बन सकें। इस अभियान के मुख्य उद्देश्य हैं :

सभी बच्चों को स्कूलों, शिक्षा गारंटी केन्द्रों, वैकल्पिक स्कूलों अथवा 'स्कूल वापसी शिविरों' में 2003 तक अनिवार्य रूप से प्रवेश लेना होगा ।

सभी बच्चों को 2007 तक 5 वर्ष अर्थात कक्षा 5 तक की प्राथमिक शिक्षा पूरी करनी होगी ।

सभी बच्चों को कक्षा 8 तक की शिक्षा 2010 तक पूरी करनी होगी।

जीवनोपयोगी शिक्षा पर बल देते हुए प्राथमिक शिक्षा को संतोषजनक रूप से गुणात्मक बनाने पर ध्यान देना होगा ।

कक्षा 5 के स्तर तक 2007 तक और कक्षा 8 के स्तर तक 2010 तक समाज के सभी वर्गों के लड़के और लड़कियों को समान रूप से प्राथमिक शिक्षा देनी होगी ।

वर्ष 2010 तक यह सुनिश्चित करना होगा कि सभी बच्चे कक्षा 8 तक की प्राथमिक शिक्षा अनिवार्य रूप से पूरी कर लें ।

प्रौढ़ शिक्षा, महिला शिक्षा बढ़ाकर व्यक्तियों या विद्यार्थियों द्वारा व्यक्तिगत स्तर पर और स्वयंसेवी संस्थाओं द्वारा अपने निजी स्तर पर साक्षरता बढ़ाने का प्रयास कर निरक्षरता उन्मूलन कार्यक्रमों तथा प्राथमिक शिक्षा सभी बालकों को अनिवार्य रूप से देने जैसी शिक्षा योजनाओं के माध्यम से विश्व के विभिन्न देशों में साक्षरता अधिक से अधिक बढ़ाने के प्रयास किये गये हैं और आज भी किये जा रहे हैं। विशेषतः बीसवीं शताब्दी के आठवें दशक में विश्व के सभी राष्ट्रों का ध्यान सभी बालकों, युवकों एवं प्रौढ़ों को प्राथमिक स्तर की शिक्षा प्रदान करने की ओर आकर्षित हुआ। जोमेतियन में 1990 में आयोजित विश्व सम्मेलन में 'सबके लिए शिक्षा' विषय का मुख्य प्रस्ताव था, जिसकी पुष्टि उत्तरवर्ती दशक में आयोजित शिखर सम्मेलन में की गई। इसी परिप्रेक्ष्य में यूनेस्को द्वारा डकर (सेनेगल) में 26–28 अप्रैल 2000 को

विश्व शिक्षा मंच (World Education Forum) का सम्मेलन हुआ। जिसमें संकल्प पारित कर घोषणा की गई कि 2015 तक प्राथमिक शिक्षा आयु–वर्ग के सभी बालकों को मान्य गुणवत्तापूर्ण मुफ्त स्कूली शिक्षा दी जाएगी तथा स्कूली शिक्षा में लैंगिक विषमताएं मिटा दी जाएंगी, प्रौढ़ निरक्षरता स्तर आधा कर दिया जाएगा, शैशवकालीन देखभाल व शिक्षा तथा युवकों एवं प्रौढ़ों के लिए अधिगम स्तर यथासंभव बढ़ा दिया जाएगा और गुणात्मक शिक्षा के सभी पक्षों में अपेक्षित सुधार लाया जाएगा। डकार सम्मेलन के छः लक्ष्य निम्नलिखित हैं:

डकर सम्मेलन के छः लक्ष्य

1. विस्तृत शैशवकालीन देखभाल एवं शिक्षा, विशेष रूप से अत्यन्त अभावग्रस्त एवं वंचित बच्चों के लिए शिक्षा का विस्तार व सुधार।

2. यह सुनिश्चित करना कि 2015 तक सभी बच्चे, विशेषकर लड़कियां, कठिन परिस्थितियों से पीड़ित बच्चे तथा नृजातीय अल्पसंख्यक बच्चे गुणात्मक, मुफ्त एवं अनिवार्य प्राथमिक शिक्षा को प्राप्त एवं पूरा करें।

3. यह सुनिश्चित करना कि सभी युवकों एवं प्रौढ़ों की अधिगम संबंधी आवश्यकताएं समुचित अधिगम तथा जीवन कौशल कार्यक्रमों के द्वारा समान रूप से पूरी हों।

4. 2015 तक प्रौढ़ साक्षरता के स्तरों में 50 प्रतिशत सुधार लाना, विशेषतया महिलाओं के लिए, तथा सभी प्रौढ़ों के लिए बुनियादी एवं सतत शिक्षा का समान रूप से प्रावधान करना।

5. 2005 तक प्राथमिक तथा माध्यमिक शिक्षा में लैंगिक विषमताओं को दूर करना तथा 2015 तक पूर्णतः लैंगिक समानता प्राप्त करना, विशेष रूप से यह सुनिश्चित करते हुए कि लड़कियां सम्पूर्ण तथा समान रूप से अच्छी गुणात्मक प्राथमिक शिक्षा प्राप्त करें।

6. शिक्षा की गुणवत्ता के सभी पक्षों में सुधार तथा सबकी उत्कृष्टता सुनिश्चित करना ताकि मान्य एवं मूल्यांकन योग्य अधिगम उपलब्धियां, विशेषतया साक्षरता, गणना तथा अनिवार्य जीवन कौशल सभी प्राप्त करें।

इसी वर्ष सहस्राब्दि विकास लक्ष्यों के संदर्भ में दो लक्ष्यों – सार्वभौम प्राथमिक शिक्षा (Universal Primary Education) तथा माध्यमिक शिक्षा में लैंगिक विषमताएं दूर करना – को गरीबी दूर करने के लिए अतिशय महत्वपूर्ण माना गया है। डकार मंच में पारित संकल्प द्वारा यह स्पष्ट किया गया कि सम्मेलन में भाग लेने वाले सभी राष्ट्र वचनबद्धता की

पूर्ति का लेखा–जोखा रखने के प्रति दायित्वपूर्ण रहेंगे और राष्ट्रीय सरकारों ने भी लक्ष्य–प्राप्ति हेतु वचनबद्ध रहना स्वीकार किया। साथ ही, अंतर्राष्ट्रीय अधिकरणों ने वचन दिया कि इस हेतु वचनबद्ध हुए देशों को संसाधनों के अभाव के कारण अपने लक्ष्य की पूर्ति से वंचित नहीं रहने दिया जाएगा । इस वचनबद्धता को प्रभावी ढंग से पूर्ण करने को सुनिश्चित करने के उपायों में एक था : सबके लिए शिक्षा – विश्वव्यापी प्रगति प्रतिवेदन । (EFA Global Monitoring Report) तैयार करना।

सबके लिए शिक्षा – विश्वव्यापी प्रगति प्रतिवेदन, 2002

यह रिपोर्ट यूनेस्को के तत्त्वावधान में एक स्वायत्त अंतर्राष्ट्रीय टीम द्वारा 2002 में प्रस्तुत की गई। इस रिपोर्ट में डकर सम्मेलन में स्वीकृत छः लक्ष्यों एवं उद्देश्यों के संदर्भ में हुई प्रगति का संक्षिप्त उल्लेख किया गया है:

यह रिपोर्ट छः भागों में प्रस्तुत की गई है। अध्याय 1 प्रतिपुष्ट करता है कि स.लि.शि. (सबके लिए शिक्षा) इतनी महत्वपूर्ण क्यों है। अध्याय 2 स.लि.शि. के छः लक्ष्यों तथा सहस्राब्दि विकास लक्ष्यों की प्राप्ति के बारे में प्रगति के रुझान तथा सम्भावनाएं व्यक्त करता है। (बाक्स 1 तथा 2) अध्याय 3 स.लि.शि. की राष्ट्रीय कार्य योजनाओं के प्रति अन्तर्राष्ट्रीय प्रतिक्रिया, नियोजन में नागरिक समाज की संबद्धता का मूल्यांकन करता है तथा यह भी आकलन करता है कि क्या एच. आई.वी./एड्स की विशिष्ट चुनौतियां तथा संघर्ष एवं आपात स्थिति का मुकाबला किया जा रहा है। अध्याय 4 में स.लि.शि. के लक्ष्यों की प्राप्ति की लागत तथा संसाधनों की उपलब्धता का अनुमान लगाया गया है। अध्याय 5 में यह छानबीन की गई है कि क्या डकर तथा उसके उपरान्त किए गए अन्तर्राष्ट्रीय वायदे पूरे किए जा रहे हैं, और यदि हां, तो किन तरीकों से। अन्त में, अध्याय 6 में इनमें से कुछ कड़ियों को जोड़कर आगे बढ़ने के आधार तथा इंगित अवसरों के प्रति विश्व शिक्षा फोरम द्वारा जागश्त किये गये उत्साह को बनाए रखने का प्रयास किया गया है।

इस रिपोर्ट को तैयार करने में यूनेस्को सांख्यिकी संस्थान द्वारा 1999 से स्कूल वर्ष के लिए संकलित नवीनतम वार्षिक अधिकारिक आंकड़ों तथा अन्य व्यापक स्रोतों से एकत्र सूचनाओं का प्रयोग किया गया है। ये आंकड़े हो रही प्रगति को आंकने, हमारी सूचना प्रणाली के बीच मौजूद अन्तरों को पहचानने तथा अतीत की प्रवृतियों एवं भावी

सम्भावनाओं की गणना करने के लिए अनिवार्य हैं । इस रिपोर्ट ने हमारी सूचना प्रणाली के मुख्य अन्तरों को उजागरग किया है । उदाहरणार्थ, 70 से भी अधिक देशों में 1999 के लिए प्राथमिक स्कूलों के वास्तविक दाखिले का ब्यौरा उपलब्ध नहीं है । शिक्षा नीतियों एवं योजनाओं का तुलनात्मक विश्लेषण सीमित है। देश–स्तर पर शिक्षा के वित्तीय प्रबंध की सूचना पर्याप्त नहीं है। शिक्षा सम्बन्धी आंकड़ा–आधार अभी भी अवधारणात्मक समस्याओं तथा रिपोटिंग की कमियों से ग्रस्त है। यद्यपि अभी भी सूचना–आधारित निर्णय सम्भव है फिर भी बेहतर मानीटरिंग हेतु आंकड़ों को एकत्रित करने तथा उनके विश्लेषण करने और नीति सम्बन्धी अनुसंधान व मूल्यांकन के लिए अधिक निवेश की इसी रिपोर्ट में चेतावनी के लहजे में कहा गया है कि सबके लिए शिक्षा के उद्देश्य महत्वपूर्ण हैं। इनके प्रति निरन्तर एवं स्थायी प्रगति बनाये रखने के लिए विभिन्न राष्ट्रों की सरकारों और नागरिक संगठनों द्वारा लक्ष्य–प्राप्ति हेतु व्यक्त की गई प्रतिबद्धता के साथ–साथ अंतर्राष्ट्रीय समुदायों को भी अपनी वचनबद्धता और वायदों को भी प्रामाणित बनाना होगा। यद्यपि इस दिशा में लगातार प्रगति हो रही है, फिर भी पूर्ण लक्ष्य प्राप्ति के लिए बहुत कुछ किया जाना अभी शेष है ।

सबके लिए शिक्षा की ओर :
प्रगति का आकलन प्रतिवेदन, 2003–04

यूनेस्को ने 2003–04 में 'सबके लिए शिक्षा विश्व मानीटरिंग रिपोर्ट' प्रकाशित की है, जिसमें शिक्षा सभी को समान रूप से प्राप्त हो, इस बात पर विशेष बल दिया गया है। अप्रैल 2000 में डकर में आयोजित विश्व शिक्षा मंच ने शिक्षा के लिए 6 मुख्य लक्ष्य निर्धारित किए थे, जिनमें सार्वभौम प्राथमिक शिक्षा, लैंगिक समानता की प्राप्ति, साक्षरता, शिक्षा की गुणवत्ता में सुधार, जीवन कोशलों में वृद्धि एवं शैशवकालीन शिक्षा कार्यक्रम सम्मिलित थे, जिन सभी को प्राप्त करने की अवधि 15 वर्ष रखी गई थी। डकर सम्मेलन में 2005 तक केवल प्राथमिक एवं माध्यमिक स्तर पर लड़के–लड़कियों के नामांकन में बराबरी लाने की बात कही गई थी और सम्पूर्ण शिक्षा व्यवस्था में पूर्ण बराबरी लाने के लिए 2015 तक का लक्ष्य रखा गया था । उस समय अर्थात् 2000 में स्कूल के बाहर रहने वाले 104 मिलियन बच्चों में 54 प्रतिशत लड़कियां थीं। वैसे तो सम्पूर्ण विश्व शिक्षा में लैंगिक समानता प्राप्त करने हेतु प्रयासरत है लेकिन अभी भी बहुत कुछ करना शेष है। यदि शिक्षा में

सभी स्तरों पर लैंगिक समानता प्राप्त करनी है तो शिक्षा नीति के साथ–साथ आर्थिक एवं सामाजिक नीतियों में विभिन्न देशों की सरकारों द्वारा व्यापक पैमाने पर परिवर्तन करने की जरूरत पड़ेगी।

शिक्षा में असमानता के कुछ कारण, समाज में गहराई तक जड़ें जमा चुके है, जो मूलतः पूर्वाग्रहों पर आश्रित हैं और ये कारण शिक्षा प्रणालियों, संस्थाओं तथा प्रक्रियाओं की सीमाओं से परे हैं। पूर्वाग्रहस्त शक्तियों की वजह से शिक्षा में समानता लाने की गति अत्यधिक धीमी है और इसी कारण से आज भी विश्व भर में लगभग 860 मिलियन निरक्षर हैं जिनमें से लगभग दो–तिहाई महिलाएं हैं। नई सहस्रावादि के आगमन के समय प्राथमिक स्कूल आयुवर्ग के अनुमानतः 104 मिलियन बच्चे स्कूलों में नामांकित नहीं हैं। स्कूल से बाहर रहने वाले बच्चों में लड़कियों का प्रतिशत 57 है। शिक्षा में लैंगिक समानता लाने के प्रयासों के प्रथम चरण का विवरण यूनेस्को द्वारा इस प्रतिवेदन में निम्नप्रकार से प्रस्तुत किया गया है:–

'शिक्षा एक अधिकार है जिसे सुनिश्चित करने के लिए यह जरूरी है कि अच्छे स्तर की शिक्षा तक सभी की पहुंच सुनिश्चित हो तथा ऐसी अधिगम प्रक्रिया हो, जिसमें लड़के–लड़कियों तथा पुरुषों–महिलाओं सभी को अपनी प्रतिभा निखारने का समान अवसर मिले और इसके फलस्वरूप बिना किसी भेदभाव के सभी नागरिकों को सामाजिक एवं

---

4. **लैंगिक समता और समानता में अन्तर :**

लैंगिक समता : 'समता' शब्द शुद्ध रूप से एक संख्यावाचक संकल्पना है। लैंगिक समता प्राप्त करने का तात्पर्य यह है कि अपनी आयुवर्ग की सापेक्षता में लड़के और लड़कियां बराबर अनुपात में शिक्षा प्रणाली में प्रवेश करें और सम्पूर्ण प्राथमिक एवं माध्यमिक शिक्षा चक्रों में हिस्सेदारी करे। इसी लैंगिक समता का सूचकांक जी.पी. आई. है। उदाहरणार्थ यदि जी.पी. आई.का मान एक है तो वह लैंगिक समता को प्रकट करता है।

लैंगिक समानता : यह पद अपेक्षाकृत अधिक जटिल संरचना है, जिसे मापना भी अपेक्षाकृत अधिक कठिन है। पूर्ण लैंगिक समानता का तात्पर्य है –– लड़के और लड़कियों को स्कूल जाने का समान अधिकार देना और यह कि वे लैंगिक पक्षपात से मुक्त, रूढ़ीबद्ध शैक्षिक अभिविन्यास एवं परामर्श रहित शिक्षण विधियों एवं पाठ्यचर्या की शिक्षा प्राप्त करें। इसमें शिक्षा ग्रहण अवधि, अध्ययन उपलब्धि एवं अकादमिक अर्हता के परिणामों की समानता तथा और अधिक व्यापक पैमाने पर इसमें समानता अर्हता एवं अनुभव के बदले नौकरी एवं आय के अवसरों की समानता भी सम्मिलित है।

आर्थिक लाभ प्राप्त हो। वस्तुतः 'सबके लिए शिक्षा' और 'शिक्षा में समानता' एक ही सिक्के के दो पहलू की तरह परस्पर घनिष्ठ रूप से सम्बद्ध है।

'सबके लिए शिक्षा का अर्थ है सबको समुचित शिक्षा प्राप्त करने के समान अवसर प्राप्त हो। यदि महिलाओं और लड़कियों को शिक्षा के अवसर अपेक्षाकृत कम प्राप्त होते हैं तो यह उनके प्रमुख अधिकार का उल्लंघन है और इसके ही कारण उनके सामाजिक एवं आर्थिक विकास के मार्ग में एक बहुत बड़ी बाधा उत्पन्न हो जाती है।

'बच्चों को शिक्षा से वंचित रखने का तात्पर्य यह है कि उन्हें मानव अधिकारों से और अपने स्वयं के मौलिक अधिकारों से वंचित रखा जा रहा है। इस प्रकार ऐसे बच्चों को सर्वाधिक बुनियादी तरीकों से अपनी प्रतिभा और रुचि को यथासंभव विकसित करने से रोका जा रहा है जबकि शिक्षा एक ऐसी मशाल है जो न केवल जीवन में प्रकाश प्रदान करती है बल्कि वह जीवन की दशा और दिशा दोनों को निर्धारित करने की क्षमता प्रदान करती है।

1948 में सार्वभौम मानव अधिकार घोषणा पत्र में शिक्षा के अधिकार को स्वीकार किया गया था तथा साथ ही घोषणा की गई थी कि प्रारम्भिक शिक्षा निःशुल्क तथा अनिवार्य होनी चाहिए तथा योग्यतानुसार सभी की उच्च शिक्षा तक पहुंच होनी चाहिए। तभी से इस महत्वाकांक्षा को मूर्त रूप देने के लिए अन्तर्राष्ट्रीय स्तर पर घोषणाएं एवं संधियां[3] होती आ रही हैं ।मानव अधिकार सम्बन्धी अन्तराष्ट्रीय विधेयक में निःशुल्क एवं अनिवार्य शिक्षा समतापूर्ण शिक्षा के सम्बन्ध में प्रावधान है। महिलाओं के विरुद्ध भेदभाव करने का सम्मेलन 1979 (CEDAW) तथा बाल अधिकार पर आयोजित सम्मेलन (CRC) 1990 में कानूनी तौर पर शिक्षा का अधिकार एवं लैंगिक समानता दोनों ही सम्मिलित है। 2003 के मध्य तक सी.ई.डी.ए. डब्ल्यु. को लगभग 173 देशों ने अभिपुष्ट कर दिया था और सोमलिया तथा संयुक्त राज्य अमेरिका को छोड़कर विश्व के सभी देशों ने सी.आर.सी. को अभिपुष्ट कर दिया था। 1990 के दशक में मानव अधिकार, महिला जनसंख्या और सामाजिक विकास पर आयोजित प्रमुख सम्मेलनों में लैंगिक समानता सम्बन्धी प्रावधानों को पुष्ट किया गया तथा कुछ मामलों में इन प्रावधानों को जोड़ा गया जिनके प्रति विश्व के देश पहले से ही वचनबद्ध थे।

'लैंगिक समता'[4] पर काफी बल दिये जाने के बावजूद लड़कियों को शिक्षा तक पहुंचने के मामले में भारी भेदभाव का सामना अभी भी

करना पड़ता है। यूनेस्को की इस रिपोर्ट के अनुसार ग्यारह देशों में लड़कों की तुलना में लड़कियों को स्कूल जाने का अवसर 20 प्रतिशत कम मिलता है। इसी रिपोर्ट के अनुसार भारत में भी लैंगिक समता विषम है। लैंगिक समता में और आर्थिक अभाव में सम्बन्ध नजर आता है क्योंकि जहां आर्थिक अभाव अधिक है वहीं विषमता भी अधिक पाई जाती है। पिछले दशकों में लड़कों की तुलना में लड़कियों के नामांकन में तेजी आई है। औद्योगिक एवं विकासादि देशों ने भी 1990 के बाद लैंगिक समता प्राप्त की है।'

'यूनेस्को ने इस प्रतिवेदन में लड़कियों के शिक्षा के क्षेत्र में पीछे रहने के कारणों का भी उल्लेख किया है। अनेक देशों में प्राथमिक स्कूल की शिक्षा पूरी करने वाले छात्रों की संख्या बढ़ने के साथ ही माध्यमिक शिक्षा के लिए मांग बढ़ जाती है। लड़कियों का नामांकन में कम होना इस बात पर भी निर्भर करता है कि लड़कियों का स्कूली जीवन निर्बाध नहीं होता है क्योंकि उन्हें यौवनारंभ, शीघ्र विवाह, गर्भ धारण जैसी महिला–समस्याओं का सामना करना पड़ता है। पारिवारिक स्थिति, परम्परा का प्रभाव, घरेलू श्रम, स्कूल खर्च में वृद्धि होना, रूढ़िबद्धताओं का प्रभाव, पुरुषों के मुकाबले महिलाओं का कार्य–निष्पादन कम होना, श्रम बाजार में असमानताएं, परिवारों में पुरुषों को वरीयता प्राप्त होना, इसी संदर्भ में लड़कों को शिक्षा के मामले में प्राथमिकता दिया जाना और लड़कियों के माता–पिता का अपनी लड़कियों के चरित्र खंडित होने के बारे में आशंकित होना ।

समता के मामले में इस प्रतिवेदन के अनुसार निष्कर्ष यह निकला कि 128 देशों में से 60 ऐसे हैं जहां 2005 तक प्राथमिक और या माध्यमिक स्तरों पर लैंगिक समता प्राप्त न होने की संभावना है। यद्यपि उनमें अनेक ऐसे हैं जहां ऐसी समता लाने की क्षमता विद्यमान है ।

अनुमान के अनुसार 2015 तक विश्व में साक्षरता[5] दरों में 50 प्रतिशत

---

5. साक्षरता को परम्परागत दृष्टि से देखें तो यह माना जाता है कि बुनियादी शिक्षा के कुछ खास वर्षों को पूरा कर लेने के बाद व्यक्ति को साक्षर मान लिया जाता है। और ऐसी साक्षरता स्वघोषित होती है, जबकि अनेक देशों में इस समय एक नई विधि विकसित की गई है और आजमाई जा रही है। इस विधि के अंतर्गत जीवन–कौशलों को मापना भी कठिन होता है क्योंकि इनमें जैनेरिक कौशल यथा समस्या हल करना एवं बातचीत करना, तथा जीवितका, आय सश्जन, स्वास्थ्य एवं पर्यावरण से जुड़े कौशल भी शामिल हैं। ये दोनों ही परिभाषाएं साक्षरता कार्यकमों की सफलता की कुंजी हैं।

की वृद्धि करने की संभावना है। इस प्रतिवेदन में दिये गये वर्तमान अनुमान के अनुसार 2000 में लगभग 862 मिलियन व्यक्ति निरक्षर थे, जिनमें 1990 के दशक में 2 प्रतिशत कम हुए और 2015 तक इसमें 7 प्रतिशत और कमी आने की संभावना है। इस रिपोर्ट के अनुसार विश्व के लगभग आधे निरक्षर दक्षिण और पश्चिमी एशिया में रहते हैं, जिनकी संख्या अभी भी बढ़ रही है तथा इनके मुख्यतः बंगलादेश, भारत और पाकिस्तान में होने की संभावना है। जिन देशों में साक्षरता दर 75 प्रतिशत से कम है, उनमें बंगलादेश, मिश्र, भारत, नाईजीरिया और पाकिस्तान ये पांच देश सम्मिलित हैं। यह संक्षिप्त सर्वेक्षण बालिका शिक्षा विस्तार की रिर्पोट है।

निष्कर्ष :

इन चुनिंदा प्रयासों के द्वारा लैंगिक शिक्षा में समानता के लिए अनेक स्तरों पर हस्तक्षेप किया गया है। इसमें विद्यालयीय लागत में कमी, विद्यालय में बच्चे भेजने के लिए परिवारों को प्रोत्साहन, यथा हिंसा से मुकाबला, माता–पिता के साथ कार्य करना, महिला सशक्तिकरण और सर्वाधिक वंचित वर्ग की आवश्यकताओं की पूर्ति के लिए उपाय करना शामिल है। इस समीक्षा से निम्नलिखित प्रमुख बिंदु उभर कर सामने आते हैं:–

– सब के लिए समान शिक्षा को बढ़ावा देने में राज्य को प्रमुख भूमिका अदा करनी चाहिए। इस क्षेत्र में जिन देशों ने पर्याप्त प्रगति की है, उनमें से अधिकांश में राज्य की भूमिका प्रमुख रही है। विधा–परिवर्तन, पाठ्यक्रमों में सुधार प्रोत्साहन योजनाओं की व्यवस्था, वंचित क्षेत्रों में शिक्षा सुविधाओं को बढ़ावा और अध्यापक प्रशिक्षण के सुधार जैसे सभी प्रयासों के लिए गैर–सरकारी कारकों के समर्थन के साथ ठोस वचनबद्धता भी आवश्यक है।

– लड़कियों के लिए विशिष्ट शिक्षा आवश्यकताओं की पूर्ति हेतु शिक्षा में से ही संसाधनों के पुनर्वितरण के उपाय किया जाना सर्वोच्च प्राथमिकता है। लड़कियों की शिक्षा की प्रत्यक्ष और परोक्ष लागत, जो परिवारों को वहन करनी पड़ती है, उसे कम करने के लिए काफी कुछ किया जा सकता है। राज्य सहायता के अतिरिक्त सरकार को बालश्रम तथा वेतन तथा कार्य में भेदभाव के घातक प्रभाव को समाप्त करने हेतु वृहत् आर्थिक और सामाजिक नीतियों की एक श्रृंखला का अनुसरण करने की आवश्यकता है।

—सामाजिक परिवर्तन की गति धीमी होती है किन्तु वह भी महिलाओं को सीधे सक्षम बनाए बगैर प्राप्त नहीं की जा सकती । समाज में अधिक समानता लाने के लिए उनकी आवश्यकताओं (स्वास्थ्य, पर्यावरण, शिक्षा आदि) को ज्ञात कर, संबंधित निर्णय लेते हुए और उनकी जीविका के सुधार हेतु उनकी सहायता करना अति आवश्यक है । इस प्रकार शिक्षा ही इस विकासात्मक प्रक्रिया का महत्वपूर्ण कारक है।

4

अनुसूचित जाति और जनजाति की माध्यमिक शिक्षा संबंधी समस्याएं एवं उनके समाधानात्मक सुझाव

भारत में माध्यमिक शिक्षा का विकास

हमारे देश में माध्यमिक शिक्षा के विकास का इतिहास ब्रिटिश शासन काल से आरंभ होता है । ब्रिटेन से आई ईस्ट इंडिया कंपनी की स्थापना हमारे देश में 1599 में हुई थी, किन्तु देश में इसका शासन 1765 से शुरू हुआ। और तभी से ही इस कंपनी ने भारत में चल रही शिक्षा पर ध्यान देना शुरू किया; शिक्षा से संबंधित नीतियां आदि बनाई तथा कार्यान्वित की । ब्रिटिश संसद ने भी 1813 में एक आज्ञा–पत्र (Character Act of 1813) द्वारा ईस्ट इंडिया कंपनी को भारत में नई शिक्षा पद्धति विकसित करने का दायित्व सौंप दिया और शिक्षार्थ प्रतिवर्ष एक लाख रुपये की आर्थिक सहायता का भी प्रावधान कर दिया, जिसे 1913 में बढ़ाकर दस लाख रुपये कर दिया गया । इस देश में ब्रिटिश शिक्षा पद्धति का आरंभ मिस्टर चार्ल्स वुड के 1854 के शिक्षा–पत्र (Despatch) से हुआ। इस पत्र में वुड साहब ने स्कूल स्तरीय शिक्षा का प्रयोजन निर्धारित किया और तत्संबधी दिशा–निर्देश देकर विश्वविद्यालय स्तर की स्थापना के लिए आधार तैयार किया। तथापि माध्यमिक शिक्षा स्तर का औपचारिक रूप से गठन 1882 के हण्टर आयोग से ही माना जाता है। इस आयोग ने वुड शिक्षा–पत्र के कार्यक्रमों और सिद्धांतों पर पुनर्विचार किया और इस आशय की सिफारिशें दीं कि वुड शिक्षा–पत्र में लिखित किन–किन शिक्षा–नीतियों को किस–किस प्रकार से लागू किया जाये ताकि तत्कालीन शिक्षा ब्रिटिश शासन के लिए उपयोगी सिद्ध हो। हण्टर आयोग की सिफारिशों का इस दृष्टि से अधिक महत्व है कि उससे माध्यमिक शिक्षा स्तर को सरकारी मान्यता मिल गई। इससे पहले निर्मित ब्रिटिश नीतियों में माध्यमिक स्तर को पृथक नहीं माना जाता था; हालांकि इससे पूर्व 1835 में मैकाले द्वारा तैयार किये गये सारांश में भी माध्यमिक शिक्षा के संबंध में कुछ निर्देश दिए गए थे। मैकाले की सिफारिशों द्वारा भारत में अंग्रेजी शिक्षा–पद्धति लागू

करने पर अधिक जोर दिया गया था। मैकाले की मुख्य सिफारिश यह थी कि भारतीय छात्रों को अंग्रेजी पढ़ाई जाये, जिससे वे शारीरिक दृष्टि से भारतीय रहते हुए भी मानसिक दृष्टि से ब्रिटिश बन जाएं। इस लक्ष्य को सामने रखते हुए ब्रिटिश धार्मिक संस्थाओं ने यहां माध्यमिक स्तर के स्कूल खोले, जिनमें अंग्रेजी के माध्यम से शिक्षा दी जाती थी। ऐसे स्कूल देश में इस कारण से शीघ्र लोकप्रिय हो गए कि अंग्रेजी पढ़े–लिखे लोगों को ब्रिटिश सरकार की सेवाएं प्राप्त हो जाती थीं। ब्रिटिश धार्मिक संस्थाओं और निजी व्यक्तियों द्वारा खोले गए स्कूलों को भी तत्कालीन सरकार द्वारा अनुदान दिया जाता था। मिस्टर वुड की सिफारिशों के अनुसार देश में कुछ प्राथमिक और मिडिल स्कूल ऐसे भी खोले गए जिनमें शिक्षा का माध्यम अंग्रेजी भाषा के साथ–साथ स्थानीय भाषा को भी रखा गया। किन्तु हाई स्कूलों में अंग्रेजी माध्यम की ही अधिकता रही। तत्कालीन माध्यमिक शिक्षा की विशेषता यह रही कि इस स्तर के अधिकतर स्कूल गैर–सरकारी थे और पूरे देश में माध्यमिक स्तर के सरकारी स्कूल गिने–चुने ही थे। गैर–सरकारी स्कूलों की संख्या अधिक होने पर भी उनमें बहुत सारी कमिया पाई जाती थीं, जैसे उनके पास धन का अभाव होता था; उनका पाठ्यक्रम पुराने ढंग का ही होता था; उनमें शिक्षण–पद्धति भी पुरानी ही होती थीं; और उनमें शिक्षक भी प्रशिक्षित नहीं होते थे। यद्यपि सरकार द्वारा नियुक्त की गई विभिन्न समितियों/आयोगों – विशेषतः सैडलर कमीशन (1917), हार्टोग कमेटी (1929), वुड–एबट प्रतिवेवदन (1936–37) और सार्जेन्ट प्लान (1944) – ने समय–समय पर सरकार को इन कमियों से अवगत कराया था, किन्तु दुर्भाग्य से गैर–सरकारी स्कूलों की कमियों को दूर करने के लिए कुछ भी नहीं किया गया और सरकारी स्कूल अपेक्षित संख्या में खोले नहीं गये। वर्ष 1854 में अंग्रेजी माध्यम के स्कूलों की कुल संख्या केवल 169 थी। इमें कुछ ईसाई धर्म प्रचारक संस्थाओं द्वारा संचालित और शेष गैर–सरकारी थी । लगभग 6 दशक बाद वर्ष 1916–17 में 4883 (अधिकांशतः गैर सरकारी) माध्यमिक स्कूलों में 9,24,770 छात्र पढ़ रहे थे। स्वतंत्रता प्राप्ति से ठीक पहले 1946–47 में ऐसे स्कूलों की संख्या बढ़कर 12,693 हो गई थी, जिनमें कक्षा 6 से 11 तक के कुल छात्रों की संख्या बढ़कर केवल 29,53,995 हो पाई । इससे ज्ञात होता है कि 1854 से लेकर 1946–47 तक विशेषतः गैर–सरकारी स्कूलों की संख्या में तो वृद्धि हुई किन्तु माध्यमिक शिक्षा–स्तर की गुणवत्ता में वृद्धि न होने के कारण छात्र संख्या उसी अनुपात में न बढ़ पाई ।

स्वतंत्रता प्राप्ति के बाद की माध्यमिक शिक्षा

स्वतंत्रता प्राप्ति के बाद भारत में माध्यमिक शिक्षा में संख्यात्मक और गुणात्मक दोनों ही प्रकार का विकास तीव्र गति से हुआ। वर्ष 1947 में कुल माध्यमिक स्तर के स्कूलों में केवल 8.6 प्रतिशत अथवा 315 ही सरकारी स्कूल थे। सभी माध्यमिक स्कूलों में 14 से 17 वर्ष आयु–वर्ग के छात्रों की संख्या 15,71,541 थी; जिन पर केवल 8.9 करोड़ रुपये की राशि खर्च होती थी; जिनमें प्रशिक्षित अध्यापक केवल 54.9 प्रतिशत थे। 1948 में ताराचंद कमेठी का गठन किया गया, जिसने देश में बहु–उद्देशीय माध्यमिक स्कूलों की स्थापना की सिफारिश की। साथ ही इसने यह भी सिफारिश की कि माध्यमिक स्तर की शिक्षा में सुधार हेतु सुझाव देने के लिए एक पृथक आयोग का गठन किया जाना चाहिए। इसी आधार पर 1952–53 में एक माध्यमिक शिक्षा आयोग श्री रामास्वामी मुदलियर की अध्यक्षता में गठित किया गया और इस आयोग ने इस स्तर की शिक्षा में सुधार हेतु उपयुक्त सुझाव दिये। इससे पूर्व 1950 में लागू हुए भारत के संविधान में निर्देशक तत्वों को अपनाया गया जिनमें यह निर्देश भी सम्मिलित था कि देश में 6 से 14 वर्ष आयु–वर्ग के सभी बच्चों के लिए 10 वर्ष के भीतर प्राथमिक शिक्षा अनिवार्य कर दी जाए। इससे शिक्षा का व्यापक प्रचार–प्रसार तो हुआ किन्तु इस आयु–वर्ग के सभी बच्चों को शिक्षा देने का संकल्प अब तक भी पूर्ण नहीं हो पाया है। 1952–53 के माध्यमिक शिक्षा आयोग ने इस शिक्षा–स्तर के लिए एक नई शिक्षा पद्धति की सिफारिश की। इस आयोग की बहुत सी सिफारिशें स्वीकार की गईं और माध्यमिक स्तर की गुणवत्ता में वृद्धि हुई। स्वतंत्र भारत की सरकार ने तीव्र विकास और प्रगति के लिए पंचवर्षीय योजनाएं बनाईं और कार्यान्वित कीं। इन योजनाओं में शिक्षा में संख्यात्मक और गुणात्मक प्रगति के लिए पर्याप्त धनराशि का आवंटन किया गया, जिसके परिणामस्वरूप माध्यमिक स्तरीय शिक्षा का प्रचार–प्रसार तीव्र गति से बढ़ा।

प्रथम योजना में शिक्षा के लिए 20 करोड़ रुपये रखा गया, जो सातवीं योजना तक बढ़ कर एक हजार करोड़ रुपये हो गया । जैसे–जैसे स्वतंत्र भारत में शिक्षा के प्रचार–प्रसार पर जोर दिया गया और उसके लिए धनराशि अधिकाधिक दी गई, उसी अनुपात में शिक्षार्थियों की संख्या भी बढ़ती गई। वर्ष 1950–51 में हाई स्कूल / हायर सेकेंडरी स्कूल / इंटर स्कूल/ प्रि–डिग्री जूनियर कालेजों की संख्या 7416 थी, जिनमें पढ़नेवाले लड़कों की संख्या 13 लाख और लड़कियों की

संख्या 2 लाख थी, अर्थात् इनमें कुल 15 लाख विद्यार्थी थे। वर्ष 1990–91 में स्कूलों की संख्या बढ़कर 78619 और छात्रों की संख्या 209 लाख हो गई, जिनमें लड़कों की संख्या 140 लाख और लड़कियों की संख्या 69 लाख थी।

स्वतंत्र भारत में शिक्षा के पुनर्गठन और उसमें सुधारों की सिफारिश देने हेतु मुख्यतः तीन आयोग गठित किये गये। प्रथम विश्वविद्यालय शिक्षा आयोग डा.राधाकष्ष्णन की अध्यक्षता में गठित किया गया जो दिसंबर 1948 से अगस्त 1949 तक कार्यरत रहा; दूसरा, डा.रामास्वामी मुदालियर की अध्यक्षता में माध्यमिक शिक्षा आयोग नियुक्त किया गया जिसने अक्तूबर 1952 से कार्य आरंभ कर जून 1953 में अपनी सिफारिशें दीं, और तीसरा, डा. डी.एस. कोठारी की अध्यक्षता वाला शिक्षा आयोग था जिसने 1964 से 1966 तक अध्ययन कर अपना प्रतिवेदन दिया। राधा कृष्णन आयोग ने विशेष रूप से विश्वविद्यालय शिक्षा के पुनर्गठन पर विचार किया, डा. मुदालियर आयोग ने माध्यमिक शिक्षा को केन्द्र में रखते हुए अपनी सिफारिशें दी, जबकि डा. कोठारी आयोग ने शिक्षा के सभी स्तरों और सभी पहलुओं पर विचार–विमर्श करके अपना मत और सिफारिशें प्रस्तुत कीं। माध्यमिक शिक्षा के विकास पर विचार करते समय यहां हम अपना ध्यान मुख्यतः मुदालियर आयोग तक ही सीमित रखेंगे।

मुदालियर आयोग अथवा माध्यमिक शिक्षा आयोग (अक्तूबर 1952 – जून 1953) :

वर्ष 1948 में 'ताराचन्द समिति' नियुक्त की गई थी जिसने अपनी सिफारिशें प्रस्तुत करते समय इस बात पर विशेष बल दिया था कि देश में माध्यमिक शिक्षा बहु–उद्देशीय होनी चाहिए। इसी समिति ने यह सिफारिश भी की थी कि माध्यमिक शिक्षा में अपेक्षित एवं वांछित सुधारों पर विचारार्थ एक पृथक आयोग का गठन किया जाये। वर्ष 1949 में केन्द्रीय शिक्षा सलाहकार परिषद ने भी सरकार से सिफारिश की कि वह माध्यमिक शिक्षा आयोग गठित करे जो इस विषय पर विस्तृत रूप से विचार करे और माध्यमिक शिक्षा को प्रभावी एवं उपयोगी बनाने हेतु सिफारिशें दे। इसी आधार पर सितंबर 1952 में डा. रामास्वामी मुदालियर की अध्यक्षता में माध्यमिक शिक्षा आयोग का गठन किया गया। यह आयोग 'मुदालियर आयोग' के नाम से भी विख्यात है। इस आयोग ने माध्यमिक स्तर की शिक्षा से संबंधित विषयों और समस्याओं तथा तत्सम्बन्धी समाधानों पर मुख्य रूप से विचार किया। इसमें अध्यक्ष

सहित दस सदस्य थे, जिनमें विश्वविद्यालय, कालेज, स्कूल, तकनीकी शिक्षा, विद्याभवन, शिक्षक प्रशिक्षण कालेज, भारत सरकार के शिक्षा मंत्रालय आदि के प्रतिनि:धि रखे गये। इस आयोग के समक्ष विचारार्थ मुख्यतः निम्न विषय थे :

(क) माध्यमिक शिक्षा के उद्देश्य, संगठन तथा विषय–वस्तु;
(ख) विभिन्न प्रकार के माध्यमिक स्कूलों में परस्पर संबंध;
(ग) माध्यमिक शिक्षा का प्राथमिक एवं उच्च शिक्षा से संबंध; और
(घ) तत्संबंधी अन्य समस्याएं ।

इस आयोग ने उपरोक्त विषयों से संबंधित जानकारी एकत्र करने हेतु प्रश्नावली और साक्षात्कार दोनों ही प्रणालियों को माध्यम बनाया। माध्यमिक शिक्षा के विभिन्न पहलुओं से संबंधित संचित ज्ञान का अध्ययन, विश्लेषण और मूल्यांकन करके इस आयोग ने 20 अगस्त 1953 को अपना विस्तष्त प्रतिवेदन भारत सरकार के समक्ष प्रस्तुत किया, जिसमें मुख्य रूप से निम्नलिखित सुझावों का उल्लेख किया गया :

1. **माध्यमिक शिक्षा के उद्देश्य का निर्धारण** : माध्यमिक स्तर की शिक्षा के उद्देश्यों को निर्धारित करते हुए आयोग ने लिखा कि माध्यमिक शिक्षा द्वारा छात्रों में लोकतांत्रिक मनोवृत्ति का विकास, नेतृत्व–प्रतिभा का प्रकटीकरण, व्यवसायिक कौशल में निखार, व्यक्तित्व का सर्वांगीण विकास तथा देश–प्रेम के संस्कार का पुष्टिकरण होना चाहिए।

2. **माध्यमिक शिक्षा का पुनर्गठन** : इस स्तर की शिक्षा की अवधि निर्धारित करते हुए आयोग ने प्राथमिक शिक्षा अथवा जूनियर बेसिक शिक्षा की अवधि चार वर्ष, सीनियर बेसिक शिक्षा की अवधि तीन वर्ष, माध्यमिक तथा उच्चतर माध्यमिक शिक्षा की अवधि 4 वर्ष करने के सुझाव दिये। इंटरमीडिएट स्तर को समाप्त करके स्कूली शिक्षा में एक वर्ष की अवधि और प्रथम उपाधि (डिग्री) स्तर पर भी एक वर्ष की अवधि बढ़ाने का सुझाव दिया। इससे 11 वर्षीय हायर सेकेंडरी और तीन वर्षीय उपाधि (11+3) की शिक्षा पद्धति का आरंभ हुआ

3. **बहु–उद्देशीय विद्यालयों की स्थापना** : इस आयोग ने ऐसे बहु–उद्देशीय विद्यालय खोलने की सिफारिश की, जिनमें व्यवसायिक और तकनीकी शिक्षा प्रदान की जाये ताकि विषयों और पाठ्यक्रमों में विविधता आ जाये तथा छात्र अपनी योग्यता, रुचि, क्षमता–सामर्थ्य एवं

आवश्यकता के अनुरूप शिक्षा ग्रहण कर सकें । आयोग ने पर्याप्त संख्या में तकनीकी स्कूल खोलने और प्रशिक्षु–प्रशिक्षण (Aprenticeship) को तकनीकी शिक्षा का अनिवार्य अंग बनाने पर बल दिया ।

4. छात्रों को कृषि–संबंधी शिक्षा देना : देश में सभी राज्यों के ग्रामीण क्षेत्रों के विद्यालयों में कृषि–शिक्षा देने के लिए विशेष प्रबंध करने की अनुशंसा की गई। साथ ही, यह भी सिफारिश की गई कि दूरदराज के ग्रामीण क्षेत्रों में आवासीय विद्यालय खोजे जायें ।

5. सह–शिक्षा और बालिका विद्यालय : आयोग ने सह–शिक्षा विद्यालयों में पूर्ण सुविधाओं सहित गृह विज्ञान विषय पढ़ाये जाने ओर बालिकाओं के लिए पृथक विद्यालय खोलने का भी सुझाव दिया ।

6. विकलांग बच्चों हेतु शिक्षा की व्यवस्था : आयोग ने विकलांग बालकों के लिए उनकी आवश्यकताओं के अनुसार यथासंभव अधिक संख्या में विद्यालय खोलने की सिफारिश की।

7. पाठ्यक्रम एवं पाठ्य–पुस्तक : इस बारे में आयोग ने पाठ्यक्रम–निर्धारण के मूल सिद्धांतों का उल्लेख करते हुए सुझाव दिया कि माध्यमिक स्तर का पाठ्यक्रम तैयार करते समय विद्यार्थियों की रुचि, योग्यता–क्षमता, वर्तमान और भावी जीवन की आवश्यकतों पर अनिवार्य रूप से ध्यान रखा जाये ताकि शिक्षा में विविधता और सामाजिक सामंजस्यता की पर्याप्त संभावना हो। यह भी सिफारिश की गई कि पाठ्य–पुस्तकों का एक विशिष्ट उच्च स्तर बनाया रखा जाये और पाठ्य–पुस्तकें जल्दी–जल्दी न बदली जायें।

8. शिक्षा का माध्यम : आयोग ने शिक्षा के माध्यम के रूप में मातृभाषा अथवा प्रादेशिक भाषा अपनाने की सिफारिश की और द्विभाषा–सूत्र लागू करने का सुझाव भी दिया। उच्च माध्यमिक स्तर पर कम से कम दो भाषाएं– जिनमें एक मातृभाषा अथवा प्रादेशिक भाषा अवश्य हो – पढ़ाने की सिफारिश की।

9. शिक्षण–विधियां : मुदालियर आयोग ने विचार व्यक्त किया कि शिक्षण का उद्देश्य छात्रों को केवल ज्ञान देना ही नहीं है बल्कि उनमें नैतिक मूल्यों, उचित दृष्टिकोणों, कुशल कार्य–शैली और अच्छी आदतों का विकास करना भी है। इसलिए आयोग ने सुझाव दिया कि शिक्षण विधि उद्देश्यपूर्ण एवं वास्तविकता पर आधारित होनी चाहिए और इस प्रयोजनार्थ' क्रियात्मक विधि' और 'प्रोजेक्ट विधि' दोनों को ही अपनाना वांछनीय होगा। यह भी सिफारिश दी गई कि विद्यालयों में धार्मिक

तथा नैतिक शिक्षा स्वेच्छा के आधार पर दी जा सकती है क्योंकि इससे छात्रों में धार्मिक एवं नैतिक मूल्यों तथा अनुशासनप्रियता का सहज रूप से विकास होगा । अनुशासन की भावना विकसित करने के लिए विद्यालयों में अध्यापक–छात्र संपर्क और अभिभावक– अध्यापक संपर्क कार्यक्रमों का आयोजन तथा छात्र–परिषदों का गठन किया जा सकता है।

10. मूल्यांकन प्रणाली : इस आयोग ने शिक्षा के गुणात्मक विकासार्थ मूल्यांकन की नई पद्धति अपनाने पर बल दिया, जिससे परीक्षा वस्तुनिष्ठ बन जाये । साथ ही छात्रों के लिए 'सतत प्रगति–पत्र' तैयार करने और मूल्यांकन हेतु ग्रेडिंग प्रणाली शुरू करने का सुझाव भी दिया गया।

11. परामर्श और मार्ग–दर्शन सेवा : आयोग ने यह सिफारिश भी की कि सभी विद्यालयों में परामर्श और मार्ग–दर्शन केन्द्र खोले जायें, जिनमें प्रशिक्षित परामर्शदाता नियुक्त किये जायें ताकि सभी छात्र शिक्षा के संबंध में उचित परामर्श और मार्ग–दर्शन प्राप्त करने की सुविधा से लाभान्वित हो सके।

12. विद्यालय और कक्षा में छात्र संख्या : आयोग ने सिफारिश की कि विद्यालय में छात्रों की अधिकतम संख्या 500 से 750 तक और एक कक्षा में 30 से 40 तक होनी चाहिए

13. अध्ययन–सत्र : एक शैक्षिक वर्ष में कम से कम 200 शिक्षण–दिवस (कार्य–दिवस) और प्रति सप्ताह 45–45 मिनट के 35 अध्ययन–घंटे होने चाहिए, यह सिफारिश भी की गई।

14. स्वास्थ्य शिक्षा एवं चिकित्सा का प्रावधान : आयोग ने अनुशंसा की कि सभी राज्यों के विद्यालयों में स्वास्थ्य संबंधी शिक्षा और चिकित्सा सेवा आरंभ की जानी चाहिए जिससे छात्र स्वास्थ्य के प्रति जागरुक हो जायें और रुग्ण छात्रों की निदानात्मक चिकित्सा जांच भी हो जाये और उनका उचित औषधीय उपचार आदि भी हो जाये ।

15. अध्यापकों हेतु : आयोग ने अध्यापकों के संबंध में सिफारिश की कि अध्यापक–प्रशिक्षण की व्यवस्था की जानी चाहिए और उनके वेतनमानों और सेवा–शर्तों में सुधार किया जाना चाहिए।

16. संगठन तथा प्रशासन–व्यवस्था : आयोग ने सुझाव दिया कि प्रत्येक राज्य में एक माध्यमिक शिक्षा परिषद का गठन किया जाना चाहिए जिसमें 25 से अधिक सदस्य न हों और जिसके अध्यक्ष पद पर शिक्षा निदेशक को ही रखा जाये। परीक्षा संबंधी कार्य को देखने के लिए परिषद द्वारा एक प्रथृक उप–समिति गठित की जानी चाहिए।

17. निरीक्षण–कार्य : इस विषय पर आयोग ने कहा कि शिक्षा निरीक्षक को विद्यालयों का निरीक्षण करते समय प्रत्येक स्कूल की समस्याओं का अध्ययन करना चाहिए और उनके समाधान हेतु सुझाव देने चाहिए, जिससे वहां की शिक्षा–व्यवस्था में यथापेक्षित– सुधार हो सके।

18. वित्त–पोषण : विद्यालयों के लिए वित्त–व्यवस्था के संबंध में आयोग ने सुझाव दिया कि केन्द्रीय सरकार को माध्यमिक शिक्षा पर होने वाले कुल व्यय का एक निश्चित भाग वहन करना चाहिए। यदि आवश्यक हो, तो तकनीकी और व्यवसायिक शिक्षा के विकास हेतु सरकार औद्यागिक शिक्षा उपकर लगा सकती है।

उपरोक्त सुझावों एवं सिफारिशों के आधार पर कहा जा सकता है कि मुदालियर आयोग ने माध्यमिक शिक्षा के बारे में व्यापक अध्ययन किया और उसमें अंतर्निहित त्रुटियों को दूर करने के लिए ठोस सुझाव दिये, जिनमें से कुछ सरकार द्वारा स्वीकार कर लिए गये । इस आयोग द्वारा दिये गये सुझावों का माध्यमिक शिक्षा के विकास में निस्संदेह महत्वपूर्ण योगदान रहा।

भारत में माध्यमिक स्तर के विद्यार्थियों की समस्याएं

यद्यपि लेखक ने दिल्ली स्थित माध्यमिक स्कूलों में अध्ययनरत विशेषतः अनुसूचित जाति और जनजाति की छात्राओं के बारे में अध्ययन किया था, किन्तु इसके निष्कर्ष सामान्य रूप से दुर्बल वर्ग के सभी छात्र–छात्राओं पर लागू होते हैं। यह अध्ययन छात्राओं/अभिभावकों/शिक्षकों को दी गई प्रश्नावलियां और इनमें से कुछ से किये गये व्यक्तिगत साक्षात्कार के आधार पर किया गया। इन सभी प्राप्त जानकारी के आधार पर विभिन्न समस्याएं उभर कर सामने आईं, जिनका दुर्बल वर्ग के अधिकांश विद्यार्थियों को सामना करना पड़ता है।

विद्याथियों की समस्याएं :

शोधार्थी ने सभी अध्ययनाधीन विद्यार्थियों से प्राप्त प्रदत्तों का गंभीरतापूर्वक अध्ययन और विश्लेषण करके पाया कि इस वर्ग के विद्यार्थियों की प्रमुख समस्यायें निम्नप्रकार हैं :

दलित वर्ग के अधिकांश विद्यार्थियों के माता–पिता और अभिभावक निरक्षर अथवा अल्पशिक्षित हैं जो परम्परागत रूढ़िवादिता से ग्रस्त होने के कारण बालिका–शिक्षा के पक्ष में नहीं होते हैं।

अधिकांश के माता–पिता की आर्थिक स्थिति भी सुदृढ़ नहीं होती है जिस वजह से वे बालिका के लिए समय पर पाठ्य–पुस्तकें, लेखन–सामग्री

और वर्दी आदि नहीं जुटा पाते हैं। वे बालिकाओं को जेब खर्च के लिए भी पैसे नहीं दे पाते हैं।

इस वर्ग की छात्राओं के अधिकतर माता–पिता अपनी बेटियों को न तो घर से दूरी पर स्थित विद्यालयों में भेजना चाहते, और न ही यह पसन्द करते हैं कि उनकी लड़कियों का मेल–जोल लड़कों के साथ अधिक बढ़े ।

अधिकांश अभिभावकों का यह विचार होता है कि लड़कियों की शिक्षा उतनी लाभप्रद नहीं होती, जितनी लड़कों की होती है। उनके विचार से लड़का बड़ा होकर परिवार का भरण–पोषण करता है जबकि लड़की विवाह के बाद दूसरे के परिवार में चली जाती है। इसलिए खर्च करने की स्थिति में होते हुए भी कुछ परिवार लड़कियों की शिक्षा पर अधिक खर्च नहीं करते हैं। इस प्रकार के भेदभाव की समस्या से भी बालिका शिक्षा प्रभावित होती है।

अनुसूचित जाति/जनजाति की अधिकतर बालिकाओं को घर में अध्ययन के लिए अनुकूल वातावरण नहीं मिलता है और उन्हें कुर्सी–मेज और प्रथृक कमरे आदि की अनिवार्य सुविधायें भी नहीं मिल पाती हैं ।

माता–पिता के अशिक्षित होने के कारण अधिकतर बालिकाओं का गृह–कार्य पूर्ण नहीं हो पाता है और इनके माता–पिता आर्थिक तंगी के कारण इनके लिए घर पर ट्यूशन लगाने में भी असमर्थ होते हैं।

इस वर्ग की अधिकांश छात्राओं के परिवार प्रायः गंदी बस्तियों में रहते हैं और वहां का वातावरण प्रदूषित होने की वजह से परिवार के सदस्य रोगों के शिकार हो जाते हैं । परिवार में बीमारी होने से बालिकाओं की शिक्षा प्रभावित होती है। अधिकांश छात्रायें कुपोषण की भी शिकार होती हैं ।

इस वर्ग की कुछ छात्राओं ने इस समस्या की ओर भी संकेत किया है कि उनके पिता नशा करते हैं और अपनी दिनभर की मजदूरी उसमें बरबाद कर देते हैं । इससे घर का वातावरण भी बिगड़ता है और परिवार में तनाव भी बढ़ता है और उनका अध्ययन भी प्रभावित होता है।

इस वर्ग की कुछ छात्राओं ने अंग्रेजी भाषा, गणित और विज्ञान जैसे कठिन विषयों में कमजोर होने की बात भी स्वीकारी है, जिसके कारण वे पढ़ाई से जी चुराने लगती हैं ।

इस वर्ग की अधिकांश छात्राओं ने विद्यालय में शैक्षिक और व्यावसायिक मार्गदर्शन के अभाव की ओर भी संकेत किया है।

इस वर्ग के परिवारों में व्याप्त निर्धनता की वजह से ये लोग बाल श्रम की समस्या, कुपोषण की समस्या और बेरोजगारी की समस्या से भी ग्रस्त होते और इन सभी कारणों से विद्यार्थियों की शिक्षा पर प्रतिकूल प्रभाव पड़ता है। महिला शिक्षा के प्रति समाज, महिलाओं में शैक्षिक पिछड़ापन पाया जाता है। असामाजिक तत्वों द्वारा छात्राओं के साथ छेड़छाड़ किये जाने के कारण बालिकाएं घर से दूर जाकर शिक्षा ग्रहण करने से डरती हैं। कुछ विद्यालयों में अनिवार्य सुविधाओं यथा – पेयजल आदि का अभाव होना, शौचालय का ठीक प्रबंध न होना, आदि की शिकायत भी विद्यार्थियों ने की। इन सुविधाओं के अभाव में कमजोर छात्र और अधिक पिछड़ जाते हैं, जैसे छात्राओं का अंग्रेजी भाषा, गणित तथा विज्ञान विषयों में कमजोर होना आम बात है । बड़ा परिवार होने के कारण अपेक्षित सुविधाओं का न मिल पाना । लाल फीताशाही और भ्रष्टाचार आदि के कारण सरकार द्वारा दी जा रही सुविधाओं — छात्रवृत्ति–राशि/आर्थिक सहायता, पाठ्य–पुस्तकों, लेखन–सामग्री और वर्दी का उचित समय पर न मिल पाना । सरकार से प्राप्त होने वाली सुविधाओं का पूर्ण ज्ञान न होना । अभिभावकों और छात्राओं, दोनों को ही अपने–अपने अधिकारों का ज्ञान न होना। आवासीय विद्यालयों का अभाव होना। भाषाभिव्यक्ति का प्रभावपूर्ण न होने के कारण कक्षा में प्रश्न पूछने अथवा उत्तर देने में संकोच होना । कम अंक उपलब्धि के कारण व्यावसायिक और तकनीकी पाठ्यक्रमों में आरक्षण के बावजूद दाखिला न मिल पाना। खर्चीले पाठ्यक्रमों में निर्धनता के कारण प्रवेश न ले पाना। उच्च वर्ग की और निम्न वर्ग की छात्राओं में पारस्परिक मेल–जोल का अभाव होना। कुछ शिक्षकों द्वारा पढ़ाई में कमजोर विद्यार्थियों में अपेक्षित रुचि न लिया जाना। कुछ शिक्षकों का छात्राओं के प्रति असहानुभूति/उदासीनतापूर्ण और निरादरपूर्ण रवैया होना। अनुसूचित जाति/जनजाति की छात्राओं का पता लगने पर कुछ शिक्षकों के व्यवहार में अन्तर आ जाना और उनके द्वारा इन छात्राओं को हतोत्साहित किया जाना। उच्च बौद्धिक स्तर वाले कुछ छात्रों ने विद्यार्थियों को तकनीकी, व्यावसायिक और कम्प्यूटर जैसे पाठ्यक्रमों के न होने की भी शिकायत की।

छात्राओं द्वारा उजागर की गई समस्यायें इस प्रकार हैं :

1. 90 प्रतिशत छात्राओं ने बताया कि पारिवारिक वित्तीय संकट का पाया जाना। इसी वजह से उनका अध्ययन बाधित होता है तथा वे समय से फीस देने में असमर्थ होती हैं ।

2. पारिवार का बड़ा आकार होने की वजह से उपयुक्त अध्ययन स्थल का अभाव पाया जाता है तथा छोटे भाई–बहनों की भी जिम्मेदारी उनकी होती है ।

3. 70 प्रतिशत छात्राओं ने बताया कि अभिभावकों के शिक्षित न होने से उचित मार्गदर्शन का अभाव पाया जाता है तथा छात्राओं की व्यक्तिगत समस्याओं को भी ठीक प्रकार से समझ नहीं पाते ।

4. 42 प्रतिशत छात्राओं ने निम्न समस्या को बताया :

5. भाषा, विचारों की अभिव्यक्ति का अभाव होने की वजह से छात्रायें अपनी बात को शिक्षकों के सम्मुख ठीक से नहीं कह पाती, इसकी वजह से वे कक्षा में प्रश्न भी नहीं पूछ पाती, जिससे वे कुछ विषयों में अधिक पिछड़ जाती हैं ।

6. गणित, अंग्रेजी और साइंस जैसे कठिन विषयों में कमजोर होने की वजह से वे और अधिक पिछड़ती जाती हैं और अंत में अपना अध्ययन छोड़ देती हैं ।

7. 35 प्रतिशत छात्राओं पिता के नशीले पदार्थों की सेवन की समस्या को बताया, जिसकी वजह से उनके घर का वातावरण अशांत रहता है और छात्राओं का पढ़ने में मन नहीं लगता और वे कुंठाग्रस्त रहती हैं।

8. 32 प्रतिशत छात्राओं ने छात्रवृत्ति की समस्या को बताया है, जिसमें समय पर उन्हें छात्रवृत्ति नहीं मिलती, जिससे वे समय पर किताब–कापी नहीं खरीद पातीं, जिससे उनका अध्ययन बाधित होता है ।

9. 26 प्रतिशत छात्राओं ने शिक्षक के उदासीन रवैये को बताया है जिससे छात्राओं में हीन भावना पनपती है और वे अपनी बात को शिक्षक के समक्ष नहीं रख पातीं, जिससे वे मार्गदर्शन के अभाव में भटकती रहती हैं ।

10. 24 प्रतिशत छात्राओं ने अन्य छात्राओं के उचित व्यवहार न होने के कारण की समस्या को बताया, जिससे उनके मन में कुंठाभाव जागृत होता है ।

समाधानात्मक सुझाव :

इन समस्याओं में छात्रों उनके अभिभावकों तथा उनके शिक्षकों, सभी के द्वारा बताई गई समस्याएं सम्मिलित है।

उपरोक्त अध्ययन के परिणामस्वरूप विद्यार्थियों की जो समस्याएं उभर कर सामने आई, उनके समाधान लेखक की दृष्टि से इस प्रकार हैं :–

1. छात्राओं के अभिभावकों को भी बालिका–शिक्षा की महत्ता से अवगत कराया जाये और इस प्रयोजनार्थ सम्बद्ध अधिकारियों और प्रधानाचार्यों की उपस्थिति में अभिभावकों के साथ शिक्षकों की बैठक प्रतिमाह आयोजित की जाये, जिसमें उन्हें बालिका– शिक्षा के लाभ आदि बताकर यह समझाया जाये कि उन्हें अपनी लड़कियों को भी लड़कों के समान ही शिक्षा दिलवानी चाहिए इससें अभिभावकों/परिवार/समाज के रवैये में बालिका–शिक्षा के प्रति सकारात्मक परिवर्तन होगा। इससे लड़कियों के साथ लड़कों की तुलना में किसी भी प्रकार से भेदभाव नहीं होगा, लिंग–भेद की समस्या नहीं होगी और लड़के और लड़की के साथ परिवार और समाज में समान व्यवहार होने लगेगा।

2. शिक्षकों को समय–समय पर ऐसा प्रशिक्षण दिया जाये, जिससे उन्हें अनुसूचित जाति/जनजाति की छात्राओं की समस्याओं के प्रति संवेदनशील बनाया जा सके और उन्हें बालिकाओं के सर्वांगीण विकास में उत्तरदायित्वपूर्ण भागीदार बनाया जा सके।

3. निर्धन छात्राओं की आर्थिक समस्याओं के समाधान के लिए छात्राओं को छात्रवृत्ति/आर्थिक सहायता उचित समय पर दी जाये। उन्हें पाठ्य–पुस्तकें, लेखन सामग्री तथा स्कूल–वर्दी आदि भी उचित समय पर दी जायें। छात्रवृत्ति एवं अन्य प्रकार की सहायता राशि महंगाई के अनुसार बढ़ाई जाए।

4. जाति–प्रथा के अभिशाप से मुक्त करने के लिये इन जातियों के विकास की समुचित योजना बनाई जाये। उनके व्यावसायिक धंधों में आधुनिक प्रौद्योगिकी अपना कर विकसित किया जाये ताकि उनमें पेशागत हीनभावना न रहे।

5. अनुसूचित जाति/जनजाति बहुल बस्तियों में ऐसे कार्यक्रम आयोजित किये जायें जिससे वहां रहने वाले लोगों का स्वास्थ्य ठीक रहे और वे नशाबंदी आदि को दुर्गुण समझकर नशेबाजी की लत से छोड़ दें। इन बस्तियों में परिवार–नियोजन कार्यक्रम भी बार–बार आयोजित किये जायें ताकि यहां के निवासी परिवार–नियोजन की महत्ता को समझकर अपने परिवार को सीमित रख सकें। ऐसे कार्यक्रमों के माध्यम से माता–पिता को यह समझ आ जाये कि उनकी पारस्परिक कलह बच्चे के अध्ययन में बाधा उत्पन्न करती है।

6. सरकारी एवं गैर–सरकारी संस्थाओं द्वारा इन छात्राओं के लिये आवासीय विद्यालयों की पर्याप्त व्यवस्था की जा जाये, जिससे ये छात्रायें

वहां पर रहकर अध्ययन अनुकूल वातावरण प्राप्त कर सकें।

7. विद्यालयों में अंग्रेजी भाषा, गणित और विज्ञान जैसे कठिन विषयों के लिये अतिरिक्त कक्षा लगायी जायें जिससे कमजोर छात्रायें अपनी कमी को पूरा कर सकें और पिछड़ी छात्रायें अधिक नहीं पिछड़ें।

8. विद्यालयों में मार्गदर्शन केन्द्र एवं स्वास्थ्य केन्द्र अनिवार्य रूप से खोले जायें, जिससे छात्र अपनी–अपनी शैक्षिक एवं व्यावसायिक तथा स्वाथ्य सम्बन्धी समस्याओं के समाधान के लिए इधर–उधर नहीं भटकें।

9. विद्यालयों में सांस्कृतिक कार्यक्रम बार–बार आयोजित किये जायें, जिनमें उच्च वर्ग की छात्राओं और निम्न वर्ग की छात्राओं को साथ–साथ भाग लेने पर बल दिया जाये ताकि उनमें संवाद और सहयोग की भावना पैदा हो और उनमें आत्म–विश्वास, आत्म–सम्मान और आत्म–निर्भरता की भावना विकसित हो सके।

10. विद्यालयों में कंप्यूटर शिक्षा तथा आधुनिक संचार सुविधाएं भी उपलब्ध हों, ताकि छात्राओं को सभी क्षेत्रों का सामान्य ज्ञान हो सके और व उपलब्ध सम्पूर्ण ज्ञान से लाभान्वित हो सकें।

11. विद्यालयों में गैर–अनुसूचित छात्राओं को यह समझाने के लिये विशेष कार्यक्रम आयोजित किये जायें, जिससे वे अपने दुर्बल वर्ग के सहपाठियों के साथ सौहार्द पूर्ण व्यवहार कर सकें।

12. समय–समय पर इन छात्राओं की शिक्षा–उपलब्धि के बारे में सरकार/विद्यालय द्वारा मूल्यांकन किया जाये तथा अधिक अंक प्राप्त करने वाले प्रतिभावान छात्रों को पुरूस्कृत किया जाये तथा साथ ही इन छात्राओं के योग्य, परिश्रमी एवं कर्मनिष्ठ शिक्षकों को भी उपयुक्त प्रोत्साहन दिया जाये।

13. इन वर्गों की बहुतायत वाली बस्तियों में विद्यालय प्राथमिकता के आधार पर स्थापित किये जायें।

14. समाज कल्याण मंत्रालय द्वारा ऐसी योजनाएं आरंभ की जायें जिनके अंतर्गत अनुसूचित जाति/जनजाति की पात्र एवं इच्छुक छात्राओं को उच्च शिक्षा, तकनीकी एवं व्यावसायिक प्रशिक्षण प्राप्त करने के लिये पर्याप्त वित्तीय सहायता सरलता से प्राप्त हो और वे अध्ययनार्थ देश–विदेश का भ्रमण भी कर सकें।

15. छात्राओं का सर्वांगीण विकास सुनिश्चित करने के लिए अभिभावकों तथा शिक्षकों एवं सरकार के शिक्षा विभागों की सहभागिता अनिवार्य

है। अतः अधिकारियों द्वारा विद्यालय में ऐसे कार्यक्रम आयोजित करने पर बल दिया जाये जिससे अभिभावक और शिक्षक साथ–साथ बैठकर परस्पर विचार–विनिमय कर सकें और दोनों ही अपने–अपने स्तर पर छात्राओं के समुचित विकास हेतु अपेक्षित कार्य कर सकें ।

16. विद्यालय में ऐसे कार्यक्रम आयोजित किये जायें जिसमें सभी वर्गों की छात्रायें साथ मिलकर भाग लें और उनमें आपस में विद्यमान भेदभाव दूर हो सके । इससे सवर्ण सहपाठियों का इन जातियों की छात्राओं के प्रति रवैया अनुकूल हो जायेगा ।

17. विद्यालय में शिक्षकों के लिये ऐसे प्रशिक्षण कार्यक्रम समय–समय पर चलाये जायें, जिससे शिक्षकों में इन जातियों की छात्राओं की समस्याओं के प्रति संवेदनशीलता आ जाये और उनका व्यवहार छात्राओं के प्रति मधुर हो जाये, जिससे छात्राओं का संकोची स्वभाव समाप्त हो जायेगा । साथ ही शिक्षकों में इन बालिकाओं को ठीक प्रकार से पढ़ाने और समझाने की प्रवृति पैदा हो जायेगी ।

18. प्रत्येक विद्यालय की प्रधानाचार्या पर यह दायित्व अनिवार्य रूप से डाला जाना चाहिये कि वे स्वयं अथवा अपने शिक्षकों के माध्यम से अभिभावकों के साथ निरंतर सम्पर्क में रहें और छात्राओं के सामने आने वाली कठिनाइयों और समस्याओं पर विचार–विमर्श करते रहें जिससे समय रहते छात्राओं की समस्यायें और कठिनाइयां दूर हो सकें और वे स्कूल बीच सत्र में ही छोड़ने के लिए विवश न हों तथा अपना अध्ययन सफलतापूर्वक पूरा कर लें ।

19. सरकार द्वारा विद्यालयों में शिक्षिकायें पर्याप्त संख्या में नियुक्त की जानी चाहिये, जिससे बालिकाओं की शिक्षा सुचारू रूप से चलती रहे ।

20. इस वर्ग के पुरुष और महिलाओं को विभिन्न कार्यक्रमों के माध्यम से यह समझाया जाये कि बेटों और बेटियों के बीच भेदभाव नहीं करना चाहिए जिससे लड़कियों के मन में हीन भावना पैदा न हो और वे अपने को लड़कों के समान ही योग्य और समर्थ समझने लगें। माता–पिता के मन में बेटा–बेटी के प्रति समता की भावना पनपने पर वे लड़कियों की शिक्षा पर भी लड़कों के समान ही खर्च करने लगेंगे।

21. जहां तक इन छात्राओं के परिवारों की आर्थिक तंगी का सम्बन्ध है, इस बारे में सरकार द्वारा ऐसी योजनायें चलाई जा सकती हैं, जिनसे इनके परिवार की आर्थिक तंगी दूर हो सके। साथ ही सरकार यह सुनिश्चित करने के लिये भी उचित कदम उठा सकती है कि इन छात्राओं

को छात्रवृत्ति के रूप में पर्याप्त राशि समय पर मिले और पाठ्य–पुस्तकें, लेखन–सामग्री, वर्दी आदि भी ठीक समय पर मिले

22. जहां तक छात्राओं के कुछ विषयों में कमजोर होने का सम्बन्ध है, उसके लिए विद्यालय स्तर पर यथासंभव अतिरिक्त कक्षायें समय–समय पर लगाई जानी चाहिये ।

23. विद्यालयों द्वारा और सरकार द्वारा संचालित समाज कल्याण कार्यक्रमों द्वारा ऐसी योजनायें चलाई जा सकती हैं, जिनसे इस वर्ग की छात्राओं के माता–पिता अथवा अभिभावकों का सामान्य ज्ञान बढ़े और वे रूढ़िवादिता से मुक्त हो जायें तथा बालिका शिक्षा को उचित समझते हुये उसके प्रति गंभीर हो जायें। ऐसा होने पर बालिकायें विद्यालय भी नियमित रूप से आ पायेंगी।

24. इस वर्ग की संकोची स्वभाव की छात्राओं के संकोच को दूर करने के लिए शिक्षक उनके साथ स्नेह पूर्ण व्यवहार करें और इस प्रयोजनार्थ समय–समय पर सांस्कृतिक कार्यक्रम आदि भी आयोजित किये जायें जिनमें सभी वर्गों के बच्चे मिल–जुलकर भाग ले सकें ।

25. विद्यालय में शिक्षकों द्वारा उच्च वर्ग की छात्राओं को इस वर्ग की छात्राओं के साथ भेदभाव न करने और उनके साथ मेल–जोल बढ़ाने की समय–समय पर हिदायत दी जानी चाहियें।

26. शिक्षक इस वर्ग की छात्राओं को सौहार्दपूर्ण ढंग से यह समझाये कि उनसे पहले सरल प्रश्न पूछें और उन्हें कक्षा में विषय संबंधी प्रश्न पूछने और पूछे गये प्रश्नों के उत्तर बेझिझक होकर देने के लिए प्रोत्साहित करें। इससे इन बालिकाओं का शर्मीलापन और संकोचीपन दूर हो सकेगा।

27. शिक्षक इस वर्ग की छात्राओं को विद्यालयों में पाठ्येतर और सांस्कृतिक कार्यक्रमों में भाग लेने के लिए प्रोत्साहित करें और उन्हें पुरूस्कृत भी करें।

28. विद्यालय प्रशासन को विद्यालय में समृद्ध पुस्तकालयों की भी व्यवस्था करनी चाहिए जिससे बालिकायें वहां जाकर अध्ययन कर सकें।

29. विद्यालय प्रशासन द्वारा अधिक प्रतिशत अंक प्राप्त करने वाली इस वर्ग की छात्राओं को पुरस्कृत किया जाये और अन्य प्रोत्साहन दिये जायें जिससे बालिकाओं में अधिकाधिक अंक प्राप्त करने के लिए परस्पर प्रतिस्पर्धा हो और वे गंभीरतापूर्वक अध्ययन करें ।

5

दलित वर्ग की शिक्षा – अवरोध एवं निवारक उपाय

इस धरा धाम पर स्थित सम्पूर्ण विश्व के सभी समाजों में ज्ञान और शिक्षा के महत्व को स्वीकारा जाता है और यह तथ्य अनुभवसिद्ध भी है। शिक्षा से व्यक्ति का व्यक्तित्व निखरता है, सभ्यता का विकास होता है, संस्कृति और अधिक संस्कार–सम्पन्न होती है, विज्ञान प्रगति करता है और लौकिक ज्ञान चहुंमुखी होकर मानव जाति का मार्ग उत्तरोत्तर उत्थान हेतु प्रशस्त करता है। साथ ही यह वास्तविकता अकाट्य रूप से सत्य है कि सम्पूर्ण विश्व में सभी को विभिन्न कारणों से शिक्षा के समान अवसर प्राप्त नहीं हो पाते हैं।

1. अगड़े–पिछड़े की समस्या

इसी सन्दर्भ में यह कटु सत्य भी हमारे सम्मुख उपस्थित होता है कि विश्वभर में लगभग सभी समाजों में उपलब्ध धन– सम्पदा, अवसरों एवं अन्य संसाधनों के असमान वितरण की समस्या न्यूनाधिक रूप से विद्यमान है । इसी विकट परिस्थिति के कारण समाज में कुछ मानव–समूह सामाजिक तथा आर्थिक दृष्टि से आगे बढ़ गये और कुछ अपेक्षाकृत पीछे छूट गये तथा कालान्तर में ये मानव–समूह ही अगड़े और पिछड़े अथवा सुविधा– सम्पन्न और सुविधा–वन्चित अथवा स्वामी और सेवक बन गये। इनमें से प्रथम श्रेणी में आने वाले व्यक्ति दूसरे श्रेणी में आने वाले निरीह लोगों पर भेदभावजन्य शासन एवं अन्याय, अत्याचार और उत्पीड़न करने लगे, जिसका सहज परिणाम यह हुआ कि उत्पीड़ित वर्ग में हीन–भावना, निर्बल मानसिकता, पिछड़ेपन का भाव और आत्म–विश्वास का अभाव पैदा हो गया। स्वभावगत एवं संस्कारजन्य यह स्थिति पीढ़ी–दर–पीढ़ी आगे बढ़ती गई और परिणामस्वरूप निर्धनता, असुविधापूर्ण तथा प्रतिकूल वातावरण में जन्मे–पले–बढ़े–पढ़े बच्चे सामाजिक, आर्थिक और शैक्षिक दृष्टि से पिछड़ते चले गये और राष्ट्र की मुख्य धारा से दूर होते गये। पुरुष प्रधान समाज में महिला जगत भी शिक्षा के क्षेत्र में न्यूनाधिक रूप में पिछड़ा ही रहा।

दुर्भाग्य से भारत में ये दोनों ही वास्तविकताएं अपने चरम पर

पहुंच गई। भारत में प्राचीनकाल में वर्ण व्यवस्था कर्म एवं गुणाधारित थी जो कालान्तर में विकृत होकर जन्माधारित बन गई। कर्माधारित व्यवस्था में व्यक्ति अपने ज्ञान, गुणों एवं कर्मों के आधार पर उत्तम, मध्यम, अधम और निकृष्ट श्रेणी पाते थे, किन्तु जन्माधारित व्यवस्था में ज्ञान–गुण–कर्म गौण हो गया और जन्म को प्रधानता मिल गई। इस व्यवस्था से देश में जाति–व्यवस्था अस्तित्व में आ गई। इसका दुखद परिणाम यह हुआ कि अधम वर्ग में जन्मा बच्चा शिक्षित, गुणवान और कर्म–कुशल होने पर भी अधम ही बना रहा और उसे तथाकथित उच्च वर्ग ने सम्मानपूर्ण स्वीकृति प्रदान नहीं की। श्री राममनोहर लोहिया कहा करते थे कि "जाति–प्रथा यथास्थिति–समर्थक एवं परिवर्तन– विरोधी एक दुर्जेय शक्ति है जो समाज में न केवल सभी प्रचलित रीति–रिवाजों की रक्षा करती है बल्कि अपमान एवं असत्य को भी पुष्ट करती है।" एन्ट्रे बेटिले ने भी जाति–प्रथा के दोषों को बताते हुए कहा है कि "जाति–प्रथा में यह दुर्गण है कि उसमें असमानताएं मिटने की बजाय इकट्ठा होती चली जाती हैं और परिणामतः सामाजिक और राजनीतिक सत्ता एक ही जाति के कुछ लोगों के हाथों में केन्द्रित होती चली जाती है।" भारत में जाति–प्रथा के कारण ही एक बड़ा जन–समुदाय अछूत एवं दलित बनता चला गया । जिस समाज अथवा देश (भारत) में दलितों अर्थात् अनुसूचित जाति तथा अनुसूचित जनजाति वर्ग की जनसंख्या 22.5 प्रतिशत हो, वह समाज तभी विकसित कहा जा सकता है जब इस वर्ग के सभी नर–नारी सुशिक्षित हों।

2. दलितों/पिछड़ों के संदर्भ में शिक्षा का महत्व

शिक्षा किसी भी जनसमूह के विकासार्थ एक महत्वपूर्ण कारक होता है। सभी देशों में मानव संसाधन विकास के संदर्भ में शिक्षा के योगदान पर विशेष बल दिया जाता है। भारत में जाति–प्रथा के उन्मूलन तथा शिक्षा के प्रचार–प्रसार की दिशा में सरकार के साथ–साथ समाज सुधारकों, धर्म–गुरुओं और स्वयंसेवी संस्थाओं द्वारा भी समय–समय पर महत्वपूर्ण कार्य किये जाते रहे हैं। इन सभी के निष्ठापूर्ण प्रयासों के बावजूद हमारे देश में जाति प्रथा की जड़ें गहरी होने के कारण सामाजिक दृष्टि से निम्न मानी जाने वाली जातियां और आदिवासी कबीले शिक्षा की दृष्टि से पिछड़े ही रहते गये और परिणामतः वे निर्धनता, अज्ञानता, निरक्षरता की चपेट में आ गये, उनका शोषण किया जाता रहा, उन पर अत्याचार होते रहे और उन्हें विभिन्न प्रकार से सताया जाता रहा। आर्थिक दशा और शिक्षा की दृष्टि से भी इस वर्ग की

स्थिति में कोई उल्लेखनीय सुधार नहीं हो पाया। एक अध्ययन के अनुसार ब्रिटिश शासनकाल अर्थात् 1936–37 में कुल छात्र–संख्या में निम्न जातियों के छात्रों का प्रतिशत मात्र 9.46 था। स्वतंत्रता–प्राप्ति के पश्चात हमारे देश में दुर्बल वर्ग के लोगों को बेहतर शिक्षा देने की महत्ता को स्वीकारा गया। शासन की ओर से संविधान में प्रावधान करके तथा अन्य कानून बनाकर इस स्थिति में सुधार लाने का संकल्प किया गया ताकि इस वर्ग के लोगों में शिक्षा का स्तर बढ़ सके, उनका आर्थिक विकास हो सके, उनमें आत्मविश्वास जग सके और वे अपनी स्वयं की समस्याओं से रू–ब–रू होकर उनका समाधान खोजने का प्रयास कर सकें तथा साथ ही देश और समाज के निर्माण एवं विकास में और शासन में भी उनकी भागीदारी बढ़ सके।

3.निरक्षरता उन्मूलन एवं प्राथमिक शिक्षा प्रसार आन्दोलनों से दलितों को हुआ लाभः

स्वतंत्र भारत में केन्द्र सरकार एवं राज्य सरकारों द्वारा निरक्षरता का उन्मूलन करने, प्राथमिक शिक्षा को 6 से 14 वर्ष के सभी बालक–बालिकाओं के लिए अनिवार्य बनाने और अब तक शिक्षा से वंचित रहे वर्गों में शिक्षा का प्रचार–प्रसार करने के उद्देश्य से विभिन्न प्रयास किये गये हैं, जिनके परिणामस्वरूप हुई प्रगति का ज्ञान निम्नलिखित आंकड़ों से होता है : 1951 में पुरुषों का साक्षारता दर 24.95 प्रतिशत और महिलाओं का साक्षरता दर 7.93 प्रतिशत था, जो 1997 में बढ़कर क्रमशः 73 प्रतिशत और 50 प्रतिशत हो गया। जहां तक प्राथमिक शिक्षा स्तर पर स्कूल–प्रवेश का संबंध है शिक्षा–वर्ष 1950–51 में देश में 13.8 मिलियन लड़कों ने और 5.4 मिलियन लड़कियों ने स्कूलों में प्रवेश किया। शिक्षा–वर्ष 1997–98 में यह संख्या बढ़कर लड़कों के सम्बन्ध में 61.2 मिलियन और लड़कियों के मामले में 47.5 मिलियन हो गई। उच्च प्राथमिक शिक्षा स्तर पर अर्थात कक्षा 5 से 8 तक में 1950–51 में 2.6 मिलियन लड़कों और केवल 0.5 मिलियन लड़कियों ने प्रवेश लिया, जबकि 1997–98 में प्रवेश पाने वाले लड़कों की संख्या 23.7 मिलियन और लड़कियों की संख्या 15.8 मिलियन हो गई।

यद्यपि स्वतंत्रता–प्राप्ति के पश्चात के 50 वर्षों में विद्यालय–व्यवस्था में अभूतपूर्व विस्तार हुआ तथापि सार्वभौमिक प्राथमिक शिक्षा (Universal Elementary Education) अर्थात 6 से 14 आयु–वर्ग के सभी बच्चों को शिक्षा प्रदान करने का लक्ष्य अभीतक पूर्ण रूप से प्राप्त नहीं

हो पाया है। वास्तविक स्थिति आज भी यह है कि देश के 6 से 14 आयु–वर्ग के बीस करोड़ बच्चों में से 4.2 करोड़ बच्चे इस समय भी स्कूल नहीं जाते हैं। सार्वभौम प्राथमिक शिक्षा का लक्ष्य पूरा न होते देखकर सरकार ने 'सर्व शिक्षा अभियान' का आरंभ किया है।

सर्व शिक्षा अभियान की उपयोगिता

देश के सभी बच्चों को प्राथमिक शिक्षा देने का लक्ष्य निर्धारित समयावधि में पूरा करने हेतु सरकार ने राज्यों के सहयोग से देश में 'सर्व शिक्षा अभियान' प्रारंभ करने का निर्णय किया है। इस अभियान का उद्देश्य 2010 तक 6 से 14 आयु–वर्ग के सभी बच्चों को उपयोगी और गुणात्मक शिक्षा प्रदान करना है। इस अभियान के मुख्य उद्देश्य हैं :

1. सभी बच्चों को स्कूलों, शिक्षा गारंटी केन्द्रों, वैकल्पिक स्कूलों अथवा 'स्कूल वापसी शिविरों' में 2003 तक अनिवार्य रूप से प्रवेश लेना होगा।

2. सभी बच्चों को 2007 तक 5 वर्ष की अर्थात कक्षा 5 तक की प्राथमिक शिक्षा पूरी करनी होगी।

3. सभी बच्चों को कक्षा 8 तक की शिक्षा 2010 तक पूरी करनी होगी।

4. कक्षा 5 के स्तर तक 2007 तक और कक्षा 8 के स्तर तक 2010 तक समाज के सभी वर्गों के लड़के और लड़कियों को समान रूप से प्राथमिक शिक्षा देनी होगी

5. वर्ष 2010 तक यह सुनिश्चित करना होगा कि सभी बच्चे कक्षा 8 तक की प्राथमिक शिक्षा अनिवार्य रूप से पूरी कर लें।

दलित वर्ग की शिक्षा के प्रसार में सम्बन्धित साहित्य का योगदान :

दलित शिक्षा में गुणवत्तापूर्ण प्रसार अथवा इस विषय पर लेखन हेतु तद्विषयक उपलब्ध साहित्य के अध्ययन का महत्त्व निर्विवाद है क्योंकि लेखक उपलब्ध ज्ञान को हृदयंगम कर उस पर चिंतन–मनन कर, उसका विश्लेषण, विवेचन कर उसका आगे विस्तार करता है और साथ ही उसमें सुधार हेतु अपने सुझाव प्रस्तुत करता है। इसके अतिरिक्त शिक्षा के प्रचार प्रसार से जुड़े सभी शिक्षाविद, शिक्षकवर्ग, शासकगण, नीतिकार, योजनाकार और शिक्षा कार्यकारी अधिकारी उससे लाभान्वित होकर शिक्षा का प्रचार प्रसार करने का कार्य अपने अपने स्तर से करते

हैं । सम्बन्धित साहित्य के अध्ययन के महत्त्व पर अपने विचार प्रकट करते हुए जान डब्ल्यू बैरट ने लिखा है, "वास्तव में समस्त मानवीय ज्ञान पुस्तकों तथा पुस्तकालयों में संग्रहीत है, क्योंकि मानव अतीत के संचित एवं अनुभूत अलिखित ज्ञान के आधार पर नवीन उपयोगी ज्ञान का सृजन कर उसे लिपिबद्ध करता है। अन्य जीवधारियों के मामले में ऐसा सम्भव नहीं है, क्योंकि जीवजन्तुओं के ज्ञान में पुनरावृत्ति मात्र होती है, प्रगतिशीलता नहीं, जबकि मनुष्य के ज्ञान एवं क्रमिकता में प्रगतिशीलता होती है। मानवीय प्रवृत्ति के विपरीत जीव–जन्तु प्रत्येक नई पीढी में पुनः नये सिरे से सहज प्रवृत्ति प्रारम्भ करते हैं।" मेरे विचार से शिक्षा के क्षेत्र में उपलब्ध ग्रंथ साहित्य की अपेक्षा शोध साहित्य का कहीं अधिक महत्त्व है क्योंकि शोध साहित्य के निष्कर्ष तत्कालीन वास्तविक स्थिति पर आधारित तथा अनुभवसिद्ध होते हैं और ऐसे तथ्य एवं निष्कर्ष शिक्षा के प्रचार और गुणवत्तापूर्ण प्रसार में अधिक उपयोगी सिद्ध होते हैं। यहां पर लेखिका शोध साहित्य पर ही केन्द्रित रहना चाहेगी क्योंकि शिक्षा सम्बन्धी पुस्तकों में शोध साहित्य के निष्कर्षों का प्रमुख स्थान होता है और शिक्षाविषयक पुस्तकों अथवा ग्रंथों के नाम तो प्रत्येक प्रकाशन के साथ संलग्न संदर्भ सूची में प्रायः दिये ही जाते हैं। अब इस अध्याय में शिक्षा सम्बन्धी विभिन्न क्षेत्रों में हुए शोध अध्ययनों के निष्कर्षों का संक्षेप में उल्लेख किया जाता है।

(क) शिक्षित पीढ़ीक्रम के संदर्भ में शिक्षार्थियों पर हुए शोध–अध्ययन

भारत में शिक्षित पीढीक्रम (Learned generation) अर्थात प्रथम एवं प्रथमोत्तर शिक्षित पीढ़ी क्रम के संदर्भ में बहुत ही कम अध्ययन हुए हैं और जो भी शोध अध्ययन किए गए हैं वे भी सीमित प्रतिदर्श तथा सीमित चरों तक ही सीमित हैं।

राष्ट्रीय शैक्षिक अनुसंधान प्रशिक्षण परिषद के मनोविज्ञान विभाग द्वारा संचालित एक प्रोजेक्ट, 1977 के अन्तर्गत अध्ययन किया गया, जिसमें प्रथम पीढ़ी शिक्षार्थी (First generation learner) के 30 बच्चों का प्रतिदर्श लिया गया । इस अध्ययन में निम्न सामाजिक– आर्थिक स्तर के प्रथम पीढ़ी शिक्षार्थियों की तुलना उच्च सामाजिक– आर्थिक स्तर के प्रथमोत्तर पीढ़ी के शिक्षार्थियों (non first generation learners) से की गई। अध्ययनोपरान्त पाया गया कि प्रथम पीढ़ी शिक्षार्थियों के भाषा–विकास, भाषा–उपलब्धि (language development), गणित–उपलब्धि तथा पठन–तत्परता (reading readines) में प्राप्तांक कम थे।

एन.सी.ई.आर.टी. द्वारा शिक्षित पीढ़ी के सन्दर्भ में एक अन्य अध्ययन किया गया जो कक्षा 1 एवं 5 में अध्ययनरत 60 बच्चों (30 बच्चे अशिक्षित माता–पिता के तथा 30 बच्चे शिक्षित माता–पिता के) के प्रतिदर्श पर आधारित था। यह अध्ययन इस परिकल्पना पर आधारित था कि माता–पिता के अशिक्षित होने से, उनके बच्चों की शिक्षा उपलब्धि, उनकी नैतिक समस्याओं (Moral problems) और उनके सामाजिक उत्तरदायित्व (Social responsibility) पर विपरीत (Adverse) प्रभाव पड़ता है। इस अध्ययन से प्राप्त परिणामों से उक्त परिकल्पना की पुष्टि हुई।

कुमार एवं मुरलीधरन (1979) ने ग्रामीण क्षेत्र में स्थित विद्यालयों में अध्ययनरत बच्चों के शैक्षिक विकास पर इस दृष्टि से अध्ययन किया कि क्या उपयुक्त सामाजिक–सांस्कृतिक परिवेश से वंचित बच्चों का शैक्षिक विकास ऐसे परिवेश से सम्पन्न बच्चों की तुलना में कम होता है। इस अध्ययन हेतु राजस्थान के कोटा जिले में स्थित प्राथमिक विद्यालयों से कक्षा 5 में अध्ययनरत बच्चों का प्रतिदर्श लिया गया। जिसका यह निष्कर्ष निकला कि उचित सामाजिक–सांस्कृतिक परिवेश शैक्षिक विकास, शैक्षिक उपलब्धि, मानसिक–भाषाई विकास (Psycho-linguistic development) तथा शैक्षिक आकांक्षाओं को प्रभावित करता है। अध्ययन में बच्चों के माता–पिता तथा भाई–बहनों की शिक्षा को भी सम्मिलित किया गया। जिन बच्चों के माता–पिता एवं बड़े भाई–बहिन शिक्षित थे, उन बच्चों को उच्च गृह–शैक्षिक पृष्ठभूमि (High home educational background) में वर्गीकृत किया गया तथा जिन बच्चों के माता–पिता तथा बड़े भाई–बहन अशिक्षित थे उन बच्चों को निम्न गृह–शैक्षिक पृष्ठभूमि (Low home educational background) में वर्गीकृत किया गया। अध्ययन के परिणामों के विश्लेषणोपरान्त यह पाया गया कि जो बच्चे उत्कृष्ट गृह शैक्षिक पृष्ठभूमि से आते हैं, वे निम्न गृह शैक्षिक पृष्ठभूमि से आने वाले बच्चों की तुलना में मानसिक– भाषाई विकास (Psycho - linguistic development) एवं शैक्षिक आकांक्षाओं (Educational aspirations) में उत्कृष्ट होते हैं। परन्तु शैक्षिक उपलब्धि के सन्दर्भ में दोनों प्रकार की पृष्ठभूमि से आने वाले बालकों में कोई सार्थक भिन्नता दृष्टिगोचर नहीं हुई।

मलिक (1984) ने प्रथम पीढ़ी विद्यार्थियों के सामाजिक–आर्थिक स्तर, शैक्षिक उपलब्धि तथा समायोजन के सम्बन्ध में अध्ययन किया।

उन्होंने प्रस्तुत अध्ययन हेतु समान सामाजिक–आर्थिक स्तर एवं बुद्धि के 290 शहरी विद्यार्थियों (150 लड़के व 140 लड़कियां) तथा 240 ग्रामीण विद्यार्थियों (140 लड़के व 100 लड़कियां) का प्रतिदर्श लिया गया। बुद्धि तथा समायोजन के मापन हेतु बैल–समायोजन–मापनी परीक्षणों का प्रयोग किया गया। शैक्षिक उपलब्धि को मापने के लिए हाई स्कूल परीक्षा परिणामों का उपयोग किया गया। अध्ययन के परिणामस्वरूप पाया गया कि प्रथम पीढ़ी विद्यार्थियों की तुलना में प्रथमोत्तर पीढ़ी के विद्यार्थियों की शैक्षिक उपलब्धि श्रेष्ठ थी।

कोठारी (1984) ने प्रथम एवं द्वितीय शिक्षित पीढ़ी के विद्यार्थियों के नैतिक विचारों (Moral concept) के विकास का अध्ययन किया उक्त अध्ययन हेतु कक्षा सात में अध्ययनरत 300 विद्यार्थियों का प्रतिदर्श लिया। परिणामों के विश्लेषणोपरान्त पाया गया कि बच्चों के नैतिक विचारों के विकास पर माता–पिता की शिक्षा का सार्थक प्रभाव पड़ता है।

पटेल (1986) ने अहमदाबाद नगर पालिका के प्राथमिक विद्यालयों में कक्षा 1 से कक्षा 4 तक में अध्ययनरत 100 प्रथम पीढ़ी विद्यार्थियों के प्रतिदर्श के आधार पर प्रथम पीढ़ी विद्यार्थियों की समस्याओं का अध्ययन किया। इन विद्यार्थियों की समस्याओं के अध्ययन हेतु शोधकर्ता द्वारा समस्या जांच सूची (Problem check list) का प्रयोग किया गया तथा इनके बारे में सामान्य जानकारी हेतु सामान्य सूचना प्रपत्र को इसके साथ संलग्न किया गया । प्रदत्तों के विश्लेषण से निष्कर्ष प्राप्त हुए कि प्रथम पीढ़ी विद्यार्थी बहुत ही गरीब परिवारों के हैं। यद्यपि इनके माता–पिता शिक्षा को महत्वपूर्ण समझते हुए ही अपने बच्चों को विद्यालय अध्ययन हेतु भेजते हैं परन्तु ये अपनी निर्धनता के कारण अपने बच्चों की शिक्षा को निरन्तर जारी रखने के संसाधन जुटाने में असमर्थ रहते हैं। इसके अतिरिक्त ये अपने व्यवसाय की सुरक्षा (Job Security) के प्रति सदैव चिन्तित रहते हैं। साथ ही माता–पिता की आपसी कलह के कारण ये बच्चे अपने को असुरक्षित महसूस करते हैं और इसी कारण अपने अध्ययन पर ध्यान एकाग्र नहीं कर पाते हैं।

(ख) सामाजिक–आर्थिक स्तर के क्षेत्र में हुए शोध अध्ययन

सामाजिक–आर्थिक स्तर व्यक्ति की सम्पन्नता का द्योतक है जो उसकी बौद्धिक योग्यता के साथ–साथ प्रत्येक क्षेत्र में उसकी उपलब्धि का भी परिचायक है। सामाजिक–आर्थिक स्तर का छात्रों के बौद्धिक विकास या उनकी शैक्षिक उपलब्धि आदि पर क्या प्रभाव पड़ता है, इसे दर्शाने के लिए अनेक शोध अध्ययन किये गये हैं। सामाजिक–आर्थिक

स्तर तथा बुद्धि के क्षेत्र में माथुर (1983) व चोपड़ा (1964) ने पृथक–पृथक अध्ययन किये और उन्होंने बुद्धि के विकास को सामाजिक–आर्थिक स्तर के साथ अनिवार्यतः सहसम्बद्ध पाया। माथुर (1963) के शोध में उक्त सम्बन्ध अति उच्च प्राप्त हुआ, जिसके आधार पर शोधार्थी का कथन है कि उच्च सामाजिक–आर्थिक स्तर के विद्यार्थी तुलनात्मक रूप से कुशाग्र बुद्धि वाले तथा प्रतिभाशाली होते हैं।

सामाजिक–आर्थिक स्तर तथा शैक्षिक उपलब्धि के सम्बन्ध में अध्ययनों का विशाल भंडार है । इस विषय पर शिवप्पा (1980), होमचौधरी (1980), अरुणा (1981), राजपूत (1984), सिंह (1984), पटेल (1986), मेहरोत्रा (1986), कपूर(1987), गुप्ता (1987) एवं अग्रवाल तनुजा (1998) आदि के अध्ययन उपलब्ध हैं। उक्त समस्त शोध परिणामों के आधार पर कहा जा सकता है कि सामाजिक–आर्थिक स्तर और शैक्षिक उपलब्धि न केवल एक दूसरे से अनिवार्य रूप से सम्बन्धित हैं वरन् सामाजिक–आर्थिक स्तर शैक्षिक उपलब्धि का सर्वोत्तम द्योतक चर है ।

(ग) अनुसूचित जाति/जनजाति की छात्र/छात्राओं की शैक्षिक उपलब्धि एवं समायोजन के संदर्भ में हुए शोध अध्ययन

कुछ अध्ययन अनुसूचित जाति के छात्रों के सामने आने वाली समस्याओं को जानने हेतु किए गए हैं । **आदिशेषैय्या एवम् रामानाथन (1979)** ने तमिलनाडु में शोध अध्ययन किया और निष्कर्षस्वरूप पाया कि––

1. अनुसूचित जाति के सन्दर्भ में प्राथमिक स्तर पर शिक्षा में अपव्यय बहुत अधिक है।

2. अधिकांश अनुसूचित जाति के विद्यार्थी (67.22%) निरक्षर परिवारों से आते हैं तथा इन की आर्थिक दशा अत्यन्त निम्न स्तर की है।

3. वे विद्यालय में चल रहे पाठ्यक्रम को समझने में कठिनाई का अनुभव करते हैं

गांग्रेड (1974) ने भी हरियाणा के अनुसूचित जाति के विद्यार्थियों की समस्याओं के सम्बन्ध में अध्ययन कर इंगित किया कि (1) अधिकांश अनुसूचित जाति के विद्यार्थियों के माता–पिता अशिक्षित हैं, तथा (2) सवर्ण जाति के विद्यार्थियों की तुलना में मस्तिष्कीय गुणवत्ता में निम्न हैं

सिंह (1979) ने राजस्थान में इसी क्रम में एक अध्ययन किया। अध्ययन के परिणाम दर्शाते हैं कि –

1. अनुसूचित जाति के लड़कों की तुलना में लड़कियां शिक्षा प्राप्त करने कम संख्या में आती हैं।

2. अन्य जातियों की तुलना में अनुसूचित जाति के विद्यार्थियों की आयु अधिक होती हैं।

3. सरकार द्वारा प्रदान की जाने वाली छात्रवृत्तियों आदि के बारे में इन्हें बहुत कम जानकारी (Poor awareness) होती है।

सिंह, पाण्डे, दुबे एवम् अन्य (1979) ने उ.प्र. में एक अध्ययन किया और निष्कर्षस्वरूप पाया कि अनुसूचित जाति के अधिकांश विद्यार्थियों के पास समुचित अध्ययन हेतु अनुकूल वातावरण का अभाव होता है । इसी तरह के परिणाम **सच्चिदानन्द (1979) ने** बिहार राज्य में किये अपने शोध अध्ययन के दौरान प्राप्त किए ।

पिम्पले (1979) ने पंजाब के अनुसूचित जाति के विद्यार्थियों के सन्दर्भ में अध्ययन किया और अध्ययन से निम्न निष्कर्ष प्राप्त किए–

1. अनुसूचित जाति/जनजाति विद्यार्थियों के अधिकांश माता– पिता अशिक्षित हैं जो कृषि–कार्य करते हैं तथा उनके परिवार की आर्थिक स्थिति निम्न स्तर की है।

2. इनमें शिक्षा सत्र के बीच ही विद्यालय छोड़ जाने वालों की दर अत्यधिक है।

3. इनकी शैक्षिक गुणवत्ता तुलनात्मक दृष्टि से कम है।

चिटनिस (1979) ने महाराष्ट्र में अनुसूचित जाति के विद्यार्थियों के बारे में अध्ययन कर यह पाया कि अधिकांश अनुसूचित जाति के विद्यार्थी मूल सुविधाओं से वंचित परिवारों से आते हैं तथा इनके माता–पिता अशिक्षित होते हैं अर्थात् अधिकांश विद्यार्थी प्रथम पीढ़ी के शिक्षार्थी थे । इस अध्ययन से यह निष्कर्ष निकलता है कि सरकार द्वारा प्रदान की जाने वाली शैक्षिक सुविधाएं छात्रों की आवश्यकताओं को पूरा करने हेतु पर्याप्त नहीं हैं।

दुबे (1979) ने अनुसूचित जाति एवम् अनुसूचित जनजाति के विद्यार्थियों की शैक्षिक स्थिति एवम् उनकी बौद्धिक क्षमता के सन्दर्भ में अध्ययन किया। उन्होंने अध्ययन के परिणामस्वरूप यह पाया कि विद्यालय में जाने वाली अनुसूचित जाति एवम् जनजाति की लड़कियों का प्रतिशत बहुत कम है तथा अध्यापक यह भी अनुभव करते हैं कि इनका बौद्धिक स्तर निम्न होता है। इस अध्ययन के अनुसार इनके लिए आरक्षण की सुविधाए अनिवार्य रूप से होनी चाहिए।

वागेश्वरी (1972) ने कुछ हरिजन छात्रों के परिवारों के स्तर एवम् जीवन यापन के साधनों के सम्बन्ध में अध्ययन किया। अध्ययन के परिणामों के विश्लेषणोपरान्त यह पाया गया कि सवर्ण जाति के विद्यार्थियों की तुलना में हरिजन विद्यार्थियों का साक्षरता स्तर निम्न है तथा अधिकांश अनुसूचित जाति के विद्यार्थियों के पिता अशिक्षित हैं और वे अनुसूचित जाति के लिए सरकार के द्वारा दी जाने वाली सुविधाओं से भी अनभिज्ञ हैं। अनुसूचित जाति के बहुत ही कम (17%) लोग पूर्णकालिक रोजगार में लगे हुए हैं तथा अधिकांश अनुसूचित जाति के लोगों के पास कृषि भूमि नहीं है और वे बहुत ही गरीबी में जीवन यापन कर रहे हैं।

शाह एवम् ठाकरे (1979) ने अनुसूचित जाति एवम् अनुसूचित जनजाति की शैक्षिक समस्याओं के सम्बन्ध में अध्ययन किया। इन्होंने अपने अध्ययन के अन्तर्गत पाया कि अनुसूचित जाति एवम् जनजाति के विद्यार्थी अधिकांश प्रथम पीढ़ी शिक्षार्थी हैं, जिन्हें पारिवारिक सदस्यों से किसी भी तरह की प्रेरणा प्राप्त नहीं होती है, लेकिन सरकार द्वारा उनको प्रोत्साहित किया जाता है। अध्ययन के लिए अपेक्षित आवश्यकताओं, यथा–प्रेरणा, योग्यता, अच्छा पढ़ने की आदतें, अच्छा निष्पादन आदि सभी का ऐसे छात्रों में अभाव पाया जाता है।

गोयल (1972) ने दलित वर्ग की शिक्षा के सम्बन्ध में अध्ययन किया और परिणामस्वरूप उन्होंने पाया कि अनुसूचित जाति व अनुसूचित जनजाति के विद्यार्थियों का सामाजिक–आर्थिक स्तर बहुत ही निम्न कोटि का है। ये विद्यार्थी ग्रामों में ही जीवन यापन करते हैं तथा सरकार के द्वारा दी जाने वाली सुविधाओं से भी अनभिज्ञ हैं

सिंह एवम् दुबे (1979) ने माध्यमिक विद्यालयों के अनुसूचित जाति एवम् अनुसूचित जनजाति के विद्यार्थियों पर एक अध्ययन किया अध्ययन के आधार पर उन्होंने निम्न निष्कर्ष प्राप्त किए–

1. अनुसूचित जाति व जनजाति के विद्यार्थियों के माता–पिता की साक्षरता निम्न स्तर की है।

2. अधिकांश विद्यार्थी (68%) आर्थिक रूप से बहुत ही दरिद्रता का जीवन यापन कर रहे हैं।

3. अधिकांश विद्यार्थियों के पास अपेक्षित अध्ययन हेतु उपयुक्त घरेलू वातावरण का अभाव है।

4. लगभग 63% अध्यापकों ने अनुभव किया कि अनुसूचित जाति के विद्यार्थियों का बुद्धि–स्तर अन्य विद्यार्थियों की तुलना में निम्न हैं ।

लगभग ऐसे ही निष्कर्ष देसाई व पानडोर (1979) ने अपने अध्ययन से प्राप्त किए। इन्होंने अपने शोध अध्ययन के आधार पर पाया कि अधिकांश अनुसूचित जाति के विद्यार्थी प्रथम पीढ़ी शिक्षार्थी हैं तथा वे यह विश्वास करते हैं कि उनकी स्थिति में सुधार तो हुआ है लेकिन उच्च वर्ग की तुलना में उनकी शैक्षिक प्रगति कम हुई हैं।

रथ एवम् मिश्रा (1979) ने अपने अध्ययन से निष्कर्ष निकाला कि अनुसूचित जाति के अधिकांश विद्यार्थी ग्रामीण क्षेत्र के होते हैं और इनका सामाजिक–आर्थिक स्तर निम्न होता है। ये विद्यार्थी यह भी अनुभव करते हैं कि कुछ अध्यापकों द्वारा इनकी उपेक्षा की जाती है।

अरोड़ा (1991) ने 'विद्यार्थियों के गृह वातावरण व शैक्षिक उपलब्धि के बीच सम्बन्ध' विषय पर अध्ययन करने हेतु 100 (50 लड़के और 50 लड़कियों) शिक्षार्थियों का प्रतिदर्श लिया। गृह वातावरण के मापन हेतु डॉ. के.एस.मिश्र द्वारा निर्मित गृह वातावरण अनुसूची का प्रयोग किया गया तथा शैक्षिक उपलब्धि के मापन हेतु हाईस्कूल बोर्ड परीक्षा के कुल प्राप्तांकों के प्रतिशत का प्रयोग किया गया। प्रदत्तों का विश्लेषण करने पर यह पाया गया कि छात्राओं की शैक्षिक उपलब्धि छात्रों से अधिक है तथा गृह वातावरण और शैक्षिक उपलब्धि के बीच घनिष्ट सम्बन्ध हैं।

नायर आदि (1992) ने राष्ट्रीय स्तर पर शोध अध्ययन किया जिसके लिए दिल्ली, मुम्बई, उड़ीसा और राजस्थान के गांवों और नगरीय गन्दी बस्तियों में वास करने वाले 3600 परिवारों को प्रतिदर्श के रूप में लिया गया । अध्ययन का उद्‌देश्य यह ज्ञात करना था कि प्राथमिक विद्यालयों में लड़कियां किन कारणों से विद्यालय बीच में ही छोड़ देती हैं और कौन से कारक उनकी प्राथमिक शिक्षा पूर्ण होने में सहायक होते हैं। अध्ययन से निष्कर्ष निकला कि इन सभी नगरों में ऐसी बालिकाओं ने अपनी प्राथमिक शिक्षा पूर्ण की जिनके घर की आर्थिक स्थिति ठीक थी, जिनके माता–पिता शिक्षित थे, जिन्हें शिक्षा–ग्रहण करने हेतु प्रेरणा मिलती थी और जिनके घर का वातावरण शिक्षा के अनुकूल था । हां, लड़कियों ने प्रायः यह बताया कि उनके भाइयों की तुलना में उनके साथ भेदभाव किया जाता है। अध्ययनों के ये निष्कर्ष भी निकले कि माता–पिता के मन में यह इच्छा बहुत कम होती है कि उनकी लड़कियां उच्च शिक्षा प्राप्त करें और नौकरी पर जाएं तथा इसी कारण से वे अपनी बेटियों के लिए पुस्तकों, वर्दियों, लेखन–सामग्री और जूते जैसे मदों पर खर्च करना नहीं चाहते। साथ ही उनका विचार होता है कि लड़कियां परिवार की अस्थायी सदस्य हैं और उनकी शिक्षा पर खर्च

करना लाभप्रद नहीं होता। यद्यपि लड़कियों को विद्यालय में दाखिला न दिलाने के कारण भिन्न–भिन्न पाये गये, परन्तु विद्यालय का घर से दूर होने का कारण ऐसा था जो अधिकांश मामलों में समान पाया गया।

इन्हीं शोधकर्ताओं ने हरियाणा के ग्रामीण क्षेत्रों में 1992 में एक अन्य अध्ययन किया जिसका विषय था – बालिकाओं का विद्यालय–प्रवेश (Enrolment) और शिक्षा पूर्ण किये बिना ही उनके द्वारा विद्यालय बीच में ही छोड़ दिया जाना (Drop-out) इस अध्ययन से ज्ञात हुआ कि जो लड़कियां विद्यालय पढ़ने ही नहीं गई और जिन बालिकाओं ने शिक्षा पूरी किये बिना ही विद्यालय बीच में ही छोड़ दिया, वे सभी ऐसे परिवारों की थीं जिनका कम आय के कारण गुजर–बसर मुश्किल से ही हो पाता था। अधिकांश माता–पिता ने यह शिकायत की कि लड़कियों को शिक्षा निशुल्क नहीं दी जाती और वे वर्दी, पुस्तकों, विद्यार्थी कोष, रेडक्रास कोष आदि के लिए धन जुटा पाने में असमर्थ हैं। यह भी पाया गया कि लड़कियों के विद्यालय न जाने में घर का काम– धंधा और परिवार के छोटे बच्चों की देखभाल दो मुख्य बाधाएं हैं, इन दोनों बातों की पूरी जिम्मेदारी लड़कियों पर होती है।

एथिराज (1993) ने लड़कियों के माता और पिता दोनों का बालिका–शिक्षा के प्रति व्यक्तिगत मत जानने के उद्देश्य से ग्रामीण क्षेत्र के 133 दम्पतियों को न्यादर्श के रूप में लेकर अध्ययन किया और निष्कर्ष निकाला कि माताओं की अपेक्षा पिता लड़कियों की शिक्षा के पक्ष में अधिक होते हैं; साक्षर माता–पिता निरक्षर माता–पिता की तुलना में बालिका–शिक्षा का पुरजोर समर्थन करते हैं; बालिका–शिक्षा के बारे में अगड़ी जाति और अनुसूचित जाति दोनों के माता–पिता के विचारों में कोई विशेष अन्तर नहीं है और सभी जातियों के पुरुषों और महिलाओं की राय बालिका–शिक्षा के बारे में न्यूनाधिक रूप से समान होती है।

टंडन (1995) ने अपने अध्ययन के आधार पर यह मत व्यक्त किया कि शिक्षा को अधिकांश में रोजगार प्राप्त करने का साधन माना जाता है। अतः सीमित आय वाले माता–पिता पुत्रियों की अपेक्षा अपने पुत्रों की शिक्षा पर खर्च करना चाहते हैं। अधिकांश माता–पिता का विचार होता है कि लड़की विवाह के पश्चात दूसरे परिवार में चली जायेगी, जहां वह अपनी संतान को पालने–पोसने और उनकी देखभाल करने में लग जायेगी। लड़कियों को स्कूल न भेजे जाने के बारे में अध्ययनकर्ता का कहना है कि लड़कियों की शिक्षा के प्रति समाजव्यापी

उपेक्षापूर्ण मनोवृति, निर्धनता के कारण तथा पिछड़े और ग्रामीण क्षेत्रों में लड़की के साथ छेड़छाड़, मारपीट और शोषण की घटनाएं होने के भय से उन्हें स्कूल नहीं भेजा जाता है। इसके अतिरिक्त अध्ययन का यह निष्कर्ष भी निकला कि स्कूलों का निवास से दूर होना, समुचित परिवहन व्यवस्था का न होना और अकेली लड़की को दूरस्थ स्कूल में भेजने में मां–बाप की अनिच्छा होना कुछ ऐसे कारक हैं जिनसे बालिका–शिक्षा पर दुष्प्रभाव पड़ता है।

देवेन्द्र (1995) ने देश के सामाजिक–आर्थिक ढांचे में लड़की को प्राप्त दर्जे का अध्ययन, ग्रामीण लड़कियों के परिप्रेक्ष्य में किया और वह इस निष्कर्ष पर पहुंचे कि ग्रामीण क्षेत्रों में लड़कों को लाभप्रद सम्पदा समझा जाता है जबकि लड़कियों को भार के रूप में लिया जाता है। इतना ही नहीं बल्कि पौष्टिक खान–पान देने, स्वास्थ्य की देखभाल करने और शिक्षा देने के मामले में भी लड़कियों के साथ भेदभाव किया जाता है। जो माता–पिता लड़कियों को पढ़ाना चाहते हैं वे भी महिला अध्यापकों के अभाव के कारण चिन्तित रहते हैं। माता–पिता की दयनीय आर्थिक–स्थिति के कारण भी बालिका – शिक्षा पर दुष्प्रभाव पड़ता है।

जैन और भटनागर (1997) ने उत्तर प्रदेश के मुजफ्फरनगर जिले में यह ज्ञात करने के लिए अध्ययन किया कि भारत में अनुसूचित जाति की महिलाओं में शिक्षा का विस्तार कितना हुआ है और शिक्षा के कारण उनकी स्थिति में कितना सुधार हुआ है। न्यादर्श के रूप में चुनी गयी 400 महिलाओं में से लगभग 72.50 प्रतिशत ने बताया कि शिक्षा के मामले में माता–पिता ने उनके भाइयों के मुकाबले उनके साथ भेदभाव किया है। यद्यपि इस पक्षपात के कारण उन्होंने अलग–अलग बताये। 400 में से केवल 38 ने महिला शिक्षा का विरोध किया और कहा कि अन्ततोगत्वा लड़कियों का विवाह हो जाता है, वे अपनी गृहस्थी बसा लेती है और फिर उनका भूगोल तथा इतिहास आदि का ज्ञान अनुपयोगी और व्यर्थ हो जाता है।

विश्वनाथ (1997) ने बीड जिले के ग्रामीण क्षेत्रों में यह खोजने के लिए अध्ययन किया कि वहां महिलाओं के शैक्षिक दृष्टि से पिछड़े होने के क्या कारण हैं और पाया कि शिक्षा के क्षेत्र में महिलाओं के पिछड़ेपन का प्रमुख कारण गांवों में उनके माता–पिता का निर्धन होना है। गांवों में लोग लड़कियों की शिक्षा के बारे में जागरूक नहीं हैं और जो लड़कियों को पढ़ाना भी चाहते हैं उनका यह विचार होता है कि लड़कियों के शिक्षित हो जाने पर उनका विवाह आसानी से हो

जायेगा। ग्रामीण क्षेत्रों में माँ–बाप अपनी बेटी को घर के काम–धंधे में दक्ष बनाना अधिक पसन्द करते हैं।

अयमपिल्लई आदि अध्ययनकर्ताओं (1998) ने एक अध्ययन किया है जिसमें उन्होंने पाया कि विकसित (तिरूचिरापल्ली नगर) और पिछड़े (सुरियर गांव) दोनों ही क्षेत्रों में महिलाओं की शैक्षिक स्थिति पुरुषों की तुलना में पिछड़ी हुई थी । विकसित क्षेत्र में लड़के और लड़की दोनों के लिए थोड़ी–बहुत शिक्षा अनिवार्य समझी जाती है; वहां निरक्षरता लगभग समाप्त हो गई है; वहां कालेज जाने वाले लड़के और लड़कियों दोनों की ही प्रतिशता अधिक बढ़ी है । जहां तक पिछड़े क्षेत्र का सम्बन्ध है, वहां की स्थिति में भी पहले के मुकाबले पर्याप्त सुधार हुआ है और स्कूल शिक्षा निश्चित रूप से लोकप्रिय हुई है । विकसित क्षेत्रों में केवल 17 प्रतिशत माता–पिता ने अपनी बेटियों को नौकरी पाने की दृष्टि से पढ़ाया और शेष में से अधिकांश के मन में बेटियों को पढ़ाने के भिन्न–भिन्न उद्देश्य थे जैसे बालिका के लिए उपयुक्त वर का मिलना आदि। किन्तु लड़कों को पढ़ाने के बारे लगभग सभी के मन में यह आशा थी कि वे शिक्षित होकर नौकरी पा जायेंगे। यह भी पाया गया कि माता–पिता अपनी लड़कियों को समीपतम विद्यालय में और अपेक्षाकृत कम खर्चीले पाठ्यक्रम में भेजना पसन्द करते हैं और स्नातकोत्तर पाठ्यक्रम में प्रवेश इस कारण से नहीं दिलाना चाहते कि इतनी शिक्षित बेटी के लिए विवाह हेतु योग्य वर मिलना दुर्लभ हो जाता है। यह भी निष्कर्ष निकला कि माता–पिता अपनी सामाजिक– आर्थिक स्थिति के अनुसार ही अपनी लड़कियों के लिए शिक्षा का न्यूनतम स्तर निर्धारित करते हैं जिसे वे पर्याप्त समझते हैं। दूसरी ओर लड़कों को माता–पिता इस कारण से अधिक शिक्षा दिलाते हैं कि वे ही भविष्य में परिवार में रोजी–रोटी कमाने वाले होते हैं, उन्हें सामाजिक रीति–रिवाजों के अनुसार अधिक दायित्व पूरे करने होते हैं, और उन्हें ही अपने वृद्ध माता–पिता की देखभाल करनी होती है। भारत में लड़कियों के साथ शिक्षा के क्षेत्र में भेदभाव होने का मुख्य कारण यह मानसिकता है।

पंड्या (1998) ने बड़ौदा नगर निगम के प्राथमिक पाठशालाओं के ऐसे बच्चों के बारे में अध्ययन किया जो बीच में ही पढ़ाई छोड़ जाते हैं और पाया कि माता–पिता अपनी बेटियों की तुलना में अपने बेटों को तो भावी आय का स्रोत मानते हैं और उन्हें पढ़ाने के लिए आर्थिक तंगी के बावजूद धन की व्यवस्था कर लेते हैं। परन्तु बेटियों को घर का काम–काज करने और छोटे बच्चों की देख–रेख करने का दायित्व सौंप दिया जाता है

और ऐसे कार्य करने के लिए लड़कियों को स्कूल जाने से बीच में ही रोक लिया जाता है। यही कारण है कि रूढ़िवादी विचारधारा वाले भारतीय समाज में लड़कियों की शिक्षा की उपेक्षा हो रही है।

बंखेड़े (1999) ने अपने अध्ययन के आधार पर मत व्यक्त किया है कि अधिकांश अनुसूचित जातियां ग्रामीण क्षेत्रों में रहती हैं जहां उन्हें वांछित स्तर की शिक्षा, विशेषतः उच्चतर शिक्षा नहीं मिल पाती है क्योंकि ऐसी संस्थाएं प्रायः नगरों में ही पाई जाती हैं। यही कारण है कि वे ऐसी कई मूल गतिविधियों से अनभिज्ञ रह जाती हैं जिनसे इन्हें प्रेरणा और प्रोत्साहन मिल सकता है। शिक्षा के क्षेत्र में इन जातियों के छात्रों को आरम्भ से अन्त तक उचित मार्गदर्शन का अभाव रहता है। जिन संस्थाओं में उच्च जाति के छात्रों का बहुमत होता है वहां अनुसूचित जाति के छात्रों के साथ भेदभाव किया जाता है, उनकी उपेक्षा होती और उनका अवमूल्यन किया जाता है। उच्च जातियों के शिक्षकों का भी उनके प्रति रवैया नकारात्मक होता है। इन सभी कारणों से उनमें ऐसी हीन भावना पनप जाती है कि उनमें बौद्धिक स्तर कम रह जाता है।

प्रो. नीरजा शुक्ला (2000–2001) : राष्ट्रीय शैक्षिक अनुसंधान एवं प्रशिक्षण परिषद की परियोजना–अन्वेषक श्रीमती नीरजा शुक्ला ने "भारत में बालिकाओ, विशेषतः अनुसूचित जाति की बालिकाओं की शिक्षा के प्रति मनोवृत्ति" शीर्षक से एक अध्ययन 2001 में किया है, जिसमें उन्होंने ऐसे विभिन्न शोध– अध्ययनों का सिंहावलोकन किया है जो बालिकाओं, विशेषतः अनुसूचित जाति की बालिकाओं की शिक्षा के प्रति मनोवृत्ति को दर्शाने के उद्देश्य से किये गये हैं। उन्होंने निष्कर्ष निकाला कि अनुसंधानकर्ताओं ने अनुसंधान हेतु चयन करते समय केवल कुछ विषयों को ही प्राथमिकता दी है। उदाहरणार्थ अधिकांश अध्ययनों में अनुसूचित जातियों के विद्यार्थियों का विद्यालय में प्रवेश, उनके द्वारा अध्ययन जारी रखा जाना और उनकी शिक्षा–उपलब्धि जैसे विषयों पर ही ध्यान केन्द्रित किया गया है। कुछ शोधकर्ताओं ने विभिन्न वर्गों में पाए जाने वाले व्यक्तित्व के विशिष्ट गुणों; संज्ञानात्मक योग्यताओं और उपलब्धि– स्तरों का तुलनात्मक अध्ययन करने का प्रयास भी किया है।

उपरोक्त शोध अध्ययनों पर दृष्टिपात करने से यह वस्तुस्थिति उजागर होती है कि अनुसूचित जाति के लड़कों की शिक्षा से सम्बन्धित विभिन्न पहलुओं पर तो कई अध्ययनकर्ताओं ने ध्यान केन्द्रित किया है किन्तु अनुसूचित जाति की बालिकाओं की शिक्षा के सम्बन्ध में अध्ययनों

का अभाव है। बालिका शिक्षा के प्रति अभिभावकों आदि की मनोवृत्ति को प्रमुख रूप से दर्शाने वाले अध्ययन और भी कम हैं। इसी प्रकार यह तथ्य भी स्पष्ट होता है कि विभिन्न स्तरों पर अध्ययनरत अनुसूचित जातियों और गैर अनुसूचित जातियों की लड़कियों के सम्बन्ध में तुलनात्मक अध्ययन भी बहुत कम हुए हैं। साथ ही यह कहना भी अनुचित न होगा कि अनुसूचित जाति/जनजाति के विद्यार्थियों के बारे में जितने भी शोध अध्ययन अब तक हुए हैं, उनमें से विरल ही ऐसे हैं जिनमें बालिकाओं की मनोवैज्ञानिक समस्याओं को उनकी शिक्षा ग्रहण प्रक्रिया में आने वाले व्यवहारिक अवरोधों तथा उनकी किशोर अवस्थाजन्य समस्याओं का गहराई से अध्ययन किया गया हो। अतः इस पुस्तक की लेखिका ने शिक्षा–शोध क्षेत्र में इस रिक्तता को भरने का एक विनम्र प्रयास किया है।

इस पुस्तक के लेखक ने 2001 में दिल्ली स्थित माध्यमिक एवं उच्चतर माध्यमिक शिक्षा संस्थाओं में अध्ययनरत दलित वर्ग, विशेषतः अनुसूचित जाति वर्ग की छात्राओं की शैक्षिक एवं मनोवैज्ञानिक समस्याओं का शोध अध्ययन सर्वेक्षण विधि द्वारा किया। प्रस्तुत शोध–अध्ययन के लिए दिल्ली राजधानी क्षेत्र के 22 माध्यमिक एवं उच्चतर माध्यमिक विद्यालयों को रैंडम सैंपलिग द्वारा चुना गया, जिनमें शासकीय विद्यालय, शासकीय सहायता–प्राप्त विद्यालय, सर्वोदय विद्यालय, केन्द्रीय विद्यालय और गैर–सरकारी निजी शिक्षा संस्थाओं (पब्लिक स्कूलों) को सम्मिलित किया गया। उद्देश्यपूर्ण न्यादर्श के रूप में इन विद्यालयों के 500 विद्यार्थियों, 100 अध्यापकों तथा 100 छात्र–छात्राओं के अभिभावकों का चयन से किया गया। इन सभी को उनकी समस्याओं, विचारों एवं सुझावों को जानने के लिए डा. ए. के. पी. सिन्हा एवं आर. पी. सिंह द्वारा निर्मित शैक्षिक, सामाजिक, भावात्मक समायोजन पर आधारित मानक समायोजन प्रश्नावली, ज्ञानेन्द्र प्रसाद श्रीवास्तव द्वारा निर्मित मानक सामाजिक, आर्थिक स्तर मापनी, (SESS-URBAN) और स्वनिर्मित साक्षात्कार प्रश्नावली का उपयेाग किया गया । उपरोक्त न्यादर्शों के प्रश्नोत्तर (प्रदत्त) प्राप्त कर उनका यथावश्यक संख्यात्मक एवं गुणात्मक विश्लेषण एवं मूल्यांकन कर परिणाम निकाले गये, जिनके निष्कर्ष निम्नलिखित हैं :

1. माध्यमिक स्तर की अपेक्षा उच्चतर माध्यमिक स्तर की छात्रायें भावनात्मक रूप से अधिक समायोजित पाई गईं ।

2. आवासीय विद्यालयों की छात्रायें सामान्य विद्यालयों की छात्राओं की तुलना में शैक्षिक रूप से अधिक समायेाजित पाई गईं।

3. सुशिक्षित अभिभावकों की छात्राओं में, अल्पशिक्षित अभिभावकों की छात्राओं से अधिक सामाजिक सामंजस्य पाया गया है।

4. उच्च शिक्षा प्राप्त अभिभावकों की छात्राओं और अल्पशिक्षा प्राप्त अभिभावकों की छात्राओं के शैक्षिक सामंजस्य स्तर में स्पष्ट अन्तर देखा गया।

5. उत्तम व निकृष्ट माने जाने वाले व्यवसायेां में लगे अभिभावकों की छात्राओं अथवा बेरोजगार और नियमित रोजगार प्राप्त कर्मचारी एवं अधिकारी वर्ग के अभिभावकों की छात्राओं के सामाजिक समायोजन स्तर में भिन्नता पाई गई।

6. शैक्षिक समायोजन और कुल समायोजन में प्रथम पीढ़ी तथा प्रथमोत्तर पीढ़ी में सार्थक भिन्नता पाई गई।

7. कम आमदनी तथा अधिक आमदनी वाले व्यक्तियों की छात्राओं के सामाजिक तथा कुल समायोजन में अंतर पाया गया।

8. प्रतिदिन समाचार पत्रों का अध्ययन करने वाली और हर रोज अखबार न पढ़ने वाली छात्राओं के समायोजन में सार्थक अंतर मिला।

9. पत्र–पत्रिकायें निर्धारित रूप से पढ़ने वाली तथा पत्र–पत्रिकाएं न पढ़ने वाली छात्राओं के भावनात्मक समायोजन एवं सामाजिक समायोजन में सार्थक भिन्नता पाई गई ।

10. इस प्रकार भिन्न–भिन्न सामाजिक, आर्थिक स्तर का कुल समायोजन पर सार्थक प्रभाव देखा गया है ।

न्यादर्शों से प्राप्त उत्तरों से ज्ञात हुआ है कि परिवार में आर्थिक तंगी होने, परस्पर सामंजस्य का अभाव होने, लड़कियों के प्रति परिवार में लड़कों की तुलना में भेदभाव एवं पक्षपात की भावना होने से छात्राओं का मानसिक तनाव बढ़ता है, मन में सवर्णों की तुलना में हीन भावना पैदा होती है, किसी में विद्वेष की भावना और किसी में उत्कट प्रतियोगिता की भावना पैदा होती है, किसी को विद्यालय जाने में सहपाठियों और शिक्षकों से दुर्व्यवहार का भय सताता है, किसी को अंग्रेजी, विज्ञान और गणित जैसे विषय कठिन लगते हैं तो कुछ को किन्हीं अन्य विषयों को पढ़ने में अधिक आनन्द आता है। कुछ लड़कियां सहपाठियों के

रवैये से दुखी रहती हैं तो कुछ शिक्षकों के सहानुभूतिरहित रवैये से। इन सभी कारणों से छात्राओं की शिक्षा अवरुद्ध होती है। अतः शिक्षा से सम्बन्धित सभी अधिकारियों, नीतिनिर्धारक शासकों, योजनाओं और शिक्षा संस्थाओं के संचालकों एवं शिक्षकों को अपने अपने दायित्व का निर्वहन करते समय उपरोक्त निष्कर्षों, समस्याओं एवं उनके निवारक उपायों पर अवश्य ध्यान देना चाहिए, ताकि दलित शिक्षा का प्रचार प्रसार अपेक्षित गति से व्यापक आधार पर हो सके।

6

दलित वर्ग में शिक्षा–प्रगति का सांख्यकीय दर्शन

स्वतंत्र भारत में केन्द्र एवं राज्य सरकारों द्वारा देश में शिक्षा का व्यापक प्रसार करने, जनसाधारण में बड़े पैमाने पर व्याप्त निरक्षरता का उन्मूलन करने, प्राथमिक शिक्षा को 6 से 14 वर्ष के सभी बालक–बालिकाओं के लिए अनिवार्य बनाने और अब तक शिक्षा से वंचित रही जनसंख्या में शिक्षा का प्रचार–प्रसार तीव्र गति से करने तथा माध्यमिक और उच्च शिक्षा के इच्छुक शिक्षार्थियों को सुलभ बनाने के उद्देश्य से विभिन्न सांविधिक एवं सार्थक व्यावहारिक प्रयास किये गये । इस शुभ कार्य में देश के कर्णधारों, प्रशासकों, शिक्षाविदों, नीतिकारों, योजनाकारों तथा सरकारी अभिकरणों और गैर सरकारी संस्थाओं सभी ने अपने–अपने स्तर से अपनी–अपनी क्षमतानुसार समुचित सहयोग दिया । इन सभी निष्ठापूर्ण प्रयासों का उल्लेख पुस्तक में यथास्थान किया गया है । किन्तु देश की तत्कालीन निर्बल अर्थव्यवस्था और प्रयासों में समन्वय के अभाव के कारण इनके यथावश्यक व यथापेक्षित परिणाम प्राप्त न हो सके। इस अध्याय में यह दर्शाने का प्रयास किया जायेगा कि केवल कुछ दशक पूर्व हुए स्वतंत्र भारत जैसे विकासशील देश में सीमित संसाधनों से शिक्षा–प्रसार के प्रयासों के वास्तव में क्या परिणाम निकले और देश के लोग, विशेषतः दलित वर्ग के लोग किस हद तक साक्षर और शिक्षित हो सके। शिक्षा के क्षेत्र में हुई वस्तुनिष्ठ प्रगति का ठीक मूल्यांकन तत्सम्बन्धी प्रामाणिक आंकड़ों से ही संभव है। अतः इस अध्याय में साक्षरता व प्राथमिक, माध्यमिक, उच्चतर माध्यमिक, उच्च एवं तकनीकी शिक्षा प्रसार इसके लिए सरकारों द्वारा आवंटित की गई धनराशि, वित्तीय संसाधनों से ने नये शिक्षा संस्थाओं, उनमें उपलध कराई गई सुविधाओं और देशभर में नवोदित शिक्षा संस्थानों में शिक्षित हुए भारतीयों के रूप में हुई प्रगति का विवरण आंकड़ों के माध्यम से प्रस्तुत किया जा रहा है । आशा है जिज्ञासु पाठकों, शोधकर्ताओं तथा शिक्षा–प्रसार में रुचि रखने वाले सभी लोकसेवा प्रेमी, महानुभावों, शासकों, प्रशासकों के लिए यह प्रयास उपयोगी सिद्ध होगा।

स्वतंत्र भारत में केन्द्र सरकार एवं राज्य सरकारों द्वारा निरक्षरता का उन्मूलन करने, प्राथमिक शिक्षा को 6 से 14 वर्ष के सभी बालक–बालिकाओं के लिए अनिवार्य नाने और अब तक शिक्षा से वंचित रहे वर्गों में शिक्षा का प्रचार–प्रसार करने के उद्देश्य से विभिन्न प्रयास किये गये हैं, जिनके परिणामस्वरूप स्वतंत्रता–प्राप्ति के पश्चात के 50 वर्षों में शिक्षा का निस्संदेह पहले की अपेक्षा अधिक विस्तार हुआ है तथापि सार्वभौमिक प्राथमिक शिक्षा (Universal Elementary Eduation) अर्थात 6 से 14 आयु–वर्ग के सभी बच्चों को शिक्षा प्रदान करने का लक्ष्य अभी तक पूर्ण रूप से प्राप्त नहीं हो पाया है । वास्तविक स्थिति आज भी यह है कि देश में 2001 की जनसंख्या के अनुसार साक्षरता दर केवल 65.38 है जो गत जनगणना के आंकड़ों से केवल 13 प्रतिशत अधिक है । स्पष्ट है कि हमारे देश में उपरोक्त के अनुसार अभी भी 34.62 प्रतिशत व्यक्ति निरक्षर हैं । यूनेस्को की हाल ही में प्रकाशित वर्ल्ड मानिटरिंग रिपोर्ट के अनुसार भारत में अब लगभग 33 करोड़ लोग निरक्षर हैं । दूसरी ओर विभिन्न क्षेत्रों में वैज्ञानिक और प्रौद्योगिकी उत्तरोत्तर अधिकाधिक ऊंचाई छूती जा रही है । छोटे–छोटे खिलौनों से लेकर बड़ी–बड़ी मशीनों ने इलेक्ट्रानिक स्वरूप धारण कर लिया है । स्वाभाविक है जनसाधारण को भी उत्तरोत्तर विकास के परिणाम से रू–ब–रू होना पड़ता है और अक्षर ज्ञान से वंचित लोग सामान्य ज्ञान से शून्य होने के कारण इस अत्याधुनिक प्रगतिजन्य लाभों से लाभान्वित न हो पाने के लिए मजबूर होते हैं ।

इलेक्ट्रोनिक सूचना एवं संचार प्रौद्योगिकी के इस युग में यदि किसी को पढ़ना और लिखना भी न आये तो यह जितना असामयिक और अजीब–सा लगता है, उतना ही यह पिछड़ेपन, गंवारूपन और ज्ञानहीनता का द्योतक भी है। पढ़ना और लिखना न आने से सीधा तात्पर्य है निरक्षर होना। साक्षरता की परिभाषा के अनुसार केवल वही व्यक्ति साक्षर माना जाता है, जो किसी भी भाषा में समझ के साथ पढ़ और लिख सकता है । निरक्षरता न केवल व्यक्ति की व्यक्तिगत प्रगति में बाधक है, बल्कि यह समष्टि रूप में पूरे राष्ट्र के चहुंमुखी विकास में भी बड़ा अवरोध सिद्ध होती है ।

देश साक्षरता पथ पर :

कदाचित इसी संदर्भ को ध्यान में रखते हुए सरकार ने देश

को पूर्णतः साक्षर यथाशीघ्र बनाने की महती आवश्यकता को समझा। इस प्रयोजनार्थ सरकार ने दो दिशाओं से साथ–साथ प्रयास करने की प्रभावी कार्यनीति अपनाई । एक ओर तो 5 मई 1988 को भारत में राष्ट्रीय साक्षरता मिशन का श्रीगणेश किया गया और दूसरी ओर देश में सभी को प्राथमिक शिक्षा स्तर तक अनिवार्यतः शिक्षित करने के उद्देश्य से 'सर्व शिक्षा अभियान' 2001 में आरम्भ किया गया ।

1. राष्ट्रीय साक्षरता मिशन :

राष्ट्रीय साक्षरता मिशन' 5 मई 1988 को आरम्भ किया गया । इसका उद्देश्य 2005 तक देश में 75 प्रतिशत साक्षरता दर प्राप्त करना है जिसमें भविष्य में किन्हीं भी कारणों से कमी न हो । यह 15–35 आयु वर्ग के निरक्षरों को व्यवहारोपयोगी साक्षरता (Functional Literacy) प्रदान करने पर बल देता है। व्यवहारोपयोगी साक्षरता का तात्पर्य है – ऐसे लोग जो पढ़ना, लिखना और दैनिक व्यवहार में काम आने वाला सामान्य ज्ञान और गणित सीख जायें; वंचना के कारणों से प्रति जागरूक हो जाएं; संगठित होकर और विकास प्रक्रिया में भागीदार बन कर आगे बढ़ते जायें; अपनी आर्थिक स्थिति और सामान्य खुशहाली बढ़ाने हेतु अपनी कुशलता सुधार लें; इन्हें राष्ट्रीय एकता, वातावरण संरक्षण, लिंग–समता और छोटे परिवार जैसे मूल्यों की समझ हो जाये ।

राष्ट्रीय साक्षरता मिशन अपना उद्देश्य पूरा करने के लिए म (क) सम्पूर्ण साक्षरता अभियान (Totel Literacy compaign), (ख) साक्षरतोत्तर कार्यक्रम (Post Literacy Programme) और (ग) सतत शिक्षा कार्यक्रम (Countinuing Education Programme) जैसे अभियान एवं कार्यक्रम चलाता है । इन सभी के अपने–अपने उद्देश्य और अपनी–अपनी विशेषताएं हैं।

(क) सम्पूर्ण साक्षरता अभियान :

सम्पूर्ण साक्षरता अभियानों के माध्यम से साक्षर हुए व्यक्तियों पर इस प्रकार से निगरानी रखी जाती है कि वे अपनी साक्षरता स्तर एवं गुणवत्ता को सतत बढ़ाते जाएं और इस प्रयोजनार्थ उनसे प्रतिमास मुलाकात की जाती है और उन्होंने जो सीखा है उसका समय–समय पर, और अन्तिम मूल्यांकन भी किया जाता है । इस अभियान की अवधि 18 महीने की होती है । यह प्रयास किया जाता है कि इस अवधि के पश्चात साक्षर साक्षरतोत्तर कार्यक्रमों और सतत शिक्षा कार्यक्रमों से भी जुड़ जायें ।

साक्षरता मिशन को विश्वविद्यालयो का सहयोग :

उपरोक्त की ही भान्ति इस मिशन ने एक विशेष योजना लागू की, जिसके माध्यम से साक्षरता कार्यक्रमों में विश्वविद्यालय जैसे उच्च शिक्षा संस्थाओं का योगदान साक्षरता के क्षेत्र में दिया गया है। विश्वविद्यालय के कर्मचारियों और इच्छुक छात्र नवसाक्षरों के लिए अल्पावधि के पाठ्यक्रम तैयार करके साक्षरता के अनुकूल वातावरण बनाकर साक्षरता सम्बन्धी मूल्यांकन करके तथा इस क्षेत्र में अपेक्षित अनुसंधान करके सतत शिक्षा कार्यक्रम चलाकर अपना योगदान बखूबी देख सकते हैं।

राष्ट्रीय साक्षरता मिशन से संबंधित साक्ष्य एवं आंकड़े अधिकांशतः Literacy Facts at a Glance नामक पुस्तक पर आधारित हैं, जो वयस्क शिाक्षा निदेशालय, मानव संसाधन विकास मंत्रालय के प्राथमिक शिक्षा तथा साक्षरता विभाग द्वारा 2001 में प्रकाशित की गई हैं ।

साक्षरता मिशन को जन शिक्षण संस्थाओं का सहयोग :

जन शिक्षण संस्थाओं को जो पहले 'श्रमिक विद्यापीठ' के नाम से जाना जाता था, को भी राष्ट्रीय साक्षरता मिशन से सम्बद्ध कर दिया गया । इस से शिक्षा–लाभों से वंचित रहे वर्गों के वयस्कों के लिए ऐसे प्रशिक्षण कार्यक्रम चलाने का कार्य सौंपा गया, जिनमें ऐसे वयस्क अनौपचारिक रूप से अपनी व्यावसायिक तथा अन्य प्रकार की कुशलता बढ़ा सकें। इसका ध्यान मुख्यतः नवसाक्षरों, निरक्षरों, अल्पशिक्षित अनुसूचित जातियों तथा अनुसूचित जनजातियों के वयस्कों तथा महिलाओं आदि पर केन्द्रित रहेगा । यह एक प्रधान (नोडल) सतत शिक्षा केन्द्र के रूप में काम करता है और जो पंजीकृत गैर सरकारी संगठन के रूप में या ऐसे संगठन के तत्वावधान में कार्य करेगा और जो 10 से 15 सतत शिक्षा केन्द्र चलायेगा । इसका वित्त–पोषण भारत सरकार द्वारा एक निर्धारित पद्वति पर किया जाएगा। 2001 तक जन शिक्षण संस्थानों की संख्या 92 है तथा 2001–2 में 16 संस्थान और स्वीकृत हो जाएंगे । ऐसे संस्थानों में लगभग 225 व्यावसायिक पाठ्यक्रमों का प्रशिक्षण दिया जाता है जिनमें वर्दी बनाने से लेकर कंप्यूटर चलाना तक शामिल है। 2000–2001 में कुल 1.82 लाख लाभार्थियों में से लगभग 75 प्रतिशत महिलाएं हैं।

साक्षरता मिशन की उपलब्धियां :

2000 तक साक्षरता अभियानों का प्रसार 574 जिलों में हो चुका है। जिनमें से 302 जिले साक्षरतोत्तर चरण और 112 जिले सतत शिक्षा चरण में पहुंच चुके हैं। अब तक साक्षरता अभियानों में 125 मिलियन साक्षरतार्थी दर्ज हैं तथा 150 मिलियन साक्षरतार्थियों के लिए साक्षरता परियोजनाएं स्वीकृत हो चुकी हैं । 2005 तक स्थिर बनी रहने वाली 75 प्रतिशत साक्षरता का लक्ष्य प्राप्त करने के लिए लगभग 12 मिलियन स्वयंसेवी साक्षरता कार्यक्रमों में भाग ले चुके हैं। राष्ट्रीय साक्षरता मिशन के माध्यम से मिशन की विभिन्न परियोजनाओं से 51.53 लाख व्यक्ति साक्षर किए जा चुके हैं । साक्षर होने वालों में 61 प्रतिशत महिलाएं और 39 प्रतिशत पुरुष हैं । इनमें से अनुसूचित जातियों के साक्षर 23 प्रतिशत हैं और अनुसूचित जनजातियों के साक्षर 13 प्रतिशत हैं । सम्पूर्ण साक्षरता अभियान में साक्षर होने में प्रति व्यक्ति 90—–180 रुपए खर्च होता है, जब कि स्कूलों की औपचारिक शिक्षा व्यवस्था में प्रति छात्र (कक्षा एक से आठ तक) 1995–96 में 948 रुपए प्रति व्यक्ति खर्च हुए । सम्पूर्ण साक्षरता अभियानों का प्रसार 21 राज्यों और तीन संघ शासित क्षेत्रों में हो चुका है ।

राष्ट्रीय साक्षरता मिशन का मूल्यांकन :

वर्ष 1988 से आरम्भ किए गए राष्ट्रीय साक्षरता मिशन ने 1993 में अपने कार्यकाल के 5 वर्ष पूरे किए और स्वर्गीय प्रोफेसर अरुण घोष की अध्यक्षता में एक विशेषज्ञ दल इस संस्था के कार्यकरण के मूल्यांकन हेतु गठित किया गया, जिसने 26.9.1994 को अपना प्रतिवेदन प्रस्तुत किया । इस प्रतिवेदन में इस मिशन के गुण–दोषों का उल्लेख किया गया है जो संक्षेप में निम्नप्रकार है :

गुण :

1. इस संस्था के कार्य न केवल कार्यक्रमों के रूप में सीमित रहे बल्कि इन्होंने आंदोलन का स्वरूप धारण कर लिया, जिसका परिणाम निश्चित रूप से शुभ रहा ।

2. इस मिशन के कार्य में महिलाओं को कहीं अधिक प्रभावित किया । और उसी अनुपात में वे साक्षर हुईं ।

3. विभिन्न जातियों और समुदायों के बीच सम्बन्ध सुधारने और सुदृढ़ करने में इसकी भूमिका सकारात्मक रही ।

4. इस मिशन के प्रयासों में बड़ी साक्षरता प्रतिशतता के कारण प्राथमिक शिक्षा की मांग बढ़ी ।

5. साक्षरता दर बढ़ने के साथ ही लोगों में एक न्यायपूर्ण और मानवतावादी समाज की स्थापना की अपेक्षा जागृत हुई।

6. साक्षरता बढ़ने के अनुपात में नौकरशाही भी लोगों के प्रति संवेदनशील बन गये ।

7. राष्ट्रीय साक्षरता मिशन की कार्य–प्रणाली और सफलता ने साक्षरता के मुद्दे को राष्ट्रीय स्तर का बना दिया ।

कमियां :

1. जिन स्थानों में सम्पूर्ण साक्षरता विद्यमान थी, उनमें इस मिशन का कार्य अपेक्षाकृत कम अच्छा रहा ।

2. कुछ मामलों में इस मिशन के कार्यकरण में नौकरशाही जैसा रवैया पाया गया ।

3. यह मिशन ऐसे क्षेत्रों में साक्षरता को पूर्ण स्तर तक पहुंचाने में असफल रहा और जहां आंशिक रूप से साक्षर हुए लोगों की पुनः निरीक्षण होने की संभावना अधिक है ।

4. कुछ साक्षरता अभियान बिना पूर्ण तैयारी किए ही आरंभ कर दिए गए, जिनके अपेक्षित परिणाम प्राप्त नहीं किए जा सके।

5. कुछ राज्यों में साक्षरता प्रचार में प्रगति सर्वत्र समान रूप से न होकर जहां–तहां हुई और इसी कारण से वहां हुई प्रगति संदेह के घेरे में आ गई।

राष्ट्रीय साक्षरता मिशन के सभी प्रयासों के परिणामस्वरूप साक्षरता दर जो 1991 में 52.21 प्रतिशत थी, वह 2001 मैं लगभग 13.17 अंक बढ़ कर 65.38 तक ही हो पाई । यदि इस गति से साक्षरता दर में वश्द्धि होती रही तो 2005 तक साक्षरता दर लगभग 70.62 पहुंचने का अनुमान है अर्थात् मिशन 2005 तक अपना निर्धारित लक्ष्य पूरा नहीं कर पाएगा। कदाचित पूर्ण साक्षरता का स्तर शीघ्र प्राप्त करने के उद्देश्य से सर्व शिक्षा अभियान देश में आरम्भ किया गया है।

(दो) सर्व शिक्षा अभियान :

सर्व शिक्षा अभियान का उद्देश्य 2010 तक 6 वर्ष से 14 वर्ष तक के सभी बच्चों को उपयोगी और गुणात्मक शिक्षा प्रदान करना है ।

ऐतिहासिक दृष्टि से सर्व शिक्षा अभियान का सम्बन्ध यूनिसेफ (UNICEF) द्वारा आधार शिक्षा (प्राथमिक शिक्षा) के विस्तार के प्रति व्यक्त की गई प्रतिबद्धता से जुड़ता है, जिसका उल्लेख 1990 में "सभी के लिए शिक्षा सम्बन्धी विश्व घोषणा" (World Declaration on Education for all) में किया गया। इस बात की पुष्टि 'डकर' में विश्व शिक्षा फोरम (World Education Forum) के 2000 में हुए सम्मेलन में की गई । उक्त घोषणा में प्राथमिक शिक्षा को मूल एवं अनिवार्य अधिकार के रूप में माना गया और उसका समर्थन किया गया । इस बात पर बल दिया गया कि प्राथमिक शिक्षा निःशुल्क प्राप्त करना प्रत्येक बच्चे का मूल एवं अनिवार्य अधिकार प्राथमिक शिक्षा पूरी होनी चाहिए तथा बच्चे को अपेक्षित स्तर का ज्ञान भी होना चाहिए। इसी परिप्रेक्ष्य में यूनिसेफ में 1996 से 2005 तक की अवधि के लिए सभी के लिए शिक्षा कार्यकम तैयार किया, जिसे सभी सदस्य देशों के सहयोग से लागू करने की भी आशा की गई । इसमें बालिका शिक्षा और उसके लिए प्रभावी शिक्षा नीति भी तैयार की गई ताकि संशोधित शिक्षा पद्धति में लड़कियां, लड़कों के समान ही शिक्षा ग्रहण कर सकें और योग्य बन सकें।

भारत में सर्व शिक्षा अभियान 2001 में आरम्भ किया गया। इस अभियान के उद्देश्य निम्नलिखित हैं :

1. सभी बच्चों को स्कूलों, शिक्षा गारंटी केन्द्रों, वैकल्पिक स्कूलों अथवा स्कूल वापसी शिविरों में 2003 तक अनिवार्य रूप से प्रवेश लेना होगा ।

2. सभी बच्चों को 2007 तक पांच वर्ष की अर्थात् कक्षा पांच तक प्राथमिक शिक्षा पूरी करनी होगी ।

3. सभी बच्चों को कक्षा आठ तक की शिक्षा 2010 तक पूरी करनी होगी

4. कक्षा पांच के स्तर तक 2007 तक और कक्षा आठ के स्तर तक 2010 तक समाज के सभी वर्गों के लड़के और लड़कियों को समान रूप से प्राथमिक शिक्षा देनी होगी।

5. वर्ष 2010 तक यह सुनिश्चित करना होगा कि सभी बच्चे कक्षा आठ तक की प्राथमिक शिक्षा अनिवार्य रूप से पूरी कर लें।

आशा है, राष्ट्रीय साक्षरता मिशन की कमियों को दूर करके और उसे अधिक प्रभावी बनाकर सर्व शिक्षा अभियान को निष्ठापूर्वक

चलाकर उसके उद्देश्यों का निर्धारण समयावधि में पूरा करके देश पूर्ण साक्षरता का स्तर प्राप्त कर लेगा। यदि सर्व शिक्षा अभियान पूर्णरूपेण सफल हुआ तो 6 से 14 वर्ष के सभी बच्चों को 2007 तक कक्षा 5 तक की प्राथमिक शिक्षा तथा 2010 तक कक्षा 8 तक की शिक्षा पूरी कर लें और भारत का पूर्ण साक्षर होने का स्वप्न पूर्ण हो जाएगा ।

साक्षरता सम्बन्धी कुछ आंकड़े

भारत में जनसंख्या की दृष्टि से साक्षरता की स्थिति स्पष्ट करने के प्रयोजन से प्रमाणिक स्रोतों से लिए गए कुछ आंकड़े प्रस्तुत किए जा रहे हैं, जिनसे साक्षरता के क्षेत्र में निरन्तर हो रही प्रगति का पता लगता है और जो जिज्ञासु पाठकों आदि के लिए अवश्य ही उपयोगी सिद्ध होंगे ।

जनगणना के समय जो व्यक्ति केवल पढ़ सकता है किन्तु लिख नहीं सकता, उसे साक्षर नहीं गिना जाता । सामान्यतः 4 वर्ष अथवा 6 वर्ष (औपचारिक शिक्षा आरम्भ होने की आयु); जैसी स्थिति हो, तब के बच्चे निरक्षर माने जाते हैं । किन्तु जब कुल जनसंखा के आधार पर, अर्थात् निरक्षर माने जाने वाले उपरोक्त आयु वर्ग के बच्चों को बिना पृथक किये ही साक्षरता दर निकाला जाता है तो वह अशोधित साक्षरता दर (Crude Literacy Rate) कहलाता है । नीचे दी गई तालिका से ज्ञात होता है कि 1951 से लेकर 2001 तक अशोधित साक्षरता दर में निरन्तर वृद्धि हुई है

जनगणना वर्ष	कुल जनसंख्या के आधार पर	पुरुष	महिलाएं
1951	16.67	24.95	7.93
1961	24.02	34.44	12.95
1971	29.45	39.45	18.69
1981	26.23	26.89	24.82
1991	42.84	52.74	32.17
2001	55.30	64.13	45.84

स्रोत : भारत की जनगणना

इसमें निरक्षर शिशु और बच्चे भी सम्मिलित हैं

भारत में शुद्ध साक्षरता दर :

निम्नलिखित तालिका में 1951 से 2001 तक की जनगणना के अनुसार शुद्ध साक्षरता दर दर्शायी गई है। वर्ष 1951, 1961 और

1971 की जनगणना का साक्षरता दर पांच वर्ष और उससे अधिक आयु की जनसंख्या पर आधारित है, जबकि 1981, 1991 और 2001 की जनगणना का साक्षरता दर सात वर्ष और उससे अधिक की आयु की जनसंख्या पर आधारित है। वर्ष 2001 की जनगणना के अनुसार सात वर्ष और उससे अधिक की कुल जनसंख्या के हिसाब से पूरे देश की जनसंख्या दर 65.38 प्रतिशत रही जबकि पुरुषों की साक्षरता दर 75.85 रही और महिलाओं की 54.16 रही।

वयस्क साक्षरता दर :

जहां तक 15 वर्ष तथा उससे ऊपर की आयु के वयस्कों में साक्षरता दर का सम्बन्ध है, वह निम्न तालिका संख्या 3 से स्पष्ट होती है। इससे ज्ञात होता है कि 1961 में पुरुष वयस्कों में साक्षरता दर 43.75 प्रतिशत थी, जो 1991 में बढ़कर 61.89 प्रतिशत हो गई। और इन्हीं वर्षों में महिलाओं में साक्षरता दर 13.15 से बढ़ कर 34.09 प्रतिशत हो गई। इस आयु वर्ग में कुल साक्षरता प्रतिशत 1961 में 27.76 प्रतिशत थी, जो बढ़कर 1991 में 48.54 हो गई थी। कुल जनसंख्या की दशष्टि से साक्षरता दर 52.21 प्रतिशत रही। (NSSO) एन एस एस ओ के 54वें राउंड के अनुसार भारत में इस आयु वर्ग में 1998 में वयस्क साक्षरता दर पुरुषों में 70 प्रतिशत, महिलाओं में 44 प्रतिशत और जनसंख्या की दृष्टि से कुल साक्षरता दर 57 प्रतिशत रही।

वयस्कों में साक्षरता प्रतिशत **तालिका संख्या : 2**

	1961	1971	1981	1991′	1998″
वयस्क पुरुष	41.45	47.69	54.91	61.89	70
वयस्क महिलाएं	13.15	19.36	25.70	34.09	44
कुल	27.76	34.08	40.82	48.54	57

इसमें जम्मू और कश्मीर के आंकड़े सम्मिलित नहीं हैं

एन एस एस ओ का 54वें राउंड, 1998

15 वर्ष और उससे ऊपर के आयु के वयस्कों में निरक्षरता दर्शाने वाली तालिका

वयस्कों में निरक्षरता का प्रतिशत तालिका संख्या : 3

	1961	1971	1981	1991'	1998''
पुरुष	58.55	52.31	45.09	38.11	30
महिलाएं	86.85	80.64	74.30	65.91	56

'इसमें जम्मू और कश्मीर के आंकड़े सम्मिलित नहीं हैं ।
''एन एस एस ओ का 54वें राउंड, 1998

साक्षरता :

साक्षरता की परिभाषा के अनुसार केवल वही व्यक्ति साक्षर माना जाता है, जो किसी भी भाषा में समझ के साथ पढ़ और लिख सके। जनगणना के समय जो व्यक्ति केवल पढ़ सकता है किन्तु लिख नहीं सकता, उसे साक्षर नहीं गिना जाता। सामान्यतः 4 वर्ष अथवा 6 वर्ष (औपचारिक शिक्षा आरम्भ होने की आयु), जैसी स्थिति हो, तब के बच्चे निरक्षर माने जाते हैं। किन्तु जब कुल जनसंख्या के आधार पर, अर्थात निरक्षर माने जाने वाले उपरोक्त आयु वर्ग के बच्चों को बिना पृथक किये ही साक्षरत्व दर निकाला जाता है तो वह मिश्रित साक्षरता दर (Crude Literacy Rate) कहलाता है। नीचे दी गई तालिका से ज्ञात होता है कि 1951 से लेकर 2001 तक मिश्रित साक्षरता दर में निरन्तर वृद्धि हुई है।

मिश्रित साक्षरता दर

तालिका संख्या 4

जनगणना वर्ष	कुल जनसंख्या' के आधार पर	मिश्रित साक्षरता दर	
		पुरुष	महिलाएं
1951	16.67	24.95	7.93
1961	24.02	34.44	12.95
1971	29.45	39.45	18.69
1981	26.23	46.89	24.82
1991	42.84	52.74	32.17
2001	55.30	64.13	45.84

स्रोत : भारत की जनगणना, 2001

इसमें निरक्षर शिशु और बच्चे भी सम्मिलित हैं'

भारत में शुद्ध साक्षरता दर :

निम्नलिखित तालिका में 1951 से 2001 तक की जनगणना के अनुसार साक्षरता दर दर्शायी गई है। वर्ष 1951, 1961 और 1971 की जनगणना का साक्षरता दर पांच वर्ष और उससे अधिक की जनसंख्या पर आधारित है, जबकि 1981, 1991 और 2001 की जनगणना की साक्षरता दर सात वर्ष और उससे अधिक आयु की जनसंख्या पर आधारित हैं। वर्ष 2001 की जनगणना के अनुसार सात वर्ष और उससे अधिक की कुल जनसंख्या के हिसाब से पूरे देश की साक्षरता दर 65.38 प्रतिशत रही, जबकि पुरुषों की साक्षरता दर 75.85 रही और महिलाओं की 54.16 रही।

शुद्ध साक्षरता दर : *तालिका 5*

जनगणना वर्ष	देश की कुल जनसंख्या के आधार पर साक्षरता दर	पुरुषों की संख्या के आधार पर	महिलाओं की संख्या के आधार पर	पुरुषों–महिलाओं की संख्या के आधार पर
1951	18.33	27.16	8.86	18.30
1961	28.30	40.40	15.35	25.05
1971	34.45	45.96	21.97	23.98
1981	43.57	56.38	29.26	26.62
1991	52.21	64.13	39.29	24.81
2001	65.38	75.85	54.16	21.70

इस जनसंख्या में निरक्षर शिशु एवं बच्चे सम्मिलित नहीं हैं

वयस्क साक्षरता :

जहां तक 15 वर्ष तथा उससे ऊपर की आयु के वयस्कों में साक्षरता दर का सम्बन्ध है । वह निम्न तालिका संख्या छः से स्पष्ट होती है। उससे ज्ञात होता है कि 1961 में पुरुष वयस्कों में साक्षरता दर 43.45 : थी जो 1991 में बढ़कर 61.89 : हो गई और इन्हीं वर्षों में महिलाओं में साक्षरता दर 13.15 : से बढ़कर 34.09 : हो गई । इसी आयु वर्ग में कुल साक्षरता प्रतिशत 1961 में 27.76 : थी जो बढ़कर 1991 में 48.54 :, जबकि पूरे देश की सम्पूर्ण साक्षरता दर 52.21 : रही। एन.एस.एस.ओ.के. 54वें राउंड के अनुसार भारत में इस आयु वर्ग में 1998 में वयस्क साक्षरता दर पुरुषों में 70 :, महिलाओं में 44 : और देश की कुल साक्षरता दर 57 : रही

वयस्कों में साक्षरता प्रतिशत : ***तालिका संख्या – 6***

	1961	1971	1981	1991′	1998″
वयस्क पुरुष	41.45	47.69	54.91	61.89	70
वयस्क महिलाएं	13.15	19.36	25.70	34.09	54.32
कुल	27.76	34.08	40.82	48.54	57

जम्मू एवं कश्मीर के आंकड़े सम्मिलित नहीं हैं ।

″एन.एस.एस.ओ. का 54वां राउंड, 1998

15 वर्ष और उससे ऊपर की आयु के वयस्कों में निरक्षरता दर्शाने वाली तालिका।

वयस्कों में निरक्षरता प्रतिशत : ***तालिका संख्या – 7***

	1961	1971	1981	1991′	1998″
पुरुष	58.55	52.37	45.9	38.11	30
महिलाएं	86.85	80.64	74.30	65.91	56
कुल	72.24	65.92	59.18	51.46	43

जम्मू एवं कश्मीर के आंकड़े सम्मिलित नहीं हैं

एन.एस.एस.ओ. का 54वां राउंड, 1998

नगरीय तथा ग्रामीण क्षेत्रों में साक्षरता की तुलनात्मक स्थिति :

भारत गांवों में बसता है यह कथन आज भी सच है, भले ही उतना विकास न हुआ हो, जितना नगरों में हुआ है। इस वास्तविकता के संदर्भ में यह देखना भी आवश्यक हो जाता है कि नगरीय क्षेत्रों की तुलना में ग्रामीण क्षेत्रों में विद्यमान साक्षरता की स्थिति क्या है। 1951 में ग्रामीण क्षेत्रों में पांच वर्ष और उससे ऊपर की आयु के पुरुषों का साक्षरता दर 19.02, महिलाओं का साक्षरता दर 4.87 और कुल साक्षरता दर 12.10 था, जबकि नगरीय क्षेत्रों में साक्षरता की प्रतिशतता क्रमशः पुरुषों में 45.06, महिलाओं में 22.33 और कुल 34.39 थी। यह प्रतिशतता 2001 में बढ़कर गांवों में क्रमशः 71.18, 46.58 और कुल 59.27 हो गई तथा नगरीय क्षेत्रों में बढ़कर 86.42, 72.99 और 86.06 हो गई।

तालिका—26

निम्नलिखित वर्षों में अनुसूचित जातियों के छात्र छात्राओं का स्कूलों में दाखिला

(आंकड़े हजारों में)

वर्ष	प्राथमिक स्तर			मिडिल/अपर प्राइमरी स्तर (VI-VIII)			हाई/हायर सेकेंडरी इंटर/डिग्री पूर्व स्तर (IX-XII)		
	बालक	बलिका	कुल	बालक	बालिका	कुल	बालक	बालिका	योग
1980—81	7213	3768	10981	1621	602	2223	906	246	1152
1985—86	8727	5194	13921	2537	1082	3619	1378	432	1810
1990—91	9737	6057	15794	2747	1413	4160	1703	635	2338
1995—96	11284	7892	19176	3453	1991	5445	1854	887	2741
2000—01'	12059	9136	21195	4066	2628	6694	2418	1394	3812

'अनन्तिम

तालिका–27

निम्नलिखित वर्षों में अनुसूचित जनजाति के छात्र छात्राओं का स्कूलों में दाखिला

(आंकड़े हजारों में)

वर्ष	प्राथमिक स्तर			मिडिल/अपर प्राइमरी स्तर (VI-VIII)			हाई/हायर सेकेंडरी इंटर/डिग्री पूर्व स्तर (IX-XII)		
	बालक	बलिका	कुल	बालक	बालिका	कुल	बालक	बालिका	योग
1980–81	3133	1527	4660	537	205	742	246	83	329
1985–86	4174	2406	6580	893	390	1283	420	165	585
1990–91	4958	2911	7869	1131	576	1707	567	238	805
1995–96	5589	3826	9415	1448	837	2285	763	359	1122
2000–01′	6330	4665	10995	1879	1205	3084	955	535	1490

अनन्तिम

अनुसूचित जाति/ अनुसूचित जनजाति के पी.एच.डी. स्तर पर अध्ययनरत विद्यार्थी

तालिका––28

क्रम	राज्य/संघ शासित क्षेत्र	अनुसूचित जाति			अनुसूचित जनजाति		
		बालक	बालिका	कुल	बालक	बालिका	कुल
1	2	3	4	5	6	7	8
1	अरुणाचल प्रदेश	0	0	0	20	3	23
2	असम	11	9	20	24	13	37
3	आंध्र प्रदेश	789	171	960	137	50	187
4	उड़ीसा	35	18	53	30	7	37
5	उत्तर प्रदेश	35	8	43	2	0	2
6	कर्नाटक	190	62	252	35	10	45
7	केरल	75	68	143	2	1	5
8	गुजरात	73	39	112	55	34	89
9	गोवा	4	2	6	0	0	0
10	जम्मू एवं कश्मीर	0	0	0	0	0	0
11	तमिलनाडु	240	139	379	2	4	6
12	दिल्ली	103	34	137	33	21	54
13	नागालैंड	0	0	0	0	0	0
14	पंजाब	10	8	18	0	0	0
15	पश्चिम बंगाल	20	11	31	2	2	4
16	बिहार	78	33	111	45	19	64
17	मणिपुर	0	0	0	2	1	3
18	मध्य प्रदेश	30	33	63	15	8	23

19	महाराष्ट्र	9	2	11	1	0	1
20	मिजोरम	0	0	0	0	0	0
21	मेघालय	3	3	6	105	106	211
22	राजस्थान	15	6	21	1	0	1
23	सिक्किम	0	0	0	0	0	0
24	हरियाणा	391	264	655	0	0	0
25	हिमाचल प्रदेश	56	23	79	15	4	19
26	त्रिपुरा	2	0	2	0	0	0
27	अंडमान और निकोबार द्वीप समूह	0	0	0	0	0	0
28	चंडीगढ़	22	11	33	10	2	12
29	दमन एवं दयू	0	0	0	0	0	0
30	दादर नगर हवेली	0	0	0	0	0	0
31	पांडीचेरी	21	8	29	0	0	0
32	लक्ष्यद्वीप	0	0	0	0	0	0
	भारत	2212	952	3164	536	285	821

अनुसूचित जाति/ अनुसूचित जनजाति के एम. ए. स्तर पर अध्ययनरत विद्यार्थी तालिका—29

क्रम	राज्य/संघ शासित क्षेत्र	अनुसूचित जाति			अनुसूचित जनजाति		
		बालक	बालिका	कुल	बालक	बालिका	कुल
1	2	9	10	11	12	13	14
1	अरुणाचल प्रदेश	0	0	0	178	73	251
2	असम	306	201	507	400	251	651
3	आंध्र प्रदेश	1517	590	2107	256	103	259
4	उड़ीसा	362	120	482	166	53	219
5	उत्तर प्रदेश	14010	4900	18910	360	190	550
6	कर्नाटक	670	140	810	190	35	225
7	केरल	373	647	1020	40	68	108
8	गुजरात	1835	1468	3303	1760	1705	3465
9	गोवा	0	2	2	0	0	0
10	जम्मू एवं कश्मीर	0	0	0	0	0	0
11	तमिलनाडु	1441	960	2401	31	31	62
12	दिल्ली	134	80	214	4	3	7
13	नागालैंड	0	1	1	141	122	263
14	पंजाब	543	620	1163	0	0	0
15	पश्चिम बंगाल	1252	96	1348	92	77	169
16	बिहार	598	145	743	354	112	466
17	मणिपुर	17	17	34	90	45	135
18	मध्य प्रदेश	1215	1127	2342	988	316	1304
19	महाराष्ट्र	5918	2889	8807	1270	437	1707

20	मिजोरम	0	0	0	0	0	0
21	मेघालय	5	5	10	340	516	856
22	राजस्थान	2124	318	2442	1652	123	1775
23	सिक्किम	0	0	0	0	0	0
24	हरियाणा	415	141	556	0	0	0
25	हिमाचल प्रदेश	148	89	237	78	62	140
26	त्रिपुरा	86	47	133	44	33	77
27	अंडमान और निकोबार द्वीप समूह	0	0	0	3	3	6
28	चंडीगढ़	141	89	230	52	48	100
29	दमन एवं द्यू	0	0	0	0	0	0
30	दादर नगर हवेली	0	0	0	0	0	0
31	पांडीचेरी	55	41	96	14	2	16
32	लक्ष्यद्वीप	0	0	0	0	0	0
	भारत	33165	14733	47898	8503	4408	12911

अनुसूचित जाति/ अनुसूचित जनजाति के एम.एस.सी. स्तर पर अध्ययनरत विद्यार्थी

क्रम	राज्य/संघ शासित क्षेत्र	अनुसूचित जाति			अनुसूचित जनजाति		
		बालक	बालिका	कुल	बालक	बालिका	कुल
1	2	15	16	17	18	19	20
1	अरुणाचल प्रदेश	0	0	0	30	9	39
2	असम	194	98	292	205	100	305
3	आंध्र प्रदेश	804	408	1212	156	94	250
4	उड़ीसा	130	45	175	55	15	70
5	उत्तर प्रदेश	2550	595	3145	60	35	95
6	कर्नाटक	230	72	302	59	15	74
7	केरल	205	496	701	25	36	61
8	गुजरात	185	134	319	74	60	134
9	गोवा	2	2	4	2	0	2
10	जम्मू एवं कश्मीर	0	0	0	0	0	0
11	तमिलनाडु	1044	914	1958	164	19	183
12	दिल्ली	61	38	99	92	30	122
13	नागालैंड	0	2	2	105	29	134
14	पंजाब	48	52	100	0	0	0
15	पश्चिम बंगाल	284	161	445	24	7	31
16	बिहार	119	55	174	72	39	111
17	मणिपुर	14	13	27	45	20	65
18	मध्य प्रदेश	730	501	1231	114	111	225
19	महाराष्ट्र	481	250	731	69	53	122

20	मिजोरम	0	0	0	0	0	0
21	मेघालय	3	1	4	133	56	189
22	राजस्थान	271	81	352	125	25	150
23	सिक्किम	0	0	0	0	0	0
24	हरियाणा	9	2	11	0	0	0
25	हिमाचल प्रदेश	31	14	45	13	8	21
26	त्रिपुरा	19	8	27	3	1	4
27	अंडमान और निकोबार द्वीप समूह	0	0	0	1	1	2
28	चंडीगढ़	49	53	102	7	10	17
29	दमन एवं द्यू	0	0	0	0	0	0
30	दादर नगर हवेली	0	0	0	0	0	0
31	पांडीचेरी	37	24	61	8	2	10
32	लक्ष्यद्वीप	0	0	0	0	0	0
	भारत	7500	4019	11519	1641	775	2416

अनुसूचित जाति/ अनुसूचित जनजाति के स्तर एम. काम पर अध्ययनरत विद्यार्थी तालिका—31

क्रम	राज्य/संघ शासित क्षेत्र	अनुसूचित जाति			अनुसूचित जनजाति		
		बालक	बालिका	कुल	बालक	बालिका	कुल
1	2	21	22	23	24	25	26
1	अरुणाचल प्रदेश	0	0	0	12	3	15
2	असम	80	25	105	65	15	80
3	आंध्र प्रदेश	665	228	893	108	59	167
4	उड़ीसा	31	9	4C	12	8	20
5	उत्तर प्रदेश	1423	240	16€3	55	28	83
6	कर्नाटक	101	30	131	25	8	33
7	केरल	117	218	335	4	5	9
8	गुजरात	341	217	558	226	92	318
9	गोवा	2	1	3	0	0	0
10	जम्मू एवं कश्मीर	0	0	0	0	0	0
11	तमिलनाडु	453	226	679	15	8	23
12	दिल्ली	37	10	47	41	10	51
13	नागालैंड	0	0	0	16	8	24
14	पंजाब	28	22	50	0	0	0
15	पश्चिम बंगाल	810	37	847	11	0	11
16	बिहार	85	26	111	43	20	63
17	मणिपुर	1	2	3	10	5	15
18	मध्य प्रदेश	525	85	610	323	71	394
19	महाराष्ट्र	809	385	1194	152	111	263

20	मिजोरम	0	0	0	0	0	0
21	मेघालय	1	0	1	24	16	40
22	राजस्थान	141	9	150	89	5	94
23	सिक्किम	0	0	0	0	0	0
24	हरियाणा	21	11	32	0	0	0
25	हिमाचल प्रदेश	12	5	17	1	0	1
26	त्रिपुरा	25	2	27	2	0	2
27	अंडमान और निकोबार द्वीप समूह	0	0	0	0	0	0
28	चंडीगढ़	20	6	26	6	1	7
29	दमन एवं द्यू	0	0	0	0	0	0
30	दादर नगर हवेली	0	0	0	0	0	0
31	पांडीचेरी	13	5	18	0	0	0
32	लक्ष्यद्वीप	0	0	0	0	0	0
	भारत	5741	1799	7540	1240	473	1713

अनुसूचित जाति/ अनुसूचित जनजाति के बी.ए./बी.ए. (आनर्स) स्तर पर अध्ययनरत विद्यार्थी

तालिका––32

क्रम	राज्य / संघ शासित क्षेत्र	अनुसूचित जाति			अनुसूचित जनजाति		
		बालक	बालिका	कुल	बालक	बालिका	कुल
1	2	27	28	29	30	31	32
1	अरुणाचल प्रदेश	111	216	327	2169	894	3063
2	असम	7966	4719	12685	12758	7299	20057
3	आंध्र प्रदेश	26216	9161	35377	5053	1492	6545
4	उड़ीसा	6741	1423	8164	4016	1005	5021
5	उत्तर प्रदेश	60456	18590	79045	1250	710	1960
6	कर्नाटक	32800	12163	44963	10150	4130	14280
7	केरल	3764	6277	10041	198	305	503
8	गुजरात	9302	7381	16683	11716	9554	21270
9	गोवा	16	20	36	0	0	0
10	जम्मू एवं कश्मीर	0	0	0	0	0	0
11	तमिलनाडु	13371	9730	23101	218	132	350
12	दिल्ली	1833	1324	3157	348	261	609
13	नागालैंड	5	32	37	3273	2569	5842
14	पंजाब	7245	6810	14055	0	0	0
15	पश्चिम बंगाल	32874	19853	52727	4139	2157	6296
16	बिहार	12385	1293	13678	5283	2805	8088
17	मणिपुर	211	140	351	2211	1640	3851
18	मध्य प्रदेश	12763	7131	19894	13079	6146	19225

19	महाराष्ट्र	36383	23595	59978	10688	4485	15173
20	मिजोरम	0	0	0	3412	2591	6003
21	मेघालय	197	92	289	3764	3915	7679
22	राजस्थान	17134	2705	19839	13302	1496	14798
23	सिक्किम	26	37	63	153	187	340
24	हरियाणा	7879	3058	10937	0	0	0
25	हिमाचल प्रदेश	3699	2084	5783	1189	835	2024
26	त्रिपुरा	1269	899	2168	617	390	1007
27	अंडमान और निकोबार द्वीप समूह	0	0	0	25	28	53
28	चंडीगढ़	330	571	901	74	145	219
29	दमन एवं द्यू	3	11	14	34	13	47
30	दादर नगर हवेली	0	0	0	0	0	0
31	पांडीचेरी	123	128	303	0	0	0
32	लक्ष्यद्वीप	0	0	0	0	0	0
	भारत	295102	139495	434597	109119	55184	164303

अनुसूचित जाति/ अनुसूचित जनजाति के बी.एस.सी./बी.एस.सी. (आनर्स) स्तर पर अध्ययनरत विद्याथी

क्रम	राज्य/संघ शासित क्षेत्र	अनुसूचित जाति			अनुसूचित जनजाति		
		बालक	बालिका	कुल	बालक	बालिका	कुल
1	2	33	34	35	36	37	38
1	अरुणाचल प्रदेश	0	0	0	236	111	347
2	असम	1592	505	2097	1595	562	2157
3	आंध्र प्रदेश	14006	7655	21661	4170	2273	6443
4	उड़ीसा	986	339	1325	962	437	1399
5	उत्तर प्रदेश	20034	4992	25026	305	140	445
6	कर्नाटक	10137	3844	13981	2315	790	3105
7	केरल	1713	3263	4976	147	199	346
8	गुजरात	1403	845	2248	526	442	968
9	गोवा	6	7	13	0	0	0
10	जम्मू एवं कश्मीर	0	0	0	0	0	0
11	तमिलनाडु	13438	10815	24253	230	205	435
12	दिल्ली	605	214	819	151	49	200
13	नागालैंड	16	4	20	265	258	523
14	पंजाब	497	387	884	0	0	0
15	पश्चिम बंगाल	7838	3365	11203	896	471	1367
16	बिहार	2966	329	3295	1062	307	1369
17	मणिपुर	145	110	255	470	390	860
18	मध्य प्रदेश	1681	701	2382	973	320	1293

19	महाराष्ट्र	5285	3108	8393	923	532	1455
20	मिजोरम	0	0	0	260	235	495
21	मेघालय	62	46	108	980	740	1720
22	राजस्थान	2223	413	2636	1206	140	1346
23	सिक्किम	12	16	28	29	50	79
24	हरियाणा	514	139	653	0	0	0
25	हिमाचल प्रदेश	914	453	1367	238	160	398
26	त्रिपुरा	306	181	487	51	34	85
27	अंडमान और निकोबार द्वीप समूह	0	0	0	0	1	1
28	चंडीगढ़	252	152	404	53	27	80
29	दमन एवं द्यू	3	0	3	6	0	6
30	दादर नगर हवेली	0	0	0	0	0	0
31	पांडिचेरी	131	138	269	0	0	0
32	लक्ष्यद्वीप	0	0	0	0	0	0
	भारत	86765	42021	128786	18049	8873	26922

अनुसूचित जाति/ अनुसूचित जनजाति के बी.काम / बी.काम (आनर्स) स्तर पर अध्ययनरत विद्यार्थी

तालिका—34

क्रम	राज्य/संघ शासित क्षेत्र	अनुसूचित जाति			अनुसूचित जनजाति		
		बालक	बालिका	कुल	बालक	बालिका	कुल
1	2	39	40	41	42	43	44
1	अरुणाचल प्रदेश	40	14	54	127	42	169
2	असम	1377	343	1720	1410	556	1966
3	आंध्र प्रदेश	11938	6890	18828	3576	1610	5186
4	उड़ीसा	730	170	900	652	151	803
5	उत्तर प्रदेश	6911	957	7868	311	103	414
6	कर्नाटक	11880	6816	18696	3700	1160	4860
7	केरल	1367	2439	3806	68	82	150
8	गुजरात	39175	2415	41590	1837	944	2781
9	गोवा	21	26	47	2	0	2
10	जम्मू एवं कश्मीर	0	0	0	0	0	0
11	तमिलनाडु	3390	2662	6052	76	62	138
12	दिल्ली	940	216	1156	90	26	116
13	नागालैंड	25	15	40	498	188	686
14	पंजाब	749	418	1167	0	0	0
15	पश्चिम बंगाल	9164	1438	10602	1107	354	1461
16	बिहार	1252	86	1338	1505	227	1732
17	मणिपुर	13	10	23	110	75	185

18	मध्य प्रदेश	2722	228	2950	1627	108	1735
19	महाराष्ट्र	9692	5612	15304	1748	908	2656
20	मिजोरम	0	0	0	198	175	373
21	मेघालय	25	8	33	600	195	795
22	राजस्थान	607	171	778	220	51	271
23	सिक्किम	6	6	12	37	15	52
24	हरियाणा	708	310	1018	0	0	0
25	हिमाचल प्रदेश	805	309	1114	159	56	215
26	त्रिपुरा	181	6	187	73	11	84
27	अंडमान और निकोबार द्वीप समूह	0	0	0	1	0	1
28	चंडीगढ़	68	57	125	3	6	9
29	दमन एवं द्यू	8	1	9	9	2	11
30	दादर नगर हवेली	0	0	0	0	0	0
31	पांडीचेरी	79	49	128	0	0	0
32	लक्ष्यद्वीप	0	0	0	0	0	0
	भारत	103873	31672	135545	19744	7107	26851

अनसूचित जाति/ अनसूचित जनजाति क बी.इ/ बी.एस.सी. (इंजिनियरिंग) /बी. आर्किटेक्चर स्तर पर अध्ययनरत विद्यार्थी

तालिका—35

क्रम	राज्य/संघ शासित क्षेत्र	अनुसूचित जाति			अनुसूचित जनजाति		
		बालक	बालिका	कुल	बालक	बालिका	कुल
1	2	45	46	47	48	49	50
1	अरुणाचल प्रदेश	22	4	26	116	25	141
2	असम	343	85	428	299	77	376
3	आंध्र प्रदेश	5127	2896	8023	2030	602	2632
4	उड़ीसा	283	31	314	322	33	355
5	उत्तर प्रदेश	3201	1210	4411	160	56	216
6	कर्नाटक	999	355	1354	210	85	295
7	केरल	1238	609	1847	123	32	155
8	गुजरात	1567	280	1847	1121	209	1330
9	गोवा	13	3	16	16	5	21
10	जम्मू एवं कश्मीर	0	0	0	0	0	0
11	तमिलनाडु	3189	1210	4399	4508	160	4668
12	दिल्ली	415	23	438	179	12	191
13	नागालैंड	0	0	0	0	0	0
14	पंजाब	1110	153	1263	23	3	26
15	पश्चिम बंगाल	1298	122	1420	83	17	100
16	बिहार	301	23	324	161	23	184
17	मणिपुर	0	0	0	0	0	0
18	मध्य प्रदेश	1223	216	1439	1428	185	1613
19	महाराष्ट्र	5822	1317	7139	973	183	1156

20	मिजोरम	0	0	0	0	0	0
21	मेघालय	0	0	0	0	0	0
22	राजस्थान	141	58	199	15	0	15
23	सिक्किम	0	0	0	0	0	0
24	हरियाणा	877	88	965	0	0	0
25	हिमाचल प्रदेश	121	12	133	49	5	54
26	त्रिपुरा	101	22	123	124	9	133
27	अंडमान और निकोबार द्वीप समूह	0	0	0	0	0	0
28	चंडीगढ़	56	16	72	7	1	8
29	दमन एवं द्यू	0	0	0	0	0	0
30	दादर नगर हवेली	0	0	0	0	0	0
31	पांडीचेरी	248	105	253	31	8	39
32	लक्ष्यद्वीप	0	0	00	0	0	0
	भारत	27695	8838	36533	11978	1730	13708

अनुसूचित जाति/ अनुसूचित जनजाति के बी.एड./ बी.टी. स्तर पर अध्ययनरत विद्यार्थी

तालिका—36

क्रम	राज्य/संघ शासित क्षेत्र	अनुसूचित जाति			अनुसूचित जनजाति		
		बालक	बालिका	कुल	बालक	बालिका	कुल
1	2	51	52	53	54	55	56
1	अरुणाचल प्रदेश	0	0	0	20	9	29
2	असम	216	121	337	221	118	339
3	आंध्र प्रदेश	849	353	1202	279	170	449
4	उड़ीसा	201	91	292	161	58	219
5	उत्तर प्रदेश	1150	250	1400	18	8	26
6	कर्नाटक	545	269	814	137	77	214
7	केरल	211	438	649	28	35	63
8	गुजरात	264	165	429	318	216	534
9	गोवा	0	3	3	0	0	0
10	जम्मू एवं कश्मीर	0	0	0	0	0	0
11	तमिलनाडु	300	366	666	16	12	28
12	दिल्ली	26	61	87	12	4	16
13	नागालैंड	16	0	16	78	62	140
14	पंजाब	272	443	715	0	0	0
15	पश्चिम बंगाल	570	470	1040	152	79	231
16	बिहार	170	62	232	140	203	343
17	मणिपुर	9	1	10	20	14	34
18	मध्य प्रदेश	607	147	754	45	44	89

20	मिजोरम	0	0	0	137	101	238
21	मेघालय	1	3	4	75	112	187
22	राजस्थान	881	301	1182	625	124	749
23	सिक्किम	0	0	0	0	0	0
24	हरियाणा	201	87	288	0	0	0
25	हिमाचल प्रदेश	63	15	78	19	4	23
26	त्रिपुरा	13	8	21	11	9	20
27	अंडमान और निकोबार द्वीप समूह	0	0	0	7	4	11
28	चंडीगढ़	12	38	50	0	0	0
29	दमन एवं द्यू	3	3	6	8	5	13
30	दादर नगर हवेली	0	0	0	0	0	0
31	पांडीचेरी	49	99	148	0	0	0
32	लक्ष्यद्वीप	0	0	0	0	0	0
	भारत	10070	4850	14920	3673	1755	5428

अनुसूचित जाति/ अनुसूचित जनजाति के एम.बी.बी.एस./आयुर्वेद चिकित्सा स्नातक स्तर पर अध्ययनरत विद्यार्थी

तालिका–37

क्रम	राज्य/संघ शासित क्षेत्र	अनुसूचित जाति			अनुसूचित जनजाति		
		बालक	बालिका	कुल	बालक	बालिका	कुल
1	2	57	58	59	60	61	62
1	अरुणाचल प्रदेश	0	0	0	0	0	0
2	असम	135	52	187	280	99	379
3	आंध्र प्रदेश	881	696	1577	391	257	648
4	उड़ीसा	232	101	333	194	106	200
5	उत्तर प्रदेश	160	35	195	45	5	50
6	कर्नाटक	495	510	1005	145	98	243
7	केरल	226	325	551	50	73	123
8	गुजरात	355	183	538	460	275	735
9	गोवा	5	11	16	0	0	0
10	जम्मू एवं कश्मीर	0	0	0	0	0	0
11	तमिलनाडु	901	620	1521	85	70	155
12	दिल्ली	75	49	124	20	10	30
13	नागालैंड	0	0	0	0	0	0
14	पंजाब	400	429	829	15	2	17
15	पश्चिम बंगाल	313	35	348	12	3	15
16	बिहार	1311	282	1593	359	170	529

17	मणिपुर	10	1	11	261	109	370
18	मध्य प्रदेश	370	201	571	260	141	401
19	महाराष्ट्र	2147	1948	4095	726	466	1192
20	मिजोरम	0	0	0	0	0	0
21	मेघालय	0	0	0	0	0	0
22	राजस्थान	88	26	114	53	21	74
23	सिक्किम	0	0	0	0	0	0
24	हरियाणा	254	49	303	0	0	0
25	हिमाचल प्रदेश	72	20	92	33	13	46
26	त्रिपुरा	13	6	19	17	5	22
27	अंडमान और निकोबार द्वीप समूह	0	0	0	0	0	0
28	चंडीगढ़	24	36	60	3	4	7
29	दमन एवं द्यू	0	0	0	0	0	0
30	दादर नगर हवेली	0	0	0	0	0	0
31	पांडीचेरी	77	50	127	11	2	13
32	लक्ष्यद्वीप	0	0	0	0	0	0
	भारत	8544	5665	14209	3420	1928	5348

अनुसूचित जाति/ अनुसूचित जनजाति के इंटर/ जूनियर कालेज/ प्रि–यूनिवर्सिटी (2 वर्षीय)/ प्री–डिग्री (एक वर्षीय) स्तर पर अध्ययनरत विद्यार्थी

तालिका––38

क्रम	राज्य/संघ शासित क्षेत्र	अनुसूचित जाति			अनुसूचित जनजाति		
		बालक	बालिका	कुल	बालक	बालिका	कुल
1	2	63	64	65	66	67	68
1	अरुणाचल प्रदेश	0	0	0	0	0	0
2	असम	17487	7900	25387	13366	11813	25179
3	आंध्र प्रदेश	76694	44840	121534	33701	17851	51552
4	उड़ीसा	38900	19600	58500	17100	9600	26700
5	उत्तर प्रदेश	0	0	0	0	0	0
6	कर्नाटक	0	0	0	0	0	0
7	केरल	3609	5610	9219	242	340	582
8	गुजरात	0	0	0	0	0	0
9	गोवा	0	0	0	0	0	0
10	जम्मू एवं कश्मीर	0	0	0	0	0	0
11	तमिलनाडु	0	0	0	0	0	0
12	दिल्ली	0	0	0	0	0	0
13	नागालैंड	87	74	161	6443	4511	10954
14	पंजाब	0	0	0	0	0	0
15	पश्चिम बंगाल	0	0	0	0	0	0
16	बिहार	43193	11044	54237	20809	5301	26110

17	मणिपुर	0	0	0	0	0	0
18	मध्य प्रदेश	0	0	0	0	0	0
19	महाराष्ट्र	41495	28427	69922	8416	5766	14182
20	मिजोरम	0	0	0	0	0	0
21	मेघालय	325	225	550	6878	6191	13069
22	राजस्थान	0	0	0	0	0	0
23	सिक्किम	0	0	0	0	0	0
24	हरियाणा	0	0	0	0	0	0
25	हिमाचल प्रदेश	0	0	0	0	0	0
26	त्रिपुरा	0	0	0	0	0	0
27	अंडमान और निकोबार द्वीप समूह	0	0	0	0	0	0
28	चंडीगढ़	0	0	0	0	0	0
29	दमन एवं द्यू	0	0	0	0	0	0
30	दादर नगर हवेली	0	0	0	0	0	0
31	पांडीचेरी	25	19	44	0	0	0
32	लक्ष्यद्वीप	0	1	1	213	135	348
	भारत	221815	117740	339555	107168	61508	168676

अनुसूचित जाति/ अनुसूचित जनजाति के हायर सेकेंडरी (10+2 नई पद्धति)/ कक्षा XI-XII स्तर पर अध्ययनरत विद्यार्थी

तालिका—39

क्रम	राज्य/संघ शासित क्षेत्र	अनुसूचित जाति			अनुसूचित जनजाति		
		बालक	बालिका	कुल	बालक	बालिका	कुल
1	2	69	70	71	72	73	74
1	अरुणाचल प्रदेश	19	17	36	3742	1851	5593
2	असम	9780	5851	15631	13615	7930	21545
3	आंध्र प्रदेश	492	252	744	181	64	245
4	उड़ीसा	5900	2700	8600	3800	1060	4860
5	उत्तर प्रदेश	93865	25629	119494	2583	1305	3888
6	कर्नाटक	72300	42396	114696	16710	8324	25034
7	केरल	9625	13153	22778	825	1022	1847
8	गुजरात	30599	19502	50101	34675	22171	56846
9	गोवा	90	73	163	5	4	9
10	जम्मू एवं कश्मीर	0	0	0	0	0	0
11	तमिलनाडु	67640	59864	127504	2113	1870	3983
12	दिल्ली	5773	7816	13589	18	20	38
13	नागालैंड	0	0	0	1139	902	2041
14	पंजाब	24656	18589	43245	0	0	0
15	पश्चिम बंगाल	54880	30322	85202	9295	4695	13990
16	बिहार	9235	4291	13526	1661	644	2305
17	मणिपुर	323	150	473	1396	1115	2511

18	मध्य प्रदेश	62096	27081	89177	53201	24710	77911
19	महाराष्ट्र	59805	39553	99358	26235	14666	40901
20	मिजोरम	138	82	220	4821	4630	9451
21	मेघालय	378	280	658	7877	6779	14656
22	राजस्थान	34999	8166	43165	25468	4871	30339
23	सिक्किम	126	93	219	483	356	839
24	हरियाणा	23598	10804	34402	0	0	0
25	हिमाचल प्रदेश	11490	8110	19600	2015	1568	3583
26	त्रिपुरा	3097	1664	4761	2184	960	3144
27	अंडमान और निकोबार द्वीप समूह	0	0	0	98	126	224
28	चंडीगढ़	602	557	1159	27	0	27
29	दमन एवं द्यू	87	40	127	60	32	92
30	दादर नगर हवेली	42	36	78	530	279	809
31	पांडीचेरी	985	1066	2051	0	0	0
32	लक्ष्यद्वीप	2	3	5	252	169	421
	भारत	582622	328140	910762	215009	112123	327132

अनुसूचित जाति/ अनुसूचित जनजाति के हाई स्कूल/ प्राथमिकोत्तर (कक्षा IX-X) स्तर पर अध्ययनरत विद्यार्थी

तालिका—40

क्रम	राज्य/संघ शासित क्षेत्र	अनुसूचित जाति			अनुसूचित जनजाति		
		बालक	बालिका	कुल	बालक	बालिका	कुल
1	2	75	76	77	78	79	80
1	अरुणाचल प्रदेश	38	30	68	8418	5893	14311
2	असम	43764	37834	81598	61744	44531	106275
3	आंध्र प्रदेश	205934	135495	341429	59509	27636	87145
4	उड़ीसा	58900	34700	93600	49000	25000	74000
5	उत्तर प्रदेश	292015	56315	348330	6680	2195	8875
6	कर्नाटक	104106	85369	189475	36287	26286	62573
7	केरल	51118	53349	104465	4052	4157	8209
8	गुजरात	59368	35484	94852	62602	45045	107647
9	गोवा	239	213	452	14	13	27
10	जम्मू एवं कश्मीर	0	0	0	0	0	0
11	तमिलनाडु	152326	126939	279265	8462	7052	15514
12	दिल्ली	11712	13682	25394	32	29	61
13	नागालैंड	0	0	0	13394	11013	24407
14	पंजाब	74604	61515	136119	0	0	0
15	पश्चिम बंगाल	140817	80928	221745	27925	14111	42036
16	बिहार	134274	47918	182192	68723	26029	94752

17	मणिपुर	934	633	1567	9815	7445	17260
18	मध्य प्रदेश	127749	56537	184286	119869	58469	178338
19	महाराष्ट्र	209036	156964	366000	98925	64159	163084
20	मिजोरम	246	194	440	11549	11999	23548
21	मेघालय	437	324	761	13320	12489	25809
22	राजस्थान	89363	23794	113157	61512	15739	77251
23	सिक्किम	260	240	500	996	918	1914
24	हरियाणा	44600	28440	73040	0	0	0
25	हिमाचल प्रदेश	23409	19803	43212	3673	3427	7100
26	त्रिपुरा	7068	5599	12667	10421	7492	17913
27	अंडमान और निकोबार द्वीप समूह	0	0	0	386	444	830
28	चंडीगढ़	952	892	1844	4	4	8
29	दमन एवं द्यू	126	129	255	191	144	335
30	दादर नगर हवेली	83	72	155	1177	698	1875
31	पांडीचेरी	3145	2909	6054	0	0	0
32	लक्ष्यद्वीप	1	1	2	1103	990	2093
	भारत	1836622	1066302	2902924	739783	423407	1163190

अनुसूचित जाति/ अनुसूचित जनजाति के मिडिल/ सीनियर बेसिक (कक्षा VI -VIII) स्तर पर अध्ययनरत विद्यार्थी तालिका––41

क्रम	राज्य/संघ शासित क्षेत्र	अनुसूचित जाति			अनुसूचित जनजाति		
		बालक	बालिका	कुल	बालक	बालिका	कुल
1	2	81	82	83	84	85	86
1	अरुणाचल प्रदेश	39	32	71	19805	17266	37071
2	असम	92414	90681	183095	132803	107308	240111
3	आंध्र प्रदेश	221069	160201	381270	67691	36233	103924
4	उड़ीसा	125800	81600	207400	175000	120000	295000
5	उत्तर प्रदेश	663924	226115	890039	12825	6025	18850
6	कर्नाटक	272345	219645	491990	96341	73534	169875
7	केरल	97950	88531	186481	9001	7803	16804
8	गुजरात	132867	97141	230008	174259	125005	299264
9	गोवा	548	403	951	21	16	37
10	जम्मू एवं कश्मीर	0	0	0	0	0	0
11	तमिलनाडु	348144	326639	674783	22904	21489	44393
12	दिल्ली	34855	27867	62722	57	75	132
13	नागालैंड	0	0	0	31675	28319	59994
14	पंजाब	172714	153342	326056	0	0	0
15	पश्चिम बंगाल	369258	229898	599156	108323	55035	163358
16	बिहार	253021	118059	371080	129383	64131	193514
17	मणिपुर	1240	1001	2241	17150	13910	31060
18	मध्य प्रदेश	364826	206878	571704	350045	196914	546959

19	महाराष्ट्र	425880	357400	783280	214750	171153	385903
20	मिजोरम	60	11	71	22556	21855	44411
55	मेघालय	440	401	841	34602	42764	77366
22	राजस्थान	305000	93000	398000	218000	63000	281000
23	सिक्किम	789	836	1625	3025	3205	6230
24	हरियाणा	103237	78494	181731	0	0	0
25	हिमाचल प्रदेश	52299	46545	98844	8207	6925	15132
26	त्रिपुरा	16726	14038	30764	22724	17506	40230
27	अंडमान और निकोबार द्वीप समूह	0	0	0	898	807	1705
28	चंडीगढ़	3232	2858	6090	4	6	10
29	दमन एवं द्यू	195	140	335	554	376	930
30	दादर नगर हवेली	139	94	233	3902	2178	6080
31	पांडीचेरी	6611	6381	12992	0	0	0
32	लक्ष्यद्वीप	1	0	1	2246	2154	4400
	भारत	4065623	2628231	6693854	1878751	1204992	3083743

अनुसूचित जाति/ अनुसूचित जनजाति के प्राथमिक/ जूनियर बेसिक (कक्षा I - V) स्तर पर अध्ययनरत विद्यार्थी

तालिका—42

क्रम	राज्य/संघ शासित क्षेत्र	अनुसूचित जाति			अनुसूचित जनजाति		
		बालक	बालिका	कुल	बालक	बालिका	कुल
1	2	87	88	89	90	91	92
1	अरुणाचल प्रदेश	104	81	185	63521	55293	118814
2	असम	210962	200687	411649	366980	297328	664308
3	आंध्र प्रदेश	942413	893285	1835698	454373	3833474	837847
4	उड़ीसा	532000	348000	880000	664000	362000	1026000
5	उत्तर प्रदेश	2383829	1288714	3672543	32124	20934	53058
6	कर्नाटक	758090	616045	1374135	201164	206060	407224
7	केरल	136209	127702	263911	17475	16241	33716
8	गुजरात	310643	265806	576449	564844	459862	1024706
9	गोवा	401	262	663	30	32	62
10	जम्मू एवं कश्मीर	0	0	0	0	0	0
11	तमिलनाडु	583682	558206	1141888	43776	29309	73085
12	दिल्ली	76995	78776	155771	194	351	545
13	नागालैंड	0	0	0	96655	83544	180199
14	पंजाब	488237	437997	926234	0	0	0
15	पश्चिम बंगाल	1455745	1289327	2745072	350103	255618	605720
16	बिहार	955928	582361	1538289	493868	316344	810212

17	मणिपुर	3203	3121	6324	52910	47869	100779
18	मध्य प्रदेश	1043353	836902	1880255	1355147	1005350	2360497
19	महाराष्ट्र	928375	860668	1789043	679824	594456	1274280
20	मिजोरम	105	18	123	62970	56054	119024
21	मेघालय	1038	870	1908	128552	129351	257903
22	राजस्थान	785000	3240	1105000	563000	227000	790000
23	सिक्किम	2735	2639	5374	10486	10117	20603
24	हरियाणा	281893	257314	539207	0	0	0
25	हिमाचल प्रदेश	112048	106505	218553	17965	17349	35314
26	त्रिपुरा	49003	45421	94424	90389	75501	165890
27	अंडमान और निकोबार द्वीप समूह	0	0	0	1751	1490	3241
28	चंडीगढ़	6601	5981	12582	6	8	14
29	दमन एवं द्यू	328	279	607	1187	1041	2228
30	दादर नगर हवेली	257	273	530	12523	9495	22018
31	पांडीचेरी	10067	9543	19610	0	0	0
32	लक्ष्यद्वीप	0	1	1	4236	3622	7858
	भारत	12059244	9136784	21196028	6330053	4665093	10995146

अनुसूचित जाति/ अनुसूचित जनजाति के प्राथमिक–पूर्व/ प्रि–बेसिक स्तर पर अध्ययनरत विद्यार्थी

तालिका—-43

क्रम	राज्य/संघ शासित क्षेत्र	अनुसूचित जाति			अनुसूचित जनजाति		
		बालक	बालिका	कुल	बालक	बालिका	कुल
1	2	93	94	95	96	97	98
1	अरुणाचल प्रदेश	21	13	34	15895	12243	28138
2	असम	2245	1710	3955	4050	2655	6705
3	आंध्र प्रदेश	20696	17703	38399	8497	6677	15174
4	उड़ीसा	4000	2000	6000	1000	1000	2000
5	उत्तर प्रदेश	836	402	1238	0	0	0
6	कर्नाटक	21530	15190	36720	6882	4555	11437
7	केरल	1840	1710	3550	195	174	369
8	गुजरात	9909	6649	16558	3989	3532	7531
9	गोवा	0	0	0	0	0	0
10	जम्मू एवं कश्मीर	0	0	0	0	0	0
11	तमिलनाडु	60	40	100	35	15	50
12	दिल्ली	3211	3001	6212	21	23	44
13	नागालैंड	0	0	0	39282	34461	73743
14	पंजाब	800	588	1388	0	0	0
15	पश्चिम बंगाल	0	0	0	0	0	0
16	बिहार	0	0	0	0	0	0
17	मणिपुर	1240	1045	2285	23969	20917	44886
18	मध्य प्रदेश	12422	8994	21416	10129	6901	17030

19	महाराष्ट्र	38693	32015	70708	19347	16007	35354
20	मिजोरम	0	0	0	0	0	0
21	मेघालय	891	875	1766	72728	71348	144076
22	राजस्थान	9482	6575	16057	4188	2413	6601
23	सिक्किम	738	679	1417	2827	2604	5431
24	हरियाणा	236	222	458	0	0	0
25	हिमाचल प्रदेश	269	181	450	45	18	63
26	त्रिपुरा	14466	13398	27864	18297	16731	35028
27	अंडमान और निकोबार द्वीप समूह	0	0	0	89	85	174
28	चंडीगढ़	512	399	911	1	0	1
29	दमन एवं द्यू	29	14	43	27	37	64
30	दादर नगर हवेली	0	0	0	0	0	0
31	पांडीचेरी	1296	1062	2358	0	0	0
32	लक्ष्यद्वीप	0	0	0	657	623	1280
	भारत	145422	114465	259887	232150	203019	435169

अनुसूचित जाति/ अनुसूचित जनजाति के शिक्षक – प्रशिक्षण स्कूलों में अध्ययनरत प्रशिक्षार्थी

तालिका––44

क्रम	राज्य/संघ शासित क्षेत्र	अनुसूचित जाति			अनुसूचित जनजाति		
		बालक	बालिका	कुल	बालक	बालिका	कुल
1	2	99	100	101	102	103	104
1	अरुणाचल प्रदेश	0	0	0	0	0	0
2	असम	10	11	21	5	2	7
3	आंध्र प्रदेश	322	181	503	166	55	221
4	उड़ीसा	380	341	721	252	180	432
5	उत्तर प्रदेश	367	175	542	23	9	32
6	कर्नाटक	897	854	1751	287	207	494
7	केरल	143	380	523	14	14	28
8	गुजरात	938	846	1784	1143	983	2126
9	गोवा	0	2	2	0	0	0
10	जम्मू एवं कश्मीर	0	0	0	0	0	0
11	तमिलनाडु	594	602	1196	52	41	93
12	दिल्ली	61	158	219	0	0	0
13	नागालैंड	0	0	0	17	58	75
14	पंजाब	427	653	1080	0	0	0
15	पश्चिम बंगाल	644	162	806	151	33	184
16	बिहार	99	47	146	6	0	6
17	मणिपुर	0	0	0	0	0	0
18	मध्य प्रदेश	222	82	314	296	124	420
19	महाराष्ट्र	2034	2087	4121	1451	971	2422

20	मिजोरम	0	0	0	140	98	238
21	मेघालय	0	0	0	208	160	368
22	राजस्थान	971	804	1775	586	542	1128
23	सिक्किम	3	2	5	12	11	23
24	हरियाणा	510	109	619	0	0	0
25	हिमाचल प्रदेश	191	77	268	73	49	122
26	त्रिपुरा	35	0	35	114	0	114
27	अंडमान और निकोबार द्वीप समूह	0	0	0	0	13	13
28	चंडीगढ़	2	4	6	0	0	0
29	दमन एवं द्यू	0	4	4	0	7	7
30	दादर नगर हवेली	0	0	0	0	0	0
31	पांडीचेरी	16	33	49	0	0	0
32	लक्ष्यद्वीप	0	0	0	0	0	0
	भारत	8866	7624	16490	4996	3557	8553

अनुसूचित जाति/ अनुसूचित जनजाति के पोलिटेक्नीक संस्थानों में अध्ययनरत प्रशिक्षार्थी

तालिका–45

क्रम	राज्य/संघ शासित क्षेत्र	अनुसूचित जाति			अनुसूचित जनजाति		
		बालक	बालिका	कुल	बालक	बालिका	कुल
1	2	105	106	107	108	109	110
1	अरुणाचल प्रदेश	23	3	26	179	21	200
2	असम	295	58	353	273	40	313
3	आंध्र प्रदेश	4152	1501	5653	1509	364	1873
4	उड़ीसा	44	60	104	30	22	52
5	उत्तर प्रदेश	1914	97	2011	57	6	63
6	कर्नाटक	1560	460	2020	410	88	498
7	केरल	1225	789	2014	301	201	502
8	गुजरात	1976	467	2443	2739	571	3310
9	गोवा	17	3	20	0	0	0
10	जम्मू एवं कश्मीर	0	0	0	0	0	0
11	तमिलनाडु	4111	1540	5651	1700	301	2001
12	दिल्ली	1041	181	1222	110	20	130
13	नागालैंड	0	0	0	145	30	175
14	पंजाब	1644	499	2143	0	0	0
15	पश्चिम बंगाल	1750	45	1795	140	19	159
16	बिहार	398	8	406	102	23	125
17	मणिपुर	21	11	32	74	17	91
18	मध्य प्रदेश	1890	590	2480	901	345	1246

19	महाराष्ट्र	5706	1530	7236	1292	303	1595
20	मिजोरम	0	0	0	99	61	160
21	मेघालय	2	0	2	114	115	229
22	राजस्थान	260	37	297	160	10	170
23	सिक्किम	4	1	5	8	4	12
24	हरियाणा	1393	124	1517	0	0	0
25	हिमाचल प्रदेश	141	45	186	49	17	66
26	त्रिपुरा	44	4	48	68	15	83
27	अंडमान और निकोबार द्वीप समूह	0	0	0	1	1	2
28	चंडीगढ़	121	68	189	1	0	1
29	दमन एवं द्यू	21	2	23	6	0	6
30	दादर नगर हवेली	15	2	17	49	10	59
31	पांडीचेरी	169	123	292	0	56	56
32	लक्ष्यद्वीप	0	0	0	0	0	0
	भारत	29937	8248	38185	10517	2660	13177

अनुसूचित जाति/ अनुसूचित जनजाति के तकनीकी/ औद्योगिक, कला और शिल्प कला स्कूलों में अध्ययनरत विद्यार्थी

तालिका––46

क्रम	राज्य/संघ शासित क्षेत्र	अनुसूचित जाति			अनुसूचित जनजाति		
		बालक	बालिका	कुल	बालक	बालिका	कुल
1	2	111	112	113	114	115	116
1	अरुणाचल प्रदेश	0	0	0	144	59	203
2	असम	365	135	502	495	330	825
3	आंध्र प्रदेश	15241	1061	16302	3796	194	3990
4	उड़ीसा	530	28	558	222	10	232
5	उत्तर प्रदेश	852	40	892	80	9	89
6	कर्नाटक	61	10	71	15	5	20
7	केरल	3962	1258	5220	545	65	610
8	गुजरात	7388	676	8064	9192	946	10138
9	गोवा	25	11	36	70	16	86
10	जम्मू एवं कश्मीर	0	0	0	0	0	0
11	तमिलनाडु	1980	417	2397	98	91	149
12	दिल्ली	864	131	995	65	31	96
13	नागालैंड	0	0	0	131	139	270
14	पंजाब	3304	1142	4446	0	0	0
15	पश्चिम बंगाल	245	310	555	35	5	40
16	बिहार	639	74	713	36	6	42
17	मणिपुर	24	3	27	135	84	219

18	मध्य प्रदेश	512	235	747	666	374	1040
19	महाराष्ट्र	14001	2081	16082	629	650	1279
20	मिजोरम	0	0	0	67	156	223
21	मेघालय	2	0	2	112	14	126
22	राजस्थान	1953	98	2051	1280	53	1333
23	सिक्किम	14	0	14	14	1	15
24	हरियाणा	2447	573	3020	0	0	0
25	हिमाचल प्रदेश	529	240	769	116	114	230
26	त्रिपुरा	11	11	22	6	1	7
27	अंडमान और निकोबार द्वीप समूह	0	0	0	4	5	9
28	चंडीगढ़	101	79	180	5	4	9
29	दमन एवं द्यू	14	2	16	4	1	5
30	दादर नगर हवेली	0	0	0	0	0	0
31	पांडीचेरी	0	56	56	0	0	0
32	लक्ष्यद्वीप	0	0	0	0	0	0
	भारत	55064	8673	63737	17962	3323	21285

संदर्भ ग्रन्थ सूची

अग्रवाल, जे.सी. (2004): ''भारत में नारी शिक्षा'', विद्या विहार, नई दिल्ली

Adiseshiah, M.S., and Ramanathan S. (1974) : "Educational Problems of Scheduled Castes and Scheduled Tribes in Tamil Nadu" Madras Institute of Developmental Studies, 1974 (ICSSR Financed Research study)

Aggarwal, Nandita. (1993) : "Women Education & Population in India", Chugh Publications, Allahabad.

अग्रवाल, तनुजा (1998) : "विशिष्ट समूहों की शैक्षिक उपलब्धि के मनोसामाजिक, संज्ञानात्मक तथा असंज्ञानात्मक कारक — एक विश्लेषणात्मक अध्ययन" पी.एच.डी. शोध प्रबन्ध, दयाल बाग एजूकेशनल इन्स्टीट्यूट, दयाल बाग, आगरा ।

Aggarwal, Y.P., & Sibou, S. (1992) : "Educating Scheduled Castes", New Delhi : National Institute of Educational Planning and Administration.

Ambasht, N.K. (2001) : **"Tribal Education : Problems and Issues" Venkatesh Prakash, Delhi.**

आम्बेडकर, बाबासाहेब (1995): "अछूत कौन और कैसे?" बुद्ध भूमि प्रकाशन, नागपुर

आम्बेडकर, डा.भीमराव रामजी (1997): ''भगवान बुद्ध और उनका धर्म'', बुद्धभूमि प्रकाशन, नागपुर

Ambedkar, B.R. (1950) : "The Rise and fall of Hindu Woman", Published in the Maha Bodhi of Calcutta.

अम्बेडकर, डाँ. बाबा साहेब, (1998) : "संपूर्ण वाड्.मय खंड 7", डाँ. अम्बेडकर प्रतिष्ठान, कल्याण मंत्रालय, भारत सरकार, नई दिल्ली–110001"

अम्बेडकर, डा. बाबा साहेब, (1998) : "संपूर्ण वाड्.मय खंड 14, डा. अम्बेडकर प्रतिष्ठान, कल्याण मंत्रालय, भारत सरकार, नई दिल्ली–110001"

अम्बेडकर, डा.बाबासाहेब के "मूक नायक", मराठी पत्रिका में प्रकाशित लेखों का "मूल खोजो, विवाद मिटेगा", शीर्षक से अनुदित संस्करण (1995) श्योराज सिंह द्वारा अनुदित, सम्पादित एवं संकलित, मांडवी प्रकाशन, नोएडा, उत्तरप्रदेश ।

अम्बेडकर, डा.बाबा साहेब के "बहिष्कृत भारत" मराठी पत्रिका में प्रकाशित लेखों

का "अन्याय कोई परम्परा नहीं" शीर्षक से अनुदित संस्करण (1998), श्योराज सिंह, द्वारा अनुदित, संकलित एवं सम्पादित, संगीता प्रकाशन, दिल्ली–110032

Atal Yogesh & Oyen Else (1995) : **"Poverty and Participation in Civil Society" Abhinav Publications, UNESCO Publishing, New Delhi-110016.**

Atal, Yogesh (1997) : **"Prospectives on Educating the Poor" Abhinav Publication, New Delhi-110016**

एवालांस, बीट्रीस; अनुवादक नरेश नदीम (1997) : **"गरीब बच्चों की शिक्षा" ग्रंथ शिल्पी, नई दिल्ली–110002**

Adiseshiah, M.S., and Ramanathan S. (1974) : **"Educational Problems of Scheduled Castes and Scheduled Tribes in Tamil Nadu" Madras Institute of Developmental Studies (ICSSR Financed Research Study)**

Awasthi, B.P.; Rao, V.Rama (1987) : "A Study of the Inter-relationship between Education of the Scheduled Tribes and their Socio-Economic Mobility", NCERT, New Delhi-110016

बंद्योपाध्याय, प्रणव (1999) : **"दलित प्रसंग", शिलालेख प्रकाशन, दिल्ली–110032**

Behera Sanjeeb, K (Dr) (1999) : **"Scheduled Castes Literacy in India, Indian Social Institute, New Delhi"**

Bibha Rani (1980) : **"Self Concept and other Non-Cognitive Factors Affecting the Academic Achievement of the Scheduled Caste Students in Institutions for Higher Technical Education" Jawahar Lal Nehru University, Ph.D. Education.**

बर्मन, विनोद कुमार (2003): छत्रपति राजर्षि शाहूजी महाराज का जीवन संघर्ष", मूलनिवासी पब्लिकेशन ट्रस्ट, नई दिल्ली

बेसन्तरी, देवेन्द्र कुमार (2001): "भारत के सामाजिक क्रान्तिकारी", दलित साहित्य प्रकाशन संस्था, नई दिल्ली

भटनागर, सुरेश (1991) : **"कोठारी कमीशन का विवेचनात्मक अध्ययन", आर. लाल बुक डिपो, मेरठ**

भटनागर, सुरेश (1996): "कोठारी कमीशन", आर.लाल बुक डिपो, मेरठ भारत का संविधान, **(1991) राजभाषा खंड, विधायी विभाग, विधि न्याय और कम्पनी**

कार्य मंत्रालय, भारत सरकार ।

चंचरीक, कन्हैया लाल (1988) : **"महात्मा ज्योतिबा फूले", प्रकाशन विभाग, सूचना और प्रसारण मंत्रालय, भारत सरकार ।**

चमन लाल (2001) : **"भारतीय साहित्य में दलित एवं स्त्री", सारांश प्रकाशन, दिल्ली–हैदराबाद**

चौबे, आर.के. (2004): "शिक्षा में नवाचार एवं नवीन प्रवृत्तियां", पोइन्टर पब्लिशर्स, जयपुर

Chandna R.C. (1989) : **"Spatial Dimensions of Scheduled Castes in India", Intellectual Publishing House, New Delhi-110002**

Chatterjee, H. (1975) : **"School Dropout Amongst Harijan Children : Cause and Cure", Central Institute of Research and Training in Public Cooperation, New Delhi.**

Chatterjee, S.K. (2000) : **"Educational Development of Scheduled Castes, Looking ahead", Gyan Publishing House, New Delhi-110002.**

Chaudhary, Buddhadeb (1992) : **"Education and Literacy Programmes", Inter-India Publication, New Delhi—110015**

Chauhan, S.S. (1984) : **"A Comparative Study of the Achievement Motivation of Scheduled Tribe and Scheduled Caste Students of Himachal Pradesh in Relation to Their Intelligence and Socio Economic Status", Himachal Pradesh University, Department of Education (UGC Financed).**

Chitnis, Suma. (1981) : **"A long way to go", Allied Publishers Private Limited, New Delhi.**

चोपड़ा, रविकान्त (1991) : **"उभरते भारतीय समाज में शिक्षक और शिक्षा, राष्ट्रीय शैक्षिक अनुसंधान और प्रशिक्षण परिषद", नई दिल्ली**

Choudhury, S.S. (1985) : **"Education and Social Change Among the Scheduled Tribes of North Bengal", Ph.D. Sociology and Social Anthropology, North Bengal University.**

CONVENTION OF THE RIGHTS OF THE CHILD (1991) : **Published by the United Nations Department of Public Information, United Nations, New York.**

Dass, Bhagwan & Massey James., (1995) : **"Dalit Solidarity",Published by ISPCK Delhi.**

डेनीसन, जार्ज; **अनुवादक पूर्वा याज्ञिक कुशवाहा (1996) : "बच्चों का जीवन", ग्रंथ शिल्पी, नई दिल्ली–110002**

Dash, N. (1991) : **"A Study of the Problems of Enrolling Women in Adult Education Centers in Jaipur Sub-Division under N.A.E.P.", Unpublished M.Phil. Dissertation in education, Ravenshaw College, Cuttack.**

दिनेश, राम (2002): "दलित मुक्ति का प्रश्न और दलित साहित्य", श्री साहित्यिक संस्थान, गाजियाबाद

Desai, I.P., (1974) : **"A Profile of Education Among the Scheduled Tribes of Gujrat", Surat, Centre for Regional Development Studies, (ICSSR financed).**

Dev, Arjun (1996) : **"Human Rights, A source book", N.C.E.R.T., New Delhi-110016**

Dewal, O.S. (1999) : **"A hand book on Educational Research", N.C.T.E., New Dellhi**

D'Souza, V.S (1980) : **"Educational Inequalities Amongst Scheduled Castes; A case study in the Punjab", Punjab University, Department of Sociology (ICSSR Financed).**

दुबे, श्यामचरण (2001): "शिक्षा समाज और भविष्य", राधाकृष्ण प्रकाशन, जगतपुरी, दिल्ली

Dubey, S.N. (1982) : **"Reaction to Frustation as a Function of Personality Factors and Need Patterns of Scheduled Caste Adolescents and Young Adults", Ph.d, Psychology, Jodhpur University.**

Duggal, Janak (1992) : **"Access of Scheduled Caste Girls to Elementary Education in Rural Haryana : A Study of Socio-Economic Problems in Universalisation of Elementary Education : A Micro Study", Department of Teacher Training and Nonformal Education, Jamia Millia Islamia, New Delhi.**

धावन, हरिमोहन(2002): "महिला सशक्तिकरण : विविध आयाम", मध्यप्रदेश दलित साहित्य अकादमी प्रकाशन, उज्जैन

Ethiraj, A. (1993) : **"Rural Parents' Opinions on Girls' Education", An Article Published in Journal, "Experiments in Education", 21 (11), 291-294.**

Fernandes, Water (1996) : **"The Emerging Dalit Identity", Indian Social Institute, New Delhi.**

Gandhiji on Education (1998) : **A Book Published by National Council for Teacher Education, New Delhi.**

Gangrade, K.D. (1974) : **"Educational Problems of the Scheduled Castes in Haryana (School Students)", Delhi University, Delhi School of Social Works (ICSSR Financed).**

Gaur, J.S., Thukral, C.M.; Jain, V.K.; Malik, J.P.; Ghosh, Papiya; Narinder Kaur; Sharma, Sunita (1987) : **"Psychological Basis of Educational and Vocational Development of Scheduled Caste Students", Department of Educational Psychology, Counselling and Guidance, N.C.E.R.T., New Delhi-110016**

George, E.I. (1975) : **"Educational Problems of the Scheduled Caste and Scheduled Tribe College students in Kerala", Kerala University, Department of Psychology (ICSSR Financed).**

Ghosh, G.K., Ghosh Shukla (1997) : **"Dalit Women", A.P.H.Publising Corporation, New Delhi-110002**

Gokhale, L. (1991) : **"Status of Women in Migrant Industrial Workers, Families and their Attitudes to Education", Unpublished doctoral dissertation in education, Indian Institute of Education, Pune.**

Government of India (1994) : **"Education for all : The India Scene", A Publication Broughtout by Ministry of Human Resource Development, New Delhi : Department of Education.**

Government of India (2001) : **"Ministry of Human Resource Development", Annual Report 2000-2001, Published by Educational Consultants, India Limited, NOIDA.**

Gulab Singh (1988) : **"Teacher Perception of Scheduled Caste Students and their Scholastic Achievement", Department of Education, Banaras Hindu University.**

जगजीवन राम (2001) : **"भारत में जातिवाद और हरिजन समस्या", राजपाल, पब्लिकेशन, दिल्ली**

Jain, P.C., Jain, S. & Bhatnagar, S. (Eds.)(1997) : **"Scheduled Caste Women", Rawat Publication, Jaipur.**

जाटव, डी.आर. (1990) : **"डा. बी.आर. अम्बेडकर का समाज–दर्शन", समता साहित्य भवन, जयपुर, (राजस्थान)**

जुगल किशोर (2002): "भारत के अग्रणी समाज सुधारक," सेंचुरी पब्लिकेशन, नई दिल्ली

जोशी, रामशरण (1996): "आदिवासी समाज और शिक्षा", ग्रंथ शिल्पी, नई दिल्ली

Jogdand. P.G. (1995) : **"Dalit Women, Issues and Perspectives", Gyan Publishing House, New Delhi-110002.**

जोयिस, एम.आर., **अनुवादक कृष्ण गोपाल रस्तोगी** (1997) : **"मानव अधिकार तथा भारतीय मूल्य", राष्ट्रीय अध्यापक शिक्षा परिषद्, नई दिल्ली**

Joisa, Rama.M. (1997) : **"Human Rights and Indian Values", N.C.T.E., New Delhi.**

Joshi, Shriniwas D. (1979) : **"Educational Problems of the Scheduled Castes and Scheduled Tribes of Baroda District", Maharaja Sayaji Rao University of Baroda, Ph.D. Education.**

Kabra, Lalita (1991) : **"Scheduled Caste Girls, Educational Backwardness and Prospects", Mittal Publications, New Delhi-110059.**

Kakkar, S.P. (1990) : **"The Personality Characterstics and Educational Problems of Scheduled Caste Students", (ICSSR Financed).**

Kamat, A.R. (1981) : **"Education and Social Change Amongst the Scheduled Caste and Scheduled Tribes ", Economic and Political Weekly 14(31), pp 1279-84.**

कर्दम, जयप्रकाश (1999) : **"जाति एक विमर्श", मुहिम प्रकाशन, हापुड़, उत्तर प्रदेश–245101**

कर्दम, जयप्रकाश (2003): "दलित साहित्य 2003", अतिश प्रकाशन, दिल्ली।

कीर, धनंजय (1996): "डा.बाबासाहब आंबेडकर : जीवन–चरित्र", पाप्युलर प्रकाशन, नई दिल्ली

Kaul, Rekha., (1993) : **"Caste, Class and Education", Sage Publication, New Delh/Newbury Park/London.**

Khan, Mumtaz Ali (1995) : **"Human Rights and the Dalits", Uppal Publishing House, New Delhi-110002**

खिमेखरा, डॉ. ज्ञानचन्द्र (1995) : **"डॉ. आंबेडकर का आर्थिक चिन्तन",मध्यप्रदेश हिन्दी ग्रन्थ अकादमी, भोपाल**

Khobragade, N.T. (1990) : **"A Study of Vocational Aspirations and Interests of SC/ST Students of Class X of Bulsar District of Gujrat State and Providing to them Vocational Guidance with reference to Different Variable", Ahemdabad, Gujrat University.**

Khobragade, V. (1985) : **"Educational Problems of Post-Graduate Scheduled Caste Women Students", Indian Institute of Education, Pune.**

कोजोल, जोनाथन, **अनुवादक चंद्रभूषण** (1997) : **"क्रांति की बारह खड़ी", ग्रंथ शिल्पी, नई दिल्ली–110002**

Kothari, Rajni (1970) : **"Caste in Indian Politics", Orient Longman, Hyderabad.**

Koul, Lokesh (1983) : **"Case studies of Scheduled Tribe failure students at Middle and Matriculation Level in Himachal Pradesh", Himachal Pradesh University, Department of Education (NCERT Financed).**

Kshirsagar, R.K. (1994) : **"Dalit movement in India and its leaders", M.D.Publications, New Delhi.**

लाल, एच. (1998): "मानवाधिकारों के संरक्षक हमारे महापुरुष", त्रिवेनी प्रकाशन, शाहदरा, दिल्ली

Lal, K. (1985) : **"A Study of Adjustment Problems of Scheduled Caste Studies in Schools of Haryana with Reference to Some Personality Variables", Ph.D. Education, Delhi University.**

Iyyampillai, S., Bhuwaneshwari, R.P. & Rajeshwari, K. (1998) : **"Women's Education : Investment or Ornament ? ", An Article Published in Journal 'Social Welfare', June, 10-14.**

मल, पूरन (1999) : **"अस्पृश्यता एवं दलित चेतना", पोइन्टर पब्लिशर्स, जयपुर, राजस्थान ।**

मेघवाल, कुसुम (1994): "भारतीय नारी के उद्धारक : डा. बी.आर.अम्बेडकर, राजस्थान दलित साहित्य अकादमी, उदयपुर"

मौर्य, ओमप्रकाश (1997): "बाबू जगजीवन राम", प्रकाशन विभाग, सूचना एवं प्रसारण मंत्रालय, नई दिल्ली

Malhotra, Nirmal & Rizvi, Najma (1997) : **"Source Material on Education of Scheduled Castes and Scheduled Tribes", Anamika Publishers & Distributors (P), Ltd., Delhi-110052.**

Malhotra, P.L. (1986) : **"Social Disadvantage, Education and Development in India", An Article Published in 'Social Change', 16(2 and 3), pp 41-51.**

Massey, James (1998) : **"Indigenous People : Dalits", Published by ISPCK, Delhi.**

Massey, James (1997) : **"Downtrodden, The Stuggle of India's Dalits for Identity, Solidarity and liberation", Risk Book Series, WCC Publications, Geneva.**

मैथ्यू, पी.डी. एवं बक्शी, पी.एम. (1993) : **"महिलायें व संविधान", भारतीय सामाजिक संस्थान, नई दिल्ली**

मैथ्यू, पी.डी. (2000) : **"अनुसूचित जाति तथा अनुसूचित जनजाति पर अत्याचार के विरुद्ध कानून रोकथाम व दंड", भारतीय सामाजिक संस्थान, नई दिल्ली**

मैथ्यू, पी.डी. (2001) : **"अनुसूचित जातियों एवं अनुसूचित जनजातियों**

के लिए राष्ट्रीय आयोग", भारतीय सामाजिक संस्थान, नई दिल्ली–110003

Mathur, N.N.G. (1994) : **"Problems of Tribal Education, Past, Present and future", Shiva Publishers Distributors, Udaipur.**

मेघवाल, कुसुम (1994) : **"भारतीय नारी के उद्धारक डा.बी.आर. अम्बेड़कर", राजस्थान दलित साहित्य अकादमी, उदयपुर (राज.–313001)**

Mehta, G.S. (1990) : **"Equity Role of Education in Economic opportunities between Scheduled Castes/Scheduled Tribes and General Castes Segments", Lucknow, Giri Institute of Development Studies.**

Michael, S.M. (Ed.)(1999 : **"Dalits in Modern India : Vision and Values", Sage Publication, New Delhi.**

Minisry of Education (1985) : **"Education Facilities to Scheduled Castes and Scheduled Tribes", Planning Monitoring and Statistics Division, Scheduled Castes and Scheduled Tribes Cell, Ministry of Education, New Delhi.**

मिश्र, लक्ष्मी धर (1997) : **"वंचितो की व्यथा", मानक पब्लिकेशन्स, प्रा. लि., दिल्ली–110092**

Mishra, Yogendra Narain (1977) : **"Educational Adaptation, Social Ambition and Performance of Scheduled Caste Students at the Various Educational Levels in the Rewa District of Madhya Pradesh", Government College of Education (NCERT Financed), Rewa.**

Muralidharan, V. (1997) : **"Educational Priorities and Dalit Society", Kanishka Publishers & Distributors, New Delhi-110002.**

नागर, विष्णु दत्त एवं नागर, कृष्ण वल्लभ पं. (1995) : **"डॉ.आम्बेडकर के आर्थिक विचार और नीतियाँ", मध्यप्रदेश हिन्दी ग्रन्थ अकादमी, भोपाल**

नईम, इन्तिजार (1998) : **"दलित समस्या जड़ में कौन ?", साहित्य सौरभ, नई दिल्ली–110002**

Nagaraju, C.S. (1977) : **"A Study of a Few Social Factors Affecting Scholostic Achievement of Scheduled Caste Students Studying in Secondary Schools of Karnataka", Ph.d. Education, Banaras Hindu University.**

Narain, M.K. (1986) : **"Evaluation of the Centrally Sponsored Girls Hostel Scheme for Scheduled Castes and Scheduled Tribes in Uttar Pradesh and Orissa", (Ministry of Human Resource Development Financed).**

नसरीन, तसलीमा **(1998)** : **"औरत के हक में", वाणी प्रकाशन, नई दिल्ली–110002**

National Institute of Educational Planning and Administration, New Delhi : Secondary Education The Challenges Ahead (2002) :

Navare, Savita R. (1990) : **"The Role of Education in Socialization of Scheduled Caste Women; A case Study of Primary School Teachers in Pune", Centre for Educational Studies, Indian Institute of Education, Pune.**

Nayar, U., Nautiyal, K.C., Joglekar, S., Jain, M., Singh, N. & Bhattacharya, S.(1992) : **"A Study of Factors for Continuance and Discontinuance of Girls in Elementary Schooling", N.C.E.R.T, New Delhi.**

Nayar, U. (1992) : **"Study of Drop-out and Non-enrolment Among Girls in Rural Haryana", N.C.E.R.T., New Delhi.**

Nayar, U. (1994) : **"Universal Primary Education of Rural Girls in Inida", N.C.E.R.T., New Delhi.**

Nayar, Usha (1997) : **"Legal Literacy for Educational Personnel with Focus on Women and Girls, Resource Material" , N.C.E.R.T.**

नय्यर, उषा **(1997)** : **"बालिका का सकारात्मक आत्म–बोध विकास", राष्ट्रीय शैक्षिक अनुसंधान और प्रशिक्षण परिषद, नई दिल्ली–110016**

NCERT (1997) : **"Fifth Survey of Educational Research", New Delhi.**

NCERT (2001) : **"Sixth Survey of Educational Research", New Delhi.**

NCERT & UNESCO (2000) : **"State Policies on Incentive Schemes in Primary Schools and their Contribution to Girls' Participation", New Delhi National Council of Educational Research and Training.**

Office of the Registrar General, India, 2A Mansingh Road, New Delhi:Population and Scheduled Castes & Scheduled Tribes Population :

Pandey, Kalpalata (1985) : **"A study of Cognitive Process and Motivational Patterns of Deprived Students in Relation to their Achievement", D.Phil Education, Allahabad University.**

Pandey, P.N. (1979) : **"Education and Social Mobility Among Scheduled Castes", Ph.D. Sociology, Banaras Hindu University.**

Pandit, R.V. (1989) : **"Girl Drop-outs in school education : Causes and remedial measures", Maharashtra State Council of Educational Research and Training, Pune.**

Pandya, R. (1998) : **"Why do Kids Drop out of School ?", An Article Published in Journal 'Social Welfare', June, 16-19.**

Pimpley, P.N. (1974) : **"Educational Problems of Scheduled Caste Students in the Punjab School Students", Punjab University, Department of Sociology, (ICSSR financed).**

Primary Education in India (1977). **A Publication of World Bank, Allied Publishers Limited, New Delhi-110002.**

पातंजलि, प्रेमचंद (अप्रैल–अगस्त 2000) : **"महात्मा जोतीबा फुले के शैक्षिक विचार और प्रयोग" 'परिप्रेक्ष्य' प्रत्रिका से एक लेख वर्ष 7, अंक 1–2**

Pal, R. (1984) : **"A Comparative Study of Personality Patterns of Scheduled Caste and High Caste Students in the State of Haryana", Kurukshetra University, Ph.D. Education.**

Pal R.M. (2001) : **"Denial of the Right of Education; A Human rights**

violation, Scocial Action" Vol. 51, No. 2, A Social Action Trust Publication, New Delhi-110003

पांडेय, रामशकल (1991): "नई शिक्षा नीति", विनोद पुस्तक मंदिर, आगरा

पांडेय, धनपति (1992):"आधुनिक भारत का सामाजिक इतिहास",भारती भवन पब्लिकेशंस,पटना

पिपलायन, मधुकर (2003): "बौद्ध महिलाओं के प्रेरणा–प्रसंग", सम्यक प्रकाशन, नई दिल्ली

पालीवाल, कृष्ण दत्त (1996) : **"डॉ. अम्बेडकर और समाज व्यवस्था", किताब घर, नई दिल्ली–110002 ।**

प्रधान, गोपाल (1997): "रवीन्द्रनाथ का शिक्षा दर्शन", ग्रंथ शिल्पी, नई दिल्ली

Parvathamma, C. and Narayana, Satya (1989) : **"New Horizons and Scheduled Castes", Ashish Publishing House, New Delhi-110026.**

फ्रेरे, पाओलो, **अनुवादक जबरीमल्ल पारख** (1997) : **"प्रौढ़ साक्षरता, मुक्ति की सांस्कृतिक कार्रवाई", ग्रंथ शिल्पी, नई दिल्ली–110002।**

फ्रेरे, पाओलो, **अनुवादक उपाध्याय, रमेश** (1997) : **"उत्पीड़ितों का शिक्षा शास्त्र", ग्रंथ शिल्पी, नई दिल्ली–110002**

Pimpley, P.N. & Kapoor, Bushan Lal. (1975) : **"Educational Problems of Female Scheduled Caste Students in Punjab", An Article Published in Journal 'Interdiscipline', 12(283).**

Prakash, Om (1981) : **"A Study of Some Psychosocial Variables Among Caste Hindu and Scheduled Caste Children in the Rural set up", Ph.D. Psychology, Delhi Universtiy.**

Premi, Kusum K. (1977) : **"Preventive Legistlation and Equality of Educational Opportunity : A Study of Scheduled Castes in Punjab", Ph.D. Education, Jawahar Lal Nehru University.**

Premi, Kusum K. (1989) : **"Scheduled Castes and Scheduled Tribes in Industrial Training Institutes; A Study of Five States", Vikas Publishing House, New Delhi.**

Raghava Kumari, A.S. (1986) : **"Social Attitudes and Problems of**

Scheduled Caste and Scheduled Tribe Girls in Secondary Schools", Department of Education, (NCERT Financed), Mysore University.

Raza, Moonis; Dubey S.M. (1983) : **"Management of Utilisation of Post-Matric Scholarship Scheme : A National Study, National Profile-2 ", National Institute of Educational Planning and Administation, New Delhi.**

Raza, Moonis; Dubey, S.M., (1983) : **"Post-Matric Scholarship Scheme for Scheduled Castes and Scheduled Tribes : A Pilot Study", National Institution of Educational Planning and Administration, New Delhi.**

Raza, Moonis; Dubey S.M. (1984) : **"Retention, Failure, Reception and Drop-out in Higher Education : A Cohort Analysis of SC and ST Students, National Profile 3, Social Background, Living Conditions and Academic Performance of Post-Matric Scholarship Holders : A National Study of SC and ST Students, National Profile-4", New Delhi, National Institute of Educational Planning and Administration 1984.**

रजा, मुनिस, **अनुवादक सुजाता राय** (1997) : **"शिक्षा के विकास के सामाजिक आयाम", ग्रंथ शिल्पी, नई दिल्ली–110002**

राज, किशोर (1994) : **"हरिजन से दलित", वाणी प्रकाशन, नई दिल्ली–110002**

राज, किशोर (1994) : **"स्त्री के लिए जगह", वाणी प्रकाशन, नई दिल्ली–110002**

राज, किशोर (1995) : **"मानव अधिकारों का संघर्ष", वाणी प्रकाशन, नई दिल्ली–110002**

राज, किशोर (1998) : **"जाति कौन तोड़ेगा", प्रकाशन संस्थान, नई दिल्ली–110002**

राजकिशोर (1998): **"जाति का जहर", वाणी प्रकाशन, नई दिल्ली**

राजकिशोर (2000): **"स्त्री के लिए जगह", वाणी प्रकाशन, नई दिल्ली**

रुहेला, सत्य पाल एवं डा. देवेन्द्र(2003): "शिक्षा के समाजशास्त्रीय परिप्रेक्ष्य", आर्य बुक डिपो, नई दिल्ली

रोहित आचार्य (1999): "नारी और शिक्षा" दलित साहित्य प्रकाशन, नई दिल्ली

Ravindranath M.N. (1981) : **"Educational Problems of Scheduled Castes", Educational Review, 87(4), pp 69-74.**

Sachidananda, Sinhia Ramesh P. (1989) : **"Education and the Disadvantaged" Uppal Publishing House, New Delhi-110002.**

Sadik, Nafis (1999) : **"A New Woman for India- A new India for women", A Lecture Delivered in 5th JRD Tata Memorial Oration on 13th Dec.1999, Population foundation of India, New Delhi.**

Sabnis, B.K; Mahurkar P.R. (1985) : **"A Study of Relationship between Educational and Social Status ofScheduled Caste Students from Beed District", Indian Institute of Education, Pune.**

Samant, Anuradha (1992) : **"A Study in the Motivational Background of the Scheduled Caste Teachers and their Role in Social Transformation", Department of Sociology, Shivaji University, Kolhapur.**

Shah, B.V; Thaker J.D. (1974) : **"Educational Problems of Scheduled Caste and Scheduled Tribes College Students in Gujarat", Sardar Ballabh Patel University, Department of Sociology, (ICSSR financed).**

Shah, V.P; T. (1977) : **"Who goes to College ?—A Study of Scheduled Caste/Tribe, Post Matric Scholars in Gujrat", Gujrat University, Department of Sociolgy.**

Sharma, C.L. (1996) : **"Social Mobility Among Scheduled Castes", M.D.Publications Pvt.Ltd., New Delhi-110002.**

Sharma, M.C. (1979) : **"A Psycholigical Study of Adjustment Problems of Harijans, Scheduled Caste and Backward Class Students of Agra District", Ph.D.Psychology, Agra University.**

Sengar, P.S. (1994) : **"Adolescents and Career Building", Chugh Publications, Allahabad.**

Seshadri, C.,G.L.Adhya & Khadar M.A. (1992) : **"Education in Values-A Source Book", N.C.E.R.T. N.D.**

Singh, Bhupinder & Mahanti Neeti (1995) : **"Tribal Education in India", Inter-India, Publications, New Delhi-110015.**

Singh, Narinder Kumar (1975) : **"Educational Problems of the Scheduled Caste and Scheduled Tribe School Students in Rajasthan", Rajasthan University, Department of Sociology (ICSSR financed).**

सिंह, आदित्य नारायण (1998): "मानव अधिकार स्रोत ग्रंथ, राष्ट्रीय शैक्षिक अनुसंधान और प्रशिक्षण परिषद, नई दिल्ली

सिंह, इंद्रराज (1999): "संत रविदास", प्रकाशन विभाग, सूचना एवं प्रसारण मंत्रालय,नई दिल्ली

Singh, P. (1987) : **"A Comparative Study of Achievement, Adjustment, Attitude and Problems of First and Subsequent Generation Learners Belonging to Scheduled Castes at Higher Secondary Level", Ph.D. Education, Meerut University.**

Singh, R.P. (1982) : **"Educational Backwardness of Scheduled Caste Students and a Need-Oriented Plan for their Development", Department of Education, Patna University (NCERT financed).**

Singh, R.R. (1981) : **"Adjustment Problems of the Scheduled Caste and Scheduled Tribe Students in Residential Schools of Rajasthan", Vidya Bhawan G.S. Teacher's College, Udaipur, (NCERT financed).**

सिंह, रामगोपाल (1993): "डा.भीमराव आंबेडकर के सामाजिक विचार", मध्यप्रदेश हिन्दी ग्रंथ अकादमी, भोपाल

सिंह, रामगोपाल (1998): "भारतीय दलित समस्याएं एवं समाधान," मध्यप्रदेश हिन्दी ग्रंथ अकादमी, भोपाल

सिंह, श्याम (2003): "संत रैदास की मूल विचार–धारा", सम्यक प्रकाशन, नई दिल्ली

Singh, S.K. (2000) : **"Dalit Women, Socio Economic Status and Issues", New Royal Book Co.Lucknow.**

Singh, T.P.; Pandey, B.P.; Dubey, G.S.; Yadav D.R. (1974) : **"The Study of Scheduled Castes and Scheduled Tribes Students of Secondary Schools in Uttar Pradesh East", Department of Economics, Gandhian Institute of Studies, Varanasi, (ICSSR financed).**

Singh, Trilochan (1987) : **"A Study of Educational Problems of Scheduled Caste and Scheduled Tribe Students Studying in the Colleges Affiliated to the Avadh University", Ph.D. Education, Avadh University.**

Singh, V. (1998) : **"An Investigation into the Extent and Causes of Drop-out Among Girl Students in the Rural Schools of Chandigarh", NCERT, New Delhi.**

Sinha, Durgananand, Tripathi, Ramacharan & Girishwar Misra (1982) : **"Deprivation, Its Social Roots and Psychological Consequences", Concept Publishing Company, New Delhi-110059.**

Sinha, S. (1991) : **"Problems of the Girl Child – Some Issues : A report", Progressive Educational Herald, 23,236.**

Sharma, C.L. (1996) : **"Social Mobility Among Scheduled Castes", M.D. Publications Pvt. Ltd., New Delhi.**

शर्मा, सुभाष (1997) : **"भारत में बाल मजदूर", प्रकाशन संस्थान, नई दिल्ली–110002 ।**

शर्मा, आर.ए. (1996) : **"दूरवर्ती शिक्षा", सूर्या पब्लिकेशन, मेरठ–250001।**

शर्मा, शंकर दयाल (1995) : **"शिक्षा के आयाम", प्रभात प्रकाशन, दिल्ली।**

शहा, मु.ब. (2002): "महात्मा जोतिबा फुले", राधाकृष्ण प्रकाशन, नई दिल्ली।

शाही, सदानन्द (2000): "दलित साहित्य की अवधारणा और प्रेमचन्द", प्रेमचन्द साहित्य संस्थान, गोरखपुर

शुक्ला, जे.जे. (1998): "बी.आर.अम्बेडकर, गांधी एंड टैगोर", करणावती पब्लिकेशन, अहमदाबाद

सुमन, मंजू (2004): "दलित महिलाएं", सम्यक प्रकाशन, दिल्ली

सुमनाक्षर, सोहनपाल (2002): "संत कवि एवं समाज सुधारक", भारतीय दलित साहित्य अकादमी, दिल्ली

Sharma, S.R. (1996) : **"Education of Women of Scheduled Castes and Scheduled Tribes", Discovery Publishing House, New Delhi.**

Sherwani, Azim (1998) : **"The Girl Child in Crisis", Indian Social**

Institute, New Delhi.

Showed, M. (1986) : **"Education and Mobility Among Harijans", Vohara Publisher Varanasi.**

Shukla, J.J. (1998) : **"B.R.Ambedkar, Gandhi & Tagore, (A Comparative Study on Education)", Karnavati Publications, Ahmedabad.**

Shukla, Neerja (2001) : **"Attitude towards Education of Girls in India with a Special Focus on Scheduled Caste Girls", Department of Education of Groups with Special Needs, N.C.E.R.T., New Delhi-110016.**

Solanki, H.P. (1993) : **"Education of Scheduled Tribe Children of Union Territory of Dadra and Nagar Haveli : Problems and Perspectives", National Institute of Educational Planning and Administration, New Delhi.**

श्रीनिवास, एम.एन. (1997) : **"आधुनिक भारत में सामाजिक परिवर्तन", राजकमल प्रकाशन, दिल्ली**

Srivastava,L.R.N. (1988) : **"An Evaluative Study of Pre-Matric Scholarship Scheme for Scheduled Caste and Scheduled Tribe Students", Department of Non-Formal Education, N.C.E.R.T., New Delhi.**

Subrahmanyam, S. (1986) : **"Problems of School Dropouts, A Study with aspecial Reference to Schedulded Castes and Scheduled Tribes in Andhra Pradesh", Educational Quarterly, 38(3), pp 28-32.**

Sujatha, B.N.; Yeshodhara K. (1989) : **"A Comparative Study of Some Educational Variables of SC/ST Students", Department of Education, Mysore University, (NCERT financed).**

Sujatha, K.; Raju, V.P.S.; Ravi Prasad B.V. (1991) : **"Educational Development among Tribes in Sub-Plan Areas", National Institute of Educational Planning and Administration, New Delhi.**

Suma, Chitnis (1974) : **"The Educational Problems of Scheduled Caste**

and Tribe College Students in Maharashtra", Tata Institute of Social Sciences, Bombay, (ICSSR Financed).

Swaminathan, M.S. (1982) : **"Educational Problems of the Scheduled Castes, Inaugural address, National Seminar of Educational Problems of the Scheduled Castes", 30-31 January 1982, Indian Institute of Education, Pune.**

Tandon, S. (1995) : **"Educating the Girl Child in Rural Areas", An Article Published in Journal, 'Social Change', 25(2-3), 197-202.**

Tripathi, R.C. (1986) : **"Achievement Motivation and its Correlates of High School Students of East Uttar Pradesh", Gorakhpur University, Ph.D. Education.**

Tribhuvan, U.D. (1977) : **"A Study of Educated Scheduled Caste Women in an Urban Setting", Poona University, Ph.D. Sociology.**

Varghese, Alexander V. (1984) : **"Education, Earning and Occupation of Weaker Caste", An Article Published in , 'Journal of Higher Education', 9(3), pp. 373-80.**

वर्मा, जी.एस. (2004): "भारत में शैक्षिक प्रणाली का विकास", लायल बुक डिपो, मेरठ

वसंत मून (1991): "डा. बाबा साहेब अम्बेडकर", नेशनल बुक ट्रस्ट, इंडिया, नई दिल्ली

वंद्योपाध्याय, प्रणव (1999): "दलित प्रसंग", शिलालेख, दिल्ली

विजयवर्गीय, शंकर (2000): "भारतीय शिक्षा का इतिहास", राजपाल एंड संस, कश्मीरी गेट, दिल्ली

विजयवगध्य, शंकर (2000) : **"भारतीय शिक्षा का इतिहास", राजपाल प्रकाशन, दिल्ली–6**

Vishwanath, J.S. (1997) : **"A Study of the Causes of Female Educational Backwardness in Rural Areas in Beed District", Unpublished doctoral dissertation in education, Dr. Baba Saheb Ambedkar Marathwada University.**

विवेकानन्द स्वामी (1985) : **"शिक्षा" रामकृष्ण मठ, नागपुर**

Yadav, S.K. (1981) : **"Study of the Scheduled Caste's Awareness about the Schemes for their Educational Progress", Ph.D. Education, Maharaja Sayaji Rao University.**

यदुलाल, कुसुम (1997) : **"छात्र कार्मिक सेवा", प्रतिभा प्रकाशन, दिल्ली**